市场调查与预测

（第3版）

主　编 ◎ 罗洪群　王青华
副主编 ◎ 于翠婷

Marketing Research and Forecast

清华大学出版社
北京

21世纪经济管理类创新教材

内 容 简 介

本书是编者根据教育部最新教材改革精神要求编写的一本实用型本科教材。

本书包括市场调查的基本原理、市场调查的设计、市场调查的方法、抽样技术、市场调查资料的整理与分析、市场调查报告、市场预测原理、经验判断预测法、时间序列预测法和回归预测法十章内容,各章均配有案例思考与讨论和思考与练习题。本书语言流畅、通俗,注重启发学生的思考、提高学生的实际动手能力。通过本书的学习,读者可以掌握市场调查与预测的基本知识和技能并为实际从事市场调查与预测工作打下坚实的基础。

本书既可作为普通高等院校本科教学的市场调查教材,也可作为在职人员的职业培训教材以及相关考试的参考用书。

本书封面贴有清华大学出版社防伪标签,无标签者不得销售。
版权所有,侵权必究。举报: 010-62782989, beiqinquan@tup.tsinghua.edu.cn。

图书在版编目(CIP)数据

市场调查与预测 / 罗洪群,王青华主编. —3 版. —北京:清华大学出版社,2022.8(2025.1重印)
21 世纪经济管理类创新教材
ISBN 978-7-302-61610-8

I. ①市… II. ①罗… ②王… III. ①市场调查—高等学校—教材 ②市场预测—高等学校—教材 IV. ①F713.5

中国版本图书馆 CIP 数据核字(2022)第 141912 号

责任编辑:杜春杰
封面设计:刘 超
版式设计:文森时代
责任校对:马军令
责任印制:杨 艳

出版发行:清华大学出版社
网　　址:https://www.tup.com.cn, https://www.wqxuetang.com
地　　址:北京清华大学学研大厦 A 座　　邮　编:100084
社 总 机:010-83470000　　邮　购:010-62786544
投稿与读者服务:010-62776969, c-service@tup.tsinghua.edu.cn
质量反馈:010-62772015, zhiliang@tup.tsinghua.edu.cn

印 装 者:大厂回族自治县彩虹印刷有限公司
经　　销:全国新华书店
开　　本:185mm×260mm　　印　张:20　　字　数:485 千字
版　　次:2011 年 9 月第 1 版　2022 年 8 月第 3 版　印　次:2025 年 1 月第 5 次印刷
定　　价:65.00 元

产品编号:093354-02

前言

本书是为高等院校市场营销及相关专业开设的"市场调查与预测"课程而编写的教材，也可作为在职人员市场调查方法技能的培训教材或相关考试的参考用书。

本书系统地介绍了市场调查的基本原理、市场调查的设计、市场调查的方法、抽样技术、市场调查资料的整理与分析、市场调查报告、市场预测原理、经验判断预测法、时间序列预测法和回归预测法。通过本书的学习，读者可以掌握市场调查和预测的基本知识和技能，培养应用市场调查与预测方法分析、解决实际问题的能力。

全书各章均包括学习目标、正文、案例思考与讨论、思考与练习题等内容。各章学习目标简明扼要地对每章的教学内容提出了总体要求；案例思考与讨论在第2版的基础上进行了全面更新，更加贴近实际与时代前沿，给出了一些较为复杂或具有综合性的思考或分析问题，旨在增强学生运用市场调查与预测的知识和技能去分析和解决实际问题的综合能力；思考与练习题给出了若干简答题和计算题，在第2版的基础上进行了部分更新并提供每章计算题的参考答案，以加深学生对每章基本概念和基本理论的理解，帮助学生熟练掌握每章的基本统计方法和技能的运用。

本书在编写过程中力求在以下几个方面有所强化和创新。

首先，本书将课程内容与党的二十大精神相结合，各章案例均以新时代下我国经济社会发展为背景，以实际数据为基础，理论联系实际地阐述市场调查与预测的方法及其应用。同时，注重培养学生以问题为导向，了解市场调查与预测在科学决策中的重要性，学会通过调查及预测了解市场发展的本质及规律，找到破解难题的路径。

其次，本书强调实用性，注重理论方法与实际的紧密结合。例题紧扣市场调查与预测中的现实问题且尽可能采用最新的实际统计数据。为了让读者真正学以致用，深刻理解市场调查与预测的理论和方法是怎样应用于实践的，本书在每章专门增设了案例思考与讨论问题，编写或收集了一些最新的、具有实用价值的典型案例并附有分析和提示。教师可根据实际情况有选择地在课堂上进行讲解，也可以组织学生进行课堂讨论或作为课后作业让学生思考和练习。

再次，本书在传统市场调查方法与预测的知识架构基础上引入了大数据时代下的市场调查方法。大数据时代，信息数据大爆炸给企业掌握市场信息带来新的挑战和机遇。市场调查作为企业生产经营活动的关键点，在大数据背景下，数据采集方式也会发生改变。此外，市场调查行业对从业人员的数据收集、分析与处理能力的要求也越来越高。本书新增设了大数据技术市场调查方法相关知识，力求使读者不仅了解大数据对传统市场调查方式的影响，也能学习到较为前沿的大数据技术市场调查方法。

最后，本书将市场调查与预测方法和现代技术的运用有机结合，可操作性强，对软件操作方法的讲解简明易懂，对输出结果的解释清晰准确、重点突出。市场调查要对所收集的各种市场信息进行整理、分析和管理。在信息化、数字化、智能化时代，烦琐的数据处理工作可以通过简单的计算机操作完成，使市场调查与预测的学习与实际应用变得更加轻松和容易。因此，本书尽可能省略了烦琐的演算过程，也省略了许多不必要的简化计算方法的介绍，而是结合具体实例清晰地介绍了如何利用 SPSS 或 Excel 来实现有关的数据处理。之所以选择 SPSS，是因为它功能强大，是国际上比较常用的统计软件，尤其是在处理大型调查的统计数据方面具有突出的优势。考虑到 Excel 的普及程度很高，而且简单直观，所以同时介绍了市场调查与预测中 Excel 的运用。对有关软件运用的教学，教师可以根据具体情况灵活安排。教师可以在课堂上将例题与相应的软件操作和输出结果结合起来讲解和演示，也可以专门安排上机实习时间。

本书由多年从事市场调查教学工作、具有丰富教学经验的高校教师罗洪群（西南石油大学）、王青华（西南财经大学）、田义江（成都工业学院）、于翠婷（西南石油大学）、王凤（成都文理学院）、江佳慧（成都工业职业技术学院）共同讨论修订而成，具体编写分工如下：第一章由罗洪群、江佳慧编写，第二章由王凤编写，第三章由罗洪群、江佳慧编写，第四章由罗洪群、于翠婷编写，第五章由王凤、于翠婷编写，第六章由田义江、江佳慧编写，第七章由田义江、于翠婷编写，第八章由罗洪群、于翠婷编写，第九章由王青华编写，第十章由王青华、于翠婷编写，罗洪群负责本次修订的统稿工作，王凤负责制作本书 PPT。

由于编者水平有限，书中难免存在疏忽与不足之处，敬请同行专家及读者多提意见和建议，以便进一步修改和完善。

编　者
2022 年 1 月

目录

第一章 市场调查的基本原理 ... 1
第一节 市场调查的产生和发展 ... 1
一、市场调查的产生 ... 1
二、市场调查的发展 ... 1
第二节 市场调查的含义、特征及作用 ... 5
一、市场调查的含义 ... 5
二、市场调查的特征 ... 5
三、市场调查的作用 ... 6
第三节 市场调查的种类与内容 ... 7
一、市场调查的种类 ... 7
二、市场调查的内容 ... 8
第四节 市场调查的基本方式 ... 12
一、市场普查 ... 12
二、市场典型调查 ... 13
三、市场重点调查 ... 14
第五节 市场调查的原则与程序 ... 15
一、市场调查的原则 ... 15
二、市场调查的程序 ... 16

案例思考与讨论 ... 18
思考与练习题 ... 19
本章学习资源 ... 20

第二章 市场调查的设计 ... 21
第一节 市场调查方案的设计 ... 21
一、确定调查目的 ... 22
二、确定调查对象和调查单位 ... 22
三、确定调查项目 ... 22
四、确定调查方式和调查方法 ... 23
五、确定调查资料的整理、分析方法 ... 23
六、确定调查时间和调查期限 ... 23
七、确定调查经费预算 ... 24

　　　　八、确定调查报告的内容和提交方式 25
　　　　九、制订详细的调查组织计划 25
　　第二节　问卷的设计 25
　　　　一、问卷设计的基础 26
　　　　二、问卷设计的程序和技巧 30
　　　　三、量表设计 38
　　　　四、问卷的测试 43
　　　　案例思考与讨论 46
　　　　思考与练习题 51
　　　　本章学习资源 51

第三章　市场调查的方法 52
　　第一节　访问调查法 52
　　　　一、访问调查法的概念 52
　　　　二、访问调查法的基本类型 52
　　　　三、访问调查法的操作程序及技巧 54
　　　　四、访问调查法的优、缺点 58
　　第二节　观察调查法 59
　　　　一、观察调查法的概念和特点 59
　　　　二、观察调查法的基本类型 59
　　　　三、观察调查法的应用原则和范围 60
　　　　四、观察调查法的操作程序 61
　　　　五、观察调查法的优、缺点 63
　　第三节　实验调查法 64
　　　　一、实验调查法的概念及基本要素 64
　　　　二、实验调查法的操作程序 65
　　　　三、实验的设计及种类 66
　　　　四、应用实验调查法应注意的问题 68
　　　　五、实验调查法的优、缺点 69
　　第四节　文案调查法 69
　　　　一、文案调查法的概念及特点 69
　　　　二、文案调查法的基本要求 70
　　　　三、文案调查法的操作程序 70
　　　　四、文案调查资料的来源 71
　　　　五、文案调查的方法 72
　　　　六、文案调查的优、缺点 73
　　第五节　网络调查法 74
　　　　一、网络调查法的概念及特点 74

二、网络调查法的常用方式 75
　　三、网络直接调查法的操作程序 81
　　四、网络调查的局限性 82
　案例思考与讨论 83
　思考与练习题 84
　本章学习资源 85

第四章　抽样技术 86
第一节　抽样调查 86
　　一、抽样调查的概况 86
　　二、抽样调查的意义 87
第二节　随机抽样 88
　　一、随机抽样的概念 88
　　二、随机抽样的基本方式 88
　　三、随机抽样方式的选择 100
第三节　非随机抽样 101
　　一、非随机抽样的概念 101
　　二、非随机抽样的主要方式 101
第四节　抽样中的误差和样本量的确定 103
　　一、抽样误差 103
　　二、非抽样误差 107
　　三、样本量的确定 113
　案例思考与讨论 116
　思考与练习题 118
　本章学习资源 119

第五章　市场调查资料的整理与分析 120
第一节　市场调查资料的整理 120
　　一、调查资料整理概述 120
　　二、调查问卷的回收与审核 122
　　三、调查资料的编码与录入 127
　　四、缺失值的处理 135
　　五、差错与核对 136
　　六、数据的预处理 137
第二节　市场调查资料的分析 140
　　一、调查资料分析的原则和分类 141
　　二、描述统计分析 142
　　三、推断统计分析 153
　　四、多元统计分析 156

第三节 数据处理的分析技术实例 160
一、SPSS 系统运行管理方式 161
二、SPSS 数据文件的录入 162
三、统计、分析数据的基本准备工作 164
四、基本统计分析 165
案例思考与讨论 168
思考与练习题 172
本章学习资源 173

第六章 市场调查报告 174
第一节 市场调查报告的概念和特点 174
一、市场调查报告的概念 174
二、市场调查报告的特点 174
第二节 市场调查报告的基本结构和内容 175
一、开头部分 175
二、主体部分 177
三、附件部分 182
第三节 市场调查报告的撰写要求和步骤 183
一、调查报告的撰写要求 183
二、调查报告的撰写步骤 184
第四节 市场调查报告的提交 184
一、以书面方式提交 184
二、以口头方式提交 185
案例思考与讨论 186
思考与练习题 187
本章学习资源 188

第七章 市场预测原理 189
第一节 市场预测概述 189
一、市场预测的概念和作用 189
二、影响市场预测的因素 190
三、市场预测的主要内容 191
四、市场预测方法的分类 194
第二节 市场预测的要求与原则 195
一、市场预测的要求 195
二、市场预测的原则 196
第三节 市场预测的步骤 198
一、确定市场预测目标 198
二、拟定市场预测方案 198

三、收集、整理市场预测所需的资料 198
　　四、建立适当的预测模型 199
　　五、根据市场预测模型确定预测值 200
　　六、修正预测值 200
　　七、撰写预测报告 200
　第四节　市场预测精确度分析 201
　　一、市场预测精确度的含义 201
　　二、市场预测精确度的测定 201
　　三、对市场预测精确度的分析 203
　案例思考与讨论 204
　思考与练习题 205
　本章学习资源 206

第八章　经验判断预测法 207
　第一节　个人经验预测法 207
　　一、个人经验预测法的概念及特点 207
　　二、个人经验预测法的种类及应用 208
　第二节　集体经验预测法 212
　　一、集体经验预测法的概念 212
　　二、集体经验预测法的实施过程 212
　　三、集体经验预测法的优、缺点 215
　第三节　头脑风暴法 215
　　一、头脑风暴法的概念 215
　　二、头脑风暴法的要点 216
　　三、头脑风暴法的类型及实施过程 216
　　四、头脑风暴法的优、缺点 218
　第四节　德尔菲法 218
　　一、德尔菲法的概念 218
　　二、德尔菲法的特点 219
　　三、德尔菲法的用途 219
　　四、德尔菲法的预测步骤 220
　　五、运用德尔菲法预测时应遵循的原则 222
　　六、德尔菲法的优、缺点 222
　　七、德尔菲法的应用案例 222
　案例思考与讨论 224
　思考与练习题 224
　本章学习资源 225

第九章 时间序列预测法 226

第一节 时间序列预测法的基本原理 226
一、时间序列预测法的特点 226
二、时间序列中的不同变动规律 227
三、时间序列的成分合成与预测模型 228

第二节 简易平均预测法 229
一、算术平均预测法 229
二、几何平均预测法（根据平均发展速度预测）................................. 230

第三节 平滑值预测法 231
一、移动平均预测法 231
二、指数平滑预测法 234
三、利用 Excel 和 SPSS 进行平滑值预测 237

第四节 趋势方程预测法 238
一、直线趋势方程预测法 239
二、曲线趋势方程预测法 240
三、利用 Excel 或 SPSS 求趋势方程 247

第五节 趋势与季节变动的综合预测法 248
一、水平趋势与季节变动的综合预测法 248
二、非水平趋势与季节变动的综合预测法 250
三、运用 SPSS 进行时间序列成分分解与综合预测 254

案例思考与讨论 256
思考与练习题 256
本章学习资源 258

第十章 回归预测法 259

第一节 回归预测法的基本原理 259
一、回归预测的概念 259
二、回归预测模型的类型 260
三、回归预测法的一般步骤 261
四、回归预测法的主要特点 264

第二节 一元线性回归预测法 264
一、一元线性回归方程的形式 264
二、一元线性回归方程的参数估计 265
三、一元线性回归方程的统计检验 267
四、利用一元线性回归方程进行预测 272
五、利用 Excel 和 SPSS 进行一元线性回归预测 276

第三节 多元线性回归预测法 282
一、多元线性回归方程的参数估计 282

二、多元线性回归方程的统计检验 285
　　三、利用多元线性回归方程进行预测 288
　　四、利用 Excel 和 SPSS 进行多元线性回归预测 289
　第四节　非线性回归预测法 291
　　一、非线性回归预测法的一般步骤 291
　　二、利用 Excel 和 SPSS 进行非线性回归预测 292
　　案例思考与讨论 298
　　思考与练习题 300
　　本章学习资源 303

参考文献 304

附录 A　正态分布概率表 305

附录 B　t 分布的临界值表 307

第一章 市场调查的基本原理

学习目标

1. 了解市场调查产生的原因与发展过程。
2. 理解市场调查的含义及特征。
3. 了解市场调查的作用。
4. 了解市场调查的种类及内容。
5. 熟悉市场调查的基本方式。
6. 熟悉市场调查的原则和程序。

第一节 市场调查的产生和发展

一、市场调查的产生

市场调查的实践活动是随着商品生产和商品交换的发展而产生的,在西方资本主义早期,商品经济已经有了较大发展,市场规模也随之扩大。企业由于经营的需要,对市场行情变化的调查已很重视。当时,人们主要凭借传统经验管理企业,虽然积累了一些市场调查和统计分析经验,对商品供求也做了不少研究,但由于受科学技术水平和经营管理水平的限制,市场调查未发展成为一门学科,也没有发挥出应有的作用。

19世纪末、20世纪初,资本主义进入垄断阶段,商品经济进一步发展,市场迅速扩大,资本主义经济危机的影响日益加深,资本主义企业之间的竞争更加激烈,企业迫切需要了解市场变化及竞争对手的情况,一些企业纷纷建立市场调查组织,开展市场调查活动。尤其是20世纪30年代世界经济危机的爆发和其残酷的后果使企业更加认识到市场调查的重要性。市场调查活动的广泛开展以及经验的积累需要对市场活动本身进行深入、系统的研究,于是,市场调查作为一门学科便产生了。

二、市场调查的发展

市场调查作为一门应用科学,是20世纪在美国产生和发展起来的并在20世纪30—50年代得到了进一步的巩固和发展。20世纪50年代以后,电子计算机的出现和普及进一步促进了市场调查的发展。到现在,市场调查已经深入企业营销的各个领域和环节,是现代企业管理中不可缺少的管理技术和方法。具体来看,市场调查主要经历了以下阶段。

(一)萌芽期

据有关文献资料记载,最早的大规模调查是 1824 年 7 月美国《宾夕法尼亚哈里斯堡报》(*Harrisburg Pennsy lvanian*)进行的一场对总统竞选的选票调查。同年,美国的另一份报纸也进行了类似的民意调查。1879 年,美国的 N. W. Ayer & Son 广告公司为农业设备制造商进行了一次对当地官员的市场调查,调查目的是了解农产品产量的期望水平,以作为农业设备制造商制定营销决策的依据。1893 年,美国明尼苏达大学的心理学教授 H. Gale 采用邮寄问卷调查法进行市场调查,当时的问卷回收率仅为 10%。随后,美国西北大学的 W. D. Scott 也将实验法和心理测量法用到了广告调查中。

(二)成长初期

1902 年,美国各著名大学纷纷开设市场学课程,对市场问题进行研究和开展市场调查活动。1911 年,美国柯蒂斯出版公司聘请 Charles Coolidge Pcorlin 担任该公司商业调查部经理,Charles Coolidge Pcorlin 分别对农具销售、纺织品批发和零售渠道进行了系统调查,后来又调查、访问了美国 100 个大城市的主要百货商店,系统地收集了第一手资料并编写了《销售机会》一书。他在该书中提出了访问调查法、观察调查法、统计分析法等市场调查分析方法,该书也成为市场调查研究学科最早、最重要的著作之一。由于在市场调查理论和实践方面成绩显著,Charles Coolidge Pcorlin 被推崇为市场调研的先驱。1917 年,斯威夫特公司也成立了商业调研部。1919 年,美国芝加哥大学教授邓肯编写了《商业调研》,该书成为市场调查方面的第一部学术专著。

(三)成长期

20 世纪 20 年代,美国的许多企业先后设立市场调查的类似机构,以收集市场信息资料,研究市场营销活动。1921 年,怀特编写了《市场分析》,该书成为第一部调研手册类图书。1923 年,美国的阿瑟·查尔斯·尼尔森开始创建专业的市场调查公司,市场调查工作成为营销活动不可分割的有机体。1929 年,在美国政府的支持下,全美国进行了一次分销普查,普查内容涉及市场结构、商品分销渠道、中间商的营销成本等,这些市场信息资料为研究、分析市场营销活动提供了科学依据,因而此次普查被视为美国市场调查的里程碑。20 世纪 30 年代,随着心理学家的加入、统计方法的进步和突破,市场调查的方法得以丰富,市场调查结果更加科学可信,市场调查的范围扩大到有关市场营销的各个方面。与此同时,市场调查理论也得到了较快的发展,在美国先后出版了许多关于市场调查的专著。其中,于 1937 年由美国市场营销协会组织专家集体编写的《市场调查技术》一书对市场调查学科的发展起到了重要作用。市场调查逐渐成为一门新兴的学科并推动了市场调查业的兴起,市场调查的理论与实践进一步结合,推动了企业生产与经营的快速发展。1946 年,著名社会学家莫顿和邓德尔在《美国社会学》杂志上发表专文,对"焦点小组"方法进行系统的论述,该方法在此后的几十年里被用于商业性市场调查。20 世纪 40 年代后,有关市场调查的书籍陆续出版,越来越多的大学商学院都开设了市场调研课程,在此期间,抽样调查、问卷调查、统计推断、相关回归分析、趋势分析等方法得到了广泛应用。

（四）成熟期

20世纪50年代后，市场调查进入一个快速发展的时期，主要是调查方法的创新、分析方法的发展和计算机技术的应用。尼尔森公司采用统计方法计算出收看电视和电视广告的观众数量并根据不同的年龄、性别、家庭状况对访问对象进行交叉分析，使不同消费者的答题差异性显现出来。电子计算机的问世及其在市场调查中的广泛应用也加速了市场调查的发展，通过电子计算机进行大量的抽样调查和统计软件开发使市场调查成为一个具有发展前景的新兴产业，产生了一大批著名的调查公司，如兰德公司（RAND）、斯坦福国际咨询研究所（SRI）等。1994年，美国排名前50的市场调查公司的营业额是40亿美元，其中最大的一家调查公司（D&B）的年营业额达到20亿美元。此外，许多国家都设立了全国性市场调查协会，如美国市场营销协会（American Marketing Association）、欧洲民意和市场调查学会（European Society Opinion Marketing Research）。2004年4月8日，中国市场信息调查业协会（China Association of Market Information and Research）成立，设于我国北京。

受计划经济体制的影响，新中国成立之后的三十多年间，市场调查并未得到我国企业足够的重视。我国的市场调查业起步于20世纪80年代，伴随着社会主义市场经济的确立而逐步兴起与发展。20世纪80年代初期，国内一些省份的社会与经济发展研究所开始设立调查机构。1984年年底，国家统计局设立了"中国统计信息咨询服务中心"，负责向国内外客户提供统计信息资料，开展专项社会经济调查和计算技术等咨询业务。1985年，隶属广州市委的广州软科学公司成立了市场调查部，1988年成立了广州市场研究公司（GMR），这是行内公认的国内最早的专业市场调查公司。为了加强行业自律与行业交流，规范市场调查行业，促进市场调查行业的健康发展，1998年，设立在中国信息协会下的市场调查分会筹备委员会成立，为调查行业协会的成立做前期准备。2001年，全国市场研究调查协会在广州成立，标志着我国市场调查行业的逐步成熟。2004年4月，国家统计局成立了中国市场信息调查业协会，一些省统计局也成立了民意调查中心，政府部门在市场调研方面的投入逐渐增多。

在这个时期，电子计算机的广泛应用使市场信息的收集、整理和分析全过程都实现了计算机化，针对调查数据的分析、存储和提取能力大大提高，同时，各种调查技术和调查方法都得到了创新和发展。计算机的普及也促进了各种分析工具的应用，如SPSS、SAS等。这些分析工具大大提高了分析速度，简化了分析过程，进一步推动了市场调查的发展。

（五）创新期

进入21世纪，随着信息技术的进一步发展，尤其是大数据时代的到来，市场调查在新技能条件下派生了新的应用和方法。同时，市场调查的目的、数据获取渠道、调查方式、调查对象等也有了新的扩展。

从调查的目的来看，传统的市场调查往往比较关注对因果关系的探索，如调查消费者为什么会喜欢红色而不喜欢蓝色。而随着大数据时代的来临，市场调查变得越来越关注相关关系而不是因果关系。这是因为消费者为什么喜欢可能并不是最重要的，当然也有一部分原因是大数据时代的市场调查很难做这种因果关系的分析。卖的商品是不是跟性别、年龄、生活习惯等有关成为大数据分析时代市场研究的热点。当然，如果需要进一步探寻因果关系，还是需要采用传统的市场调查方式。

从调查对象来看，大数据技术的应用极大地提高了企业进行顾客分析的深度与广度，营销策略从传统的"人找产品"发展为"产品找人"。随着大数据技术的应用，各行业取得了很大的发展。我国电子商务在近年的进步有目共睹，已经成为我国经济的增长点和未来经济发展的大趋势。我国电子商务在"精准营销"过程中取得了较好的发展。电子商务在营销的过程中积累了各种数据类型，如客户信息、销售明细等，这些数据涵盖了各个消费群体的信息，是一种极其有价值的资产，如何使用大数据逐渐成为商业竞争的关键问题。由于分工变得更加精细，技术也有了很大的提升，消费者无论是在心理上还是在消费模式上都有了一定的变化，特别是购物的个性化和主动化等。20世纪90年代，唐·舒尔茨（Don E. Schultz）提出了"整合营销"理论，其根据企业的目标设计战略并支配企业各种资源以达到战略目标。简言之，就是从"以传者为中心"到"以受众为中心"的传播模式的战略转移。所以，在当下，企业仅仅依据以往的经验进行营销是远远不够的，还应该做好对客户资源的整合，从而做到精准营销。

从调查数据获取渠道来看，互联网给市场调查的数据获取渠道带来了巨大的改变，大部分调查公司均采用在线调研方式进行调查。对于21世纪的新生代消费群体，脸书（Facebook）、推特（Twitter）、QQ、微博、微信等已经成为不可或缺的社交工具，企业要善用这些新兴社交媒体进行第一手资料的收集和第二手资料的挖掘。一些调查公司正逐步集中于移动访谈，通过智能手机、机器人等进行数据收集与完善。大部分成年人均拥有一部智能手机，均能连接互联网。互联网能给市场调查人员提供更快速的商业情报获得途径，有利于企业更好、更快地制定决策；能提高公司对消费者需求和市场变化的反应能力；大大削减劳动力和时间密集型调查活动的相关成本，包括邮寄、电话营销、数据录入和报告的成本；有利于调研过程和信息传播的管理。

从调查方式来看，在大数据出现以前，尽管大家都知道普查是了解市场最好的一种调查方式，但是由于普查的范围太广，成本太高，往往导致企业没办法组织普查。大数据的出现让传统的、最常用的抽样调查的地位受到了挑战。因为现在许多企业都很容易以非常低的成本获得大数据，如服装企业可以从天猫、淘宝、京东等公司获取大数据，然后对大数据进行分析，从而更加精准地了解顾客需求。在这个背景下，许多传统的市场调查方式就会被大数据挖掘所取代。

此外，在营销和广告领域，企业依托网络大数据可以全面、立体地呈现用户群体，也展开了利用社会化媒体平台对消费者进行分析的尝试，大数据技术的诞生为市场调查补充了新的量化方法与研究模式。另外，在大数据时代到来以前，不管企业采用何种调查方式，基本都没办法实现对市场信息的实时监控。尽管企业也通过ERP软件对中间商的销售和库存情况进行实时监控，但是也仅此而已，没有办法了解实时市场信息，而大数据让企业对市场信息的实时监控成为可能。例如，经营天猫商店的企业可以实时监控消费者进店的流量信息、跳失率、平均停留时间等关键的店铺经营数据，也可以通过购买阿里的高级数据分析工具实时监控整个品类的营销信息，然后再根据这些信息迅速地调整店铺的营销手段。

第二节 市场调查的含义、特征及作用

一、市场调查的含义

市场调查（marketing research）是以提高营销效益为目的，依据一定的理论、原则，采用科学的方法，有组织、有计划地收集、整理和分析市场信息资料，提出解决问题的建议的一种科学方法。市场调查也是一种以顾客为中心的研究活动。

二、市场调查的特征

（一）系统性

系统性体现出市场调查是一个开放性、结构化、层次性体系，包含体系、过程、活动三大因素。体系构建包括两个方面，一个是功能，另一个是要素；过程包括计划、执行、检查、纠正（plan-do-check-action，简称PDCA）四个方面；活动是系统中最小的因素，也是最关键的因素。市场营销调查是典型的现代商业系统中的子系统。

（二）客观性

市场调查要对调查活动中所收集的市场信息进行客观公正、实事求是的记录，它不受任何主观因素的影响。

（三）目的性

企业进行市场调查是为了收集市场某方面的信息，存在明显的目的性。市场调查的最终目的是为有关部门和企业制定战略规划、政策或策略、经营管理决策提供信息支持。

（四）全程性

在激烈的市场竞争中，市场调查工作不能只停留在生产或销售活动的前期阶段，而应该进行全过程的调查研究，包括事前、事中和事后的市场调查研究。而市场调查活动也不仅仅是对市场信息、资料进行收集，还包括市场调查方案的设计，资料的收集、整理、分析以及撰写调查报告。

（五）社会性

市场调查是面向社会的调研活动，涉及社会经济生活的各个领域。市场调查的对象是市场环境和营销活动。随着市场营销范围的不断拓展和营销观念的转变，市场调查研究的内容和应用的范围也随之丰富、扩大。

（六）不确定性

市场是一个受众多因素综合影响和作用的场所，而这些影响市场的因素本身就具有不

确定性和多样性，所以市场调查中的误差是不可避免的。市场调查仅是预测和决策的基础，不能保证通过市场调查做出的预测和决策一定正确。

（七）科学性

市场调查是采用一系列科学的方法收集市场信息，不是主观臆断。在市场调查中，对资料的收集、整理和分析都是在一定的科学原理指导下进行的，如运用统计学、数学、概率学等学科知识对市场信息进行汇总、分析等，这些方法经实践证明都是行之有效的。

（八）时效性

市场调查是在一定的时间、地点条件下进行的，反映在特定情况下的市场信息，具有一定的时效性。随着时间的推移，市场又会出现新情况，产生新问题，如果企业按照过去的市场信息安排营销活动，必然会偏离实际。市场是不断变化和发展的，企业必须根据市场的最新发展情况进行市场调研活动，这样才能使企业的经营决策更符合实际。

（九）保密性

信息是企业的无形资产，具有不可估量的价值。调查活动与信息密不可分，调查结果既是智慧成果，又是知识产权。如何对信息内容保密是调查工作必须考虑的一个重要问题。

三、市场调查的作用

（一）市场调查是企业实现生产目的的重要环节

企业生产的目的是满足消费者日益增长的物质和文化生活需求。为此，首先要了解消费者需要什么，以便按照消费者的需求进行生产，尤其是消费者的需求在不断变化，这就需要企业及时进行市场调查。市场调查是国民经济各部门制订计划及企业实现生产目的的重要环节。

（二）市场调查是企业进行决策和修正策略的客观依据

企业进行经营决策时，首先要了解内部和外部的环境及信息，要掌握信息，就必须进行市场调查。企业的管理部门或有关人员在针对某些问题进行决策或修正原定策略（产品策略、定价策略、分销策略、广告和推广策略等）时，需要了解的情况和考虑的问题通常是多方面的。例如，产品在各市场的销售前景如何；产品在某个市场上的预计销售量是多少；怎样才能扩大企业产品的销路，增加销售量；产品的价格怎样；怎样组织产品推销；等等。

如此种种问题，只有通过市场调查后才能得到具体答案，只有得出答案，才能作为制定决策或修正策略的客观依据。

（三）市场调查是企业改进技术的重要途径

当今世界，科学技术发展迅速，新发明、新创造、新技术和新产品层出不穷、日新月异。市场调查所得到的情况和资料有助于企业及时了解世界各国的经济动态和有关科技信息，为本企业的管理部门和有关决策人员提供科技情报。

（四）市场调查是增强企业竞争力和应变能力的重要手段

市场的竞争是激烈的，情况也在不断发生变化。市场上的各种变化因素可以归结为两类：一类是"可控制因素"，如产品、价格、分销、广告和推广等；另一类是"非可控制因素"，如"国内环境"和"国际环境"所包括的有关政治、经济、文化、地理条件、战争等因素。

这两类因素相互联系、相互影响，而且在不断发生变化。企业只有及时调整"可控制因素"以适应"非可控制因素"的变化情况，才能在激烈的市场竞争中占据有利地位；只有通过市场调查及时了解各种"非可控制因素"的变化情况，才能有针对性地采取某种应变措施应对竞争。通过市场调查所了解的情况或所获得的资料，企业除了可以了解市场目前状况外，还可预测未来的市场变化趋势。如果一家企业不进行市场调查，对市场情况一无所知，那就等于丧失了"耳"和"目"，要想在激烈的市场竞争中占据有利地位是不可能的。

第三节　市场调查的种类与内容

一、市场调查的种类

市场调查按照不同的标准可划分为各种不同的类型。了解市场调查的分类，就可以针对不同类型的市场调查选择合适的调查手段和方法，以达到市场调查目的。

（一）根据市场调查的目的划分

根据市场调查目的的不同，可将市场调查划分为探测性市场调查、描述性市场调查、因果性市场调查和预测性市场调查。

（1）探测性市场调查。探测性市场调查是为了界定问题的性质以更好地理解问题的环境而进行的小规模调查活动，是一种非正式的市场调查，主要目的是对市场进行初步探索，为后面集中调查做准备。探测性市场调查的主要功能是在开展正式的大规模调查前，帮助企业将问题定义得更加准确，将解决问题的方案定义得更加明确，为问卷设计提供更好的思路等。它既不回答市场机会与问题产生的原因，也不提出市场机会与问题将导致的结果，它所要解决的是"是否可以"的问题，其基本特征是简便易行。常见的探测性市场调查方法有专家咨询法、个案调查法、二手资料分析法、定性调查法等。

（2）描述性市场调查。描述性市场调查是指对研究的市场现象的客观实际情况进行资料的收集、整理、分析，反映现象的表现，是一种正式的市场调查。这种市场调查的目的就是客观反映市场的情况，它是对市场现象的客观描述。描述性市场调查的基本功能是对特定的市场信息进行系统的收集与汇总，从而准确、客观地反映与描述市场情况。它回答的是市场现象"是什么"的问题。常见的描述性市场调查方法有文案调查法、访问调查法、观察调查法等。

(3) 因果性市场调查。因果性市场调查是指对市场现象发生的因果关系进行解释和说明，分析原因与结果并指明何为决定性变量。因果性市场调查通常建立在描述性市场调查的基础上，针对影响市场现象的各种因素收集资料，研究现象之间相互联系的趋势和程度。因果性市场调查的主要方法是实验调查法。

(4) 预测性市场调查。预测性市场调查是对市场未来情况所做的调查研究，属于市场预测的范畴。它是在描述性市场调查和因果性市场调查的基础上，对市场的潜在需求进行的预测和推断。在市场竞争日益激烈的今天，为了避免决策失误，企业必须进行市场调查并对市场的潜在需求进行预测，只有这样才能把握市场机会。

(二) 根据市场调查的范围划分

根据市场调查的范围不同，可将市场调查分为全面市场调查和非全面市场调查。

(1) 全面市场调查。全面市场调查是指对构成市场总体的全部单位无一例外地进行调查。全面市场调查属于专门组织的一次性调查，其获得的市场信息资料多属于时点信息资料，反映特定市场总量情况。通过全面市场调查，可以了解市场总体的详尽信息资料，把握市场发展变化的程度和方向，以利于企业的经营决策。但全面市场调查要耗费大量人力、物力、财力和时间，企业难以承担，一般只有政府部门才组织实施。

(2) 非全面市场调查。非全面市场调查是指对构成市场总体的部分单位进行的调查。其主要目的是了解市场现象的基本情况或据此推断市场总体情况。常用的非全面市场调查方式有重点调查、抽样调查和典型调查。非全面市场调查方式灵活、省时、省力、费用少、适用面广，因而被企业广泛采用。

(三) 根据购买商品的目的划分

根据购买商品的目的不同，市场调查可分为消费者市场调查和产业市场调查。

(1) 消费者市场调查。消费者的购买目的是满足个人或家庭的生活需要。消费者市场调查的目的是了解消费者的需求数量、结构及其变化，而消费者需求数量、结构的变化又受到人口、经济、社会文化、购买心理和购买行为等因素的影响。所以，对消费者市场进行调查，除了调查消费者需求数量、结构及其变化以外，还应该对影响消费者需求、结构及其变化的诸因素进行调查。

(2) 产业市场调查。产业市场又称生产资料市场，产业市场的购买目的是生产出新的产品或进行商品转卖。产业市场调查主要是对商品供应量、产品的经济寿命周期、商品的流通渠道等的调查。

二、市场调查的内容

市场调查的内容十分广泛，涉及市场营销活动的整个过程。因行业性质、企业经营方向、经营范围和经营环境的不同，进行市场调查的具体内容也就不尽相同。即使是同一企业，由于所面临的营销任务的侧重点不同以及营销活动所处的阶段不同，其市场调查的内容也不相同。从研究商品销售的角度来看，市场调查的主要内容包括以下几个方面。

(一)市场基本环境调查

企业的一切生产经营活动都是以市场营销环境为基础的,虽然企业不能对市场营销环境进行控制,但其所制定的营销策略必须与之相适应。企业只有充分认识和利用市场营销环境,密切关注市场营销环境的变化,及时制定和调整经营策略组合,才能不断提升服务目标市场的能力。市场基本环境主要包括政治、法律环境,经济环境,文化环境,科学环境和自然环境等。市场基本环境调查的具体内容可以是市场的购买力水平,经济结构,方针、政策和法律、法规,风俗习惯,科学发展动态,自然条件等各种影响市场营销的因素。

1．政治、法律环境调查

政治、法律环境调查是指对约束企业营销活动的现在和未来的国内、国际的政治态势和走向,以及出台或即将出台的有关方针、政策、法规、条例、规章制度等方面信息的调查。例如,企业要进入国际市场,就必须对 WTO 的有关规则和各国制定的经济法规进行调查和了解。

2．经济环境调查

经济环境调查是指对企业开展营销活动所面临的外部社会经济条件及其运行状况和发展趋势等信息的调查。经济环境对市场活动有着直接的影响。企业对经济环境的调查主要可以从以下几个方面进行。

(1) 经济制度方面的信息。

(2) 经济发展水平信息。

(3) 经济收入信息。

(4) 消费水平信息。

(5) 储蓄与贷款信息等。

3．文化环境调查

每一个地区或国家都有自己传统的思想意识、风俗习惯、思维方式、宗教信仰、价值观等,这些构成了该地区或国家的文化并直接影响人们的生活方式和消费习惯。文化环境调查是指对在一定社会形态下所表现的文化教育、价值观念、审美观念、宗教信仰、道德规范和风俗习惯等方面的各种行为规范的调查。企业进行的营销活动只有适应当地文化和传统习惯,其产品才能得到当地消费者的认可。

4．科学环境调查

科学技术是生产力,科学技术的发展促进了生产力的发展。科学技术的发展会不断给企业原有的经营活动带来威胁,同时会给企业创造出大量的市场机会。现代科学技术从开发到应用的时间大大缩短,从而导致产品更新换代的速度大大加快。由此,产品质量和技术水平的高低日益成为决定许多企业经营成败的关键因素。所以,企业只有对新技术、新工艺、新材料的发展趋势和发展速度、新产品的技术状况以及引进、改造和生产的条件等所有技术环境因素进行大量、细致的调查研究,才能赶上现代科学技术的发展步伐,不断以更新的技术、更新的产品抢占更广阔的新市场。

5．自然环境调查

自然环境决定了企业的生存方式,包括自然资源、地理环境和气候等。自然环境调查的主要内容包括自然资源的调查、地理环境的调查和气候的调查。

（二）市场需求调查

市场需求调查是企业在一定时期和特定的范围内，围绕社会对某商品（或服务）有货币支付能力的购买量的市场调查，又称为市场潜力调查。市场需求调查是企业寻找目标市场、确定生产经营规模和制定营销策略的重要依据，调查内容主要包括消费者为什么购买、购买什么、购买数量、购买频率、购买时间、购买方式、购买习惯、购买偏好和购买后的评价等，可总结为消费需求量调查、消费结构调查和消费者购买动机、行为的调查。

1．消费需求量调查

消费需求量一般会受到两个因素的直接影响。一是人口数量。一般来说，人口数量多，市场规模就大，对产品的需求量必然增加。当然，在考虑需求量时，也要分析人口的属性状况，如年龄、性别、受教育程度等因素。二是支付购买力。在拥有一定的支付购买力的条件下，人口数量与消费需求量密切相关。支付购买力分析的内容主要包括消费者的货币收入来源、数量、需求支出方向以及储蓄情况等。

2．消费结构调查

消费结构是指消费者将其货币收入用于不同产品支出的比例，它决定了消费者的消费投向。对消费结构的调查尤其关注恩格尔系数。恩格尔系数越小，说明消费者用于食品方面的支出越少，而用于其他方面的支出越多。

3．消费者购买动机、行为的调查

购买动机就是为了满足一定的需要而引起的购买行为的愿望和意念。影响消费者购买动机的因素很多，有客观方面的因素，也有主观方面的因素，故对购买动机进行调查难度较大，需要通过直接调查与间接调查相结合来进行。

（三）市场供给调查

企业在生产过程中除了要掌握市场需求情况外，还必须了解整个市场的供给状况。市场供给调查主要包括商品供应来源的调查、商品供应能力的调查和商品供应范围的调查等，具体为某一产品市场可以提供的产品数量、质量、功能、型号、品牌等以及生产供应企业的情况等。

1．商品供应来源的调查

商品供应来源有很多种，对商品供应进行调查，除了要对全部供应的情况进行调查外，还应对影响各种供应来源的因素进行调查。

2．商品供应能力的调查

商品供应能力的调查主要包括以下内容。

（1）企业商品供应能力，包括商品的流转规模、速度、结构状况是否满足市场的需求。

（2）企业设备供应能力，包括设备条件、技术水平和更新状况等。

（3）企业资金供应能力，包括资金来源、构成、分配和使用状况等。

（4）企业员工的工作能力，包括现有员工的数量、构成、素质以及人才储备情况等。

3．商品供应范围的调查

商品的供应范围及其变化会直接影响企业营销目标的变化，商品的供应范围实际上就是企业营销的目标市场。在一定时期内，目标市场的定位是稳定的，但是随着市场环境和消费者需求偏好的变化，企业的目标市场定位也会发生相应的变化。因此，及时调查企业商品供应范围的变化，就可以及时调整企业的营销策略。

（四）市场营销因素调查

市场营销因素调查主要包括产品、价格、渠道和促销的调查。

1. 产品调查

一个企业要想在激烈的市场竞争中求得生存和发展，就必须以消费者的需求为中心，生产和销售可满足消费者需求的产品。所以，企业应了解生产和销售什么样的产品才能满足消费者需求，这对企业制定营销策略至关重要。产品调查的主要内容有市场上新产品开发的情况、产品设计的情况、消费者使用的情况、消费者的评价、产品所处生命周期阶段、产品的组合情况等。

2. 价格调查

在市场经济条件下，价格是影响产品交换的主要因素，价格直接影响企业的产品销售量和利润。因此，通过市场调查制定合理的价格策略对企业营销活动具有重要意义。产品价格调查的主要内容有制约企业价格变动的相关因素、产品需求的价格弹性、各种可能价格制定对产品销售和营销目标的影响、新产品和替代品的价格确定、消费者对价格的接受情况及其对价格策略的反应等。

3. 渠道调查

分销渠道调查是企业从其分销策划的目的出发，对特定的中间商和未来的销售渠道所做的进一步了解。分销渠道调节着生产和消费之间产品和劳务的数量、结构、时间、空间上的矛盾，渠道是否合理将直接影响营销效益。渠道调查的主要内容包括渠道的结构、中间商的情况、消费者对中间商的满意程度等。

4. 促销调查

促销是企业营销活动的重要内容。促销调查不仅能对促销组合诸要素进行运筹规划，形成有效的营销方案，而且能指导促销活动的有效开展。促销调查主要包括各种促销活动的效果的调查，如调查广告实施的效果、人员推销的效果、营业推广的效果和对外宣传的市场反应等。

（五）市场竞争情况调查

竞争可分为直接竞争和间接竞争两种。一般而言，直接竞争是指经营同类或类似产品的企业之间的竞争，间接竞争则是指所经营产品种类不同但用途相同的企业间的竞争。在竞争调查中，需要查明市场竞争的结构和变化趋势、主要竞争对手的情况以及本企业产品竞争成功的可能性，具体主要包括以下内容。

（1）是否存在直接竞争。

（2）主要竞争对手是谁，其占有多少市场份额，生产规模和扩大销售的计划如何。

（3）主要竞争对手的产品在成本、价格方面有何优势和劣势及其对市场的控制能力。

（4）除主要竞争对手外，其他竞争对手的情况。

（5）是否存在间接竞争。

(6) 目前市场上还存在什么样的空白等。

企业只有了解了以上这些情况，做到知己知彼，才能制定出有效的竞争策略。

第四节　市场调查的基本方式

市场调查的基本方式包括市场普查、市场抽样调查、市场典型调查和市场重点调查。其中，市场抽样调查是市场调查中最常用的方式，本书第四章"抽样技术"将做专门介绍，这里仅对其他三种调查方式进行介绍。

一、市场普查

（一）市场普查的概念

市场普查也称市场全面调查，是指对市场调查对象总体的全部单位无一例外地进行调查。市场普查的目的是了解市场的一些至关重要的情况，对市场状况做出全面、准确的描述，为制定相关市场策略提供可靠的依据。市场普查可以在全国范围内进行，也可以在某地区、某部门甚至某企业内进行。

（二）市场普查的特点

市场普查的特点主要表现在以下几个方面。

（1）市场普查资料的准确性和标准化程度比较高。在进行市场普查时，必须遵循的原则包括：① 市场普查项目必须简明。市场普查的调查对象、参与人员众多，组织工作复杂，因此市场普查项目应尽可能简明，这样才能保证资料的准确性。② 市场普查的期限应尽可能统一。在市场普查范围内的各调查单位应尽可能同时进行调查并尽可能在最短期限内完成，以便在方法、步调上取得一致，保证资料的真实性和及时性。市场普查资料的准确性就是通过市场普查过程对各种规定的遵守来实现的。

（2）市场普查最适合用于了解宏观、中观、微观市场的一些至关重要的情况或调查总体的特征。

（3）市场普查花费的人力、物力、财力和时间较多，不宜经常组织。市场普查作为一种全面调查方式，涉及面广、调查工作量大，所以费用较高。只有那些不需要经常进行调查但又需要掌握全面、详细资料的市场现象才需要采用市场普查来完成。

（三）市场普查的方式

市场普查的方式有两种：一种是自上而下成立专门的普查机构，由这个机构组织普查人员对被调查单位进行直接登记；另一种是在各单位的会计统计和业务核算资料、报表资料的基础上，结合实际盘点和实际观察，由被调查单位自己填写调查表，如对某种商品的库存量进行普查就采用这种方式。

二、市场典型调查

（一）市场典型调查的概念

市场典型调查是一种非全面调查，它是根据调查的目的和任务，在对市场调查对象进行初步分析的基础上，有意识地从中选取具有代表性的典型单位进行的调查，其目的是调查同类市场现象的本质和规律性。

在市场调查中，市场典型调查的作用是其他调查方式无法取代的。首先，所选取市场典型单位能最充分、最有代表性地体现出调查对象的共性，较好地反映调查对象总体的一般情况。其次，它只对少数典型单位进行调查，调查范围小，调查单位少，能对典型单位做深入、细致的调查，进行具体剖析。最后，调查的内容具有很强的灵活性。根据需要，调查既可以从事物的数量方面展开，也可以从事物的质量方面展开。

（二）市场典型调查的特点

与其他非全面调查相比，市场典型调查具有如下特点。

（1）典型单位的选择主要取决于调查者的主观判断与决策。典型单位是调查者根据调查的目的与任务，在对调查对象总体进行初步分析的基础上，有意识地选择出来的。显然，典型单位的选择更多地取决于调查者的主观判断与决策。因此，调查人员的经验将影响典型单位的选择。

（2）市场典型调查的结果一般不宜用于推断总体情况。市场典型调查主要是为了探索同类市场现象发展变化的趋势和规律性，不宜据此推断总体情况。

（三）市场典型调查的注意事项

市场典型调查必须注意以下三个问题。

1. 必须正确选择典型单位

正确选择典型单位是保证市场典型调查科学性的关键。典型单位是最具有代表性的单位而非某些特殊市场现象。要做到正确选择典型单位，就不能靠调查者的主观意志，调查者必须根据客观、实际情况，实事求是地选择，以确保调查的客观性。要做到这一点，调查者必须在选择典型单位之前对市场现象的总体情况进行认真分析，要对总体情况有一定的了解，否则就无法判断哪些单位对总体来说具有代表性。选取典型单位的方法大致有两种：一种是从市场调查总体中直接选取代表性单位；另一种是在对市场调查总体进行分类后，从各类中选择典型单位。一般来说，当总体各单位之间无明显差异时，可采用第一种方法；当总体的发展不平衡，各单位之间存在明显差异，而且可以通过这些差异区分各单位时，应采用第二种方法。

2. 必须把调查与研究结合起来

市场典型调查不能仅仅满足于对典型单位的了解，还必须在调查的同时对问题进行深入、细致的研究，研究现象是如何发展、变化的及其未来的发展、变化趋势。只有这样，才能从特殊中认识到一般性，才能达到对市场现象的本质和规律性的认识。

3. 正确应用市场典型调查的结论

市场典型调查的目的是通过对典型单位的调查认识同类市场现象的本质和规律性。能否通过市场典型调查正确认识总体，不仅取决于所选择的典型单位是否具有代表性，还取决于是否正确应用了市场典型调查结论。正确应用市场典型调查结论的关键在于严格区分典型单位所具有的代表同类事物的普遍性和典型单位本身的特殊性，必须对有关方面的内容加以科学的区分和说明，绝不能将市场典型调查的内容都作为普遍性结论。

（四）市场典型调查的优、缺点

市场典型调查的优点包括：调查单位少，可以节省人力、物力、财力；可以深入、全面、细致地研究市场现象的本质和规律性；花费的时间少，可以迅速取得调查结果，比较灵敏地反映市场情况。

市场典型调查的缺点包括：选择典型单位多根据调查者的主观判断，难以完全避免主观随意性；对于调查结论的适用范围，只能根据调查者的初步判断，无法用科学的手段做出准确测定；利用市场典型调查难以对市场现象总体进行定量研究。

在进行市场典型调查时，应扬长避短，在其适用范围内充分发挥其应有的作用。

三、市场重点调查

（一）市场重点调查的概念

市场重点调查是在全部调查单位中，只选择一部分重点单位进行调查，借以了解市场现象总体基本情况的一种非全面调查。所谓重点单位，是指其数量在全部单位数量中只占很小的比重，但其调查的标志值在总体的标志量中占很大的比重，通过对这部分单位进行调查，就能够从数量上反映出总体的基本情况。例如，只要对产量位居全国前列的几家或几十家钢铁企业，如鞍钢、宝钢、首钢、武钢等进行调查，就能及时掌握全国钢铁产量的基本情况。这些重点钢铁企业在全国钢铁企业中虽然是少数，但它们的产量占有很大的比重，因此足以反映我国钢铁生产的基本情况。可见，采用重点调查要比全面调查更能节省人力、物力和时间，同时能及时了解并掌握调查对象的基本情况。

（二）市场重点调查的特点

市场重点调查包括以下几个特点。

（1）调查的目的是掌握和了解市场总体的基本状况，其调查结果虽不是对全部单位的调查结果，但由于重点单位某一标志的标志值在总体标志量中占有很大的比重，因此可以将市场重点调查结果看作对总体基本情况的反映。

（2）由于市场重点调查中重点单位的选择主要取决于所研究现象的主要标志总量的比重，因而其选择不受主观因素影响。

（3）市场重点调查可以节省人力、物力和时间。

（三）选择重点单位的一般原则

正确选择重点单位是组织市场重点调查的关键。重点单位并不是固定不变的，而是随着调查任务、调查对象、调查时间的不同有所变化。因此，要随着情况的变化而随时调整重点单位。

选择重点单位的一般原则如下。

首先，选出的重点单位要尽可能少，而它们的标志值在总体标志量中所占的比重要尽可能大。

其次，市场重点调查的适用对象是总体中确实存在重点单位的市场现象，若总体各单位发展平衡，就不能采用市场重点调查方式。

不同的市场调查方式各有其特点和作用，在实际调查工作中，有时并不是单独使用一种调查方式、方法，而是多种方式、方法结合使用。市场现象的发展情况复杂，因此必须应用多种多样的市场调查方式才能收集到丰富的市场资料。任何一种市场调查方式都有它的优越性和局限性，也有不同的应用条件，所以只用一种市场调查方式是无法满足多种需要的。

第五节　市场调查的原则与程序

市场调查是一个系统收集和分析各种有关市场信息的过程，是一项复杂而细致的工作。为了保证市场调查工作的顺利开展，企业必须遵循一定的原则并建立一套科学的调查程序。

一、市场调查的原则

（一）客观性原则

客观性原则就是要求在市场调查中，对于每一个要素或环节，都必须真实、准确地描述其特征，排除调查者个人的主观倾向和偏见的影响。只有获得真实、准确的市场调查信息，才能有效地为制定经营管理决策提供信息支持。

（二）时效性原则

时效性原则就是要求在市场调查过程中做到按调查设计的时间进程，及时收集、整理和分析资料，及时反映目标市场情况，及时依据信息资料进行营销决策，抓住时机，赢得市场营销活动的主动权。在市场调查中，无论多么准确的市场信息资料，如果不能迅速地反馈给企业，也会降低或失去资料的价值，使企业错失良机。

（三）准确性原则

市场调查收集到的资料必须体现准确性原则，对调查资料的分析必须实事求是，要尊重客观实际，切忌以主观臆造代替科学分析。同样地，片面的、以偏概全的做法也是不可取的。要使企业的经营活动在正确的轨道上运行，就要有准确的信息作为依据，这样才能瞄准市场、看清问题、抓住时机。

（四）系统性原则

市场调查的系统性表现为应全面收集有关企业生产和经营方面的信息资料，市场调查人员既要了解企业的生产和经营实际,又要了解竞争对手的有关情况;既要认识到企业内部的机构设置、人员配备、管理素质和方式对经营的影响,又要调查社会环境等各方面因素对企业和消费者的影响程度。

(五)全面性原则

全面性原则就是要求在进行市场调查时要全面地收集有关企业生产和经营方针方面的信息资料,不能单纯就事论事地进行调查。企业进行的市场调查是对目标市场各种现象、信息的收集,而市场现象又与其他社会现象有着千丝万缕的联系,各种现象之间相互联系、相互影响。因此,在进行市场调查时,必须坚持全面性原则,对市场现象发展变化的全过程进行系统调研,全面反映市场现象及其特征,为企业展开市场策划提供系统的信息资料。

(六)经济性原则

经济性原则就是要求在进行市场调查时必须考虑经济效果,本着节约的原则,以尽量少的耗费获得最全面的市场调查资料。市场调查是一项系统工程,要耗费一定的人力、物力和财力,所以在进行市场调查时,必须根据调查的目的选择适当的调查方式,力争用较少的费用获取更多、效果更好的资料。

(七)科学性原则

科学性原则就是要求在进行市场调查时,要运用科学的方法定义市场调查课题,界定市场调查的内容和项目,设计市场调查方案,对市场信息的收集、整理、分析等都应充分体现科学性。市场调查不是一项单纯收集市场信息的活动,为了保证在调查时间和经费许可的情况下获取最准确的市场信息,必须对调查的全过程进行科学的安排和整体策划。只有这样,市场调查的结果才能为企业制定经营管理决策发挥应有的作用。

(八)保密性原则

市场调查的保密性原则体现在为客户保密。任何市场调查公司以及从事市场调查的人员都必须对调查所获得的信息保密,不能将信息泄露给第三者。如果将信息泄露出去,不仅有可能损害客户的利益,也会损害市场调查公司或调查人员自身的信誉。

二、市场调查的程序

市场调查由一系列收集和分析市场信息的步骤组成。某一步骤做出的决定可能影响后续步骤,某一步骤所做的任何修改往往意味着其他步骤也可能需要修改。市场调查的课题不同,其调查的具体程序也就不尽一致,但一般来讲,一项正式的市场调查大致可分为五个阶段,即市场调查的准备阶段,市场调查活动的策划阶段,市场调查的实施阶段,市场调查资料的整理、分析阶段,市场调查报告的撰写阶段。

(一)市场调查的准备阶段

这一阶段是市场调查的开始阶段,准备工作的好坏直接影响市场调查任务是否能顺利完成以及调查质量的好坏。市场调查准备阶段的主要任务是明确调查目的，选择调查课题并提出假设。

市场调查的主要目的就是收集与分析市场信息以帮助企业更好地做出决策，减少决策的失误，因此决策人员和调查人员首先要认真地确定调查的目标。在任何一个问题上都存在着许许多多可以调查的事情，如果不对所调查问题做出清晰的定义，那么收集信息的成本可能会超过调查提出的结果的价值。例如，某公司发现其销售量连续下降，管理者想知道真正的原因是什么。是经济衰退、广告支出减少、消费者偏好转变还是代理商推销不力？对此，市场调查人员应先分析有关资料，然后找出调查的问题并进一步做出假设，提出调查目标。假如调查人员认为销售量下降问题是源于消费者偏好转变，可进一步分析，提出若干假设，如消费者认为该公司产品设计落伍或竞争产品品牌的广告设计更佳。

提出假设、确定调查目标的主要目的是限定调查的范围，可从调查所得出的资料来检验所提出的假设是否成立。

（二）市场调查活动的策划阶段

市场调查是一项有目的的、按计划进行的市场活动，因而在进行正式调查之前，有必要根据市场调查的目的和任务进行调查活动的策划，以保证调查活动的顺利开展。市场调查活动策划的主要任务包括确定调查目标、确定调查对象和调查单位、确定调查项目、确定收集资料的方式、进行抽样设计、调查经费的预算、调查日程的安排、调查组织机构的建立等。

调查目标就是调查所要达到的具体目的，如消费者对某公司产品及其品牌的态度、消费者对某公司产品价格的看法、某品牌的电视广告与竞争品牌的广告给消费者留下的印象、不同社会阶层对某品牌及其竞争品牌的态度等。在确定调查目标后，就要拟订调查方案。调查方案是对某项调查本身的具体计划，目的是使调查工作有计划地进行，主要包括调查的具体对象，调查范围，调查方式和方法的确定，调查资料的收集、整理方法等内容，详细内容见第二章"市场调查的设计"。

（三）市场调查的实施阶段

此阶段的主要任务是按照市场调查活动策划要求，采用一定的调查方式、方法，收集有关市场信息资料，开展实际调查活动。收集数据要按照统一的规定和程序进行，以保证数据收集的准确性。

在市场调查实施阶段，所收集的市场信息资料可分为两大类：一类是一手资料（原始资料），另一类是二手资料。一手资料是调查人员自己采用各种市场调查方式对市场信息进行收集、整理、分析的结果。收集一手资料的常用方法有访问调查法、观察调查法、实验调查法等。一手资料的实用性强、可信程度高，但取得一手资料需要耗费较多的费用和时间。二手资料是调查人员从别人组织和收集的各种调查资料中摘取和整理出来的有关市场或与市场有紧密联系的资料。二手资料一般采用文案调查法获取，其主要特点是节省费用，但实用性没有一手资料强，往往需要对资料进行再次整理。

（四）市场调查资料的整理、分析阶段

这一阶段就是对收集的市场信息资料进行整理、分析，其目的是科学地解释所收集的

大量信息资料并得出结论。

在市场调查活动中所获得的信息资料是零散的、杂乱无章的，必须经过系统的整理才能为调查所用。资料整理的好坏直接影响调查资料的分析质量和调查结论的准确性。

整理阶段首先要对调查资料进行审核，即对调查资料的完整性、正确性、真实性进行审核，如发现问题应及时纠正。在全面审核调查资料的基础上，要按照调查目的对资料进行分类、汇总。在分类、汇总过程中，要注意区分同质性资料和差异性资料，分类的方法要科学。手工汇总是一项繁杂的工作，可借助计算机进行处理，将所有信息资料转化成计算机能够识别的语言，这样可快速、有效地完成汇总工作。有关汇总技术将在第五章做详细介绍。

分析阶段要采用科学的方法对分类、汇总资料进行综合分析，总结调查资料所反映出的市场发展变化的规律，揭示客观事物的内在矛盾和联系，从中挖掘出符合市场实际的调查结论，为撰写调查报告奠定基础。进行资料的分析要做好两个方面的工作，即统计分析和理论分析。统计分析又包括两个方面的内容，即描述统计和推断统计。资料分析结果应编制成统计表或统计图，方便使用者了解分析结果，还应将结果以百分比与平均数形式表示出来，方便使用者对比。不过各种资料的百分比与平均数之间的差异是否真正有统计意义，应使用适当的统计检验方法来鉴定。对市场资料还可运用相关分析、回归分析等统计方法来分析。

（五）市场调查报告的撰写阶段

调查资料分析完成后，调查人员必须撰写调查报告，得出调查结论并提出建议，这是整个调查过程的关键环节。调查人员必须就调查项目进行书面和口头报告。市场调查报告是对市场调查做全面总结的书面报告，是通过文字、图表等形式表现调查结果、研究结论、行动建议等以及足够证明这些调查研究结果可靠可信的过程记录，可使信息使用者对调查的市场现象和所关心的问题有系统的了解和认识。有关市场调查报告的撰写将在第六章做详细介绍。

 案例思考与讨论

【案例1-1】　　　　ZARA（飒拉）的快速反应能力和时尚捕捉能力

当电影或电视媒体中出现新的流行元素时，ZARA只需几天就可以完成对歌手的装束或顶级服装大师创意作品的模仿。ZARA在快速消费品领域里创造了一个供应链的"神话"——ZARA每年设计1.8万个新样式，平均每2～3周就有新款上架，它可以做到7天生产、14天下柜、30天上柜。

与之相匹配的是ZARA的设计速度，几百名设计师默默无闻地工作，平均20分钟就可以设计出一件衣服，速度是H&M的4～6倍。ZARA对时尚的反应能力无人能及，那么ZARA是如何精准地搜集到这些碎片化的时尚元素的呢？

这要归功于ZARA的大数据库系统。IT系统已部署到ZARA的每个门店，每个门店都有自己的货单。庞大的大数据库在产品设计、市场反应等方面为 ZARA 带来了极大的帮助。门店经理负责查看店中的货品销售情况，然后根据下一周的需求向总部订货。总部通过互联网把这些信息汇总后发给西班牙的工厂，以最快的速度生产和发货。门店经理自己决定应该进什么货。ZARA 对门店经理的考核标准是看其所属门店的销售量有没有上升，如果出现货品积压，就由门店经理为这些库存买单。

ZARA 还有一个全天候开放的"数据处理中心"。每一个零售网点都可以通过该系统追踪销售数据。此外，顾客的反馈也能在这个系统上反映出来，ZARA 能够很快地发现哪些款好卖、哪些款滞销。走进 ZARA 店内，柜台和店内各角落都装有摄影机，门店经理随身带着 PDA。当客人向店员反映"这个衣领的图案很漂亮""我不喜欢口袋的拉链"等信息时，ZARA 的内部全球资讯网络就会将它们传递给总部设计人员，由总部做出决策后立刻传送到生产线，改变产品样式。顾客对于时尚的需求是变化的，从店铺收集的资料是具有时效性的，因此，这也就意味着设计师不再对设计起决定性作用，而是需要洞察消费者的心理需求，这是一种"倒行逆施"的设计理念。

ZARA 的物流也是一个大数据库中心。长约 20 千米的地下传送带将 ZARA 的产品运送到西班牙拉科鲁尼亚的货物配送中心，该中心拥有非常成熟的自动化管理软件系统。为了确保每一笔订单准时到达目的地，ZARA 借用光学读取工具进行产品分拣，每小时能挑选并分拣超过 6 万件服装。物流中心的运输卡车依据固定的发车时刻表，不断开往欧洲各地。ZARA 还有两个空运基地，通常欧洲的连锁店可以在 24 小时之内收到货物，美国的连锁店需要 48 小时，日本则需要 48~72 小时。在信息化手段的干预下，ZARA 出货的出错率不足 0.5%。ZARA 这种快速、灵敏的反应能力是许多时尚品牌和零售商都难以企及的。

资料来源：索博客科技深圳有限公司. ZARA 和它的大数据王国[EB/OL].（2016-04-22）[2022-04-11]. http://mp.weixin.qq.com/s/KRCmQmHB5Dp0NLcTyydiKQ.

思考与讨论问题

在本案例中，ZARA 的哪些行为体现了市场调查？特征是什么？对我国企业的市场调查有什么启示？

思考与练习题

1. 市场调查的含义和特征是什么？
2. 市场调查有何作用？
3. 市场调查的内容包括哪些？
4. 市场调查的原则有哪些？
5. 市场调查的基本方式有哪些？它们各有何特点？
6. 简述市场调查的程序。
7. 国内某生产尿不湿的大型企业，客户遍及全国各地。近年来，企业竞争越来越激烈，为此，该企业决定重新确定市场定位和营销策略，这就需要进行一次市场调查。这次调查的精确度要求较高，时间和经费比较宽裕。该公司应如何确定这次调查的主要内容？

8. 近年来，随着各种网络零售业态的快速发展，我国新零售业态呈逐年增长趋势。国家统计局公开资料显示，2021 年，全国网上零售额为 130 884 亿元，比 2020 年增长 14.1%。其中，实物商品网上零售额为 108 042 亿元，同比增长 12.0%，占社会消费品零售总额的比重为 24.5%。统计数据分析结果再一次验证了我国零售业发展正处于新、旧发展动能转变之中，以网络零售和连锁零售企业为代表的新零售业态正在崛起。以便利店为例，其提供了传统百货商店所不具有的空间便利性，提升了零售物流"最后一公里"的效率，更加贴近消费者。

消费者优先化是新零售最根本的特征。消费者优先化的突出表现就是"消费决定生产"，也就是根据消费者需求来决定产品，满足消费者的个性化需求，避免了盲目生产造成的产品积压，有利于形成良性的生产销售模式，使企业更好地把握供求。

某社区一家新零售便利店为了分析该社区消费者对新零售的态度，展开了市场调查，为保证数据的客观性与有效性，该便利店选择网上问卷、在线下新零售门店附近发放问卷的方式进行调查。调查共分为三个阶段：第一个阶段是小规模调查，小组内成员讨论设计问卷，结合新零售现状和发展的影响因素，经优化后得到相关变量指标；第二阶段是在网络上发放 100 份调查问卷，在线下发放 200 份问卷；第三阶段是对问卷进行数据整合，再利用软件进行数据挖掘与分析，从而探索变量间的规律性。

问题：请根据上述背景资料叙述该次市场调查的操作步骤。

本章学习资源

案例分析提示

本章PPT

第二章 市场调查的设计

学习目标

1. 了解调查方案设计的意义。
2. 熟悉调查方案设计的主要内容。
3. 了解问卷的构成及设计程序。
4. 熟悉问卷设计的技巧。
5. 熟悉量表的几种类型及应用。

第一节 市场调查方案的设计

"凡事预则立，不预则废。"市场调查方案设计就是根据调查研究的目的，恰当地确定调查客体、调查内容，选择合适的调查方式和方法，确定调查时间，进行经费预算并制订具体的调查组织计划。简而言之，就是根据调查研究的目的和调查对象的性质，在进行实际调查之前，对调查工作的各个方面和各个阶段进行通盘考虑和安排，提出相应的调查实施方案，制定出合理的工作程序。

市场调查的范围可大可小，但无论是大范围的调查工作，还是小范围的调查工作，都会涉及相互联系的各个方面和全部过程。这里所讲的调查工作的各个方面是指调查所涉及的各个组成项目。例如，对某咖啡品牌的竞争力进行调查时，就应该将作为主要竞争对手的咖啡品牌的经营理念、质量、价格、服务、特色等作为一个整体，对各种相互区别又有密切联系的调查项目进行整体考虑，避免调查内容出现重复和遗漏。这里所说的全部过程是指调查工作所需经历的各个阶段和环节，即调查对象的确定，调查资料的收集、整理和分析等。只有事先做出统一的考虑和安排，才能保证调查工作有秩序、有步骤地顺利进行，减少调查误差，提高调查质量。

市场调查方案的设计是对调查工作各个方面和全部过程的通盘考虑，涉及调查工作的全部过程。市场调查方案是否科学、可行关系到整体调查工作的成败。市场调查方案设计的主要流程如图 2-1 所示。

图 2-1 市场调查方案的设计流程

一、确定调查目的

确定调查目的就是明确在调查中要解决哪些问题、通过调查要取得什么样的资料、取得这些资料有什么用途等问题。衡量一项调查是否科学，主要就是看其方案设计是否符合调查目的的要求以及是否符合客观实际。例如，2020年我国第七次人口普查的目的就十分明确，即"全面查清我国人口数量、结构、分布、城乡住房等方面情况，为完善人口发展战略和政策体系，促进人口长期均衡发展，科学制定国民经济和社会发展规划，推动经济高质量发展，开启全面建设社会主义现代化国家新征程，向第二个百年奋斗目标进军，提供科学准确的统计信息支持"。

二、确定调查对象和调查单位

明确了调查目的之后，就要确定调查对象和调查单位，这主要是为了解决向谁调查和具体由谁来提供资料的问题。明确调查对象就是根据调查目的、任务确定调查的范围及所要调查的总体。调查对象是由在某些性质上相同的许多调查单位所组成的。调查单位（或称调查单元）就是所要调查的社会经济现象总体中的个体，即调查对象中的具体单位，它是调查实施中需要具体提供各个调查项目资料的对象。例如，为了了解某市各房地产公司的经营情况及存在的问题，需要对全市房地产公司进行全面调查，则该市所有房地产公司是调查对象，每一个房地产公司都是调查单位。

在确定调查对象和调查单位时，应该注意以下三个问题。

（1）由于市场现象具有复杂多变的特点，因此在许多情况下，调查对象比较复杂，必须以科学的理论为指导，严格规定调查对象的含义并划清它与其他有关现象的界限，以免造成调查实施时由于界限不清而发生差错。例如，以规模以上工业企业为调查对象，就应该明确规模以上工业企业的含义，厘清规模以上工业企业与中小企业的区别。

（2）调查单位的确定取决于调查目的和对象，调查目的和对象变了，调查单位也要随之改变。例如，在调查规模以上工业企业职工家庭基本情况时，调查单位就不再是每一个规模以上工业企业，而是每一户职工家庭。

（3）不同的调查方式会产生不同的调查单位。如果采取普查方式，调查总体内所包括的全部单位都是调查单位；如果采取抽样调查方式（绝大多数情况下），则用各种抽样方法抽出的样本单位就是调查单位。为此，要明确地给出具体的抽样设计思路。

三、确定调查项目

调查项目是指对调查单位所要调查的主要内容，确定调查项目就是要明确向被调查者了解什么问题，也是问卷设计的前期工作。例如，在大学生消费情况调查中，大学生的性别、年级、专业、家庭人均收入、月生活费金额、生活费的主要来源、消费方式等就是反映大学生消费状态的标志，即市场调查组织者和实施者需要调查的内容。

在确定调查项目时，除了要考虑调查目的和调查对象的特点外，还要注意以下几个问题。

(1)确定的调查项目应当既是调查任务所需的,又是能够取得答案的。凡是调查任务所需又是可以取得答案的项目,要充分满足,否则不应列入。

(2)项目的表达必须明确,要使答案具有确定的表示形式,如数字式、是否式或文字式等,否则会使被调查者产生不同理解而得出不同的答案,造成汇总时的困难。

(3)确定调查项目应尽可能做到项目之间相互关联,使取得的资料相互对照,以便了解现象发生变化的原因、条件和后果,便于检查答案的准确性。

四、确定调查方式和调查方法

在调查方案中,要规定采用什么调查方式和方法取得调查资料。在调查时,采用何种方式、方法不是固定和统一的,而是取决于调查对象和调查任务。调查方式有普查、抽样调查、重点调查和典型调查等。调查的方法有很多种,如入户调查、电话调查、邮寄调查、网络调查等。一般来说,调查的方法应该适应调查课题的需要,但同一个调查课题可以采用不同的调查方法,同一调查方法也可以适用于不同的调查课题。因此,如何选择最适当、最有效的调查方法是设计调查方案的重要内容。

例如,在大学生消费情况的调查中,可采用分层随机抽样法:先按其住宿条件的不同分为两层(住宿条件基本上能反映各学生的家庭经济条件)——公寓学生与普通宿舍学生,然后再进行随机抽样。同时,以访谈为辅助调查方法。在市场经济条件下,为准确、及时、全面地获得市场信息,尤其应注意多种调查方式的结合运用。

五、确定调查资料的整理、分析方法

采用实地调查方法收集的原始资料大多是零散的、不系统的,只能反映事物的表象,无法深入研究事物的本质和规律性,这就要求对大量原始资料进行加工、汇总,使之系统化、条理化。目前这种资料处理工作一般借助计算机进行,在设计中也应对此予以考虑,包括确定是采用定性分析方法还是采用定量分析方法;当采用定量分析方法时,需采用何种操作程序以保证必要的运算速度、计算精度及满足特殊目的。

随着经济理论的发展和计算机的运用,涌现了诸多数据分析软件供人们在定量分析时使用,如 Excel、SPSS、SAS、R 软件等,以及被广泛应用于大数据和人工智能领域的 Python。同时,越来越多的现代统计分析手段可供人们选择,如回归分析、相关分析、聚类分析等。每种分析技术都有其自身的特点和适用性,因此调查人员应根据调查的要求选择最佳的分析方法并在方案中加以规定。

六、确定调查时间和调查期限

调查时间是指调查资料所属的时间。如果所反映的现象是时期现象,则调查时间就是资料所属的起止时间;如果调查的是时点现象,调查时间就是统一规定的调查资料所属的标准时点。调查期限是进行调查工作的期限,包括收集资料和报送资料的整个工作过程所需要的时间。例如,某企业进行设备调查,要求了解 7 月 1 日的设备状况,调查登记工作从 7 月 1 日开始持续到 7 月 15 日结束，则 7 月 1 日就是调查时间，而 7 月 1 日至 7 月 15 日就是调查期限。

调查期限是调查工作从开始到结束的整个工作过程的时间，包括从调查方案设计到提交调查报告的整个工作进度，其目的是使调查工作及时开展、按时完成。为了提高信息资料的时效性，在可能的情况下，调查期限应尽可能缩短。

不同的调查课题、调查方法有不同的最佳工作时间。例如，对于入户调查，最好在晚上和休息日进行，这时家中有人的概率大，调查成功率高。若采用观察法掌握超市的人群流量，为了使样本具有较好的代表性，应选择不同的时间段。一天当中不同的时间范围内，人群流量存在很大的差异，在一周当中，工作日和休息日的人群流量也有很大的不同。只有对观察的时间段进行精心设计，才能取得科学、合理的推断结果。另外，调查的方法和规模不同，调查工作的周期也不同。例如，邮寄调查、大规模入户调查的周期通常比较长，而电话调查的周期较短。因此，对于调查时间和进度安排，事先应有周密的计划。

通常一个市场调查项目的进度安排大致要考虑以下几个方面的内容。

（1）总体方案论证、设计。
（2）抽样方案设计。
（3）问卷设计、测试、修改和定稿。
（4）调查员的挑选与培训。
（5）调查实施。
（6）数据的整理、录入和分析。
（7）调查报告的撰写。
（8）有关鉴定、发布会和出版。

七、确定调查经费预算

市场调查费用的多少通常视调查的范围大小和难易程度而定。不论何种调查，费用问题总是十分重要和难以回避的，故对费用的估算也是市场调查方案的内容之一。通常情况下，市场调查中实施调查阶段的费用占调查经费预算的 40%左右，而实施前期的计划准备和后期分析报告阶段的费用则分别占 20%和 40%左右。在进行经费预算时，一般需要考虑以下几个方面的费用。

（1）调查方案设计费。
（2）抽样设计费。
（3）问卷设计费（包括测试费）。
（4）问卷印刷、装订费。
（5）调查实施费（包括培训费、交通费、调查员和督导员的劳务费、礼品费和其他费用）。
（6）数据编码、录入费。
（7）数据统计分析费。
（8）调查报告撰写费。

(9) 办公费用。
(10) 其他费用。

八、确定调查报告的内容和提交方式

调查报告的内容主要包括调查目的、调查方法、调查结果分析、建议、附件等。调查报告提交的方式是指市场调查组织者和实施者以何种形式向用户提交调查报告以及调查报告书的形式和份数，较常用的提交方式一般有电子资料方式、光盘资料方式、纸质资料方式等。

九、制订详细的调查组织计划

调查的组织计划主要是调查实施过程中的具体工作计划，如各工作环节的人员配备与工作目标、调查的质量控制措施、调查员的挑选与培训等。

对于规模较大的调研机构，调查的组织计划要体现并处理以下几种关系：① 方案设计者、数据采集者、资料汇总处理者以及资料开发利用与分析者的相互关系；② 调查中的人、财、物各因素的相互关系；③ 调查过程中各环节、各程序、各部门之间的相互关系。这些关系处理得好，任务的安排就能做到科学、合理、平衡和有效。

需要说明的是，上面所列举的九个方面的调查设计内容并没有穷尽调查设计的全部。完整的调查设计包括更多的内容，如问卷设计、抽样设计都在调查设计范畴之内。由于问卷设计和抽样设计具有特殊性，将分别在本章第二节和第四章对两者进行讨论。另外，上述九个方面的内容也是相互作用、相互影响的。对于不同的调查项目，调查设计不同内容的次序也并非完全一样。设计人员在具体进行市场调查设计时，需要灵活地、创造性地对上述内容加以应用。

第二节 问卷的设计

问卷作为国际通用的调研工具和作业方式，在我国也越来越流行，尤其是随着市场调研、咨询公司如雨后春笋般出现，它被广泛应用于社会调研、经济调研和民意调研等各个领域。同时，问卷也是将定性问题转化为定量分析的重要手段，因此对问卷设计的研究十分必要。

问卷设计是市场调查的关键环节，对调查质量有重大影响。问卷设计有缺陷不仅会影响市场调查的其他环节，甚至有可能导致整体调查的失败。另外，问卷设计所涉及的知识十分广泛，需要很多的技巧，问卷既要满足调查的需要，又要照顾被调查者的感受；既要有科学性，又要有艺术性。因此，设计出一份高质量的调查问卷非常重要，难度自然也较大。不同类型的调查项目对问卷的要求差别很大，不存在一种适用于各类调查内容和各种调查方式的特定问卷模式，但仍有一些共同的基本原则可循。本节主要介绍问卷设计的基础、问卷设计的程序和技巧、量表设计以及问卷的测试等内容。

一、问卷设计的基础

（一）问卷的概念和作用

1. 问卷的概念

问卷又称调查表，它是调查人员依据调查目的和要求以一定的理论假设为基础提出来的，由一系列"问题"和备选"答案"及其他辅助内容所组成的向被调查者收集资料和信息的工具。它被广泛应用于统计学、经济学、管理学、社会学、心理学等领域，是市场调查中用于收集资料的基本工具之一。

2. 问卷的作用

问卷作为提问、记录和编码的工具，其作用主要体现在以下几个方面。

（1）将问题具体化。问卷将所需信息转化为被调查者可以回答并愿意回答的一系列具体的问题，便于记录被调查者的回答，利于编码。

（2）减少计量误差。问卷可引导被调查者参与并完成调查，减少由被调查者引起的计量误差；使调查人员的提问标准化，减少由调查人员引起的计量误差。

（3）节省调研时间。使用问卷调查，无须由调查人员就调查目的向被调查者做详细的解释，也可以避免在双方交谈中，谈话游离于主题之外的现象。调查人员只需对被调查者稍做解释，说明意图，被调查者即可答卷。

综上，问卷设计的目的就在于设计一份理想的问卷，既能描述出被调查者的特征（性别、年龄、职业、收入等），又能测度出被调查者对某一社会经济事物的态度，并且能在一定条件下以最小的计量误差得到所需的所有数据。

（二）问卷的类型和结构

1. 问卷的类型

问卷的设计必须与调查目的、调查要求、调查主题、调查对象以及调查方式相适应，因而不同的调查目的、调查对象和调查方式适用不同的问卷类型。具体可按调查方式、问卷填答方式做如下分类。

（1）根据调查方式的不同，问卷可分为电话调查问卷、计算机辅助电话调查问卷、入户访问调查问卷、网上调查问卷等。

电话调查问卷是指借助电话的形式来完成的一种问卷，即选取被调查者的样本，通过人工拨号询问被调查者一系列的问题，调查员记录被调查者的答案，调查员被集中在某个场所或专门的电话访问间，在固定的时间内进行工作，督导现场管理。电话调查问卷主要适用于一些简单的访问，时长一般不超过 10 分钟。

计算机辅助电话调查问卷是使用一份按计算机设计方法设计的问卷，用电话向被调查者进行访问。计算机问卷可以利用大型机、微型机或个人计算机设计生成，调查员坐在 CRT 终端（与总控计算机相连的带屏幕和键盘的终端设备）对面，头戴小型耳机式电话完成访问。CRT 代替了问卷、答案纸和铅笔。通过计算机拨打所要访问的号码，电话接通之后，调查员读出 CRT 屏幕上显示出的问题并直接用键盘将被调查者的回答（用号码表示）记入计算机的记忆库。

入户访问调查问卷是指调查员到被调查者的家中或工作单位调查，直接与被调查者接触，然后利用结构式问卷进行访问并记下被调查者的答案的一种问卷方式。入户访问调查是国内目前最常用的方法。调查的户或单位是采用随机抽样原则抽取的，入户调查的对象抽取也有一定的法则。入户调查是概率抽样，样本对总体的代表性可以通过抽样误差来表示。

网上调查问卷是伴随互联网发展而出现的一种新的调查问卷方式。它借助网上的用户资源，对相关用户进行随机调查以获取相关信息，具有较强的针对性且成本较低，但真实性不是很高。

（2）根据问卷的填答方式不同，问卷可分为自填式问卷和代填式问卷。

自填式问卷即由被调查者自己填答的问卷，主要适用于邮寄调查、宣传媒体发放的问卷调查、网上调查以及派员送发问卷调查等；代填式问卷是由调查员根据被调查者的口头回答来填写的问卷，主要适用于派员访问调查、座谈会调查以及电话调查等。

这两类问卷的使用者不同，自填式问卷由被调查者使用，代填式问卷则由经过专业培训的调查员使用，所以两类问卷在具体结构、问题类型、措辞以及版式等方面都有所不同。一般来说，自填式问卷要求格式清晰、问题简单、说明详细，侧重于被调查者能够接受并正确理解和填答问卷；而代填式问卷更注重问卷的实地处理。

2．问卷的结构

问卷一般由标题、开头部分、甄别部分、主体部分和背景部分组成。

（1）标题。问卷的标题是对调查主题的概括说明，可使被调查者大致了解要回答的问题类型。例如，"大学生消费情况调查问卷"一看便知是有关大学生消费问题的；"2020届毕业生就业状况调查问卷"肯定是有关2020届毕业生就业问题的。在确定问卷标题时，要使标题的表达简明扼要，点明调查主题，但不要过于笼统或雷同。

（2）开头部分。问卷的开头部分一般包括问候语、填表说明和过程性记录。

① 问候语。问候语又称卷首语，设计问候语的目的是引起被调查者的重视，消除被调查者的疑虑，激发被调查者的参与意识，以争取得到被调查者的合作，因此问候语的语气应该亲切、诚恳、有礼貌。问候语的内容一般包括称呼、问好、自我介绍、调查内容、责任交代、保密承诺、配合请求、致谢等，不能拖沓冗长，以免引起被调查者的反感。问候语的内容和措辞恰当可以降低拒访率，提高调查结果的可靠性和有效性。反之，则可能导致拒答率增高，从而增加调查成本，甚至引起偏差和误差，影响调查结果。

例如，下面是一份"公众医疗保险问卷"的问候语。

_____女士/先生，您好！我是北方市场调查公司的访问员，我们正在进行一项有关公众医疗保险意识的调查，目的是了解人们对医疗保险的看法和意见。您的回答无所谓对错，只要是您真实的情况和看法即可，我们对您的回答将完全保密，可能要耽搁您20分钟左右的时间，请您配合，谢谢您的支持！

北方市场调查有限公司
××××年××月××日

② 填表说明。填表说明主要告诉被调查者如何填写问卷以及应注意的事项等。目的在于规范被调查者对问卷的回答。填表说明可以集中放在问卷前面，也可以分散到各有关问

题之前。尤其是自填式问卷,填表说明一定要详细、清楚,而且格式、位置要醒目。否则,即使被调查者理解了题意,也可能回答错误,引起数据偏差或误差。例如,可能造成单选题回答成多选、排序题回答成选择题、跳答处没有跳答等问题。

例如,下面是一份自填式问卷的填表说明。

填表说明:

A．凡符合您的情况和想法的项目,请在相应的括号中画"√";凡需要具体说明的项目,请在_____上填写内容。

B．每页右边的阿拉伯数字和短横线是计算机处理时用的,不必填写。

C．请回答所有问题。如有一个问题未按规定回答,整个问卷即成废卷。

③ 过程性记录。过程性记录主要用于识别问卷、访问员、被访者地址等,可用于检查访问员的工作,防止舞弊行为,便于校对检查、更正错误等。过程性记录的主要内容有问卷编号、被调查者姓名、被调查者地址、被调查者联系方式、访问员姓名、访问员编号、具体访问时间、核查人、核查时间、录入人、地域编号、类别编号、其他环节负责人编号等。

例如,下面是一份自填式问卷的过程性记录。

受访者姓名(请签名):_____
受访者地址:_____
受访者电话:_____
访问员姓名:_____访问员编号:_____访问日期:_____
开始时间:_____结束时间:_____核访日期:_____

(3)甄别部分。甄别部分也称问卷的过滤部分,也就是先对被调查者进行筛选,过滤掉非目标对象,然后有针对性地对特定的被调查者进行调查。通过甄别,一方面可以过滤掉与调查事项有直接关系的人,以达到避嫌的目的;另一方面可以确定哪些人是合格的调查对象,然后对其展开调查,使调查研究更具有代表性。

甄别的目的是确保被调查者合格,能够作为该项调查的代表。甄别的主要任务是过滤掉两类不合格者:第一类是常规禁止被调查者,如广告、公关机构从业者,调查研究机构从业者,电视、广播、报纸等机构从业者;第二类是特定禁止被调查者,如与调查内容利益相关的单位机构从业者、某些特征如户籍、年龄、职业、收入、受教育程度、家庭类型、民族等,不符合要求者。

例如,下面是一份关于轿车使用情况的自填式问卷的甄别部分内容。

S1　请问您或您的家人有没有在下列行业工作的呢?

1．广告、公关机构

2．市场研究、咨询、调查机构

3．电视、广播、报纸等媒介机构

4．轿车制造

5．轿车批发、零售——有以上情况即终止访问

6．以上皆无——继续访问

S2　您在近半年内是否接受过同类调查?

1．是——终止访问

2．否——继续访问

S3　请问您的年龄是：

1．20岁以下——终止访问

2．20～30（含）岁

3．31～40（含）岁

4．41～50（含）岁

5．50岁以上——终止访问

（4）主体部分。问卷的主体部分是调查主题的具体化，是问卷的核心部分，其内容主要包括调查所要了解的问题和问题对应的备选答案。这部分内容设计的好坏是调查者能否很好地完成信息收集、实现调查目标的关键。

（5）背景部分。背景部分主要包括有关被调查者的一些背景资料，通常放在问卷的最后。例如，在消费者调查中，背景资料包括消费者的性别、年龄、婚姻状况、文化程度、职业、收入等；在企业调查中，背景资料包括企业名称、企业类型、所有制性质、商品销售额、利润总额、职工人数等情况。可以按照调查的项目对调查资料进行分组、分类，方便后期的统计分析。

例如，下面是一份"企业市场营销调查问卷"中所列的背景内容。

请填写您所在企业的基本情况：

A．企业名称：＿＿＿＿＿＿＿＿＿＿＿＿＿＿＿＿＿＿＿＿＿＿

B．企业类型：大（　　）　中（　　）　小（　　）

C．所有制性质：＿＿＿＿＿＿＿＿＿＿＿＿＿＿＿＿＿＿＿＿

D．企业通信地址：＿＿＿＿＿＿＿＿＿＿＿＿＿＿＿＿＿＿

E．2020年销售额：＿＿＿＿＿＿＿＿＿＿＿＿＿＿＿＿＿＿

F．2020年利润总额：＿＿＿＿＿＿＿＿＿＿＿＿＿＿＿＿＿

G．职工人数：＿＿＿＿＿＿＿＿＿＿＿＿＿＿＿＿＿＿＿＿

（三）问卷设计的原则

毋庸置疑，问卷设计是一门科学，也是一门艺术。在设计问卷时，设计者要具有一定的技巧性、灵活性和创造性。虽然问卷类型、问卷内容各异，不同设计者也有不同的设计风格，但都需要满足问卷设计的根本要求，即在一定成本下获取最小误差的有效数据。这一要求体现在问卷设计的五个基本原则上。

1．功能性原则

功能性原则是问卷设计最基本的原则，即实现问卷的基本功能，达到规范设计和满足调查客户需求的目的。这一原则具体表现在一致性、完整性、准确性和可行性等方面。

2．可靠性原则

可靠性原则是指作为数据收集工具的问卷，应保证数据在一定的条件下维持稳定性。具体来说，即调查者、被调查者和调查环境的不同都可能引起数据波动，问卷应具有一定的稳定性，以减少这三方面的干扰对数据质量的影响。

3．最大效率原则

在遵循功能性原则和可靠性原则的前提下，问卷设计应保证最大效率原则。简单地说，就是在保证获得同样信息的条件下采取最简洁的询问方式,以使问卷的长度、题量和难度最小,节省调查成本,实现效率和成本之间的均衡。

4. 可维护性原则

问卷的设计往往不是一次性完成的,良好的问卷需要经过反复的修改和检验,直到错误全部被修正后,再正式开展大规模调查。一份便于修正的问卷应当结构清晰,不同的调查项目之间有明确的界限,当一个项目的内容需要调整时,不会影响问卷的其他部分。

5. 可比性原则

如果设计问卷时仅从当次调查出发,忽略问卷的标准化,导致数据口径不一,缺乏时间、空间和内容的可比性,将会极大地影响数据的利用价值。

二、问卷设计的程序和技巧

不同的调查目的和要求,不同的调查对象、调查内容,以及不同的调查方式等因素,可能会决定不同的问卷类型、结构和特征。在市场研究中,调查内容浩如烟海,每个调查项目都有其自身的特点,与之相应的问卷设计也要各有侧重。这并不是说问卷设计无章可循,多数问卷的基本设计原则和设计程序(见图2-2)是相似的。

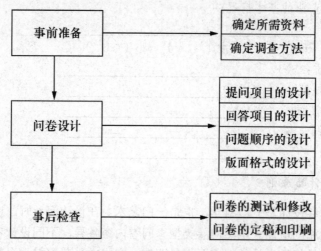

图2-2 问卷设计的一般程序

(一)事前准备

1. 确定所需资料

在设计问卷之前,调查者必须明确在调查过程中需要了解哪些方面的信息,这样才能更好地说明所要调查的问题,实现调查的目标。为此,调查者需要将所要了解的信息划分成不同类别,列出资料清单并归纳出具体的调查项目。例如,要了解企业的市场营销行为,调查者可先将市场营销划分为战略和策略两部分。战略部分需要了解市场调研、市场细分、目标市场选择、市场定位、市场拓展、市场竞争等内容;策略部分需要了解产品、价格、渠道、促销等项目。依据所列的调查项目,调查者就可以设计出一系列需要被调查者回答的具体问题,从而获得所需要的信息资料。

2. 确定调查方法

在这个阶段,调查者需要区分和了解被调查者的各种特性,如被调查者的社会阶层、收入水平、行为习惯等社会经济特征,文化程度、知识结构、理解能力等文化特征,需求动机、购买心理、消费意向等心理特征,以此作为拟订问卷的出发点和基础。

此外,对于不同的调查主题和调查对象,调查者所采取的调查方式和方法也不同,相应的问卷形式和内容也会有所区别。例如,在面谈访问中,鉴于调查者可以和被调查者进行面对面的交谈和沟通,所以问题可以较长一些、复杂一些;在电话调查中,由于受到时间的限制,调查者只能询问一些简短和容易的问题;而网络调查由于用户多数是匿名访问,因此可以询问一些社会热点和敏感性问题。

(二) 问卷设计

1. 提问项目的设计

在确认调查主题和调查方法之后,调查者就可以对问卷中的提问项目进行设计了。问卷中的提问项目是如何产生的以及提问应该注意什么问题等,这是问卷设计的核心所在。

(1) 问题的产生。问题的产生一般要经过以下几个步骤:① 调查主题的分析,提出假设;② 概念具体化,寻找对应的变量;③ 确定指标;④ 为测定已经确定的指标编制直接或间接的问题,这也是一个将定性的问题定量化的过程。例如,从"大学生为什么热衷于考证"从这一调查主题出发,可以按照上述步骤进行分析进而形成一系列问题。具体过程如图2-3 所示。

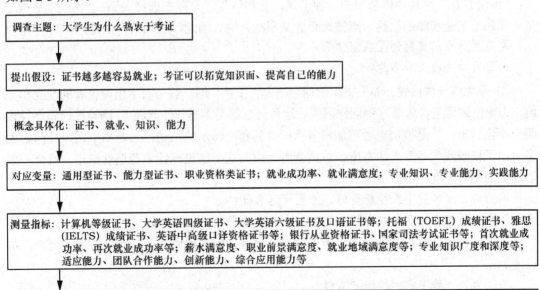

图2-3 调查主题为"大学生为什么热衷于考证"的问题产生过程

(2) 提问应该注意的问题。在问卷设计中,问题的提出对于调查质量有着至关重要的影响。如果提出的问题欠妥,可能造成被调查者不完全了解问题甚至拒答。因此,掌握提问技巧十分重要。问卷设计中的提问应该注意以下问题。

① 避免笼统性问题。任何调查都离不开特定的目的，为了搜集具体的资料，需要避免笼统性提问。例如：

您对××百货商场的印象如何？

这样的问题过于笼统，很难达到预期效果，可具体提问：

您觉得××百货商场的商品品种是否齐全？

您认为××百货商场的营业时间安排是否恰当？

您认为××百货商场的服务态度如何？

② 避免使用不确切的词语。对"普通""经常""一些"等，每个人的理解往往不同，在问卷设计中应避免或减少使用这类词语。例如：

您通常喜欢看什么电视节目？

您是否经常坐飞机？

不同的被调查者对"通常""经常"等词有不同的理解，可以改问：

您昨天主要看了什么电视节目？

您上个月乘坐了几次飞机？

③ 避免含义不明的问题。问卷中应尽量避免使用含义不清楚的字词或语句。例如：

您最近是出门旅游还是休息？

您每月的收入是多少？

"出门旅游"也是"休息"的一种形式，它和休息并不存在选择关系；"收入"是指工资还是加上奖金和津贴，这一点被调查者是不清楚的。因此，正确的问法是：

您最近是出门旅游还是在家休息？

您每月的总收入是多少？

④ 避免诱导性问题。如果提出的问题不是"中性"的，而是暗示出调查者的观点和见解，力求使被调查者跟着这种倾向回答，这种问题就是"诱导性问题"。诱导性问题会导致两个不良后果：一是被调查者不加思考就同意问题中暗示的结论；二是由于诱导性问题大多引用了权威或大多数人的态度，被调查者考虑到这个结论已经是普遍性结论，就会产生心理上的顺从态度。例如：

人们认为××牌手机性能良好，您觉得怎么样？

很多观众都喜欢看××电视节目，您也喜欢看吗？

上述问题带有很强的诱导性，力求诱导被调查者同意调查者对问题的看法或倾向，可以改为：

您认为××牌手机的性能怎么样？

您在星期六晚上收看哪些电视节目？

⑤ 避免断定性问题。调查者提出有些问题时会事先断定被调查者已有某种商品或某种行为，而事实上被调查者根本没有此种商品或行为。例如：

您一天抽多少支烟？

您家的汽车是什么品牌？

以上问题即断定性问题，正确的处理办法是在此类问题前加一个"过滤性"问题。例如：

您是否吸烟？

您家是否购买了汽车？

如果被调查者回答"是"，可继续提问，否则可终止提问。

⑥ 避免敏感性问题。许多人认为年龄、收入、受教育程度等问题属于个人隐私，不愿意回答或回答不真实，这类问题就是敏感性问题。例如：

您平均每个月打几次麻将？

您的汽车是分期付款买的吗？

对于这种敏感性问题，如果调查者一定要得到问题的真实答案，最好的方法是采取间接提问的方式且语气要特别委婉，以降低问题的敏感程度。间接提问常用以下方法。第一，释疑法，即在敏感性问题的前面加一段功能性文字或在问卷开头写明"严格替被访者保密"并说明采取的保密措施，以消除被调查者疑虑。例如：

打麻将是我国民间的一种传统消遣娱乐活动，您平均每个月打几次麻将？

第二，转移法，即让被调查者不以第一人称，而是以第三人称来回答这类问题。例如：

汽车消费是我国居民消费中的一个热点，您周围的朋友对分期付款买汽车怎么看？

⑦ 避免假设性问题。有些问题是先假定一种情况，然后询问被调查者在该种情况下会采取何种行为。例如：

假如××牌汽车价格降低 20%，您是否愿意购买？

如果单位同意您调动工作，您会跳槽吗？

以上皆属假设性问题，多数被调查者对这种问题会回答"是"。这种探测被调查者未来行为的问题，被调查者的答案事实上没有多大意义，因为多数人都愿意尝试一种新东西或获得一些新经验。

2．回答项目的设计

问卷中问题的类型不同，所采用的回答方式则不同，下面就问卷中问题的类型及回答项目的设计进行阐述。

1）问题的类型

问卷中的问题一般可分为开放式问题和封闭式问题两种。

（1）开放式问题。开放式问题是指不列出具体的答案，而是由被调查者自由作答的问题。开放式问题对每一位被调查者都是一样的，被调查者可以根据自己的理解自由作答。例如：

您认为我国的广告宣传存在的主要问题是什么？

您对我公司生产的××牌新款轿车有何更具体的看法？

您在选择手机时会考虑哪些因素？

开放式问题的优点是能收集到调查者原来没有想到或者容易忽视的信息，启发被调查者的思路，调动被调查者的积极性，使其充分自由地表达意见和发表看法，特别适合答案复杂、数量较多或答案尚属未知的情况；缺点是被调查者的答案可能各不相同，标准化程度较低，资料的整理和加工比较困难，同时还可能会因为被调查者表达能力的差异而产生调查结果偏差。

（2）封闭式问题。封闭式问题是指事先将问题的各种可能答案列出，由被调查者根据自己的意愿选择回答。例如：

请问下列媒体中，哪一个是您最主要的信息来源？

A．报纸　　　　　　B．杂志　　　　　　C．广播
D．电视　　　　　　E．手机定制消息　　F．互联网（包括手机上网）

封闭式问题的优点是有利于被调查者正确理解问题，迅速进行回答；由于答案标准化程度高，方便调查结果的统计处理和分析。其缺点是容易限制被调查者的思路，使其回答没有弹性；不能适应复杂问题；问题的设计也比较困难，设计者需要花费较多的时间才能想出各种可能的答案。

2）选项的设计

对于问卷中的开放式问题，不需要设计备选答案，完全由被调查者自由回答。而对于问卷中的封闭式问题，调查者需提供一组备选答案，由被调查者选择回答。在设计备选答案时，调查者应遵循穷尽性和互斥性两个基本原则。

穷尽性原则是指所列出的备选项目应包括所有可能的回答，要使被调查者能在给定的备选项目中选出适合自己的答案，不至于因所列出的选项中没有合适的答案而放弃回答。例如：

您在辅导孩子学习时有什么困难？

A．自己的文化程度太低　　　　　　B．无法与学校教学相配合
C．没有适合的补充辅导材料　　　　D．孩子不愿意学习作业之外的内容
E．没有时间　　　　　　　　　　　F．学校老师留的作业太多

在问卷提供的答案中，被调查者有可能找不到自己所需的答案，所以建议在最后加上一个"其他"选项。

如果一个问题所需要的备选项目太多且不易穷尽时，可以在所列出的若干选项后面加上"其他"或"其他（请说明）"等项。有一点必须注意，如果选择"其他"一项的被调查者比例较高，说明备选项目设计得不恰当，没有列出有些重要的带有普遍性的类别，这样难以达到调查目的。

互斥性原则是指答案与答案不能相互重叠、包含和交叉。在选择答案时只能有一个答案适合被调查者的情况，如果一个被调查者可同时选择属于某一个问题的两个或更多的答案，说明这一问题的答案不是互不包含的。例如：

在您每月的支出中，花费最多的是哪项？

A．食品　　　B．服装　　　C．书籍　　　D．娱乐
E．饮料　　　F．报刊　　　G．交际　　　H．其他

在上述各个选项中，"食品"与"饮料"不是互斥的，食品包括饮料，这会使被调查者不知如何选择。

对于封闭式问题，其选项可采用以下多种形式表达。

（1）两项选择。两项选择问题的答案只有两项，要求被调查者在其中选择一项，如"是"

或"否","赞成"或"反对",有时也用一个中立的答案来补充。是否使用两项选择问题,关键在于两项选择问题的答案是否广泛存在以及这种存在是否有很大的确定性。例如,对于"您大学毕业后会选择考研吗"这个问题,答案"会"或"不会"广泛存在,但可能因为"找到一份理想工作""作为选调生""本人改变主意"等而存在较大的不确定性,故不能作为两项选择问题。是否加入中立项取决于能否确定中立项的选择大面积存在,如果存在的可能性较小,应避免加入中立项。例如:

您家里有汽车吗?

A．有　　　　　　　　　B．没有

两项选择问题的回答比较容易,但得到的信息量较少,特别是当被调查者对所提供的两项答案均不满意时,很难做出回答。

(2) 多项选择。多项选择是在设计问卷时针对一个问题给出三个或三个以上的答案,让被调查者从中选择进行回答,主要有以下几种情况。

① 要求被调查者在所给出的问题答案中只选择一项。例如:

您的电脑是哪个品牌的?

A．联想　　　　　　　B．惠普　　　　　　　C．苹果
D．戴尔　　　　　　　E．华为　　　　　　　F．小米
G．华硕　　　　　　　H．其他

② 要求被调查者在所给出的问题答案中选出自己认为合适的答案,数量不限制。例如:

您在购买电脑时,主要考虑的因素有哪些(可多选)?

A．外观　　　　　　　B．价格　　　　　　　C．品牌
D．性能　　　　　　　E．售后服务　　　　　F．其他

③ 要求被调查者在所给出的答案中选择自己认为合适的答案,但数量有一定限制,如可选三项。

(3) 顺序选择。顺序选择即要求被调查者在回答时对所选的答案按要求的顺序或重要程度加以排列。例如:

您在购买冰箱时主要考虑哪些因素?(按重要程度由高到低进行排序)

A．产品的品牌　　　　B．价格合理　　　　　C．售后服务
D．外形美观　　　　　E．维修方便

(4) 评定尺度。评定尺度即问题的答案由表示不同等级的形容词构成并按照一定的程度排序,由被调查者选择合适的答案。例如:

您对目前的居住条件是否感到满意?

A．非常满意　　　　　B．比较满意　　　　　C．一般
D．不太满意　　　　　E．非常不满意

(5) 双向列联。双向列联是将两类不同问题综合到一起,通常用表格来表现。表的横向是一类问题,纵向是另一类问题,其结构可以说明两类问题的对应关系,可提供单一类型问题无法提供的信息。例如:

三种品牌汽车的优点调查表如表2-1所示,请在您所选项目的空格内画"√"。

表 2-1　三种品牌汽车的优点调查表

优　点	品　牌		
	帕萨特	速腾	高尔夫
耗油量低			
外观大方			
乘坐舒适			
价格合理			
驾驶方便			
维修方便			
制动性能好			
零配件齐全			
售后服务好			

（6）相关联问题的设计。相关联问题的答案设计主要可通过三种方法来表示，分别是用文字说明、用框图表示和用连线表示。

① 用文字说明。例如：

A．您目前是否兼任多份工作？

（1）是

（2）否（若否，直接回答 C）

B．您共兼任几份工作？_____份

C．您现在的月收入是多少？_____元

② 用框图表示。例如：

    A．您是否购买了汽车？

（1）是→B．您是在哪年购买的？_____年

    C．您买的是什么品牌的？_____

    D．您是否准备更换它？（1）是　（2）否

（2）否（跳过 B～D，直接从第 E 题接着答）

E．您有孩子吗？

（1）有→F．您有几个孩子？

  ① 一个→G．孩子的年龄？

    （1）2 岁以下→H．孩子主要由谁带？

      （1）家中老人　（2）自己和配偶　（3）其他

    （2）2～6 岁→I．孩子是否已经上幼儿园？

      （1）是　（2）否

  ② 两个

  ③ 两个以上

（2）没有（终止回答）

③ 用连线表示。例如：

A．您目前是否购买了商业性医疗保险？
　　（1）是
　　（2）否
B．您的商业性医疗保险已购入几年？
　　（1）5年以下　　　　（2）5～10年　　　　（3）10年以上
C．您是否打算购买商业性医疗保险？
　　（1）是
　　（2）否（终止回答）
D．您打算何时购买？
　　（1）2年之内　　　　（2）2～5年　　　　（3）5年以上

3．问题顺序的设计

一旦各个问题都确定，接下来应该考虑怎样把这些问题组合成问卷，即安排问题的排列顺序与结构。问卷中的问题不是随意排列的，要遵循一定的规则，使问题之间的逻辑关系保持一致，保证问题的自然过渡，而且要考虑被调查者的心理因素。一般来说，问题的排列应该遵从以下原则。

（1）"花瓶"原则。它是指将问题按其所涉及的广度或普遍性分层排列，确定各标题的顺序：一般先安排最普遍的问题，之后的问题变得越来越具体或范围越来越小。从最一般的问题逐渐过渡到一些特定的、有限制性的问题；从宽泛的问题逐步过渡到具有个性特征的问题。例如，下面这组关于特定品牌饮料广告的问题就是按"花瓶"原则设计的。

最近您有听到或看到一些关于饮料的广告吗？

这些广告中有一些是关于茶饮料的吗？

这些茶饮料广告中有一些是电视广告吗？

这些茶饮料电视广告中有一些关于××牌茶饮料的吗？

关于××牌子茶饮料的电视广告讲了些什么？

……

（2）同类组合。把性质相同的问题编排在一起既便于被调查者回答，又便于调查者对问卷进行统计分析。如果主题相同的问题分散在问卷的各个部分，既会使被调查者感到混乱和重复，又不利于联想。

（3）先易后难。对于不同类别的问题，应先问简单易答的问题，后问较难的问题；先问被调查者较熟悉的问题，后问他们感到生疏的问题；先问能引起被调查者兴趣的问题，后问他们可能感到乏味的问题。这是因为如果被调查者一开始就感到问卷复杂、难以回答，就会产生畏惧心理，不愿意认真回答下去，甚至拒答。需要注意的是，问题不能按照固有的逻辑关系排列，因为问题的某种逻辑关系可能导致被调查者产生某种倾向性并按照这个定式来回答问题，从而影响问卷结果的准确性。解决的办法是将问题随机排列。

（4）先封闭后开放。把较易回答的封闭式问题放在前面，让被调查者可以快速回答。开放式问题要放在问卷的卷末，这不仅可以让被调查者有时间思考，同时可以避免被调查者因对开放式问题感到为难、反感或因费时而放弃作答。

4．版面格式的设计

版面格式设计的原则是强调清晰、美观的界面。把确定版面格式作为一个步骤似乎有些小题大做,然而实践表明,问卷的版面格式也会影响调查的质量。进行版面格式设计时需要注意以下问题。

(1) 外观要精美、专业化。

(2) 适当的图案或图表会调动被调查者的积极性。

(3) 要留出足够的空间,方便提问、回答、编码以及数据处理。如果为了节省费用而压缩版面,使问题之间的空间太小,不仅容易使调查者在提问时或被调查者在回答时出现疏漏或串行,后期的数据编码录入也容易出错。另外,如果开放式问题后留出的用于答题的空间太小,将导致回答者不予以重视,只给出很少的信息。

(4) 重要的地方注意加以强调,引起被调查者的注意。问卷中重要的地方没有突出,尤其对于自填式问卷,如果答题的规则或跳答的提示不醒目,很容易被忽略掉,致使被调查者回答错误。

此外,注意把同一份问卷装订在一起,防止部分数据丢失。

(三) 事后检查

1. 问卷的测试和修改

在问卷设计完成之后,对其进行测试十分必要。因为问卷的初稿很可能存在一些潜在的问题,一般都要经过仔细地检查和修改,必要时可重复检查上述几个步骤,反复推敲每个问题的语言表达。这一阶段,耐心、严谨、认真的态度非常重要。测试可以分为两个阶段。第一阶段可以请专业人士对问卷进行"挑刺",关键在于审议问题是否有必要,提问和答案的形式是否恰当,措辞、用字是否得当,提问逻辑是否合理,字句有无错误等。根据专业人士的审议意见,研究人员应对问卷进行修改,然后进行第二阶段的测试。第二阶段是试调查。在与正式调查相同的环境里进行试调查可观察调查方式是否合适,询问调查者和被调查者问卷设计有何问题,对试调查得到的回答进行编码、试分析,检验问卷是否能够提供需要的信息等。出现问题需立即修改,必要时删除不能提供调查所需信息的问题。

2. 问卷的定稿和印刷

问卷经过修订以后,就进入了定稿和印刷阶段。在定稿阶段,调查者应该再次确定问卷的问候语、填表说明等各种要素是否齐全,内容是否完备。在印刷阶段,调查者要决定问卷的外观、纸张质量、页码设置、字体大小等。只有印刷精良、美观大方的问卷才能引起被调查者的重视,才能充分实现调查问卷的功能和作用。

三、量表设计

在问卷中,常常需对被调查者的态度、意见或感觉等心理活动进行判别和测定,如消费者对某种饮料的喜欢程度、居民对房价上涨的态度和评价等,对此可借助各种数量方法加以测定。所谓量表,就是通过一套事先拟定的用语、记号和数目测定人们心理活动的度量工具。量表可以将所要调查的定性资料量化。

量表的优点主要有:① 可以对被调查者的回答强度进行测量;② 将被调查者的回答直接转换成数字,这些数字可直接用于编码;③ 量表问题可以使用一些更高级的统计分析工具。量表的缺点主要是对被调查者的记忆力和回答能力要求较高,容易引起被调查者的误解。

量表的种类有很多,可以按照各种标准加以划分。市场调查者要想设计出符合调查目的的各种量表,应首先对量表的种类有基本的认识。

(一) 量表的类型

根据测量尺度的不同,可将量表分为类别量表、顺序量表、等距量表和等比量表。

(1) 类别量表,根据受访者的性质进行分类。例如:

请问您知道××牌饮料吗?

① 知道　　　　② 不知道

例中每类答案的代表数值(①,②)只作分类之用,不能作数值计算。

(2) 顺序量表,表示各类别之间不同程度的顺序关系。例如:

请在下列数字后依次写出您最喜欢的饮料品牌、第二喜欢的饮料品牌、第三喜欢的饮料品牌……

1. _____ 2. _____ 3. _____ 4. _____ 5. _____

例中的 1、2、3、4、5 仅表示等级的顺序,并不表明量的绝对大小。

(3) 等距量表,不仅能表示顺序关系,还能测量各顺序位置之间的距离。例如,"请您用 10 分制对××产品的满意度进行打分,1 分表示很不满意,10 分表示很满意"。得分 6 分与 5 分之差和得分 4 分与 3 分之差是相同的,但应注意的是,不能说 8 是 4 的 2 倍,这是由于等距量表中没有一个真正的零点。

(4) 等比量表,表示各个类别之间的顺序关系成比率的量表。它有一个真正的零点,如对身高、体重、收入等变量的测量。但采用这种量表进行测量有一定的困难,在市场调查中,应用这种量表的情况不多。

根据态度答案数目不同,可将量表分为平衡量表和不平衡量表。

如果有利态度的答案数目与不利态度的答案数目相等,该量表为平衡量表,否则为不平衡量表。例如,"您对某超市的服务态度有什么看法?"如果答案为非常好、很好、好、一般、不好、很差、非常差,则是平衡量表;倘若答案为非常好、很好、好、一般、不好,则是不平衡量表。采用平衡量表,被调查者的答案分配可能比较均匀、客观性较强;采用不平衡量表,答案可能会偏向有利或不利的答案,但优点是可减少答案数目。

(二) 市场调查常用的几种量表

目前,在市场调查中常用的量表有评比量表、鲍氏社会距离量表、瑟斯顿量表、李克特量表、语义差异量表和配对比较量表等,下面分别做简要说明。

1. 评比量表

评比量表是市场调查中最常用的一种顺序量表,调查者在问卷中事先拟定有关问题的答案量表,由受访者自由选择回答。量表的两端为极端性答案,在两个极端之间划分为若干阶段,阶段可多可少,少则 3 个阶段,多则 5 个、7 个或 7 个以上阶段。例如:

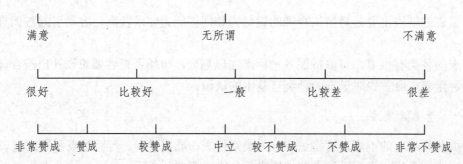

在制定评比量表时,应注意中间阶段的划分不宜过细,划分过细往往使回答者难以做出评价。当然,也可采用不平衡量表,偏向于有利态度的答案,以减少答案数目。

2. 鲍氏社会距离量表

鲍氏社会距离量表的项目在强度上有明显差别。如果某人愿意接受某种强度的项目,那么他(她)就应该愿意接受该项目之前的所有项目,因为前面这些项目的强度更弱。一个能让阿尔巴尼亚人住在自家附近的美国人,一定愿意让阿尔巴尼亚人住在自己的社区和国家,但不一定会愿意让阿尔巴尼亚人住在自家隔壁或让自己的儿女与阿尔巴尼亚人结婚。这就是各个项目之间强度的逻辑结构。

例如,探讨美国人与阿尔巴尼亚人交往的意愿,可能会询问美国人如下问题。

A．你愿意让阿尔巴尼亚人住在你的国家吗？

B．你愿意让阿尔巴尼亚人住进你的社区吗？

C．你愿意让阿尔巴尼亚人住在你家附近吗？

D．你愿意让阿尔巴尼亚人住在你的隔壁吗？

E．你愿意让你的孩子与阿尔巴尼亚人结婚吗？

上述问题逐步加强了美国人对阿尔巴尼亚人的亲近程度。开始时,调查要测量美国人与阿尔巴尼亚人交往的意愿,然后逐步发展,设计了一些交往程度不同的问题。

上例中,假设大多数美国人都愿意让阿尔巴尼亚人住在美国,只有少数人愿意让其子女与他们结婚。在这种情况下,可以称某些项目为"简单项目"(如上列项目A)或"困难项目"(如项目E)。很多人都会接受简单项目,却无法接受困难项目。除特例情况之外,鲍氏社会距离量表的逻辑是受访者一旦反对某个项目,则对比该项目更困难的项目也会持反对态度。

鲍氏社会距离量表具有经济性优势,每个受访者能够接受的最难项目的分值就能代表其对量表中其他项目的回答,但鲍氏社会距离量表显然不适合用于测试那些逻辑结构不明显的变量。

3. 瑟斯顿量表

瑟斯顿量表(Thurstone scale)试图在变量的指标项目之间建立一种经验性结构,其中最常出现的是"等距"结构。

建立这种量表的基本步骤如下。

第一步,由研究者提出若干个可能的指标项目,通常有几十条之多。

例如,了解人们对一周五天工作制的看法时,可用以下指标项目。

五天工作制对于人们的精神健康是绝对必要的。

五天工作制是社会进步的一种表现。

五天工作制是生产力提高的结果。

五天工作制是对劳动者基本权利的保障。

五天工作制没有必要。

五天工作制会使人变得懒散。

五天工作制有助于经济繁荣。

五天工作制会减少人们的收入。

第二步，将这些项目表述提供给一组评定人员（通常为 10~20 人），要求他们对每一个项目测量变量的强度进行评判（通过赋值，如 1~13 分），对关系最弱的赋值 1 分，对关系最强的赋值 13 分，对关系强度中等的赋予中间值，以此类推，赋予每个项目一个分值。

第三步，根据评定人员给予每一个项目的分数，计算其平均数和标准差，平均数反映了评定人员对某语句态度的集中程度，而标准差则反映了其态度的离散程度。然后选出得到共识的项目，并剔除没有得到共识的项目。

第四步，在得到共识的项目中选择代表 1~13 分的（一个或多个）项目。在真正调查时向受访者提出这些项目，要求他们回答。

瑟斯顿量表具备经济性和高效率优势。每一位受访者会得到一个分值（受访者能够接受的最难项目的分值），而这个分值能充分代表受访者对问卷其他项目的回答。

但是瑟斯顿量表的使用频率并不高，主要原因在于：第一，量表的确定费时、费力；第二，评定人员的选择应有一定的代表性，否则当评定人员的态度和实际受访者的态度产生较大差异时，会使这种方法失去信度；第三，组成变量的项目的含义也会随时间的演进而有所改变，所以每隔一段时间就必须对量表进行更新；第四，无法反映受访者态度在程度上的区别，即当他们表示"反对"时，并不知道他们是反对、很反对还是极反对。李克特量表则可弥补这一不足之处。

4．李克特量表

李克特量表（Likert scale）是问卷设计中运用得十分广泛的一种量表。它也是要求受访者表明对某一表述的赞成或否定态度，与瑟斯顿量表的不同之处在于，受访者对这些问题的态度不再是简单的同意或不同意两类，而是分为若干类，范围从很同意到很不同意，中间为中性类，由于类型增多，人们在态度上的差别就能充分体现出来，如表 2-2 所示。

表 2-2　请您给下面的观点打分

观　点	很同意（5分）	比较同意（4分）	讲不清（3分）	不太同意（2分）	很不同意（1分）
越是有钱，越应该购买保险					
年轻人没有必要购买养老保险					
只有人们的收入达到一定的水平，才会考虑购买保险					

续表

观点	很同意 （5分）	比较同意 （4分）	讲不清 （3分）	不太同意 （2分）	很不同意 （1分）
我不大容易生病,没必要购买保险公司推出的医疗保险					
……					
目前保险定价合理					

量表的项目应围绕问题的"典型"观点，所选项目应当分散，代表问题的一个足够宽的范围。此外，需要考虑项目的正负方向（如对"很同意"和"很不同意"都给5分），这样可以避免由于习惯"附和"或"反对"而造成的回答偏差。

5. 语义差异量表

和李克特量表一样，语义差异量表同样要求受访者在两个极端项目之间进行选择。例如，用语义差异量表调查受访者对于某音乐的感受，首先应确定相关维度，同时界定两个语义相反的术语代表每一个维度的两极，接下来就可以让受访者评价对音乐的感受。例如：

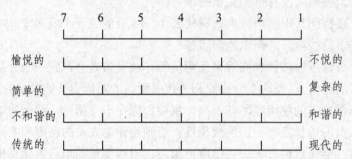

研究者对各维度的分数进行统计，了解受访者对某音乐的看法，还可进行群体和团体间的比较分析。为了防止回答偏差，最好对彼此有关系的项目位置加以变化。例如，通常受访者如果认为某段音乐是"不和谐的"，同样也会认为它是"现代的"。上面的量表就将"不和谐的"和"传统的"放在左侧，而将"和谐的"和"现代的"放在右侧。

6. 配对比较量表

配对比较量表是通过配对比较的方法来测量人们态度的一种量表。例如，某饮料经销商非常想了解几种牌子的饮料在消费者心目中的地位，就可采用此法。如果现有A、B、C、D四种牌子的饮料，即可将其两两组合成6对，要求被调查者（100名）成对比较并指出哪种更好。如果对A与B的比较中有1个人回答A佳，则在A较B为佳栏下记录1人，如果共有20人这样认为，则频数为20，全部6对可乐比较过后所得结果如表2-3所示。

表2-3 认为牌子 i 较牌子 j 为佳的人数分布

j	i			
	A	B	C	D
A	—	80	70	40
B	20	—	30	15
C	30	70	—	35
D	60	85	65	—

为了更进一步分析，可将次数转化为频率，如表2-4所示。

表2-4 认为牌子 i 较牌子 j 为佳的比率

j	i			
	A	B	C	D
A	0.50	0.80	0.70	0.40
B	0.20	0.50	0.30	0.15
C	0.30	0.70	0.50	0.35
D	0.60	0.85	0.65	0.50
合计	1.60	2.85	2.15	1.40

在表2-4中，各牌子与自己比较的比率均为0.5，将每竖栏的比率相加，就可得出各种牌子的态度值。四种牌子的态度值相比，显然B最受欢迎：

B（2.85）＞C（2.15）＞A（1.60）＞D（1.40）

配对比较量表属于顺序量表的一种，根据顺序量表无法得知态度间的真正差距是多少。例如，上例中的B与C的差距为0.70，不能说它是A与D的差距（0.20）的3.5倍。这种方法适用于品牌（或规格、花色等）不多，而且消费者对各种牌子的商品比较了解的情况。

四、问卷的测试

一份理想的问卷，既能准确反映所要研究现象的属性，又能在一定条件下以最小的计量误差得到所需的所有信息。问卷设计完成后，可以通过信度和效度来评价问卷设计质量，尤其是对量表进行测试。

（一）信度和效度

信度（reliability）是指问卷调查结果的一致性、稳定性和可靠性。如果研究单位的属性不变，测量结果也不变，则这种测量是可信的，否则就是不可信的。以人的体重测量为例，如果第一次所称体重为50千克，再称一次仍然是50千克，那么作为一种测量方法，使用的磅秤是可信的，因为两次测量结果都是50千克，具有前后一致性。如果第一次称重为50千克，第二次称重为55千克，则所使用的磅秤就不可信。在市场调查中，所需测量的属性往往比体重复杂得多，其信度问题也就更加复杂。此外，问卷的内容、措辞，问题的形式、顺序等都会影响答案的一致性。

效度（validity）是指问卷能否真正测量到所要测量的东西，也就是能否达到测量的目的，是否正确衡量了研究者所要了解属性的程度。效度有两个基本要求：一是测量方式确实是在测量所要测量对象的属性，而非其他属性；二是测量方式能准确测量该属性。只要某一测量方式符合上述要求，它就是有效的。以测试某课程学习成绩的试卷为例，如果试卷内容过于简单或远远超出学习内容，就无法准确反映学生的学习水平，这样该试卷就属于无效试卷。

信度仅指测量结果的可靠程度，不涉及测量所得结果是否达到目的；效度则针对测量的目的，考查问卷能否发挥其测量的功能，考查的是测量的有效程度。效度与信度是优良问卷所必备的两项主要条件。效度与信度之间存在的关系是：信度是效度的必要条件而非充分条件。也就是说，问卷要有效度就必须有信度，不可信就不可能正确。但是，信度不是效度的充分条件，即有了信度，不一定有效度。

（二）信度评价

实际上不可能重复测量一个人多次，所以无法直接得到受试者内在的变异，只能利用团体资料，用受访者相互之间的变异进行估计，或者是对同一群受访者重复测量两次，用其变异情况的相关系数来表示。对于问卷设计，信度评价的方法主要有重复检验法、交错法、折半法和内部一致性等。

1. 重复检验法

重复检验法（test-retest reliability）是通过同一测量手段对同一群受试者前后测量两次，再根据两次测量的相关系数测度信度。例如，对一群人进行问卷调查后，隔一段时间再用同一份问卷对同一群受访者进行调查，两次测量结果之间的相关系数就可反映问卷的信度。这种测验方法要求对同一样本重复实施两次调查，优点是可以提供有关测验结果是否随时间而变异的资料，作为预测受试者将来行为表现的依据；缺点是受时间和经费的限制，现实中往往难以实现。此外，为避免记忆的影响，前后两次测验的相隔时间要适度，一般而言，相隔时间越长，稳定系数越低。

2. 交错法

交错法（alternate-form reliability）是指研究者设计两份问卷，每份使用不同的问题，但测量的是同一个属性，让同一群受访者回答。根据两份问卷测量结果的相关系数计算问卷信度，这种信度称为交错信度。该种方法要求两份问卷在题数、形式、内容以及难度、鉴别度等方面都要一致。

3. 折半法

折半法（split-half reliability）是将一份问卷中的问题随机分为两组（通常要求这两部分问题数目相等），然后考查这两部分测量结果的相关系数。如果结果高度相关，问卷就是可信的，否则就是不可信的，这种信度称为折半信度。将问卷分为两半的方法很多，最常用的是将奇数题和偶数题分开。

4. 内部一致性

内部一致性（internal consistency）是利用测量量表中题项的同质性来测量信度。测量理论表明，题项之间的相关与题项和潜在变量的相关有某种逻辑关系，如果量表的题项与潜在变量之间存在强相关，题项之间应该也有很强的相关性。量表的内部一致性程度会影响题项的相关度。阿尔法（α）系数常用于度量内部一致性信度，α被定义为量表中由共同的因素所引起的总体方差的比例，协方差 α 的一般公式为

$$\alpha = \frac{k}{k-1}\left(1 - \frac{\sum \sigma_i^2}{\sigma_y^2}\right) \tag{2.1}$$

式中，k 为题项的数量，σ_i^2 为各题项的方差，每个方差所包含的信息都是以单一题项为基础的，非共有的；σ_y^2 代表量表的总体方差，等于所有题项方差与协方差之和。

$\left(1-\frac{\sum\sigma_i^2}{\sigma_y^2}\right)$ 代表了潜在变量引起的、共有的方差比例，$\frac{k}{k-1}$ 则是用来把 α 的取值限定在 0～1。

计算 α 的另外一个公式是以相关为基础的，实际上使用的是平均题项之间的相关，用 $\bar{r}$ 表示题项间相关系数的平均数。这个公式是

$$\alpha = \frac{k\bar{r}}{1+(k-1)\bar{r}} \quad (2.2)$$

一般来说，信度的判别标准如表 2-5 所示。

表 2-5　信度的判别标准

信度区间	判别标准
信度≤0.30	不可信
0.30＜信度≤0.40	初步的研究，勉强可信
0.40＜信度≤0.50	稍微可信
0.50＜信度≤0.70	可信（最常见的信度范围）
0.70＜信度≤0.90	很可信（次常见的信度范围）
信度＞0.90	十分可信

（三）效度评价

低效度的问卷往往无法达到测量目的，故对效度的评价非常重要，但也十分复杂和困难。研究者可以侧重从三个角度进行判断。一是观察问卷内容切合主题的程度。二是测量调查结果与有关标准间的相关程度。例如，可观察消费者对某种产品的满意状况与对该产品的使用情况的相关性，当具有显著相关时，说明此问卷具有较高的效度。三是从实证角度分析问卷的建构效度。

对于问卷设计，效度的度量可以从内容效度、准则效度和建构效度这三个方面来分析。

1．内容效度

内容效度是测量内容的适合性和相符性，分析问卷内容是否抓住或体现调查问题的所有或主要特征，能不能实现所要调查的目的。问卷内容与事先所要调查的内容越一致，就说明调查问卷的内容效度越高，调查结果越有效。

2．准则效度

准则效度是指用几种不同的测量方式或不同指标对同一变量进行测量时的一致性程度。选择其中的一种方式或指标作为准则，将其他的方式或指标与这个准则做比较，如果不同的测量方式或不同指标的调查结果高度相关，则具有准则效度。例如，X 是一个变量，用 X_1、X_2 两种工具测量。用 X_1 作为准则，X_1 与 X_2 高度相关，则 X_2 也具有很高的准则效度。当然，关键在于作为准则的测量方式或指标一定要是有效的，否则效果会很差。

3．建构效度

建构效度也称为结构效度，问卷调查结果能够测量其理论特征，即问卷调查结果与理论预期一致，则认为有建构效度。换言之，建构效度就是调查结果与所要调查属性的同构程度。例如，对婚姻满意度调查问卷的效度分析中，根据理论预期，婚姻满意度与婚姻忠诚度相关。调查结果表明，与对婚姻不满意的夫妻相比，对婚姻满意的夫妻不太可能欺骗

对方。调查结果与理论预期一致,证明调查问卷具有建构效度。

效度测定的这三种类型,从内容效度、准则效度到建构效度,可视为一个累进的过程,建构效度常被认为是最强有力的效度测量程序。内容效度只需要一个单一的概念和对该概念的一个测量方法;准则效度仅需要一个概念,但需要对该概念的两个以上的测量方法;而建构效度则不仅需要概念和测量方法,还需要命题中的相关概念及其测量方法。效度是针对某种评测目的而言的,并不具有普遍意义,而且效度分析具有多面性,只有综合分析各类型的效度才能把握结果的有效性。现实中对效度的分析主要采用定性方法。

案例思考与讨论

【案例2-1】 某市居民轿车需求与用户反馈调查方案

一、问题的提出

轿车经销商 A 在 C 市从事轿车代理经销多年,有一定的经营实力,声誉较好,知名度较高。但近两年,C 市又新成立了几家轿车经销商,这对经销商 A 的经营造成了一定的冲击,使其轿车销售量有所下降。为了应对市场竞争,经销商 A 急需了解 C 市居民私家车的市场普及率和市场需求潜力,了解居民对轿车的购买欲望、动机和行为,了解现有私家车用户有关轿车使用方面的各种信息,以便调整公司的市场营销策略。为此,经销商 A 要求市场调查部门组织一次以 C 市居民轿车需求与用户反馈为主题的市场调查。

二、调查的目的

本次调查的目的在于获取居民轿车需求与现有用户使用等方面的各种信息,为 A 公司调整、完善市场营销策略提供信息支持。

三、调查对象和调查单位

本次调查对象为 C 市的全部市区居民家庭,不包括市辖县的居民家庭;调查单位为每户居民家庭。

四、调查内容

(1) 被调查家庭的基本情况,包括户主的年龄、性别、文化程度、职业;家庭人口、就业人口、人均年收入、住房面积、停车位等。

(2) 居民家庭是否拥有私家车,如果有则需要调查私家车的类型、品牌、价位、购入时间等。

(3) 用户车况与使用测评,主要包括节能性能、加速性能、制动性能、外观造型、平稳性、故障率、零件供应、售后服务等项目的满意度测评。

(4) 私家车市场需求情况,包括第一次购车或重新购车的购买意愿、何时购买、购买何种品牌、价位、购买目的、选择因素、轿车信息获取等方面的调查。

(5) 经销店商圈研究,包括本经销店顾客的地理分布、职业分布、收入阶层分布、文化程度分布、行业分布及商圈构成要素等项目。

（6）竞争对手调查，包括竞争对手的数量、经营情况和经营策略等。

五、设计调查表和问卷

（1）居民私家车需求与用户调查问卷。

（2）经销商商圈研究调查问卷。

（3）竞争对手调查提纲。

六、调查时间和调查期限

（1）调查时间：私家车拥有量的调查标准时间为本月末，私家车需求量的调查时间为近3年。

（2）调查期限：从本月1日到下月30日共计60天完成，包括调查策划、实施和结果处理。

调查进度具体如下。

（1）调查策划、确定调查目标——5天。

（2）查询文字资料——3天。

（3）进行实地调查——20天。

（4）对资料进行汇总、整理、统计、核对及分析——20天。

（5）撰写市场调查报告初稿——7天。

（6）调查报告的修改与定稿——3天。

（7）调查报告完成、提交——2天。

七、调查质量控制的要求和措施

（1）要严格按照抽样方案抽选调查样本，保证调查样本的随机性、准确性。

（2）现场调查中，在对每一个被调查者进行访问记录后，调查员都要对填写的内容进行全面检查，如有疑问应重新询问落实，如有错误应立即改正。

（3）调查员应对每天的调查结果进行检查，如发现疑问应尽快重访，不得主观臆造、弄虚作假。

（4）督导员对调查员经过复查送交的调查表要认真核实，无误后方可签字验收。

（5）在数据录入过程中，录入人员若发现调查表有错误，要及时记录并报告督导员，必要时应通知调查责任人回访。

八、调查方式和方法

1. 调查方式

（1）居民私家车需求与用户调查采用抽样调查方式。

（2）本经销店商圈研究采用本经销店建立的用户信息库做全面的调研分析。

2. 调查方法

（1）居民私家车需求与用户调查采用调查员上门访问（问卷测试）。

（2）竞争对手调查采用现场暗访调查及用户测评等获取相关信息。

（3）居民私家车的社会拥有量和普及率通过走访统计局、交通大队了解。
（4）召开一次用户焦点座谈会。

九、资料整理方案

（1）用户数据的整理方案，包括编制用户特征分布数列，私家车类型品种分布数列，价位、购入时间分布数列，私家车使用满意度测评数列等。
（2）需求数据的整理方案，包括编制需求者特征、购买欲望、购买动机、购买行为、购买时间、购买选择、信息获取等分布数列。
（3）编制本经销商商圈层次划分数列、客户的分类统计数列等。
（4）对定性资料的分类、归档。
（5）对居民私家车市场普及率统计、市场需求潜量的测定和市场占有率测定。

十、资料分析方案

（1）进行用户分布及满意度分析。重点揭示用户的特征，为调整营销目标提供信息支持；用户满意与否的分析是为改进营销工作提供依据的，也可作为选择供货商的依据。
（2）需求潜力、需求特征、需求分布、需求决定因素研究，这是为市场营销策略的制定、调整和完善提供信息支持的，应重点揭示向谁营销、营销什么、怎样营销的问题。
（3）本经销店竞争优势与劣势研究、提高市场竞争力的策略研究。
（4）编写市场调查报告。重点揭示调研所得的启示并提出相应的对策建议。

十一、撰写市场调查报告

本项目除得到该市轿车市场第一手原始数据外，还要整理调查数据，撰写调查报告。
（1）撰写统计报告，对第一手资料进行简单汇总，产生相应的统计图表。
（2）撰写深度分析报告。为便于轿车经销商 A 对调查结果的充分利用，对调查得到的第一手资料进行深加工，利用经济学、市场学、心理学的理论，先进的运筹学、统计学方法，以及现代数据挖掘技术，对原始数据进行处理和专题分析。利用调查原始数据，进行如下四方面的专题深度分析：一是该市私家车市场普及率分析；二是市场需求潜力分析；三是购买动机与行为分析；四是用户使用状况的分析。

资料来源于问卷网：https://www.wenjuan.com/lib_detail_full/5b88b4baa320fc4d2f5612d3。

思考与讨论问题

（1）此项调查的调查目的与调查对象和调查内容之间有什么联系？
（2）该调查方案是否完整？
（3）尝试根据该方案中的要求设计出居民私家车需求与用户调查问卷、经销商商圈研究调查问卷、竞争对手调查提纲。

【案例2-2】　　　　互联网金融理财产品使用情况调查问卷

尊敬的女士/先生：

您好！我是北方市场调查公司的访问员，我们正在进行一项有关互联网金融理财产品使用情况消费的调查,目的是了解人们对互联网金融理财产品的看法和意见。您的回答无所谓对错,只要是您真实的情况和看法即可。我们对您的回答将完全保密。可能要耽搁您15分钟左右的时间,请您配合,谢谢您的支持。

1. 您的年龄是(　　)。
   A. 18岁以下　　　　　　　　　　B. 18～30岁(含30岁)
   C. 31～50岁(含50岁)　　　　　D. 50岁以上
2. 您或您的家人是否有在以下行业工作的?(　　)
   A. 广告公关机构
   B. 市场调研、咨询、调查机构
   C. 电视、广播、报纸等媒介机构
   D. 银行、保险、证券机构——以上终止访问
   E. 以上皆无——继续访问
3. 您的家庭、就业状况是(　　)。
   A. 未婚,但有稳定工作　　　　　B. 未婚,目前暂无稳定工作
   C. 您与配偶均有稳定工作　　　　D. 您与配偶其中一人有稳定工作
   E. 您与配偶均没有稳定工作或已退休
4. 您的主要收入来源是(　　)。
   A. 工资、劳务报酬
   B. 生产经营所得
   C. 利息、股息、转让等金融性资产收入
   D. 出租、出售房地产等非金融性资产收入
   E. 无固定收入
5. 您的家庭可支配年收入为(　　)。
   A. 10万元以下　　　　　　　　　B. 10万元～30万元(含30万元)
   C. 31万元～50万元(含50万元)　D. 50万元以上
6. 您的家庭可支配年收入中,可用于金融投资(储蓄存款除外)的比例为(　　)。
   A. 小于10%　　　　　　　　　　B. 10%～25%
   C. 26%～50%　　　　　　　　　 D. 大于50%
7. 您对互联网金融理财产品的了解程度是(　　)。
   A. 完全不了解(跳至第9题)　B. 了解较少　　　　C. 一般
   D. 了解较多　　　　　　　　　　E. 非常了解
8. 您了解互联网金融理财产品的主要渠道是(　　)。【可多选】
   A. 互联网　　　　　　　　B. 电视广播　　　　C. 报纸杂志
   D. 朋友介绍　　　　　　　E. 金融机构　　　　F. 其他
9. 您是否购买过互联网金融理财产品?(　　)。
   A. 是　　　　　　　　　　B. 否(跳至第15题)
10. 与传统金融工具相比,您使用互联网金融理财产品的原因有(　　)。【可多选】
    A. 收益率较高　　　　　　B. 投资风险小　　　C. 理财门槛低

D. 操作便利　　　　　　　　　　E. 覆盖率广
　　F. 其他
11. 您通常选择投资期限为多长的互联网金融理财产品？（　　）
　　A. 随时存取　　　　　　　　　　B. 1个月左右
　　C. 3个月左右　　　　　　　　　　D. 半年左右
　　E. 1年及以上
12. 投资有风险，您对互联网金融理财产品的风险承受能力为（　　）。
　　A. 损失10%以内　　　　　　　　　B. 损失10%~30%
　　C. 损失31%~50%　　　　　　　　　D. 损失超过50%
13. 您是否在以下软件上购买过金融类产品？（　　）【可多选】
　　A. 余额宝（支付宝）　　　　　　B. 理财通（微信）
　　C. 度小满金融　　　　　　　　　D. 京东金融
　　E. P2P（平安陆金所、宜人贷等）　F. 其他
14. 您选择互联网金融平台时主要考虑的因素是（　　）。【可多选】
　　A. 平台的品牌保障　　　　　　　B. 产品的收益率
　　C. 100%本息担保　　　　　　　　D. 是否由第三方托管资金
　　E. 简单便捷的用户体验　　　　　F. 其他
15. 您对互联网金融理财未来发展的看法是（　　）。
　　A. 会成为未来金融服务的主要方式，取代银行的主体地位
　　B. 不断发展，但银行依然是金融服务的主体
　　C. 会驱动银行发展模式的改变，但最终会依赖银行体系生存
　　D. 只是金融服务暂时的衍生物，不会有长时间持续发展
16. 您的性别是（　　）。
　　A. 男　　　　　　　　　　　　　B. 女
17. 您所在的城市是（　　）。
　　A. 一线（北京、上海、广州、深圳）　B. 新一线（成都、重庆、杭州等）
　　C. 二线（合肥、昆明、无锡等）　　　D. 三线（海口、廊坊、扬州等）
　　E. 四线（南充、常德、湘潭等）
18. 您的文化程度是（　　）。
　　A. 没受过正式教育　　　　　　　B. 小学、初中
　　C. 高中、职高、中专、技校　　　D. 大专、大学
　　E. 研究生及以上

谢谢您的参与！

资料来源于问卷网：https://www.wenjuan.com/lib_detail_full/5b88b4baa320fc4d2f5612d3。

思考与讨论问题

（1）该调查问卷由哪几大部分组成？这种设计是否合理？

（2）该调查问卷中设计了什么类型的问题？

（3）该调查问卷中设计的问题答案选项有哪些类型？为什么有些问题可选多项，而有

的只要求选择一项？两者对数据汇总有何影响？

（4）该调查问卷中 18 个问题的排列顺序是否合理？每个问题下备选答案的表述、数量及顺序是否恰当？

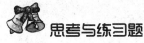

思考与练习题

1．什么是市场调查方案？如何设计市场调查方案？
2．请结合实际设计一个可操作的市场调查方案。
3．一份完整的问卷的结构包括哪些内容？
4．问卷中的问题有哪些类型？
5．进行问卷提问项目设计时应注意哪些问题？
6．问卷中的问题设计原则主要有哪些？
7．在问卷设计中，封闭式问题答案设计可采取哪些形式？
8．编制问卷的程序分为哪几个阶段？
9．量表有哪几种分类？市场调查中常用的量表有哪些？
10．下面是在一些问卷中挑出的不恰当问句，请你指出其错误之处并改正。
（1）您是经常还是偶尔坐飞机？
（2）您用什么剃须刀？
（3）请问去年以来，您都用过哪些品牌的卫生纸？
（4）请问您的年龄？
（5）您的月收入是多少？
（6）您的轿车是贷款买的吗？
（7）您认为葡萄酒的分销是否充分？
（8）您认为《销售与市场》杂志是最好的营销杂志吗？
（9）买可口可乐，让外国人赚更多的钱；买非常可乐，扶持民族产业。您的选择是什么？
（10）为了减少环境污染，所有的洗衣粉都应该是无磷的，您是否同意？
11．请上网查找一份调查问卷并对其进行全面评价。
12．为评价学校餐厅满意度的调查问卷设计一个语义差异量表。
13．设计一份用来了解消费者对华为手机看法的李克特量表。

本章学习资源

案例分析提示

本章 PPT

第三章 市场调查的方法

学习目标

1. 熟悉访问调查法的概念、类型、操作程序和优、缺点。
2. 熟悉观察调查法的概念、特点、类型、原则、范围、操作程序和优、缺点。
3. 了解实验调查法的概念、基本要素、操作程序、实验设计和优、缺点。
4. 了解文案调查法的概念、特点、基本要求、操作程序、资料来源、方法和优、缺点。
5. 熟悉网络调查法的概念、特点、方式、操作程序和局限性。

第一节 访问调查法

一、访问调查法的概念

访问调查法是访问者通过当面、电话或书面等方式向被访者提出问题,由被访者回答,以此收集有关资料、获取市场信息的方法。在对被访者进行直接访问时,访问者通过口头交谈方式询问被访者某些市场情况并与之深入探讨有关市场问题。因此,市场访问调查的实施过程实际上是访问者与被访者相互作用、相互影响的过程。由于被访者是有思想感情、心理活动的社会成员,所以访问者要努力掌握访谈技巧,积极对被访者进行影响,激起被访者回答问题的愿望。如果没有访谈双方的相互作用和影响,就无法完成访谈任务。

二、访问调查法的基本类型

访问调查法可以按不同的划分标准从多种不同角度进行分类,主要的分类有以下几种。

(一)按调查内容划分为标准化访问和非标准化访问

1. 标准化访问

标准化访问也称结构性访问,它是按照事先设计好的、有一定结构的访问问卷所进行的访问。标准化访问的特点是:选择访问对象的标准和方法、访谈中提出的问题、提问的方式和顺序以及对被访者回答的记录方式等都是有统一规定的,甚至访谈不同人员的时间、地点、周围环境等外部条件也力求保持基本一致。在标准化访问中,问卷是调查的主要工具。

标准化访问的优点是便于资料的整理和汇总,便于对访问结果进行统计和定量分析。但是,这种访问方法缺少灵活性,难以灵活反映复杂多变的市场现象,难以对市场问题进行深入探讨,同时也不利于充分发挥访问者和被访者的积极性、主动性。

标准化访问常用于研究不宜直接观察的一些市场现象,如消费者的态度、观念、倾向、愿望等，这些现象不能直接观察，只能通过口头交谈才能反映出来。标准化访问可以在较大的总体内进行。标准化访问常与抽样调查结合使用，以推断总体的情况。

2. 非标准化访问

非标准化访问也称非结构性访问，它是按照一定的调查目的和一个粗略的调查提纲进行的访问。这种访问方法对访问对象的选择和访谈中所要询问的问题有基本的要求，但在具体访谈时，双方不受严格的约束，访问者与被访者可根据提纲自由交谈。

非标准化访问的优点是有利于充分发挥访问者和被访者的主动性、创造性；有利于深入了解某些市场问题，可对市场现象做深入细致的分析；有利于调查原设计方案中没有考虑到的新情况、新问题。但是，非标准化访问有一个明显的不足之处，就是对调查结果的整理较为困难，对调查结果难以进行定量分析。

非标准化访问与一些非全面调查方式结合使用可以发挥其深入、细致地研究问题的优势，但不宜用于全面调查。

（二）按访问方式划分为直接访问和间接访问

1. 直接访问

直接访问就是访问者与被访者进行面对面的访谈。具体实施访问时，访问者可以主动拜访被访者就地进行访问，也可以将被访者请到访问者安排的地方进行访问。

2. 间接访问

间接访问就是访问者通过电话、计算机、问卷等中介工具对被访者进行访问。这里的间接是指访问者与被访者不直接见面，但它也是以口头交谈的方法收集市场信息资料的。这种方法所花费的时间少、成本低。在电话、计算机等普及率较高的今天，这种方法应用得十分广泛，但采用间接访问法时，访问的内容不能太多，因此收集的市场信息量会受到一定限制。

（三）按一次访问人数的多少划分为个别访问和集体访问

1. 个别访问

个别访问是指每次只对一个被访者进行访问，这是市场访问调查常用的方式。个别访问对每个被访者分别记录，再对资料进行整理、分析，最终达到认识总体的目的。

2. 集体访问

集体访问也称座谈会，是指每次对多个被访者进行访问，其特点是被访者之间会相互影响。与个别访问相比，集体访问的难度较大，它要求访问者充分调动被访者的积极性，熟练掌握访谈技巧，要有一定的组织、协调能力。集体访问的优点是工作效率高，节约人力、物力，收集的信息完整、准确；其缺点是无法完全排除被访者之间的相互影响；如个人隐私问题等不宜采取这种形式，由于被访者较多，难于做到深入细致的交谈。

（四）按访问者同被访者接触方式的不同划分为面谈访问、电话访问、邮寄访问、留置访问和网络访问

1. 面谈访问

面谈访问是指访问者通过面对面地询问被访者以获取市场信息资料的方法。这种方法

的优点是方便灵活、调查问卷回收率高、访问者可以判断被访者回答问题的真实程度。但这种方法成本高、所花时间长、调查范围有限，其调查结果容易受访问者的态度、经验、提问方式、倾向性意见等的影响。

2. 电话访问

电话访问是指访问者通过电话向被访者询问有关问题以获取市场信息资料的方法。这种方法的优点是获取信息资料的速度快、费用低、调查的范围广、被访者不受访问者的影响；缺点是对问题的了解不够深入、访问时间不能过长、被访者仅限于能使用电话的人。

目前，大部分调查公司已经使用计算机处理中心控制电话访谈过程了。在计算机辅助电话访谈（computer-assisted telephone interviews，CATI）中，每个访谈员都坐在计算机终端或个人计算机前。接通受访者电话时，访谈员通过按下键盘上的一个或一系列按键开始访谈。屏幕上一次显示一个问题以及其备选答案，访谈员读出问题并输入受访者的答案，计算机会跳到下一道恰当的问题。

3. 邮寄访问

邮寄访问是访问者采用邮寄的方法将事先设计好的调查问卷寄给被访者，请其按照要求填写后寄回，从而获取市场信息资料的一种方法。这种方法的成本低、调查范围广，被访者可以充分地回答问题而不受访问者倾向性意见的影响。但是邮寄访问的问卷回收率低，花费的时间长，有时由于没有访问者的指导，被访者在回答问题时容易出现偏差。

4. 留置访问

留置访问是指将事先设计好的调查问卷当面交给被访者，说明填写要求并留下调查问卷，请被访者自行填写，再由访问员定期收回的一种获取市场信息的方法。采用此种方法获取信息可以减少调查误差，提高问卷回收率，被访者有充分时间来回答问题，不受访问者的影响，能做出比较准确的回答，但调查的范围较窄，所花的调查费用比较高，所花费的时间相对较长。

5. 网络访问

网络访问是指将事先设计好的调查问卷上传网络，要求被访者填答而获取市场信息的一种方法，其优点是提交速度快、样本容量大、增强了人机之间的交互性、成本较低且有一定的灵活性和趣味性。但网络访问的样本不全面，难以保证样本对总体具有代表性。

三、访问调查法的操作程序及技巧

访问调查的整个实施过程实际上是访问者与被访者相互作用、相互影响的过程。访问调查的结果如何，在很大程度上取决于访问者的人际交往能力、使用访问技巧的熟练程度以及对整个访问过程的控制是否有效。

（一）访问前准备

1. 访问人员应熟悉调查提纲

访问人员在访问调查开始之前，要事先准备好详细的访问调查提纲，熟悉每一个将要调查的问题并清楚如何向被调查者提问，对本次访问的目的、访问的步骤、访问的重点要预先进行准备。在非结构性个别访谈中，访谈提纲只是一个轮廓，访问人员应根据客户或研究者规定的目标或主题概括出几方面的内容，不一定要写成书面文件，访问时可以根据自己平时的积累和经验进行现场发挥。

2．访问人员应掌握与调查有关的知识

访问人员要预先了解本次调查的相关知识，以便与被调查者进行沟通，从被调查者处获得相关信息。一般来说，一个合格的访问人员必须具备以下两方面的条件。

（1）应掌握与本次调查相关的知识，能够与被访者展开讨论。

（2）应熟练掌握谈话技巧，能够控制整个访谈过程。

具体地说，一个合格的访问人员应该具备如下条件。

（1）认真负责的精神。

（2）举止优雅大方，态度不卑不亢。

（3）良好的职业形象。

（4）兴趣广泛，能够很快与被访者建立良好关系。

（5）口齿流利，语言简洁明快。

（6）专注倾听被访者的谈话。

（7）能够驾驭访谈局面，始终与被访者围绕访谈主题进行交谈。

（8）能抓住访谈重点与被访者交谈。

（9）随和、灵活、富于启发性。

（10）用词用语中性、客观。[①]

3．合理选择被访者

访问人员要根据市场调查的主题来选择合适的被访者，以便达到最佳访谈效果。在随机抽样调查中，被访者是在总体的全部单位中随机抽取的；而在非随机抽样调查中，被访者是调查人员根据调查主题及经验等主观选择的。在第二种情况下，选择被访者应注意以下几点。

（1）所选择的被访者应该对调查主题感兴趣，对调查的相关问题要有一定的了解。

（2）所选择的被访者应该具有代表性。

（3）被访者要能够抽出足够时间接受访问。

（4）被访者应该没有语言沟通方面的障碍。

4．合理安排访问时间与访问地点

访问时间和访问地点会直接影响访问效果，调查人员要预先估计访问时间的长短，如一般的标准化访问需要半个小时左右，而深度访谈则可能需要一至两个小时。访问地点应以有利于被访者回答问题为原则，尽量选择一个安静的环境进行访问。

5．准备好访问用品

在确定了访问时间和地点之后，访问人员还应准备好必要的访问用品，如介绍信、工作证、胸卡、录音笔、摄像机、调查表或调查提纲、纸笔、图片资料、宣传材料、产品样本、小礼品等。访问用品可根据访问的主题和访问对象而定，如果要使用摄像机和录音笔，

---

① 杜子芳．市场调查[M]．北京：当代中国出版社，2002：43．

应事先征得被访者的同意。

(二) 进行访问

1. 接近被访者

访问的第一个环节是接近被访者。接近被访者的第一个问题是如何称呼的问题。称呼恰当，就为接近被访者开了一个好头，称呼错了，就会闹笑话，可能引起对方反感，甚至影响访问的正常进行。称呼被访者时应注意入乡随俗、亲切自然；称呼要符合双方的亲密程度和心理距离；尽量做到恰如其分；要注意称呼习俗的发展和变化。

另外，还必须采用各种方法接近被访者。接近被访者大致有以下几种方式。

（1）在某种共同活动过程中有意接近被访者。用这种方式接近被访者有利于消除对方的紧张、戒备心理，有利于在不知不觉中了解到对方的许多情况。

（2）找到一些共同的话题进行交谈以接近被访者。

（3）从关怀、帮助被访者入手接近被访者。

（4）进行自我介绍，说明调查的目的、意义和内容，然后做正式访谈。这种方式有些简单、生硬，但可节省时间，提高效率。在被访者没有什么顾虑的情况下，一般可采用这种方式。

（5）以某种伪装的身份接近被访者并在对方没有觉察的情况下进行访谈。这种接近方式一般只在特殊情况下、对特殊对象才采用。

2. 提问

（1）提问的方式。访问过程中提问的方式很多，如开门见山式提问、耐心开导式提问、借题发挥式提问、顺水推舟式提问、旁敲侧击式提问等。一般来说，在一次访问过程中，经常应用多种方式。采用什么方式提问应视具体情况而定。例如，对于比较简单、单纯的问题，可采用开门见山式提问；对于比较复杂、尖锐、敏感的问题，可采用谨慎式提问；对于没有思想顾虑的人，可以采用正面提问；对于顾虑重重或理解能力较差的人，可采用耐心开导式提问等。总之，在提问时应考虑所提问题的性质和特点，要注意访问对象的特点，还要注意访问者与被访者的关系。采用适当的提问方式是访问调查成功的条件之一。

（2）提问的态度。访问者提问的态度也是一个不可忽视的问题。提问的态度通过提问语气和举止反映出来，它将直接影响访问效果。在访问过程中，访问者应该做到以礼待人、平等交谈、保持中立，提问不带倾向性或诱导性，不要在提问语气上使被访者感觉到压力。

（3）引导和追问。在访问过程中，提问是基础和核心，是访问过程的主要手段。在必要的情况下，访问者也会采取引导和追问的方法。

引导的目的是帮助被访者正确理解和回答问题，它是提问的延伸或补充，是访谈过程中不可缺少的环节或手段。

一般来说，当访问遇到障碍不能顺利进行下去或偏离原定计划的时候，就应及时引导。例如，被访者对所提问题不能正确理解，答非所问；被访者顾虑重重、吞吞吐吐、欲言又止；被访者滔滔不绝、离题太远；访问过程被迫中断后又重新开始；等等。

引导的方法要视具体情况而定。如果是被访者对问题的理解不正确，访问员就应该对问题做出解释或说明；如果是被访者有顾虑，就应该摸清是什么顾虑，然后对症下药，消除顾虑；如果是被访者遗忘了某些情况，就应从不同角度、不同方面帮助对方回忆；如果是被访者的回答偏离主题，就应采取适当方式，有礼貌地把话题引上正轨；如果是中断的访问重新开始，就应该简略回顾一下前面访问的情况，复述一下尚未回答的问题。总之，只要排除了干扰和障碍，使访问过程得以按原定计划发展下去，就算达到了引导的目的。

追问不同于提问，也不同于引导，它不是提出新的问题，也不是排除回答中的障碍，而是为了促使被访者更真实、具体、准确、完整地回答问题。

一般来说，当被访者的回答没有真实、具体、准确、完整地说明问题的时候，就要进行追问。例如，发现被访者说谎、不肯吐露真情；被访者的回答前后矛盾，不能自圆其说；被访者的回答含混不清、模棱两可；被访者的回答过于笼统、很不准确；被访者的回答残缺不全；等等。

追问的方法有很多，如正面追问，即直接指出被访者的回答不真实、不具体、不准确、不完整的地方，请对方补充回答；侧面追问，即调换一个角度、提法来追问相同的问题；系统追问，即系统地追问何时、何地、何人、何事、何因、何果；补充追问，即只追问那些没有搞清的、需要补充回答的问题；重复追问，即对前面已经回答过的问题再追问一次，以检验前后回答是否真实和一致；反感追问，即"激将"追问，看看在"激将"的情况下对方有何表现、做何反应。总之，追问的目的是使被访者的回答真实、具体、准确、完整。

3．听取回答

听取被访者的回答是访问调查的重要环节，访问人员在访问时不仅要掌握提问的技巧，也应掌握听取回答的技巧。

访问人员在听取被访者回答时应做到积极、专心；要善于察言观色，积极开动脑筋，理解被访者的观点，推测其言外之意；要从被访者的回答中捕捉一切有用的信息，包括各种语言信息和非语言信息；要正确理解和处理各种信息。

另外，访问人员在听取被访者回答时有时会出现如下情况：由于不喜欢被访者而不能认真地听；由于感觉被访者回答可能不真实而不能客观地听；由于听取回答的兴趣不浓、情绪不好而不能积极地听；由于疲劳或昏昏欲睡而不能集中精力地听；由于习惯于打断对方讲话，急于发表自己的意见而不耐心地听；由于访问者与被访者对同一问题的理解不同而不能正确地听。此时，访问人员首先应该有一个正确的态度，认真地听取被访者的回答。其次是要想办法提高自己的记忆能力，必要时可请被访者复述或自己默默复述，也可把听到的回答浓缩成几个要点，以提高记忆的牢固程度；还可利用视觉联想、意义联想、情境联想来促进记忆。再次，是要对被访者的回答做出反应。如在听取回答时不时用"嗯！""对！"等语言信息或者用点头、肯定的目光等非语言信息鼓励对方继续谈下去。对被访者的回答做出恰当的反应，是保证访问过程正常进行的必要条件。

4．做好访问记录

对于标准化访问，直接将回答内容记录在问卷上即可；对于非标准化访问，在事先征得被访者同意的情况下，可采用录音笔记录，也可做笔记，事后整理。为确保访问的可靠性和准确性，消除被访者的顾虑，在访问结束前，可就访问记录的主要内容、关键部分与被访者核对。

(三)访问的结束

访问结束时应该注意以下两个问题。

(1) 要适可而止,即每次访问时间不宜过长,特殊情况则应灵活掌握;访谈必须在良好气氛中结束。

(2) 要善始善终,即访问结束时要向被访者表示感谢,真诚感谢被访者对调查工作的支持。同时,为了给以后的调查做铺垫,应向被访者表示今后可能还要登门请教。

(四)回访

一般来说,下列几种情况需要进行回访。

(1) 第一次访问没有完成调查任务,需要补充、纠正第一次访问中的遗漏和错误。

(2) 为了深入探讨某些问题,按计划在第一次访问了解了一般情况、熟悉被访者后做第二次或多次访问。

(3) 为了了解被访者的变化,在第一次访问后间隔一段时间对原被访者进行再次或多次访问。

进行回访之前,访问人员应向被访者约定回访的具体时间和地点,最好简要说明回访的主要内容,以便对方有所准备。

四、访问调查法的优、缺点

(一)访问调查法的优点

(1) 能广泛深入地了解各种市场现象。调查人员可以提出许多不宜在人多的场合讨论的问题,深入细致了解被访者的真实情况和意见。

(2) 调查资料的可靠性比较高。访问人员可以当场检查记录内容并得到被访者认可,这样可以减少调查误差。如果被访者同意,还可以使用录音笔等工具以提高记录的可靠性。

(3) 能灵活处理访问过程中的问题。访问人员在访问过程中可以根据情况灵活掌握访问次序,并随时解释被访者提出的问题。

(4) 能提高访问的成功率。与其他调查方式相比较,访问调查的成功率比较高,特别是采用随机抽样方式选取的被访者,有效回答率普遍较高。

(二)访问调查法的缺点

(1) 具有一定的主观性。访问过程很难完全排除主观因素的影响,这里所说的主观因素既涉及访问者也涉及被访者。调查双方具有的社会经验、社会地位、价值观念、思想方式等都会或多或少地影响调查结果,使调查结果难以做到完全客观。其中,访问者的主观因素影响可以通过有意识地采取中立、客观的态度,尽可能减少诱导和倾向性来避免,而被访者主观因素的影响是无法完全控制的。

(2) 不能匿名,有些问题(如一些敏感性问题)不能或不宜当面询问,这就使访问调查在调查项目范围上受到一定的限制。

(3) 调查容易受到气候、调查时间、调查人员素质、被访者情绪等因素的干扰。

（4）访问调查在人力、财力、时间上的花费都比较大。

第二节 观察调查法

一、观察调查法的概念和特点

（一）观察调查法的概念

观察调查法是观察者根据研究目的，有组织、有计划地运用自身的感觉器官或借助科学的观察工具，直接收集当时正在发生的、处于自然条件下的市场现象有关资料的方法。观察调查法通常应用于对实际行动和迹象方面的观察。例如，通过对顾客购物行为的观察，预测某种商品的销售情况；观察顾客与售货员的谈话，了解顾客的需求或满意度。在某种场合下，市场观察调查法或许是唯一能收集到较真实资料的调查手段。例如，玩具生产商通过观察了解学龄前儿童对玩具的偏好、有关单位利用交通计数器对来往车流量进行记录。

（二）观察调查法的特点

（1）有目的、有计划地对市场信息进行收集。市场观察调查是为了研究市场问题而收集信息的过程，它不同于日常生活中的观察活动，在整个观察过程中，所观察的内容都是经过周密考虑的。在实地观察之前，观察者根据市场调查的目的，对观察对象、观察项目和观察方法等要进行详细的计划，以避免或尽量减少观察误差，保证调查资料的质量。

（2）可以借助科学的观察工具进行观察。在对市场现象的观察中，观察工具有两大类：一类是人的感觉器官，其中通过眼睛获得的信息量最大，其他感觉器官也可以对市场现象做出直接感知；另一类是科学的观察工具，如照相机、摄像机、望远镜、显微镜、探测器等。观察工具的使用不但能提高人们对事物的观察能力，而且能起到对观察结果进行记载的作用，使调查记录除文字之外，还有照片、图片、声音等，增加了观察资料的翔实性。随着现代科学技术的发展，将会有许多新的可作为观察工具的发明成果出现，从而进一步提高人类对市场现象的观察能力。

（3）观察调查的对象是当时正在发生的、处于自然状态下的市场现象，不含任何人为制造的假象，可保证观察结果的客观性。

二、观察调查法的基本类型

（一）参与观察与非参与观察

参与观察是指观察者直接参与到市场活动中对市场现象进行观察，收集市场信息。参与观察不但可以观察到市场现象的具体表现，还可以了解交易双方之间较深层次的活动。但其所花费的时间较长，观察者必须实际参与市场活动的全过程或某个具体阶段才能观察到现象的表现。

非参与观察是指观察者以旁观者的身份对市场现象进行观察。非参与观察能比较客观、真实地收集市场信息,不会因为参与了市场活动而对市场现象产生某些主观倾向,但它难以对市场现象做深入的观察。

(二)有结构观察与无结构观察

有结构观察是指事先制订好观察计划,对观察对象、观察范围、观察内容和程序都做出严格的界定,在观察过程中必须严格按照计划进行观察。其特点是整个观察过程的标准化程度很高,得到的调查资料比较系统。所以,进行有结构观察,必须事先对市场现象做探索性分析研究,制订出科学的观察计划。有结构观察的标准化程度高,便于对调查资料进行整理和分析。但是,其设计过程对观察内容、具体项目、观察程序等都有比较严格的要求,同时只适用于对确定性现象的观察。

无结构观察是指对观察的内容、程序等事先并不做严格规定,只要求观察者有一个总的观察目的和原则或有一个大致的观察提纲,在观察时根据实际情况进行选择观察。其特点是灵活性大,观察者在观察过程中可以充分发挥主观能动性,但不便于整理和分析资料。

在实际运用时,对于可以确定发生的时间、地点、条件和内容的市场现象,可以采取有结构观察法,而对于不确定的市场现象,则只能采用无结构观察法。

(三)直接观察与间接观察

直接观察是指对所发生的事或人的行为的直接观察和记录。直接观察又可分为公开观察和隐蔽观察。公开观察是指调查人员在调查地点进行公开观察,即被调查者意识到有人在观察自己的言行。隐蔽观察是指被调查者没有意识到自己的行为已被观察和记录。

间接观察是通过对实物的观察来追索和了解过去所发生过的事情,故又称为对实物的观察。例如,"垃圾学"就是一种常用的间接观察方法,它是指市场调查人员通过对家庭垃圾的观察与记录,收集家庭消费资料的调查方法。美国亚利桑那大学的几位社会学教授曾采用"垃圾学"的方法调查图森市居民的食品消费情况。调查结果表明:图森市的居民每年浪费掉 9500 吨食品;被丢弃的食品中有许多是可以食用的食品,如一整块牛排、一个苹果或者一听打开的豆子罐头等;低收入家庭比高收入家庭更能合理地安排食品消费;所有的家庭都减少了对高脂肪、高蛋白食品的消费,但对方便食品的消费有增无减。这项由政府资助的项目得到有关方面的高度重视,为调查美国居民的食品消费提供了有力的数据支持。

市场观察调查法除以上几种分类外,还可以分为人员观察和仪器观察、定性观察和定量观察、探索性观察和验证性观察等。各种观察方法各有其特点,在实际市场调查中应根据研究目的和具体条件,灵活应用这些方法。

三、观察调查法的应用原则和范围

(一)观察调查法的应用原则

应用市场观察调查法必须遵循以下基本原则。

1. 客观性原则

对市场现象进行客观的观察是正确认识其本质和发展规律的基础。在观察中,观察者必须持客观的态度对市场现象进行观察，切不可按观察者的主观倾向或好恶，歪曲事实或编造情况。否则，不但失去了实地观察的意义，还会导致调查资料虚假甚至造成不良后果。坚持观察的客观性是市场观察调查首要的、基础的原则。

2．全面性原则

在对市场现象的观察中，应力求做到全面观察。市场现象常常表现在多个方面，而且相互联系。所以，观察者必须从不同层次、不同角度对市场现象进行全面观察，如此才能认识市场的全貌，避免出现片面或错误的认识。

3．深入、持久性原则

对市场现象进行客观、全面的观察绝不是一朝一夕就可以完成的，必须对市场现象进行深入、持久的观察。市场现象极为复杂且随着时间、地点、条件的变化而不断变化。如果不坚持深入、持久性原则，则只能观察到现象的表面而忽视了实质，只能观察到现象一时的特殊表现而忽视了其经常性、一般表现。由于市场调查的目的是认识市场现象的本质及其发展规律，市场现象的本质和规律性必须在深入、持久的观察中才能被发现，所以深入、持久性原则是必不可少的。

（二）观察调查法的应用范围

观察法在市场调查中主要应用于以下几个方面。

（1）观察、测定商场的顾客流量或车站、码头的顾客流量、车流量。观察、测定主要交通路段车辆、行人的流量即记录某一路段、街道在一定时间内的行人或车辆的数目、类型及方向，由此可评定、分析该地域的商业价值或交通情况，这种观察一般用于新店选择地址或研究市区商业网点的布局等。观察商场顾客流量对商场改善经营、提高服务质量有很大好处。例如，通过观察一天内各个时间进出商店的顾客数量可以合理安排营业人员的工作时间，更好地为顾客服务。

（2）观察商店营业状况、购物环境、商品陈列、服务态度、顾客行为等。主要是通过观察营业现场的情况，综合分析、判断企业的经营管理水平、商品供求情况；为了提高服务质量，调查人员要观察商店内布局是否合理，顾客选购、付款是否方便，商品是否丰富，营业人员的服务态度如何等。观察顾客行为即通过观察顾客在营业场所的活动情况，了解顾客的构成、顾客的行为特征、顾客的偏好及成交率等重要市场信息资料，可促使企业有针对性地采取恰当的促销方式并改善经营环境。

（3）商品资源、商品库存观察和产品跟踪测试等。市场调查人员通过观察可了解工农业生产状况，判断商品资源数量，提供商品供应数量的相关报告；调查人员到产品用户使用地观察调查可了解产品质量、性能及用户反应等情况，实地了解使用产品的条件和技术要求，从中发现产品更新换代的前景和趋势。

四、观察调查法的操作程序

（一）明确观察调查的目标

明确观察调查的目标就是要明确观察调查需要获得哪些信息。例如，要了解大学生对手机的喜好情况，其观察目标可确定为：观察大学生使用手机的情况；观察大学生购买手机的消费特点及流行趋势；观察大学生购买手机的具体行为等。

（二）确定观察方法

如前所述，调查人员进行观察的方法很多，每种观察方法都各有其优、缺点及应用场合。对于某一特定的调查问题，需要从成本、时间、人力及资料精确度等方面进行综合考虑，选择一种最佳观察方法。

（三）选择观察对象

选择观察对象就是根据调查的目的和主题来选择符合条件的市场调查活动的参与者。在选择观察对象时，一方面要考虑所采用的调查方式的要求，如典型调查必须选择对总体具有代表性的单位作为观察对象；随机抽样调查要按随机原则在总体中抽取部分调查单位作为观察对象；重点调查必须选择市场现象的重点单位作为观察对象等。另一方面，必须考虑市场观察调查本身的特点，选择那些符合调查目的、便于观察的单位作为观察对象。选择观察对象特别要注意所处环境对市场现象的影响，分析现象之间的相互联系，从而选择出合适的观察对象。

（四）选用观察技术

现代市场调查通过人的五官辅以科学的观察仪器来进行观察。例如，眼睛可以对行为、事物进行观察，同时可以借助望远镜、显微镜、照相机、电子扫描仪等进行观察；耳朵可倾听顾客的谈话，同时可以借助录音机等。在实际的观察调查中，无论采用哪种观察方法，都需要选用合适的观察技术来辅助调查。例如，对人流量的统计，用摄像机和视听设备记录比单纯的人员观察更精确。

（五）确定观察时间和地点

观察时间的确定是建立在深刻了解观察目标及确定观察对象的基础之上的。观察时间的合理选择对观察结果会产生直接影响。观察地点的选择主要以是否有利于观察和是否能保证观察的准确性为标准。在实际调查中，确定最佳的观察时间和地点并不是很容易。对于一些确定性市场现象，观察时间、地点的确定比较有规律，如企事业单位一般实行每周5天（每天8小时）工作制，市场营销企业一般具有固定的交易场所，在营业时间对某些市场现象进行观察就比较有把握。对于一些不确定的市场现象，观察时间、地点的确定就比较困难，必须根据具体情况而定。确定最佳观察时间、地点的目的是真实、准确、具体、及时地对市场现象进行观察，搜集有关资料。

（六）进行观察

在具体进行观察时需要注意以下三个问题。

1．合理安排观察顺序

对市场现象的观察顺序的安排可采用以下几种方法：① 主次顺序观察法，即先观察主要的对象和主要的项目,再观察次要对象和次要项目;② 方位顺序观察法,即按观察对象所处位置,或由远到近、由上到下、由左到右地观察,或由近到远、由下向上、由右到左地观察;③ 分解综合顺序观察法,即把所观察的市场现象做整体到局部的分解,然后采用先局部后整体或先整体后局部的顺序进行观察,最终得到对市场现象的综合性观察资料。

2. 减少观察活动对被观察者的干扰

在进行市场观察时,如果观察对象是人或人所从事的市场活动,就会出现观察活动对被观察者的干扰问题,面对干扰,被观察者可能会本能地或因事先知道有观察活动而有意识地做出一些非自然状态的表现。所以,在进行观察时应通过对观察活动进行控制来减少对被观察者的干扰,对于被观察者有意做出的假象,观察者要能够去伪存真,不被表面现象所迷惑,避免这些假象对观察结果的影响。

3. 做好观察记录

市场观察调查的记录可采取两种形式:一种是同步记录,即一边观察一边记录;另一种是观察后追记,即在观察过程结束后再将观察结果记录下来,这种方法适合不能或不宜做同步记录的一些特定情况。

观察记录对于有结构观察和无结构观察是不同的。有结构观察的记录是采用事先统一设计好的观察记录工具进行记录,其观察记录工具主要是调查表或调查卡片,观察时只需按规定项目填写就可以了。对于无结构观察的记录,由于事先并无统一规定的内容和项目,所以必须由观察者在现场决定记录什么内容、如何进行记录。无结构观察对现场观察的结果可以采取详记,也可以采取简记,以能够真实反映观察对象的事实或情节为原则。

在使用观察调查法进行调查时,借助良好的记录技术,如采用录音机、录像机、照相机等各种专用仪器进行记录,可以及时记下转瞬即逝的信息,加快调查工作的进程,便于资料的整理和分析,这些记录可以使观察资料更加生动、具体,有时甚至是必不可少的内容。

观察记录一般只记录观察对象的现场情况。当然,必要时,也可记录观察者自身的一些感受及其由被观察对象的表现所引发的想法等。因为市场观察调查要求观察者把观察与思考结合起来,在观察过程中既要对市场现象进行客观描述,又要善于思考,把观察过程作为认识市场现象的起点。

(七)对观察结果的分析

对观察对象进行观察后,需要对记录下来的观察结果进行处理。观察收集到的市场信息必须经有关专业人士进行分析、判断,才能成为有用的信息。

五、观察调查法的优、缺点

(一)观察调查法的优点

与其他调查方法比较,市场观察调查法的优点可以归纳为以下几个。

(1)观察资料的可靠程度高。观察调查法最突出的优点是可以实地观察市场现象的发生情况,能够获得直接的、具体的、生动的市场信息,可以了解市场现象的实际发生过程和当时的环境、气氛，这是其他任何调查方法都难以做到的。由于观察的直接性，所得到的资料一般具有较高的可靠性。

（2）观察调查法的适用性强。观察调查法对各种市场现象具有广泛的适用性。观察调查法基本上以观察者为主，而不像其他调查方法要求被调查者具有配合调查的相应能力，如语言表达能力或文字表达能力，这就大大提高了市场观察调查法的适用性。

（3）观察调查法简便易行、灵活性较大。在观察过程中，观察人员可多可少，观察时间可长可短，只要在市场现象发生的现场，就能比较准确地观察到现象的表现。参与性观察可以深入了解市场现象在不同条件下的具体表现，非参与观察则可在不为人知的情况下灵活地进行观察。

（二）观察调查法的缺点

观察调查法的缺点主要表现在以下几个方面。

（1）必须在市场现象发生的现场进行观察，受到时空限制。从空间上看，观察调查只能观察某些点的情况，难以做到宏观、全面的观察，对于一些带有较大偶然性的市场现象，往往不容易把握其发生的时间和地点或在现象发生时不能及时到达现场；从时间上看，它只能观察当时发生的情况，对市场现象过去的和未来的情况都无法进行观察。

（2）有些市场现象不宜采用观察调查法。并不是任何市场现象都可用观察调查法取得资料，有些市场现象只适合以口头或书面形式搜集资料，如消费者的消费观念，对某些市场问题的观点、意见等。

（3）大量的观察资料难以数量化。市场观察调查中收集的大量资料都是对事物状况、性质、发展趋势等的直接描述以及观察者的一些感受，难以数量化，这就使得观察人员之间所搜集的资料无法相互对比和统计，特别是无法证明非结构观察的可信度。

（4）观察的样本量比较小。原则上，若有足够的观察人员，市场观察调查可以针对成千上万的观察对象。然而，市场观察调查法比较复杂，人、财、力的花费都较大，还要有足够的时间，这就决定了采用此法一般不可能有较大的样本量。

第三节　实验调查法

一、实验调查法的概念及基本要素

实验调查法是一种重要的搜集一手资料的方法，同时也是一种比较复杂的市场调查方法。在市场调查中，应用实验调查法也是认识市场现象的一种重要途径。

（一）实验调查法的概念

实验调查法是指在调查中通过在一定条件下改变某些因素而保持其他因素不变来衡量变化因素的影响效果，从而获取一手资料的调查方法。其目的是查清原因和结果之间的关系。实验调查法在市场调查中被广泛应用，如在改变商品品质、变换商品包装、调整商品价格、推出新产品、变更广告形式及内容、变动商品陈列、使用新营业推广策略等活动前，可以采用实验调查法测试其效果，提高决策的科学性，其最大特点是将调查对象置于非自然状态下展开市场调查。

（二）实验调查法的基本要素

实验调查法的基本要素有以下几个。
（1）实验者，即市场实验调查活动的主体。
（2）实验对象，即通过市场实验调查所要了解认识的市场现象。
（3）实验环境，即实验对象所处的市场环境。
（4）实验活动，即改变市场现象所处市场环境的实践活动。
（5）实验检测，即在实验过程中对实验对象所做的检验和测定。

二、实验调查法的操作程序

一般而言，实验调查按照以下程序来实施。

（一）根据调查项目和课题要求提出研究假设

在进行实验调查之前，需要紧扣调查的目的和要求，在收集和分析调查项目相关资料的基础上，提出具有因果关系的若干研究假设并确定实验中加以控制、改变的市场因素。

（二）进行实验设计，确定实验方法

实验设计是调查者进行实验活动、控制实验环境和对象的规划方案，它是实验调查的中心环节，决定着研究假设能否被确认，决定着实验对象的选择和实验活动的开展，直接影响实验结论。合理的实验设计是调查成功的关键，实验设计的具体形式要与实验对象相适应。

（三）根据调查课题的特点，选择实验对象

实验对象选取的优劣直接影响调查结果的质量。在实验对象的选取过程中，可以使用随机抽样的方法，也可以使用非随机抽样的方法，总的原则是尽量使实验对象具有广泛的代表性。

（四）遵照实验设计规定，进行正式实验

正式实验要严格按照预先设计好的实验方案和进程实施并对实验结果进行认真观测和及时记录，必要时还可进行反复的实验和研究，以获得更为准确的实验数据资料。为了排除偶然性，可反复实验多次。

（五）整理资料，撰写实验报告

实验结束后，要对实验记录及有关资料进行统计分析，以揭示市场现象和相关市场因素之间的联系，得出市场现象的演变规律。要考虑各种因素的作用，排除偶然因素的干扰，

慎重核对实验结果，最终将实验结果撰写成实验报告，便于相关部门使用。

三、实验的设计及种类

实验设计是实验调查的中心环节，决定着研究假设是否能被确认，也决定着实验对象的选择和实验活动的开展，最终影响着实验结论。

实验设计是调查者进行实验活动、控制实验环境和实验对象的规划和方法。根据市场调查目的不同以及是否设置对照组和组数的多少，可以设计出多种实验方案，下面重点介绍几种常用的实验设计。

（一）单一实验组前后对比实验

单一实验组设计就是只选择若干实验对象作为实验组，通过实验活动前后实验对象变化结果的对比得出实验结论，这是一种最简便的实验调查。在市场调查中经常采用这种方法，对实验前的市场现象做前检测，对实验后的市场现象进行后检测，通过市场现象前后检测的对比，了解实验活动的效果。其计算公式为

$$实验效果 = 后检测（y_n） - 前检测（y_0）$$

【例3-1】某厂为了扩大销售，准备改变其产品的外观设计，但对新设计的外形把握不大，决定采用事前事后设计进行实验调查。假定改变外形设计前该产品的月销售量为 5000 台，改变外形设计后该产品的月销售量为 8000 台。则

$$实验效果 = 8000 - 5000 = 3000（台）$$

这说明该厂在改变产品外形设计后，月销售量增加了 3000 台。如果经分析无其他因素影响，决策者可以采用新的外形设计。

这种方法操作比较简单，但存在一定问题，因为市场现象可能会受到很多因素的影响，因此该方法只有在实验者能够有效排除非实验变量的影响或者有充分把握认为非实验变量的影响很小，可忽略不计的情况下，实验结论才能够充分成立。

（二）实验组与对照组对比实验

这种方法是选择若干实验对象作为实验组，同时选择若干与实验对象相同或相似的调查对象作为对照组，使实验组与对照组处于相同的实验环境，实验者只对实验组给予实验活动，不给予对照组实验活动，根据实验组与对照组的对比得出结论，这样可规避单一实验组的不足之处。

采用实验组与对照组对比实验，必须注意实验组与对照组的可比性，即保证实验组与对照组及其所处环境是相同的。采用实验组与对照组对比实验，是将实验组的实验后检测结果与同期对照组的检测结果相比，其一般公式为

$$实验效果 = 实验组后检测（y_n） - 对照组后检测（x_n）$$

【例3-2】某企业为了解其生产的洗衣机改变外形设计后消费者的反应，采用市场实验调查法进行调查。该企业采用实验组与对照组对比实验，选择 A、B、C 三个商店为实验组，再选择与之条件相似的 D、E、F 三个商店为对照组，观察一个月后，将两组对调再观察一

个月，其检测结果如表 3-1 所示。

表 3-1 实验组与对照组对比情况

实验对象	原外形洗衣机销售量（台）		新外形洗衣机销售量（台）	
	第一个月	第二个月	第一个月	第二个月
A		370	430	
B		420	500	
C		480	550	
D	350			400
E	400			470
F	450			530
合计	1200	1270	1480	1400

由表 3-1 可知，两个月内原外形洗衣机共销售 1200+1270=2470 台，即 x_n=2470 台，新外形洗衣机销售量为 1480+1400=2880 台，即 y_n=2880 台，则改变洗衣机外形设计的实验效果为：y_n-x_n=2880-2470=410 台。从计算可知，改变洗衣机外形设计后，两个月内三个商店多销售了 410 台洗衣机，说明改变洗衣机外形设计对企业是有利的。

这种方法的结论具有较高的准确性，但它仍然无法反映实验前后非实验变量对实验对象的影响。为了弥补这一缺点，可将上述两种实验设计综合考虑。

（三）实验组与对照组前后对比实验

这种方法是指在对照组实验前后与实验组实验前后之间进行对比的方法。它既不同于单一实验组前后对比实验，也不同于实验组与对照组对比实验，而是对实验组和对照组都进行实验前后对比，再将实验组与对照组进行对比。这实际上是一种双重对比的实验法，它吸收了前两种方法的优点，也弥补了前两种方法的不足。

这种方法对实验组和对照组都要做实验前检测和实验后检测，分别得到 y_n、y_0、x_n、x_0；对实验组和对照组都要进行实验前后对比，实验组前后对比为 y_n-y_0，对照组前后对比为 x_n-x_0；实验组前后对比与对照组前后对比的实验效果一般公式为

$$实验效果=(y_n-y_0)-(x_n-x_0)$$

【例 3-3】某企业欲改变其洗衣机外形设计，要调查改变洗衣机外形设计对销售量的影响，实验调查数据如表 3-2 所示。

表 3-2 实验组前后与对照组前后对比情况

实验单位	前检验	后检验	前后对比	实验效果
实验组 新外形洗衣机销售量（台）	2000 y_0	3000 y_n	1000 y_n-y_0	1000-300=700 $(y_n-y_0)-(x_n-x_0)$
对照组 原外形洗衣机销售量（台）	2000 x_0	2300 x_n	300 x_n-x_0	

从表 3-2 可知，y_n-y_0 是实验组前后对比的结果，实验组的变动量为 1000 台，包含实验变量，即改变外形设计和非实验变量的影响；x_n-x_0 是对照组前后对比的结果，对照组的变

动量为 300 台，它不包含实验变量，即改变外形设计的影响，只包含非实验变量的影响；$(y_n-y_0)-(x_n-x_0)$ 是实验效果，为 700 台，这个数据集中反映了改变外形设计这个实验变量对销售量的影响。

以上几种方法各有其优缺点。单一实验组前后对比实验简单易行，但其要求能够排除非实验变量的影响或确定非实验变量的影响很小、可忽略不计。实验组与对照组对比实验也比较简便，但当实验对象在不同时间上受非实验因素影响较大时，它是无法奏效的。实验组与对照组前后对比实验不但能够反映实验组与对照组的区别，而且能够区分实验变量与非实验变量的影响，但这种方法的应用条件比较复杂，必须对实验组和对照组分别做出实验前后的检测，才能计算实验效果。在实际应用中，实验者要根据市场实际情况做适当的选择。

除了上述常用的实验调查方法外，伴随互联网的普及和数字化时代的到来，在社会科学领域中，网络实验法（online experiments）应运而生，它通过以自然发生的网络世界为田野，利用互联网、线上平台作为实验室开展实验研究。相比于传统的实验室实验，网络实验法在较大程度上呈现了行为发生的真实情境，表现出较高的外在效度。网络实验法可以通过在网络中所投放的广告内容与形式进行实验，可以设计几种不同的广告内容和形式在网页或者新闻组上发布，也可以利用 E-mail 传递广告。广告的效果可以通过服务器终端的访问统计软件随时监测，也可以通过客户反馈信息量的大小来判断，还可以借助专门的广告评估机构来评定。

四、应用实验调查法应注意的问题

（一）实验者的必要条件

实验者必须思想解放，有求实精神，敢于探索道路，要有一定的实际工作经验和灵活处理问题的能力，具备灵活应用各种调查方法和研究方法的能力。

（二）实验对象的选择

实验对象一定要在同类市场现象中具有高度的代表性，对于复杂的市场现象，还应具有不同类型、不同层次的代表性；可以随机抽取，即从调查对象总体中抽取实验对象，也可非随机抽样，即有目的地选择实验对象。

（三）实验过程的控制

在市场调查中，由于市场现象的复杂性，实验活动的开展会遇到一些困难，因此就需要在不违背实验目的的前提下具有一定的灵活性。为了有效控制实验过程，首先要在实验调查中严格按实验设计方案，其次要努力排除或减少非实验因素对实验活动的干扰。常用的对非实验因素的控制方法主要有排除法、纳入法、保持恒定法、统计分析法等。

（四）实验效果的检测和评价

实验效果的检测和评价是紧密联系的，检测是评价的前提，评价是对检测结果的分析和解释。实验检测是市场调查的必要步骤，它具有科学性、统一性和可重复性的特点。

实验评价是对实验检测结果的解释或说明，一般应包括两个方面：一是对实验结果内在效应的评价，即对某项市场实验调查的研究假设做出正确程度的评价；二是对实验结果的外在效应的评价，即对某项市场实验调查结果推广应用于其他同类事物的正确程度做出评价。对实验结果的评价，一定要实事求是、恰如其分。

五、实验调查法的优、缺点

（一）实验调查法的优点

（1）能够直接掌握大量的一手实际资料，说明某市场现象的发展变化主要是由实验活动引发的。这是市场实验调查最突出的优点，也是其他调查方法不能做到的。

（2）能够揭示市场现象之间的关系。因为市场实验调查不是等待某种现象发生再去调查，而是积极主动地改变某种条件，促进市场现象的发展以达到实验目的，所以实验调查不但能够说明某市场现象是什么样子，而且能够说明它为什么是这样。

（3）有利于探索解决市场问题的具体途径和方法。在进行商品生产和营销时，不论是从宏观管理角度还是从微观管理角度，都有很多具体的方针、政策、措施、方法等方面的问题需要探索、研究和制定，市场实验调查法为此提供了重要的检测作用。因为只有经过实践检验的方针、政策、措施、方法，才能证明其正确性和可行性。

（4）能够使实验结论具有较高的准确性。市场实验调查具有可重复性特点，这使得实验调查的结论准确性较高，具有较强的说服力。

（二）实验调查法的缺点

（1）选择的实验对象和实验环境难以具有充分的代表性。实验调查的结论总带有一定的特殊性，其应用范围是很有限的。

（2）难以对实验过程进行充分有效的控制。这是因为很多影响因素是无法也不能被排除的，但又很难将它们一一测定或综合测定出来，因此准确区分和检测实验效果与非实验效果就很困难，在实验效果中往往混杂着非实验因素的影响结果。

（3）对调查者的要求比较高，花费的时间也比较长。

第四节　文案调查法

一、文案调查法的概念及特点

文案调查法是利用企业内部和外部现有的各种信息、情报资料对调查内容进行分析研究的一种调查方法，是一种间接调查法。

与其他调查方法相比，文案调查法具有以下几个特点。

（1）文案调查法是收集已经加工过的二手资料。所收集的资料包括动态和静态两个方面,尤其偏重于从动态角度收集各种反映调查对象变化的历史与现时资料。

(2) 文案调查法所获得的信息资料比较多,资料的获得比较方便、容易。

(3) 文案调查法收集资料所花费的时间较短,费用较低。

二、文案调查法的基本要求

文案调查法的特点和功能决定了调查人员在进行调查时应满足以下几方面的要求。

(1) 广泛性。文案调查对现有资料的收集必须周详,要通过各种信息渠道,利用各种机会,采取各种方式大量收集各方面有价值的资料。一般来说,既要有宏观资料,又要有微观资料;既要有历史资料,又要有现时资料;既要有综合资料,又要有典型资料。

(2) 针对性。要着重收集与调查主题紧密相关的资料,善于对一般性资料进行摘录、整理、传递和选择,以得到有参考价值的信息。

(3) 时效性。要考虑所收集资料的时间是否能满足调查的需要。随着知识更新速度的加快,调查活动的节奏也越来越快,资料适用的时间在缩短,因此,只有反映最新情况的资料才是价值最高的资料。

(4) 连续性。要注意所收集的资料在时间上是否连续。只有连续性资料才便于动态比较,便于掌握事物发展变化的特点和规律。

三、文案调查法的操作程序

文案调查是一项繁重而复杂的工作,要把这项工作做好,市场调查人员除了应具备丰富的专业知识和实践经验之外,还要注意工作方法,掌握科学的工作程序。

(一) 确定市场调查目的,明确调查主题

进行二手资料收集首先要确定调查目的,明确调查主题,即本次文案调查工作完成后需要提供什么资料,解决什么问题,根据调查主题来确定所需要的信息资料和资料来源,再安排适合的人选有针对性地进行资料查询。

(二) 确定资料来源渠道,收集资料

调查人员要根据调查主题设计调查方案,确定从哪里获得二手资料,收集所需二手资料的基本顺序和方法,安排收集这些二手资料所需的时间、精力、费用、人员等。

(三) 评估二手资料

由于二手资料来源广泛,因此在收集二手资料时要用一定的标准来评估信息资料的价值,评价标准主要有以下几项。

(1) 原始资料提供者的权威性与可靠性。权威的、信誉好的机构和个人,其资料采集过程规范、科学、严谨,数据资料可靠性、真实性高。而对于一些不知名的资料提供机构,要了解该机构收集资料的方法、过程、目的,以判断其资料的可靠性。

(2) 原始资料收集的目的。原始资料的提供者在收集资料时总有某种特定目的,有些

机构以向客户提供资讯服务为目的,有的是为机构本身的某种利益采集资料,所以在采集和利用这些信息资料时,要了解原始资料的收集目的,以评价信息的可信度。

(3)原始资料的收集时间。原始资料的收集时间决定着资料的时效性。由于市场变化非常快,有些原始信息很快就会失去时效性,在收集信息资料时要严格判定其收集时间。

(4)原始资料的收集方法。原始资料是通过各种方法取得的,而每种方法都有其优缺点,要努力辨别采用不同方法收集资料带来的偏差。

(5)原始资料的研究方法。原始资料的研究方法恰当,资料的可信度就高,对于可能影响数据质量的细节都要加以分析,检查其对数据质量的影响程度。

(6)原始资料之间的一致性。如果收集的资料之间缺乏一致性,调查者就要深入研究造成这种不一致的各种可能因素,以便确定使用哪种原始资料。

(四)对评估后的二手资料进行筛选与分析

市场文案调查收集的二手资料种类繁多,对其评估之后,调查人员应该围绕调查的目的,依据事先制定的清单或资料分析计划,选择正确的方法对资料进行筛选和分析。例如,应用统计方法将资料制成图表并进行比较分析,去除虚假数据。

(五)撰写文案调查报告

在对数据资料进行评估、筛选后,则可撰写文案调查报告。撰写文案调查报告应该注意以下几点。① 简明扼要。报告表达要简单明了,尽量将有关资料制成统计图表以更加清楚地表明现象之间的关系。② 突出重点。对于与调查结果有重要关系的资料,应在报告中重点表述。③ 结论明确。文案调查报告中应有明确的结论和建议。

四、文案调查资料的来源

文案调查所需的资料包括企业内部资料和企业外部资料。企业内部资料主要是指企业内部的各种业务、统计、财务资料及其他有关资料。企业外部资料主要是指企业外部单位所拥有的资料。

(一)内部资料的来源

(1)业务资料,包括与调查对象活动有关的各种资料,如企业的订货单、进货单、发货单、合同文本、发票、销售记录等。通过对这些资料的了解和分析,可以掌握企业所生产和经营商品的供应情况,分地区、分用户的需求变化情况等。

(2)统计资料,主要包括企业的统计报表,产品生产、销售、库存等各种数据资料,各类统计分析资料等。企业统计资料是研究企业经营活动的数量、特征及规律的重要依据,也是企业进行预测和决策的基础。

(3)财务资料,是由企业财务部门提供的各种财务、会计核算和分析资料,包括生产成本、销售成本、各种商品的价格及经营利润等。财务资料反映了企业活劳动和物化劳动的占用和消耗情况及所取得的经济效益情况。通过对这些资料的分析,可以确定企业的发展背景,考核企业的经济效益。

(4) 其他资料,如企业平时积累的剪报、各种调查报告、经验总结报告、顾客意见和建议、同业卷宗及有关照片和录像等,这些资料都对市场研究起着一定的参考作用。例如,根据顾客对企业经营、商品质量和售后服务的意见,可以对改进措施加以研究。

(二) 外部资料的来源

(1) 统计部门以及各级、各类政府主管部门公布的有关资料。国家统计局和各地方统计局都会定期发布统计公报等信息并定期出版各类统计年鉴。此外,各主管部门和职能部门也会定期或不定期地公布一些有关政策、法规等的信息。

(2) 各种专业信息咨询机构和各行业协会提供的信息。这些机构和协会的信息系统资料齐全、信息灵敏度高,为了满足各类用户的需要,它们通常还提供资料的代购、咨询、检索和定向服务,是获取市场信息的重要来源。

(3) 有关书籍、报纸、杂志所提供的资料,如提供的各种广告、市场行情资料和各种预测资料等。

(4) 生产和经营机构提供的商品目录、广告说明书、专利资料及商品价目表等。

(5) 各种国际组织、学会团体、外国使馆、商会所提供的国际信息。

(6) 国内外各种博览会、展销会、交易会、订货会等促销会议以及专业性、学术性经验交流会议上所发放的文件和材料。

(7) 各地电台、电视台提供的市场信息。

(8) 互联网。互联网是获取信息的最新工具,对任何调查而言,互联网都是重要的信息来源。互联网上的原始电子信息比以其他任何形式存在的信息都更多,这些电子信息里面有很多内容是市场调查所需要的信息。

五、文案调查的方法

(1) 查找法。查找法是获取市场二手资料的基本方法,企业要获得所需的信息首先应该在企业内部查找。一般来说,可以从企业的信息资料库中查找,也可以从企业内部有关各部门中查找。从企业内部查找可以获得大量反映企业本身状况的信息,也可以获得客户、市场等方面的信息。另外,有些所需信息可以到企业外部去查找,如到图书馆、资料室等地方查找。常用的查找方法有以下三种。

一是查阅目录。目录中一般要列出文献的题目、作者等。目录主要有以下几种。① 分类目录。根据资料的特点,按照图书情报机构所采用的分组法编排的目录。② 书名目录。按照图书的名称编排的目录。③ 主题目录。按照图书的主题而编排的目录。④ 著作者目录。按照著作者的姓名编排的目录。

二是参考文献查找法,是利用有关正文后所列的参考文献目录或者以文中所提到的某些文献资料为线索,追踪、查找有关文献资料的方法,采用这种方法可以提高查找效率。

三是检索工具查找法,是利用检索工具逐个查找文献资料的方法,可通过手工检索和计算机检索两种方法来完成。进行手工检索的前提是要有检索工具,检索工具有很多种,按照著录方法来划分,检索工具有三种:一是目录,它是根据信息资料的题名而编制的,如产品目录、企业目录、行业目录等;二是索引,它是对信息资料的内容特征和表象特征的记录,标明出处,按一定的排检方法进行排列,如按人名、地名等特征进行排列;三是文摘,它是对资料的主要内容所做的一种简要介绍,用较少的时间可获得较多的信息。与手工检索相比较,计算机检索速度快、效率高、内容新、范围广、数量大,而且没有地理障碍和时间约束。在实际工作中,普遍采用的是计算机检索。

(2)索取法。索取法是调查人员向有关机构索取某方面资料的方法,如派员或通过信函向有关机构索取某方面的市场信息。

(3)收听法。收听法是通过收听广播获取各种政策、法规和经济信息。

(4)咨询法。如通过电话向企业内部相关部门咨询某些业务数据。

(5)采集法。通过订货会、展览会等场合采集大量企业介绍、产品介绍、产品目录等资料。

(6)互换法。互换法是先寄送本企业的有关资料给相关机构或个人,然后换回本企业所需的资料。

(7)购买法。如从专业咨询机构、行业协会、信息中心等单位团体购买定期或不定期出版的市场行情资料和市场分析报告等。

(8)委托法。如委托专业市场调查公司收集和提供企业产品营销诊断资料等。

六、文案调查的优、缺点

(一)文案调查的优点

1. 可为企业发展提供参考数据

企业通过文案调查对有关市场信息进行收集,可分析竞争对手的情况、技术发展趋势、市场供需状态等,可为企业制定总体发展战略提供基础依据。在对市场的研究中,企业可通过对比分析用文案调查法收集的各种市场动态资料观察市场的发展方向;也可利用一系列相互联系的现有资料进行相关回归分析,以观察现象之间相互影响的方向和程度并在此基础上进行市场预测;也可根据文案调查收集的信息计算企业某产品的市场占有率,以了解市场需求以及本企业所处的市场地位;还可根据收集的信息计算出本企业某产品的市场覆盖率,以反映企业销售的广度和深度。

2. 可为实地调查提供依据

(1)通过文案调查,可以初步了解调查对象的性质、范围、内容和重点等并能提供实地调查无法或难以取得的各方面的宏观资料,便于进一步开展和组织实地调查,取得良好的效果。

(2)所收集的资料可用来证实各种调查假设,即可通过对以往类似调查资料的研究来指导实地调查的设计,用文案调查资料与实地调查资料进行对比,鉴别和证明实地调查结果的准确性和可靠性。

(3)利用文案资料并经实地调查,可以推算所需掌握的数据。

(4)文案调查资料有助于探讨现象发生的各种原因并进行说明。

3. 省时、省力

实地调查费时、费力，操作起来比较困难，而文案调查具有较强的灵活性，省时、省力，企业能随时根据需要收集、整理和分析各种调查信息。因此，文案调查适用于有关部门和企业进行经常性市场调查。

4. 不受时空限制

从时间上看，文案调查不仅可以收集现时资料，还可以取得历史资料。从空间上看，文案调查既能对内部资料进行收集，还可以掌握大量的有关外部环境的资料，尤其适用于空间距离遥远、条件各异、采用实地调查需要更多的时间和经费的调查。

（二）文案调查的缺点

市场文案调查的缺点主要表现在以下几个方面。

（1）文案调查收集的主要是历史资料，其中过时资料比较多，现实中正在发生变化的新情况、新问题难以得到及时地反映。

（2）所收集、整理的资料和调查目的往往不能很好地吻合，对解决问题不能完全适用，收集资料时易有遗漏。

（3）文案调查要求调查人员有较丰富的理论知识、较扎实的专业技能，否则将无法对资料进行鉴别和应用。此外，由于文案调查所收集资料的准确程度较难把握，有些资料是由专业水平较高的人员采用科学的方法搜集和加工的，准确度较高，而有的资料只是估算和推测出来的，准确度较低。因此，应明确资料的来源并加以说明。

第五节 网络调查法

一、网络调查法的概念及特点

（一）网络调查法的概念

网络调查法是借助联机网络、计算机通信和数字交互式媒体实现研究目的的市场调查方法。目前可借助的互联网平台媒介包括网站、QQ、微信、微博、微信公众号等。网络调查大规模发展源于20世纪90年代。网络调查具有自愿性、定向性、及时性、互动性、经济性与匿名性。现在，许多企业和社会组织都开始使用网络调查完成对社会经济信息的收集与整理工作并以其结果作为制定决策的依据。

（二）网络调查法的特点

网络调查充分利用互联网作为信息沟通渠道，互联网的开放性、自由性、平等性、广泛性和直接性使得市场网络调查具有传统市场调查手段和方法所不具备的一些独特的特点。

1. 速度快

市场网络调查的速度远快于面访等离线访问。市场网络调查是开放的调查，问卷的发放、填答、提交皆不受时间和空间的限制，任何网民都可以在网上进行问卷填答和查看调查结果，而且在问卷信息经过统计分析软件初步自动处理后，调查者可以马上查看到阶段性调查结果。

2. 成本低

市场网络调查不同于面谈访问、邮寄访问、电话访问等方式，实施市场网络调查节省了传统市场调查中耗费的大量人力和物力。市场网络调查往往通过站点发布电子问卷或组织网上座谈，利用计算机及统计分析软件进行资料整理和分析，大大缩减了传统调查中的问卷印刷、派员访问、邮寄、电话问询以及繁重的信息采集与录入工作等流程，既方便又节约费用。

3. 交互性强

市场网络调查的强大交互性同样得益于网络自身的技术特性。网络的最大好处是交互性，网络调查不受时空的限制，抽样框相当大，调查范围也相当广泛。此外，在进行市场网络调查时，被调查者可以及时就问卷相关问题提出自己更多的看法和建议，可以减少因问卷设计不合理而导致的调查结论偏差问题。

4. 调查结果可靠程度高

实施市场网络调查，被调查者是在完全自愿的情况下参与调查的，这说明被调查者对调查内容通常是有一定兴趣的，回答问题也相对认真，所以问卷填写信息的可靠性较高。此外，市场网络调查可以有效避免传统调查方式中的人为因素所导致的偏差，被调查者是在独立思考的情况下填写问卷的，能够在最大程度上保证调查结果的客观性与准确性。

5. 无时间、地域限制

市场网络调查是 24 小时全天候的调查，与受地域制约和时间制约的传统调查方式有很大的不同。

6. 可检验性强

利用互联网进行市场调查，可以有效地对所采集信息的质量实施系统的检验和控制。网络市场调查可通过附加相应的规范指标解释，有效地消除由于理解不同和解释口径不一而导致的偏差。

二、网络调查法的常用方式

网络调查法有两种方式：一种是利用互联网直接进行问卷调查以收集一手资料，这种方式称为网络直接调查法；另一种方式是利用互联网的媒体功能，从互联网上收集二手资料，这种方式称为网络间接调查法。

（一）网络直接调查法

利用互联网直接进行问卷调查以收集一手资料的方式主要包括以下几种。

1. 网上问卷调查

网上问卷调查是将电子问卷发布在网上，被调查者通过互联网完成问卷填写。在这种方式下，由调查研究人员将问卷放置在站点上，等待访问者访问该站点填写问卷，如中国互联网络信息中心（CNNIC）每半年进行一次的"中国互联网络发展状况调查"就是采用这种方式。

在采用此方式时，可以采用下列三种方式筛选出合格的被调查者：一是在调查机构的数据库中以随机抽样方式进行初步选择，然后以 E-mail 发出简单的邀请通知并附上邀请其到调查机构特定的网上平台接受访问的网址；问卷的第一部分设置为甄别题目，只对符合甄别条件的被调查者进行继续访问。二是在访问量较大或符合特定条件的网站上开设弹窗发出简单的邀请通知并附上调查机构特定的接受访问的网址。三是研究人员通过其他方式，如线下电话联系等方式向被调查者发出调查邀请。

网上问卷调查的关键在于在线调查表的设计、样本的数量和质量、个人信息保护等方面。在实践中，人们总结出成功的网上调查必须注意以下要件。

（1）在线调查表的设计。采用网上问卷调查，在线调查表设计水平的高低直接关系到调查结果的质量优劣。由于在线调查要占用被访者的上网时间，因此在设计上应该简洁明了，尽可能少占用填写问卷的时间和上网费用。如果一份网上问卷需要 10 分钟以上的时间作答，多数人会因缺乏耐心而拒绝填写或者敷衍了事。

（2）样本的数量。足够的样本数量是进行网上问卷调查的必要条件之一。如果样本数量太少，则难以保证调查结果的真实性，调查结果就不能如实反映总体的状况，也就没有实际价值。

（3）样本的质量。由于网上问卷调查的对象仅限于上网的用户，从网民中随机抽样取得的调查结果可能在反映消费者总体情况方面有一定的误差。另外，用户地理分布的差异和不同网站拥有的特定用户群体也是不可忽视的影响调查结果的因素。注重样本质量是保证网上调查质量的重要一环。

（4）个人信息的保护。网上问卷调查应该在法律、法规允许的范围内操作，尤其是对个人或企业的敏感信息，一定要注意保护。为了尽量在人们不反感的情况下获取足够的信息，网上问卷调查应尽可能避免调查最敏感的资料，如住址、家庭电话、身份证号码等。

（5）被调查者的因素。由于被调查者提供信息的真实性直接影响网络调查结果的准确性，所以对于被调查者的某些信息，调查者要进行严格的甄别，尤其是个人信息。

（6）建立信息分析处理体系。收集信息后必须进行有效处理，应尽量由专人完成信息收集与处理工作，可用数据库组织管理信息并加以存储、分析，以备将来查询。

2. 电子邮件调查

电子邮件调查是调查研究人员根据调查目的确定相应的调查项目并制作电子问卷，通过 E-mail 方式将问卷发送给被调查者，被调查者完成问卷填写后将结果通过 E-mail 返回的一种调查方法。在电子邮件调查中，通常采用以下两种方法抽取被调查者：一是在调查机构的数据库中以随机抽样方式进行选择；二是由调查者对被调查者的电子邮件地址进行抽样。

相较于传统的入户访问、街头访问、面访等调查方式，电子邮件调查具有费用低廉、速度更快、易于控制等优点。此外，电子邮件调查可以利用互联网更加方便地接触到一些在传统调查方式中难以接触到的人群。具体来说，电子邮件调查主要有以下优点。

（1）电子邮件调查可以有效缩短调查材料的制作时间，省去相关研究人员的差旅环节，而且可以在调查的同时完成数据的录入、查错甚至简单的统计分析。

（2）在传统的调查中，调查研究人员无法根据调查工作的进展情况随时对其进行调整，但是在电子邮件调查中，调查人员可以随时对调查工作进行监控，查询工作的进展情况，根据收集到的数据做出调整或结束调查的决定。

（3）便于接触到传统方式下难以接触到的人群，如企业高层人士或者较为忙碌的人。在电子邮件调查方式下，被调查者可选择自己认为适当的时间完成调查，从而避免了因无法联系到被调查者而产生的误差。

但电子邮件调查也存在局限性，主要表现在以下几个方面。

（1）如果被调查者尚未拥有电子邮箱，调查将无法得以实现。因此，电子邮件调查较适合在年轻人、受教育程度较高的人群中使用。

（2）电子邮件调查的问卷填写时间不宜太长，一般在 15 分钟左右最佳，而且问卷中不宜出现较为复杂或专业性太强的问题。

（3）由于是用电子邮件的形式来传递问卷，因此问卷设计不能使用过多的图像。

3. 网上论坛调查

网上论坛调查是指通过 BBS 和新闻组对企业的产品等进行网上调查。尽管问卷调查方法比较客观、直接，但无法对某些问题进行深入的调查和分析。为了弥补网上问卷调查的不足，许多企业设立 BBS 以供访问者对企业产品进行讨论或者与某些专题的新闻组进行讨论，以更深入地调查获取有关资料。及时跟踪和参与新闻组和公告栏，有助于企业获取一些问卷调查无法发现的信息。值得注意的是，问卷调查是从企业角度出发考虑问题，而新闻组和公告栏中是用户自发的感受和体会，传达的信息往往比较客观，但是网上论坛调查的信息不够规范，需要专业人员进行整理和挖掘。

4. 站点法

站点法是将调查问卷的 HTML 文件附加在一个或几个网络站点上，由浏览这些站点的网上用户回答调查问题的调查方法，这是网上调查的基本方法。

5. 网上在线座谈会

网上在线座谈会是调查者通过网络实时交谈、网络会议等途径收集市场信息的方法。调查主持人可在相应的讨论组织中发布调查的项目，让被调查者参与讨论，发布各自的观点和意见；也可利用视讯会议功能将分布在不同地域的被调查者虚拟地组织起来，在主持人的引导下进行讨论。

网上在线座谈会的运作程序如下。

（1）筛选合格的被调查者。先根据调查研究的目的，初步选定合格的调查者，再通过电话确认的方式对被调查者进行资格甄选，然后使用 E-mail 的方式将虚拟座谈会的时间和密码发给被调查者。

（2）进入虚拟的网上座谈会议室。调查者登录网上座谈会的软件窗口界面可参与和其他被调查者和主持人的在线沟通。

（3）开始网上座谈会议。通常情况下，调查机构会根据研究的需要邀请 8~10 名被调查者在特定的时间进入虚拟会议室，进行 120~150 分钟的讨论，收集他们对相关的文字、图片、声音和影像的评价。此外，调查机构的技术人员会提前进入虚拟会议室进行测试并帮助每一位被调查者回答问题和解决疑难问题。

网上在线座谈会存在一定的局限性，主要表现在以下几方面。

（1）不适合用于需要被调查者接触产品或尝试产品的市场调查，如针对某产品的口味测试。

（2）在网上在线座谈会中，由于主持人和调查研究人员无法看到被调查者的表情、反应和肢体语言，一定程度上会影响研究人员的分析。

（3）调查对象存在一定的局限性，没有上网设备或不懂使用网络的人员是无法参与这种调查研究的。

6. 移动端网络调研

在移动互联网日趋发达的今天，用户可以轻松地通过移动设备对所接受的服务进行评价，如在淘宝购物后对店家产品和服务进行点评、网络打车后对司机的服务进行点评、用餐后对餐厅进行点评等。据研究机构 Strategy Analytics 发布的报告，截至 2021 年 6 月，全世界已有 40 亿人拥有智能手机，即全球有一半人口拥有智能手机。根据国家统计局发布的《中华人民共和国 2021 年国民经济和社会发展统计公报》，截至 2021 年年末，我国电话用户总数为 182 353 万户。其中，移动电话用户总数为 164 283 万户，较 2019 年增加了 4876 万户。人们将自己的生活装进了移动设备中，用它们来拍照和储存照片、阅读新闻、和朋友保持联络并使用各种能让生活变得更方便和更有趣的应用。在随时随地使用这一方面，移动设备有着不可比拟的优势，但这也意味着对人们的注意力的无限干扰。

（1）设计移动端调查问卷。问卷设计者在设计问卷和寻找用户时都必须积极主动，给移动设备受访者完美的调研体验。第一，移动问卷必须短小，10 个问题或更少一些最好。因为用户界面和数据传输速度的限制使得问卷传到移动设备上需要更长的时间。第二，一个好的移动调查问卷必须将页数减到最少，因为每一次翻页时，受访者都必须等待，页面过多会使其不耐烦。另外，因为移动设备的运行内存不足，页面内容太多会导致设备运行变慢或者没有响应。第三，问题的类型要简单。单维度的无线电、复选框或选择题要比多维度的网格问题更好，因为后者对于移动设备窄小的屏幕来说很难完成。同时，尽量不使用开放式问题，因为它需要受访者打字。第四，所有的无关内容都应该减到最少。屏幕上除问题之外的任何东西都需要额外的加载时间和虚拟内存，甚至一个进度条都会增加加载时间且需要垂直滚动。

【例3-4】21 世纪汽车行业蓬勃发展，以数字化、电动化、互联化、共享化为代表的汽车"新四化"已经开始改变汽车行业的格局以及用户的行为习惯。了解用户的需求、满足用户体验、提高售后服务质量越发成为一个企业能够立足汽车后市场、获取更多忠诚客户并塑造企业良好口碑的关键。答题时间短、用户覆盖量大、由客户主动反馈信息的移动端网络调研对汽车行业传统调研造成了巨大的影响。某品牌汽车经销商为了调研用户对汽车经销商所提供的服务的满意程度，使用了移动端网络调研方式，调研工具为微信和企业 App，调研问卷的格式如图 3-1 所示。

```
1. 对经销商人员服务态度的评价
   ☆☆☆☆☆                     三星以下的原因：_____
2. 对经销商售货服务流程的评价
   ☆☆☆☆☆                     三星以下的原因：_____
3. 对经销商维修保养质量的评价
   ☆☆☆☆☆                     三星以下的原因：_____
4. 对本次服务体验的总体满意度的评价
   ☆☆☆☆☆                     三星以下的原因：_____
5. 在车旁进行预检时，是否觉得工作人员和您就本次即将进行的维修保养做了充分的沟通？
   ○是              ○否
6. 您下次是否会选择本经销商的服务？
   ○是              ○否
7. 根据对本经销商售货服务的总体印象，假设亲朋好友身处经销商的所在地，您在多大程度上会推荐他们来本经销商处维修或保养？
   不推荐 | 0 | 1 | 2 | 3 | 4 | 5 | 6 | 7 | 8 | 9 | 10 | 推荐
7-1. 请问您给出这个推荐分数的原因是什么？
   用户文字描述：_____
```

图 3-1　移动端网络调研问卷式样

（2）移动端网络调研的优点。现在，倾向于用自己的移动设备参与调查的被调查者不断增长。那么，增长的速度到底有多快呢？在传统的调研下，调查者要求被调查者回忆他们的经历和感受。但是，智能手机能让调查者通过地理定位、地理围栏技术或移动分析观察被调查者所在的地点，使得一些新的调研激励成为可能，如很多公司会提供实时奖励，如店铺的电子优惠券，此外还能够在移动调研中询问他们的实时反馈。

地理围栏即在一个地点周围建立一个虚拟的边界。如果一个使用智能手机的人跨越了一个地理围栏，就会引发一个特定位置的调查。例如，一个顾客可能要离开王府井百货，就会被要求回答关于购物体验的一些问题。一些其他的问题可能关注每个产品的位置、店内促销效率以及顾客购买意图。

除了定位被调查者以外，移动网络调研还有以下优点。

① 提高回答率。和一般方法相比，被调查者在移动设备上的回答率更高且速度更快。

② 增强便利性。当被调查者可以在自己方便的时间和地点完成调查时，他们将拥有更好的体验。

③ 扩大调查面。移动设备可以接触到不同国家以及偏远地区的被调查者，这给了解这些地区的被调查者的心理提供了巨大的机遇。

④ 丰富调研内容。通过移动设备，被调查者可以便捷地分享媒体资料（如照片、视频、录音等）。

⑤ 扩大调查人群。在移动网络调研中，属于各个人群的被调查者的配合度都更高。

⑥ 即时反馈。对于市场活动、测试等方面的调研问题，移动网络端调研可以提供即时

反馈。

⑦ 节约成本。移动网络调研中，调研人员收到回复的速度更快，被调查者完成问卷的时间更短。

⑧ 其他选择。使用移动网络招募工具可吸引被调查者参与网络问卷调查或联系平时难以接触的人群，这是接触活跃人群的另一种方法。

(二) 网络间接调查法

网络间接调查法指利用互联网的媒体功能收集二手资料，根据收集资料的内容不同可分为不同的调查方法。

1. 利用互联网收集竞争者信息的方法

(1) 利用搜索引擎进行检索，即利用所有的相关关键词和喜爱的搜索引擎在互联网上搜索竞争者信息的方法。收集全球性竞争对手信息的最好方法是在全球各大导航网站中查找，如 Yahoo!、Altavista、Infoseek、Excite、HotBot、Webcrawler、Lycos、Planetseareh。收集国内竞争对手的信息则可以利用百度、新浪、搜狐、谷歌等。值得注意的是，通过引擎可能只能搜索到部分信息，往往还需要配合传统方法收集。

(2) 访问竞争者的网站。竞争者的网站往往会透露一些竞争企业当前及未来的营销策略等内容，调查人员可通过访问竞争者网站的方法获取相关竞争者的信息。

(3) 收集竞争者在网上发布的信息。在互联网上，商业信息的数量增长十分快速，调查者在收集这些信息时应该注意它们的时效性和准确性。

(4) 外购竞争者的信息。如果企业没有自己收集竞争者信息的资源或技术，就只能外购竞争者的信息了。外购信息由外部的咨询人员调查分析所得，较为客观、专业，同时还可以得到定期更新。但是外购信息的成本高，成本主要包括初始成本和更新信息的成本。

(5) 从有关新闻组和 BBS 中获取竞争者的信息。在网上有许多关于竞争者信息的讨论组，参加其中的任何一个都会得到诸多有用信息。

2. 利用互联网收集市场行情信息的方法

企业所收集的市场行情信息主要是指产品价格变动、供求变化方面的信息。收集市场行情信息时，首先要了解可以用来收集市场行情信息的站点。这一类站点数目较多，大致有三种：一是实时行情信息站点，如股票和期货市场行情网站；二是专业产品商情信息站点，如中国纺织网、中国化工网等；三是综合类信息站点，如慧聪网、阿里巴巴、环球资源网等。

一般来讲，不同商情信息站点的侧重点不同，最好是能同时访问若干家相关但不完全相同的站点，以求掌握最新的、最全面的市场行情。

3. 利用互联网收集消费者信息的方法

消费者信息是指消费者的需要、偏好、意见、趋势、态度、信仰、兴趣、文化和行为等方面的信息。了解消费者的偏好可以通过网络间接调查的方法来实现。了解消费者的偏好也就是收集消费者的个性特征，可为企业细分市场和寻找市场机会提供信息支持。

(1) 利用 cookie 技术收集消费者信息。一旦用户浏览某个使用 cookie 技术的网站超过一定时间，网站就会把相关的信息下载到用户的浏览器上并存储起来。利用 cookie 技术，企业可以更详细地了解消费者的上网特征、购买行为。把通过 cookie 与电子问卷调查等手段收集的信息结合在一起，调查者就可以了解用户的上网特征，包括用户人口统计数据、消费心理统计数据。

（2）通过二手资料获取消费者信息。互联网上有大量组织机构提供内容广泛的消费者信息，调查者可以在互联网上找到各种商业报告、贸易杂志、数据库和政府的人口普查数据，这些数据有些是免费的，但很多是付费的。总的来讲，购买二手数据比收集一手数据更快、更便宜。

（3）利用专业统计软件和网上订单收集消费者信息。现在的统计软件可以如实记录下每个访问页面的 IP 地址以及如何找到该网页等信息。另外，目前许多公司为了方便消费者，在公司网站架设 BBS，允许消费者对自己的产品进行评述。而有的公司允许消费者直接通过网络下订单，提出自己的个性化需要，借此直接获取消费者的第一手资料。

三、网络直接调查法的操作程序

（一）确定网络调查目标

网络调查的对象主要是网民，在确定调查目标时，要考虑调查对象是否能上网，这些网民的总规模有多大。只有网民中的有效调查对象足够多时，网络调查才能得出有效结论。我国的网民主要以年轻人、城镇人口为主，网络调查方法适用于以城镇年轻群体为主要消费对象的产品的调查。网络市场调查的对象主要有以下三类。

（1）企业产品的消费者。消费者是企业的宝贵财富，调查者可以通过互联网来跟踪消费者，了解他们的意见和建议。通过消费者留下的电子邮件地址，企业可定期对他们进行调查，还应对他们的购买情况、职业、收入以及爱好、兴趣等进行分类，以便从中发现潜在的需求。

（2）企业的竞争者。调查者通过进入竞争者的站点来查询其向公众公开的信息，如年度报告、季度评估等。通过对这些信息的分析，企业可以准确把握自身的优势和劣势，及时调整营销策略。

（3）企业合作者和行业内的中立者，这些单位可能会提供一些有价值的信息和评估分析报告。

（二）选择调查方式

网络市场调查的方式很多，每次调查该采用何种方式要视具体情况而定。采用网络站点调查时，如果企业网站已经拥有固定的访问者，可以利用自己的网站开展网上调查；如果企业自己的网站还没有建好，可以利用别人的网站进行调查；如果企业网站已经建设好但还没有固定的访问者，可以在自己的网站调查，但要与其他一些著名的 ISP/ICP 网站建立广告链接，以吸引访问者参与调查。在电子邮件调查中，企业也可以采用 E-mail 问卷调查的方式直接向潜在客户发送调查问卷。另外，还可以采用网上讨论组的方式，在相应的讨论组中发布问卷信息或者发布调查题目。

无论采用何种调查方式，都要注意提高被调查者的积极性，吸引被调查者参与调查并要保护其个人隐私，不得泄露和传播被调查者的个人信息。

(三)设计调查问卷

网络市场调查的方式有很多种,实际应用中,很多调查方式都离不开问卷。因此,设计好一份问卷是取得成功的关键。设计网络调查问卷时应注意以下几点。

(1)问卷的开头部分要能够引起被调查者的兴趣和重视。开头部分应包括调查目的、调查者、奖励办法及填写说明等内容。

(2)问卷不宜过长,尽量使用封闭式问题。

(3)问题应简明扼要、定义明确。

(4)敏感性问题的表述不应让被调查者产生反感情绪。

(四)数据的处理和分析

调查人员在网上获取大量信息后,必须对这些信息进行整理和分析,这是网上调查信息能够发挥作用的关键。在对信息进行处理时,首先要排除不合格问卷,其次要对有效问卷进行综合分析,再利用相关分析软件进行分类、统计,对存在可疑问题的问卷要进行回访,以提高问卷的可靠性。

(五)撰写调查报告

在对收集到的数据进行分析处理后,调查人员要撰写调查报告。报告力求用准确、精练的文字、图表直接反映出市场的动态信息,以便企业决策者针对市场动态和企业的实际情况及时制定和调整营销策略。

四、网络调查的局限性

(一)抽样框问题

抽样框是在调查中可以调查的个体的集合。例如,在电话调查中,常把住宅电话号码簿作为抽样框;在网络调查中,常把个人电子邮箱账户作为抽样框。网络调查中的抽样框主要存在两类问题:一是并非目标总体中的每一个个体都在抽样框中;二是网络调查抽样框的结构问题。在网络调查中,被调查者局限于网民,而我国的网民只占我国人口的极少部分,网络传播对受众的文化素质要求较高,网民具有年轻化、知识化、城市化等特点,不能代表所有受众,所以抽样框受到限制,造成抽样框误差。这是发展网络问卷调查的一个难点。

(二)被调查者的身份难以界定

由于网络的匿名性特点,被调查者的身份和社会特征很难界定,这也是网络调查的局限之一。在网上,人们可以男扮女或女扮男,职业也可以由白领改换为蓝领,这种身份的颠倒或虚伪影响了网络调查的可信度。

(三)对调查者填答问卷的质量难以控制

现场调查可以及时发现问卷填答的质量问题,而网络调查则做不到这一点,一些较长的问卷可能会出现问卷填答质量不佳的问题。

（四）调查范围有一定的局限性

有时调查者的调查重点会面向一些传统的地区，如比较偏远的山区，而这些地区大多没有网络技术的支持。因此，网络调查的调查范围有一定的局限性。随着互联网的发展，在农村的广大地区，这种现象会逐步减少。

 案例思考与讨论

【案例 3-1】　　　　　　　　　三家公司的不同调查方法

（一）环球时间公司的市场调查

位居日本服装业之首的环球时间公司由 20 世纪 60 年代创业时的小型企业发展成为今天日本有代表性的大型企业，靠的主要是掌握第一手"活情报"。该公司在全日本各个城市里顾客集中的车站、繁华街道开设侦探性专营店，陈列公司所有的产品，给顾客以综合印象。售货员的主要任务是观察顾客的采购动向。事业部每周安排一天时间全员出动，3 个人一组，5 个人一群，分散到各地调查，有的甚至到竞争对手的商店观察顾客情绪，向售货员了解情况，找店主聊天。调查结束后，人员当晚回到公司进行讨论，分析顾客消费动向，提出改进工作的新措施。全日本经销该公司时装的专营店和兼营店均制有顾客登记卡，详细地记载了每个顾客的年龄、性别、体重、身高、体型、肤色、发色，使用什么化妆品、常去哪家理发店以及兴趣、爱好、健康状况、家庭成员、家庭收入、现时穿着及家中存衣的详细情况。这些卡片通过信息网络储存在公司的信息中心，只要根据卡片信息就能判断顾客当下想买什么时装、今后有可能添置什么时装。侦探式销售调查使环球时间公司迅速扩张，利润率之高连日本最大的企业丰田汽车公司都被抛在后面。

资料来源：麦克丹尼尔，盖茨. 当代市场调研[M]. 10 版. 李桂华，等，译. 北京：机械工业出版社，2000.

（二）澳大利亚某出版公司的网络问卷

澳大利亚某出版公司曾计划向亚洲推出一本畅销书，但是不能确定用哪一种语言、在哪一个国家推出。后来该公司决定在一家著名网站进行市场调研。方法是请人将这本书的精彩章节和片段翻译成多种亚洲语言，然后刊载在网上，看一看究竟哪一种语言翻译的摘要内容最受欢迎。过了一段时间，他们发现，网络用户访问得最多的是用中国的汉语和韩国的韩语翻译的摘要内容网页。于是他们跟踪调查了一些留有电子邮件地址的网上读者，请他们谈谈对这本书的摘要内容的意见，结果大受称赞。于是该出版公司决定在中国和韩国推出这本书。书出版以后受到了读者的普遍欢迎，该公司获得了可观的经济效益。

资料来源：麦克丹尼尔，盖茨. 当代市场调研[M]. 10 版. 李桂华，等，译. 北京：机械工业出版社，2000.

（三）柯达公司的市场调查

以彩色感光技术著称的柯达公司，产品有3万多种，年销售额达100多亿美元，纯利润在12亿美元以上，市场遍布全球各地。其成功的关键是新产品研制，而新产品研制的成功取决于该公司多次采取市场调查方式。以蝶式相机问世为例，这种相机投产前经过了多次调查。首先由市场开拓部提出对新产品的意见，意见来自市场调查，如用户最想要的照相机是怎样的，什么样的重量和尺码最适合，什么样的胶卷最便于安装、携带，等等。根据调查结果，柯达公司设计出理想的相机模型，提交生产部门，生产部门对照设备能力、零件配套、生产成本和技术力量等因素考虑是否投产。如果不行，就要退出，重订和修改，如此反复，直到造出样机。样机出来后进行第二次市场调查，调查样机与消费者的期望还有何差距。根据消费者意见，再对样机加以改进，然后进行第三次市场调查。将改进的样机交付消费者使用，在得到大多数消费者的肯定和欢迎之后，交工厂试产。新产品出来后，由市场开拓部进一步调查新产品有何优、缺点，适合哪些人用，市场潜在销售量有多大，定什么样的价格才能符合多数家庭的购买力。诸如此类问题调查清楚后，正式打出柯达品牌并投产。经过反复调查，蝶式相机一推向市场便大受欢迎。

资料来源于网络并经作者加工整理。

思考与讨论问题

上述三个公司的市场调查方法分别是什么？对你有何启示？

 思考与练习题

1. 什么是访问调查法？它有哪些特点？
2. 简述访问调查法的操作程序。
3. 什么是观察调查法？它有哪些特点？使用观察调查法应注意哪些问题？
4. 什么是实验调查法？具体应如何操作？
5. 简述文案调查法的概念及资料来源。
6. 什么是网络调查法？有何特点？
7. 近年来，大学生毕业论文作弊现象屡见不鲜，假设采用网络调查来了解全国各大专院校中的作弊现象及这种行为产生的原因和解决方案，试问：

   （1）该调查的对象是什么？
   （2）该调查的主要内容有哪些？
   （3）拟采用哪几种网上调查方式进行调查？
   （4）设计一份网上调查问卷。
   （5）组织一次网上座谈会并付诸实施。
   （6）通过BBS电子公报板开展讨论。

8. 某学院想了解本学院学生的电脑拥有及使用情况，因此决定进行一次访问调查，如果你是一名访问员，你会怎样进行这次访问调查？

9. 某学院内的一家超市由于场地限制以及供货商提出的附带条件（供货商免费提供专用冷柜，但只能存放其品牌的酸奶），只能选择销售 A、B、C 三种品牌的酸奶中的一种。该超市想知道学生们更喜欢哪一种品牌以便做出相应决策。请你为这家超市设计一个实验方案来确定学生们更喜欢哪种酸奶。

10. 请你通过观察我国几个大城市的出租车价格来说明这些城市的经济发展状况。

（1）你将选择哪些城市进行观察？

（2）出租车价格与一个城市的经济发展有什么关系？

（3）通过观察，你得出的结论是什么？

11. 请收集你所在城市的居民收入状况及近几年来该城市恩格尔系数的变化情况，试说明它们对该城市房地产、汽车业、旅游业等的影响。

（1）你将通过哪些渠道来获得这些信息？

（2）你获得信息的来源、时间、载体形式怎样？

（3）你将如何判断所收集信息的准确性？

（4）如何分析、整理这些信息？

 本章学习资源

案例分析提示

本章 PPT

第四章 抽样技术

学习目标

1. 理解抽样调查的含义及分类,了解大数据背景下抽样调查的意义。
2. 熟练掌握随机抽样中简单随机抽样、分层抽样、整群抽样、系统抽样、多阶段抽样的方法。
3. 理解非随机抽样中方便抽样、判断抽样、配额抽样、滚雪球抽样的概念和适用场合。
4. 理解抽样误差和非抽样误差的概念及其控制措施,掌握抽样误差的计算方法。
5. 掌握样本量的确定方法。

第一节 抽样调查

一、抽样调查的概况

抽样调查是指按照某种原则和程序,从统计调查总体中抽取一部分单位作为样本,对样本进行调查,获取数据,然后对总体数量特征做出推断。市场研究中的抽样调查就是从目标人群中抽取部分样本进行分析,根据这些信息来推断总体目标人群的基本信息。它是市场调查中最常见、使用频率最高的一种非全面调查方式。根据抽选样本的方法不同,抽样调查可分为随机抽样和非随机抽样两类,具体划分内容如图4-1所示。

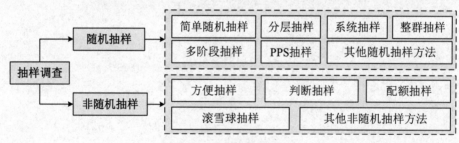

图4-1 抽样调查的分类

在现实生活中,抽样调查常常被人们自觉或不自觉地应用。从宏观视角来看,如在2010年第六次全国人口普查与2020年第七次全国人口普查之间,我国于2015年开展了"全国1%人口抽样调查",以全国人口为总体,抽取了2131万人作为样本,占全国总人口的1.55%,以此次抽样调查得到的信息来推断2010年以来我国人口在数量、素质、结构、分布以及居住等方面的变化情况。从微观视角来看,如到医院做体检一般需要抽血,这就是一种抽样调查,医生通过抽取人体血样并化验来推测人体血液的整体情况;去超市购买零食的时候，导购员会推荐消费者试吃，随便挑选一个，尝尝味道如何再决定是否购买，这也是一种抽样调查。

需要注意的是，在市场研究中，基于对样本的分析与研究推测总体信息往往会存在一定的偏差，这种偏差一方面说明从总体到样本的过程中存在着信息损耗，另一方面说明了社会系统的复杂性。因此，通过抽样调查开展市场研究时，需要对抽样方案进行规划和设计，尽可能减少抽样过程中的误差和信息损耗，进而提高样本的代表性，提高市场研究的质量，确保抽样的科学性。

二、抽样调查的意义

（一）相对于普查而言抽样调查的意义

（1）对不可能进行全面观察或普查而又需要了解全面情况的客观总体，只能采用抽样调查。抽样调查划分为两种情况：一是所研究的总体是无限的，不可能进行全面观察，如若要测定某地大气的污染程度，面对的总体即该地的大气是无限的，要测定其污染程度，只能采用抽样调查；二是观察或测试是破坏性的，如测试某工厂所生产灯泡的使用寿命、一批玉米种子的发芽率等问题，只能用抽样调查。

（2）抽样调查适用于大规模的社会经济调查和民意测验等。虽然这类调查的总体是有限的，理论上可以利用普查，但实际操作起来有种种困难。例如，对居民收入或消费情况的调查、电视收视率的调查等均适合采用抽样的方法，中国家庭金融调查与研究中心（CHFS）就利用抽样调查收集了样本规模为8400多个中国家庭的金融数据。

（3）抽样调查的经济性较好。抽样调查能节约调查的人力、物力和财力，从而大大降低调查的费用，抽样调查只调查总体中的一小部分，因此与普查相比可大大地节约花在调查、整理及汇总方面的人力和费用。

（4）抽样调查周期短、时效性强。有许多调查具有很高的时效性要求，要求在较短的时间内完成调查，采用全面调查耗时较长，不能快速地提供调查结果。因此，对于那些时效性要求比较强的调查，如大多数市场及消费行为调查等都普遍采用抽样调查方法。

（5）抽样调查的准确性较高。虽然抽样调查因只调查总体中的一部分而存在抽样误差，但由于抽样调查的工作量小，调查员可以得到严格的培训或有条件采用更为先进、可靠的测试手段，现场调查可以得到更为仔细的监督和检查等，抽样调查获得的数据质量更高，从而使调查误差更小。因此，一项经科学设计并严格实施的抽样调查能够获得较为可靠的结果。

（二）大数据背景下抽样调查的意义

在大数据的冲击下，抽样调查中数据的特征发生了新的转变，如数据量明显增大、数据呈现非结构化态势、追求获取数据的快捷和效率、更多地关注变量间的相关关系而非因果关系等。大数据的发展其实也是数据量和数据形式上的一种变化，利用抽样技术准确、快速地进行统计、推断时，没有必要舍弃抽样方法。因此，在大数据时代，抽样调查仍有它存在的价值和意义。

(1) 抽样调查可作为弥补大数据因果关系分析不充足的有效手段。面对 TB 的数据级和复杂的数据结构,大数据往往更重视相关关系而忽略因果关系,可将抽样调查作为数据挖掘、探测数据因果关系的方法、工具,从混杂的大数据中探寻规律和关系,选取具有代表性的样本对大数据进行深入分析,能够在相关分析的基础上较好地分析大数据的因果关系,深度研究事物之间联系的本质。

(2) 抽样调查可作为大数据分析的对照基础与验证依据。在研究数据质量、判断数据结果可靠程度、探讨数据之间的关系、分析数据类型、进行数据降维和选择数据的分析模式等方面,抽样调查的效果非常明显。因此,对于从混杂大数据中得到的结论,抽样调查可以有效验证其可靠程度。

第二节 随机抽样

一、随机抽样的概念

随机抽样又称概率抽样,是按照概率论和数理统计的原理,根据随机原则从调查研究的总体中抽选部分单位进行调查,根据调查结果从数量上对总体做出估计推断的一种调查方式。

随机抽样具有以下几个基本特点。

(1) 按照随机原则抽选调查单位。随机原则就是指样本单位的抽取不受任何主观因素及其他系统性因素的影响,总体的每个单位都有一定的机会被抽选为样本单位。

(2) 对部分单位调查的目的是推断总体指标。根据数理统计原理,抽样调查中的样本指标和对应的总体指标之间存在内在联系,而且两者的误差是可以计算出来的,因此提供了用实际调查部分信息对总体数量特征进行推断的科学方法。

(3) 抽样误差可以事先计算得出并加以控制。以样本资料对总体数量特征进行推断,不可避免地会产生代表性误差,但抽样调查的代表性误差是可以根据有关资料事先计算得出并进行控制的,故可以保证推断结果达到预期的可靠程度。

随机抽样最主要的优点是由于每个样本单位都是随机抽取的,根据概率论不仅能够用样本统计量对总体参数进行估计,还能计算出抽样误差,从而得到对总体目标变量进行推断的可靠程度。但随机抽样比较复杂,对调查人员的专业技术要求较高;调查中需要抽样框,而构建和维护一个高质量的抽样框的费用很高;样本单位可能非常分散,而且不能轻易更换样本单位,增加了调查费用。

二、随机抽样的基本方式

随机抽样有不同的抽样方式,用样本统计量估计总体参数的方法及这种估计的精确度都与具体抽样方式有关。随机抽样主要分为简单随机抽样、分层抽样、系统抽样、整群抽样、多阶段抽样和 PPS 抽样。下面逐一进行介绍。

(一) 简单随机抽样

1. 简单随机抽样的概念

简单随机抽样（simple random sampling）是直接从总体 N 个单位中随机抽取 n 个单位作为样本，这种抽样技术在抽样之前对总体单位不进行任何分组、排列处理，完全按照随机原则抽取样本，使每个单位被抽取的机会均等。简单随机抽样有重复抽样和不重复抽样两种方法。重复抽样是指从总体中抽出一个样本单位，记录观测结果后，将其放回总体中，再抽取第二个，以此类推，一直到抽满 n 个单位为止。采用这种方法，单位有被重复抽中的可能，容易造成信息重叠而影响估计的效率，所以较少被采用。不重复抽样即抽取第一个样本单位后，将其放置一边，再从总体 $N-1$ 个单位中抽取第二个，以此类推，一直到抽满 n 个单位为止。采用这种方法，每个单位最多只能被抽中一次，故不会由于样本单位被重复抽中而提供重叠信息，所以比重复抽样有更高的估计效率。

简单随机抽样之所以有此称谓，主要是由于在简单随机抽样中用于估计总体均值的统计量是样本均值，而待估总体参数与用于估计的统计量两者"同形同构"，通常视为简单估计，但"简单"二字的含义不只如此。

（1）简单随机抽样又称单纯随机抽样，指的是直接从总体中（而不是从层之类的子总体中）抽取个体（也不是抽取群之类的大单元），所以"简单"具有单纯的意思。

（2）由于简单随机抽样是任何其他概率抽样方式的核心，或者说任何其他概率抽样方式都或多或少地包含简单随机抽样的成分，如分层抽样在每层内部都采用简单随机抽样，整群抽样是以群为单位进行简单随机抽样，所以"简单"又含有基本的意思。

（3）由于在许多日常场合采用的都是简单随机抽样，如以"掷骰子""抛硬币""摇号"等公平决定机会或稀有物品的归属或者确定某种顺序，所以"简单"还含有容易操作的意思。

2. 简单随机抽样的适用场合

虽然简单随机抽样在理论上简单直观，其抽样误差的计算及对总体指标的推断也比较容易，但也有局限性，并非适用于任何条件。它主要适用于以下场合。

（1）总体规模 N 不是很大，如果 N 太大，编制抽样框会存在很大的困难。简单随机抽样一般要先对总体单位逐一编号，当调查总体的规模很大时，要具备完整的总体单位名单并逐一编号，几乎不可能。

（2）样本容量 n 不太大，否则抽样过程过于漫长。

（3）总体方差不太大（即总体单位之间的差异不太大）。由于简单随机抽样的抽样误差与总体方差 σ^2 成正比，过大的总体方差 σ^2 将使简单随机抽样的效果变差，因此只有在总体方差 σ^2 较小的情况下，简单随机抽样的优势才会比较明显。

3. 实施简单随机抽样的具体方法

（1）抽签法。先将总体中的所有单位编号并把号码写在形状相同的选签（如纸条、卡片）上，将这些选签搅拌均匀，每次从中任意抽出一个号签，直到抽够预定的样本数目为止,被抽中的号码对应的单位就构成了样本。

例如,在某城市某街道所管辖的 10 000 户居民中,采用抽签法抽取 200 户居民进行生活用电满意度调查。

操作方法为:将 10 000 户居民编号,做 10 000 张卡片,写上 1~10 000,将这些卡片搅拌均匀,从中抽取 200 张卡片,被抽中的卡片代表的居民就是样本。

抽签法简便易行,当总体单位数不多时,适合采用此法,但当总体单位较大时,制作选签是一项烦琐的工作,实践中较少采用此法。

(2)随机数表法。随机数表又称乱数表,是用完全随机的顺序排列 0~9 十个数字编制而成的表。随机数表法是先把总体各单位编号,根据编号的最大数,即总体单位数确定使用随机数表中若干行或若干列数字,然后从任意行或任意列的第一个数字起,可以向任何方向数,遇到属于总体单位编号范围内的号码就定为样本,直到抽够预定的样本单位数为止。

随机数表各有不同,表 4-1 所示是一张随机数表的一部分。

表 4-1 随机数表(片段)

	1	2	3	4	5	6	7	8	9	10	11	12	13	14	15	16	17	18	19	20
1	4	0	3	1	2	0	3	8	2	6	1	3	8	9	5	1	0	3	7	4
2	9	6	8	3	0	7	4	5	7	2	9	7	1	2	2	5	9	3	4	7
3	5	0	2	7	8	9	8	1	4	9	3	2	0	1	5	3	7	0	6	5
4	7	4	5	2	0	5	3	1	7	4	0	4	8	7	3	5	1	9	2	
5	1	1	4	0	9	6	2	6	8	5	2	9	7	4	3	0	8	5	7	3
6	2	7	1	6	1	5	0	7	5	4	6	5	9	0	8	2	9	2	4	8

例如,某企业要调查消费者对某产品的需求情况,要从 580 户居民家庭中抽选 5 户居民,采用随机数表法抽选单位,具体步骤如下。

第一步,将 580 户居民家庭编号,每一户家庭一个编号,编号即 001~580。

第二步,在表 4-1 中,随机确定样本的起点和抽样的顺序,假定从第 1 行、第 7 列开始抽,则可取第 7、8、9 这三列构成 3 位数的随机数字序列。

第三步,依次抽出的号码分别是 382、457、531、268、073。编号为这些号码的居民家庭就是抽取的样本。

在抽取时,如果是不重复抽样,则后面重复出现的数字就舍去,如果这三列随机数字不够,可另抽选其他三列继续,直到抽满 n 个单位为止。

在使用随机数表时,为了克服可能的个人偏好和习惯,严格遵循随机原则,随机数表的页号及起始点应该用随机方式产生,如随意翻开一页或闭上眼睛将火柴随意扔到页面上,将火柴头所指的数字作为页号,可用同样的方法产生起始行号和起始列号。

(3)使用统计软件直接抽取。统计软件中都有随机抽取样本的功能,其原理是利用软件中的相应程序产生随机数,然后由计算机完成抽取。通常,抽样框中的信息都可以形成文件,存储于计算机中,因此用这种方法抽取样本十分快捷。例如,Excel 软件中选择"数据"→"数据分析"→"抽样"后,出现对话框,依次选择:①"输入区域",把原始总体数据放在此区域中,数据类型不限,数值型或者文本型均可;② "抽样方法",选择随机并设置抽取的样本数;③ "输出区域",在此输入对输出表左上角单元格的引用。所有数据均将写在该单元格下方的单列里。SPSS 软件中选择"数据"→"选择个案"→"随机个案样本"后,在"样本"按钮下设置抽取的样本数即可。

简单随机抽样是最基本的随机抽样方法,操作简单且每个单位入样的概率是相同的,因而计算抽样误差和对总体参数进行推断都比较简单。但是,简单随机抽样没有利用抽样框中更多的辅助信息,所以用样本统计量估计总体参数的效率受到影响。同时,在简单随机抽样条件下,样本的分布可能十分分散,这就增加了调查过程中的费用和时间。这种抽样方法的使用条件是:抽样框中没有更多可以利用的辅助信息;样本分布的范围不广泛;样本个体之间的差异不是很大。

(二)分层抽样

当总体规模 N 与样本容量 n 都较大,总体单元之间的差异也比较大时,进行简单随机抽样将会出现成本很高而精度很低的情况,说明这种情况下不宜采用简单随机抽样。此时,一种有效的解决方法是:首先可以将总体划分为若干个子总体;其次,应尽量减少总体单位之间的差异,可将总体按照与调查研究最为关注的变量高度相关的标志划分为若干个子总体。例如,在调查居民消费情况时,居民收入是与消费高度相关的变量,可以按此进行划分。

1. 分层抽样的概念及特点

分层抽样(stratified random sampling)又叫类型抽样,它是先将总体按一定标志分层,然后在各层中采用简单随机抽样或系统抽样方式抽取样本的一种抽样方式。

分层抽样具有以下特点。

(1)分层抽样的样本更具有代表性。在分层抽样中,由于每层都进行抽样,这使得样本在总体中的分布更加均匀,更具有代表性。例如,要了解某省居民的人均年收入水平,倘若采用简单随机抽样的方法来实施调查,很可能出现某些县(市)样本量过少甚至没有样本点的现象。若先将全省居民按县(市)分层,再从每个县(市)抽样,就能够保证样本单位比较均匀地分布在全省各县(市)。

(2)各层选取样本的方法灵活。由于抽样在每一层中都独立地进行,所以允许各层根据各自的特征选择适合本层的抽样方法,调查结果既可以用于对整体参数进行估计,也可以用于对各子总体(层)进行参数估计。

(3)可以提高参数估计的精度。由于各层内的总体方差因单位之间差异小而肯定小于整个总体的方差,简单随机抽样的抽样误差取决于整个总体的方差,而分层抽样的抽样误差仅仅取决于层内的总体方差。所以,分层抽样可以提高参数估计的精度。

【例 4-1】假设某校某学生宿舍共有 6 名学生,包括 3 名新生(A、B、C)、3 名老生(D、E、F)。由于该学校与偏远山区的学校互帮互助,现在鼓励大家踊跃捐赠图书,这 6 名学生捐赠的图书数目如表 4-2 所示。

表 4-2　6 名学生捐赠图书情况

新　　生		老　　生	
学 生 编 号	新生捐赠图书/本	学 生 编 号	老生捐赠图书/本
A	2	D	10
B	4	E	14
C	6	F	12
合计	12	合计	36

容易算出，总体均值为 $\overline{Y} = \dfrac{12+36}{6} = 8$（本）。

现在用抽样方法随机抽取 2 名学生作为样本并用样本均值对总体均值进行推断。在简单随机不重复抽样下，可能会出现较为极端的情况。例如，抽中捐书最少的 2 个人，其样本均值为 3 本，即 $\overline{y}_1 = \dfrac{2+4}{2} = 3$；抽中捐书最多的 2 个人，其样本均值为 13 本，即 $\overline{y}_2 = \dfrac{12+14}{2} = 13$。无论是上述哪种情况发生，显然与总体均值 8 本相比，误差均较大。如果抽样前掌握有关信息，如该宿舍住有老生和新生且知道老生和新生在捐书数目上存在较大差异，则可以采用分层抽样，在老生中抽 1 人，在新生中抽 1 人，共同组成样本，这时样本最小的可能值为 $\overline{y}_1 = \dfrac{2+10}{2} = 6$，最大值可能为 $\overline{y}_2 = \dfrac{6+14}{2} = 10$，它们与总体均值接近很多。

如此可见，分层抽样相对于简单随机抽样而言，可以提高估计的精度和效率。

2．分层抽样中样本容量的分配

分层抽样中，关于样本量如何在各层中进行分配，可以有不同的方法，如比例分配、最优分配、内曼最优分配等。这些分配方法可以归为两类：等比例分配和不等比例分配。

（1）等比例分配。等比例分配是指某层中单位数越多，在该层抽中的样本单位就越多，各层的抽样比例与总体抽样比例一致，即 $\dfrac{n_i}{N_i} = \dfrac{n}{N}$，则得到各层的样本数量计算公式为

$$n_i = \dfrac{N_i}{N} \times n \tag{4.1}$$

式中：i 为分层的层数；n 为总的样本量；n_i 为第 i 层的样本量；N 为总体单位数；N_i 为第 i 层的总体单位数。

【例 4-2】某高校为了解 8000 名（N）本科毕业生的就业情况，以学科为标志进行分层，其中理科类毕业生人数为 2000 名（N_1），工科类毕业生人数为 2500 名（N_2），经济类毕业生人数为 1500 名（N_3），管理类毕业生人数为 1100 名（N_4），其他类毕业生人数为 900 名（N_5）。若想抽取 800 名（n）学生进行就业情况满意度调查分析，则各学科层应抽取的样本数如下。

理科类毕业生的抽取样本数为：$n_1 = \dfrac{N_1}{N} \times n = \dfrac{2000}{8000} \times 800 = 200$（名）

工科类毕业生的抽取样本数为：$n_2 = \dfrac{N_2}{N} \times n = \dfrac{2500}{8000} \times 800 = 250$（名）

经济类毕业生的抽取样本数为：$n_3 = \dfrac{N_3}{N} \times n = \dfrac{1500}{8000} \times 800 = 150$（名）

管理类毕业生的抽取样本数为：$n_4 = \dfrac{N_4}{N} \times n = \dfrac{1100}{8000} \times 800 = 110$（名）

其他类毕业生的抽取样本数为：$n_5 = \dfrac{N_5}{N} \times n = \dfrac{900}{8000} \times 800 = 90$（名）

由上面的计算可知，理科类、工科类、经济类、管理类和其他类学科层抽取的样本数分别为 200 名、250 名、150 名、110 名和 90 名。可以看出，等比例分配的操作比较容易，也易于理解，有其合理性，但它只适用于各层之间差异不大的情况。

（2）不等比例分配。在有些情况下，各层单位数相差较大，如果按等比例抽样，子总体单位数少的层所分到的样本量过小，代表性不足，就需要在该层适当增加样本量或者有些层内的方差过大，为了提高估计精度，在方差大的层中可以多抽取一些样本，在方差小的层中可以少抽取一些样本。这些都属于不等比例抽样。因为根据抽样理论，影响各层抽样误差大小的主要因素是各层的总体方差而不是各层的总体规模。显然，若大致知道各层的总体方差（通常用样本方差来代替），那么不等比例抽样比等比例抽样效率高。此时，各层的样本量计算公式为

$$n_i = \dfrac{N_i S_i}{\sum N_i S_i} \times n \tag{4.2}$$

式中，S_i 为第 i 层调查单位的样本标准差。

【例 4-3】仍以例 4-2 的数据为基础，共抽取 800 名学生为样本，假设五个层的样本标准差 S_1、S_2、S_3、S_4、S_5 分别为 100、120、90、80 和 70。于是，可计算出式（4.2）中的分母，即 $\sum N_i S_i = 2000 \times 100 + 2500 \times 120 + 1500 \times 90 + 1100 \times 80 + 900 \times 70 = 786\,000$，则各层应抽取的样本数如下。

理科类毕业生的抽取样本数为：$n_1 = \dfrac{N_1 S_1}{\sum N_i S_i} \times n = \dfrac{2000 \times 100}{786\,000} \times 800 = 204$（名）

工科类毕业生的抽取样本数为：$n_2 = \dfrac{N_2 S_2}{\sum N_i S_i} \times n = \dfrac{2500 \times 120}{786\,000} \times 800 = 305$（名）

经济类毕业生的抽取样本数为：$n_3 = \dfrac{N_3 S_3}{\sum N_i S_i} \times n = \dfrac{1500 \times 90}{786\,000} \times 800 = 137$（名）

管理类毕业生的抽取样本数为：$n_4 = \dfrac{N_4 S_4}{\sum N_i S_i} \times n = \dfrac{1100 \times 80}{786\,000} \times 800 = 90$（名）

其他类毕业生的抽取样本数为：$n_5 = \dfrac{N_5 S_5}{\sum N_i S_i} \times n = \dfrac{900 \times 70}{786\,000} \times 800 = 64$（名）

综上，理科类、工科类、经济类、管理类和其他类学科层抽取的样本数分别为 204 名、305 名、137 名、90 名和 64 名。由于各层的标准差存在差异，特别是理科类层和工科类层的标准差相差较大，所以与等比例分配相比，理科类层的样本数增加了 4 名，工科类层的样本数增加了 55 名，而经济类层的样本数减少了 13 名，管理类层的样本数减少了 20 名，

其他类层的样本数减少了 26 名。因此，分层抽样可以使抽取的样本更具有代表性。

3．分层变量的选择

为了提高分层抽样的估计精度，抽样框中应该有足够的辅助信息，能够在对总体单位分层时，实现层内总体单位高度同质，即在同一层内总体单位之间的差异尽可能小，不同层之间的差异尽可能大。因此，分层变量的选择很重要。

分层变量应该与调查研究所关注的指标密切相关。例如，对某市商家进行分层抽样，若重在分析、研究商家的经营业绩、竞争力等问题，不同规模的商家可能存在较大差异，可按商家的人员数量或营业收入进行分层；若重在分析不同商品类别的质量、价格等问题，可按商家经营类别进行分层。

按一个变量分层时，对某个调查指标有效，不一定对另一个调查指标也有效。有时必须兼顾多个调查指标的估计精度，需要按每一个辅助变量进行分层，可采用多重分层。通常的做法是：先按最主要的变量分成大层，在大层中再按第二主要变量分成子层，从而形成交叉分层。例如，当对某市消费者进行有关娱乐活动的调查时，可以首先把消费者按照"居住地"分成若干大层，然后在每个地区内按照消费者的"年龄"分成子层，还可根据研究需要再按其他变量继续划分每个地区、每个年龄段的消费者，形成更小的子层。

另外，对于分层抽样，首先需要将总体中的每个单位按照某种准则归划到一个层中，然后准备好各层的抽样框，再在各层内进行独立的抽样。在实际中，有时进行事先分层存在一定的困难，具体包括：① 各层的抽样框无法得到；② 几个变量都可用于分层，而要进行事先的多重交叉分层存在一定困难，同时也不需要了解交叉分层后每个子层的信息；③ 一个单位到底属于哪一层要等收集到样本数据以后才知道；④ 总体规模 N 太大，事先分层太费精力。

在以上这些情况下，如果还想利用分层抽样在估计精度上的优势或者得到子总体的估计，就可以采用事后分层技术。所谓事后分层技术，是指先在总体中按某种抽样方式（如简单随机抽样）进行抽样调查，然后按所关注的分层标志对获得的样本数据进行分层，分别给出各层的估计，最后再按层汇总得出总体指标的估计。采用这种技术的一个前提是总体中各层的单位数或辅助变量总和是已知的（或可以在抽样后获得）。

（三）系统抽样

1．系统抽样的概念和特点

系统抽样（systematic sampling）是以某一已知变量为标志排列总体中的单位，在规定的范围内随机抽取起始单位，然后按固定间隔距离依次抽取其他样本单位的一种抽样方法，故系统抽样也称为等距抽样。"系统"二字有两种解释：一种是这种抽样方法除第一个样本点的抽取明显是随机的，其余样本点的抽取都不是随机的；另一种则是由于第一个样本点一经抽出，所有样本点的抽取就完全确定了。

系统抽样的突出特点是操作简便，因为它只需随机确定一个（或少数几个）起始单位，整个样本就自然而然地确定了，而不像其他抽样方式那样还要抽取多个单位。系统抽样对抽样框的要求也比较简单，只要求总体单位按一定顺序排列，而不一定是一份具体的名录、清单,因而非常易于对某些内容的现场调查。

2. 系统抽样的操作程序

(1)计算抽样间隔。抽样间隔是根据总体单位数 N 和样本量 n 来确定的,抽样间隔 $k = N/n$。若计算结果不为整数,则 k 取最接近 N/n 的一个整数。

(2)随机确定抽样起点。根据计算的抽样间隔把总体分成 n 段,在第一段(编号为 1~k)中,用简单随机抽样方法随机抽取一个号码,假设为 r,即 r 为等距抽样的起点。

(3)按照抽样距离进行等距抽样。以 r 为起点,每隔 k 个单位抽取一个单位作为样本,直到抽满样本单位数为止。抽取的样本编号依次为:$r, r+k, r+2k, r+3k, \cdots, r+(n-1)k$。

【例 4-4】从 2000 户居民中抽取 200 户居民作为样本进行消费者调查,采用等距抽样的操作程序如下。

第一步,将 2000 户居民随机编号,1~2000 号。

第二步,计算抽样间隔,$k=2000/200=10$。

第三步,确定抽样起点。在 1~10 号中随机抽取一个号为起点,如起点号为 5 号,则下一段抽取的号码为 15,再下一段抽取的号码为 25,以此类推,直到抽满 200 户为止。

3. 样本的排序问题

在系统抽样的实施过程中,样本按照什么标志进行排序是一个关键问题。如果排序标志与调查内容没有关系,称为按无关标志排序;如果排序标志与调查内容有关,称为按有关标志排序。例如,要对大学生展开抽样调查,了解学生的身高和体重。采用系统抽样,如果按学号排序,学号与身高、体重没有关系,属于按无关标志排序;如果按学生入学时的身高或者体重排序,则属于按有关标志排序。

(1)按无关标志排序。按无关标志排序,确定抽样间隔 k 之后,在 1~k 范围内随机抽取一个整数 r,令位于 r 位置上的单位为第一个样本单位(抽样起点),往后每间隔 k 个单位抽取一个单位,直至抽满 n 个样本单位。这时总体中每个单位的入样概率都相等,均为 $1/k$,因此这里的等距抽样是一种等概率抽样。由于排序标志与调查内容没有关系,其抽样估计效率与简单随机抽样估计效率近似,因此通常采用简单随机抽样的误差计算公式近似计算无关标志排序系统抽样的误差。

(2)按有关标志排序。按有关标志排序,由于排序标志与调查内容相关,排序后总体单位在所研究变量上也大致呈现为由小到大或由大到小的有序排列,此时的系统抽样所抽取的样本必然是大小总体单位都有,样本结构与总体结构很接近,因此样本的代表性高,其抽样精度要高于简单随机抽样。但是,按固定间隔距离抽取样本单位,若在第一个抽样间隔内 r 偏低或偏高,势必引起随后抽取的样本点在相应抽样间隔内也偏低或偏高,使得整个样本对总体存在偏差。为了保证抽样的随机性,减少偏差,按有关标志排序时通常采用对称等距抽样,样本点是分别以 k 的整数倍为中心两两对称的,所抽样本单位的序号依次是:$r, 2k-r, 2k+r, 4k-r, 6k-r, 6k+r, \cdots$ 这种系统抽样相当于将相邻两个抽样距离内的单位看成一组,若抽到的前一个偏低,则后一个就偏高;反之,若抽到的前一个偏高,则后一个就偏低。两个样本单位一低一高相互抵消,就使得整个样本不会出现太大的系统偏差。有关标志排序系统抽样的估计效率与分层抽样的估计效率近似,其抽样误差可采用分层抽样的误差公式近似计算。

4. 系统抽样的优点和局限性

系统抽样的优点主要表现在以下两个方面。

其一，简便易行，对抽样框的要求不高，在某些场合下甚至不需要抽样框，这与其他概率抽样方法形成鲜明对比。其他概率抽样方法往往需要先对总体单位编号，特别是当总体规模很大时，仅仅进行编号已经相当烦琐，而系统抽样只需确定总体单元的排列顺序即可。例如，工业企业为检查产品的质量，在生产线上每隔一段时间抽取一件或若干件样品进行检验；大学图书馆欲了解图书的借阅情况，在一堆按书名排列的图书目录卡片中，每隔一定的数目抽取一张卡片。

其二，系统抽样可以使样本单位在总体中均匀分布，因而一般具有较好的代表性，特别是当总体结构有辅助变量的信息可以利用时，则可采用有关标志排序系统抽样，提高估计的精度。

系统抽样也有其局限性。从估计方面来看，当 $N\neq nk$ 时，样本均值不是总体均值的无偏估计量，虽然 N 很大而 n 也较大时，这种偏差很小。更为重要的是，系统抽样的方差估计比较复杂，这就给计算抽样误差带来一定的困难。另外，由于样本量有时不唯一，所以不存在严格意义上的无偏估计量。

采用系统抽样方法时，需要特别注意的是研究变量是否存在周期性变化。例如，如果想了解西式快餐和中式快餐的零售额情况，以 7 天为抽样间隔。事实上，每周 7 天中，零售额的情况明显不同。一般规律是，周末和节假日的零售额较高，平日相对较低一些。若抽中周末为系统样本的起点，估计结果会偏高；反之，若抽中平日为起点，估计结果会偏低。如果遇到这样的情况就需要调整抽样间隔，使处于周期中的各个位置的单位都有相同的概率进入样本或者考虑与其他的方法结合使用。

（四）整群抽样

1. 整群抽样的概念

由若干有联系的基本单元所组成的集合称为群。整群抽样（cluster sampling）是将总体划分为若干群，然后以群为抽样单位，从总体中随机抽取一部分群，对抽中群内的所有单位进行调查的一种抽样技术。

采用整群抽样的主要原因有两个。其一，实施调查方便，可以节省费用和时间。在总体单位分布很广的条件下，若采用简单随机抽样，样本的分布极为分散，调查实施存在一定的难度，费时费力。而群中各单位的分布比较集中，抽中一个群以后，在一个点上可以调查多个单位，调查效率较高。其二，缺乏总体单位的抽样框，不得已而行之。

【例 4-5】某高校共有 30 000 名大学生，8000 个学生宿舍（每个宿舍一般有 4 人）。若要随机抽取 400 名学生调查大学生使用计算机的情况，有下列三种方案。

方案一：根据学生名单按照简单随机抽样抽取 400 名大学生。

方案二：根据学生宿舍名单随机抽取 100 个宿舍并调查被抽中宿舍中的每一名大学生。

方案三：先随机抽取 400 个学生宿舍，再在每个被抽中的宿舍内随机抽取 1 名学生。

以上三种抽样方案虽然都是等概率抽样,样本容量都为400,但是抽样单位是不同的,抽样误差也不相同。不难发现,方案一抽取的样本单位与接受调查的单位是一致的——学生;方案二采用的是整群抽样,抽取的样本单位是由4名学生组成的集合——学生宿舍;方案三采用的是两阶段抽样,第一阶段抽取的样本单位(初级样本单位)为学生宿舍,第二阶段抽取的样本单位(二级抽样单位)为学生。这属于在后面将要介绍的多阶段抽样中最简单的一种。从方法上看,整群抽样是由一阶段抽样向多阶段抽样过渡的桥梁。

2. 群的划分和规模

群大致可分为两类:一类是根据行政或地域形成的群体,如班组、企业或社区,对此采用整群抽样是为了方便调查、节省费用;另一类群体则是调查人员人为确定的,如将整个商场划分为若干个小的片区,这时就需要考虑如何划分群,以使在相同调查费用的前提下抽样误差最小。

分群的一般原则可以用方差分析的原理来说明。当总体被划分为若干群以后,总体方差可以分解为群间方差和群内方差两个部分,这两部分是此消彼长的关系:若群间方差大,则群内方差小;反之,群间方差小,则群内方差大。由于整群抽样对入选群中的所有单位都进行调查,因此影响整群抽样误差大小的主要因素是群间方差,群内方差的大小不影响整群抽样的抽样误差。为了提高整群抽样的估计精度,划分群时就应使群内方差尽可能大,而使群间方差尽可能小。换句话说,划分群时应力争使同一群内各单位之间的差异尽可能大,以避免同一群内各单位提供重复的信息。

群的规模即组成群的总体单位的数量。整群抽样中群的规模具有相当大的灵活性,可大可小。其他条件相同的情况下,群的规模大,估计的精度差但费用少;群的规模小,估计的精度高但费用较多。实践中,确定群的规模涉及多种因素,如群的具体结构、精度、费用、调查实施的组织管理等。正常情况下,群的规模不宜过大,对于规模很大的群,通常需要采用多阶段抽样。

整群抽样和分层抽样都需要事先将全部总体单位划分为若干不同部分。习惯将整群抽样划分的部分称为群,将分层抽样划分的部分称为层或类,二者的划分原则正好相反。二者的区别为:整群抽样所划分出的群体往往规模较小、数量较多,分层抽样所划分的层往往规模较大、数量相对较少;整群抽样的样本仅仅分布在总体的几个群体中,而分层抽样的样本则遍布所有层;整群抽样适合于异质群体,即群内差异大、群间差异小的情况,而分层抽样适合于同质的层,即层内差异小、层间差异大的情况。由此可见,整群抽样和分层抽样是针对不同的总体结构而提出的两种不同的抽样方式。当然,对于一些复杂的总体,也可以将二者结合起来使用。

3. 整群抽样的优点和局限性

整群抽样有自己独特的优点。其一,抽样框编制得以简化。抽样调查的前提条件是确定抽样框,抽样框应覆盖目标总体。简单随机抽样、分层抽样和等距抽样都是以总体单位为抽样单位,抽样框必须包含全部总体单位的名录或地理位置,能够逐一编号。但在实践中,因为没有相应的资料或者工作量过大,有时不可能构造出这样的抽样框。比较而言,整群抽样以群为抽样单位,只需要事先对总体每个群的名录或位置加以编号,抽样框的编制要更加容易和便捷。其二，实施调查便利，节省成本。在总体单元分布很广的情况下，简单随机抽样的样本分布过于分散，而整群抽样的调查单元的分布相对集中，调查人员能节省大量的人力、物力、财力。

凡事有利有弊，整群抽样也不例外。整群抽样的主要局限性体现在由于抽取的样本单位比较集中，群内各单位之间存在相似性，差异比较小，而群与群之间的差别往往比较大，使得整群抽样的抽样误差比较大。为了达到一定的精度要求，有必要增加样本量，可以多抽取一些群进行调查。

事实上，整群抽样的估计精度与群的性质有关，如果群与群之间结构相似、差异较小，而群内各单位之间的差异较大，整群抽样反而会提高抽样效率。例如，每年的人口统计必然要对男女比例进行调查，若采用简单随机抽样可以抽取若干人得到总体男女比例，而采用整群抽样，以家庭为单位对抽中家庭的所有人进行调查，也可以得到男女比例的估计值。在这种情况下，由于群内个体之间差异很大，而群与群之间，即各家庭中的性别结构是相似的。在这样的背景下，整群抽样的效率要明显高于简单随机抽样。

（五）多阶段抽样

整群抽样需要对群中的所有样本单位都进行调查，但在大多数情况下，群内各单位都具有相似性，尤其在群规模比较大时，显然没有必要全部入样调查，可以对每个抽中的群再抽取子样本进行调查，此即两阶段抽样。同样的道理，还可以三阶段、四阶段抽样，统称为多阶段抽样（multistage sampling）。

多阶段抽样是一种常用的抽样技术，大规模的抽样调查一般都采用多阶段抽样技术。它一方面保持了整群抽样的样本比较集中、便于调查、节省费用等优点，同时又避免了对总体单位的过多调查造成的浪费，充分发挥了抽样调查的优点。另一方面，不需要编制所有单位的抽样框。抽取初级单元时，只需要编制初级单元的抽样框，对被抽中的初级单元，再去编制二级单元抽样框，以此类推，每个阶段只需编制该阶段抽样单元的抽样框。例如，对一家调查公司而言，即使是一个城市范围内的居民消费情况，不可能也没有必要编制全市的居民名单抽样框，多阶段抽样方法可以解决这一问题。

在多阶段抽样中，每一个阶段的抽样方法可以相同，也可以不同，它通常与分层抽样、整群抽样、系统抽样结合使用。

如果两阶段抽样中所有初级单元都被抽中，在每个初级单元中抽取部分二级单元，则这时的抽样就成为分层抽样。如果对初级单元进行抽样，并且样本初级单元中的所有二级单元都被抽中，则这时的抽样就是整群抽样。实际工作中，多阶段抽样通常和整群抽样结合使用。例如，关于居民的社会保障情况的调查，第一阶段抽街道，第二阶段抽居委会，第三阶段也是最后一个阶段抽居民户并对居民户中的所有居民都进行调查，这时的居民户就是其所属的居民组成的一个群，这里的第三阶段就是整群抽样。

多阶段抽样的设计比较复杂，不仅涉及如何划分阶段，还包括在每个阶段应当抽取多大样本量，以及每个阶段的抽样方法。要达到总体的最好效果，需要将多种因素综合起来考虑，对于抽样误差的计算也比较复杂。

(六) PPS 抽样

1. PPS 抽样的含义

按规模大小成比例的概率抽样（probability proportionate to size sampling）简称为 PPS 抽样。它是多项抽样方法的特殊形式，属于随机抽样。PPS 抽样通过辅助信息，使每个单位均有按其规模大小成比例被抽中的概率，其抽选样本的方法有森-赫维茨方法、拉希里方法等。

2. PPS 抽样的步骤

PPS 抽样方法常与多阶段抽样结合使用。通常在多阶段抽样中尤其是二阶段抽样中，初级抽样单位被抽中的概率取决于其初级抽样单位的规模大小，初级抽样单位规模越大，被抽中的机会就越大，初级抽样单位规模越小，被抽中的概率就越小。换言之，PPS 抽样就是将总体按一种准确的标准划分成容量不等且具有相同标志的单位，再按单位在总体中所占比率的不同进行抽样。

【例 4-6】假设要在全国 1300 个县、总计 38 000 个乡镇中抽取 100 个乡镇进行调查分析。如果采用多阶段抽样方法，第一阶段从 1300 个县中随机抽取 20 个县；第二阶段从 20 个县中分别抽取 5 个乡镇，共抽取 5×20=100 个乡镇。需要注意的是，每个县的规模是不同的。比如，A 县有 200 个乡镇，B 县只有 50 个乡镇。由于第一阶段采用随机抽样，A 县和 B 县入选第一阶段样本的概率是相同的，均为 20/1300=1.54%。但是第二阶段从每个县中抽选乡镇时，A 县和 B 县中每个乡镇内被抽中的概率不同，A 县乡镇被抽中的概率为 5/200=2.5%，B 县乡镇被抽中的概率为 5/50=10%。于是，A 县中每个乡镇被抽中的总概率为 1.54%×2.5%=0.0385%，B 县中每个乡镇被抽中的总概率为 1.54%×10%=0.154%。由此可见，规模大的县，其乡镇被抽中的概率是规模小的县中乡镇被抽中概率的 1/4，此时违反了随机抽样的一个重要原则，即每个总体单位被选为样本的概率是相同的。

为了解决这一问题，可以采用 PPS 抽样，具体操作步骤如下。

第一步，确定总体内编制元素（县）的抽样框，统计各个元素的规模（乡镇个数）并给每个元素编号。例如，统计 1300 个县对应的乡镇个数并按照乡镇个数这一指标进行排序，对 1300 个县进行编号，如表 4-3 第（1）和第（2）列所示。

第二步，将每个县的规模数量累加起来，根据累计乡镇数确定每个乡镇的号码范围。如县 3 的累计乡镇数为 58+103=161，则它对应的号码范围为 00104—00161，如表 4-3 第（3）和第（4）列所示。

第三步，按照抽样元素的数量，根据号码范围，运用简单随机抽样或者系统抽样等基本随机抽样方法抽取号码，号码所对应的元素入选第一阶段样本。例如，想从 1300 个县中随机抽取 20 个县，则抽样元素的个数为 20。表 4-3 中利用简单随机抽样方法，抽选了 20 个元素，如表 4-3 第（5）和第（6）列所示。

第四步，对被抽取到的元素进行第二阶段抽样，即在表 4-3 第（6）列的基础上，从每个被抽中的元素中再抽取 5 个乡镇，进而获得最终的样本数，即 20×5=100。

表 4-3　PPS 抽样方法举例

（1）	（2）	（3）	（4）	（5）	（6）
编号	乡镇数	累计乡镇数	号码范围	入选号码	入选元素
县 1	50	50	00001—00050	00034	元素 1
县 2	53	103	00051—00103		
县 3	58	161	00104—00161	00139	元素 2
县 4	59	220	00162—00220		
县 5	60	280	00221—00280	00245	元素 3
县 6	67	347	00281—00347	00301	元素 4
县 7	70	417	00348—00417		
…	…	…	…		
县 1299	198	37 800	37603—37800	37688	元素 19、20
县 1300	200	38 000	37801—38000		

在抽取单位规模不等的情况下，PPS 抽样方法经常被使用，主要原因在于：通过上述 PPS 抽样过程可知，由于规模大的县所对应的选样号码范围大，而选样号码范围大时，被抽中的概率也大。例如，由于规模大的县对应的选样号码范围较大时，被抽中的概率也大，甚至被抽到的号码不止一个，如表 4-3 中县 1299 就抽到了 2 个号码。因此，规模大的县在第一阶段抽样时被抽中的概率大于规模小的县，这样就抵消了第二阶段抽样时规模大的县中每个乡镇被抽中的概率小的情况。通过两两抵消的方法，使得无论规模大还是规模小的县中，每个乡镇被抽中的概率都是相等的。所以，PPS 抽样方法最终抽取的样本对总体的代表性较强。

三、随机抽样方式的选择

简单随机抽样、分层抽样、系统抽样和整群抽样是较为基础的随机抽样方法。而市场环境错综复杂，变化得很快，基础的随机抽样方法满足不了现实市场的需求，于是催生了包括多阶段抽样、PPS 抽样、地图法抽样和户内抽样等概率抽样方法，使得市场调查可以采用更为灵活的抽样方式。

在实际设计和选择抽样方法时，可以参考如下具有实用性的原则。

（1）考虑样本容量大小。若样本容量过大，则一般不用简单随机抽样，因为简单随机抽样的样本代表性不够。

（2）考虑调查对象差异大小。若调查对象差异大，则一般不用系统抽样，因为系统抽样难以确保等概率性。

（3）要多用分层抽样法，采用分层抽样的方法得到的样本一般在代表性和随机性上都具有优势。

（4）注意群体之间的差异性。若差异性不大，则可以采用整群抽样法。

（5）结合使用多种抽样方法。综合的抽样组合方法可以充分发挥各种抽样方法的优势，并利用不同抽样方法的互补性，使得样本设计能够更好地适应现实社会的需要。在实际应用中，当总体规模较大时，一般采用抽样组合的方法。例如，中国健康与营养调查（多阶段与整群抽样结合）、中国综合社会调查（多阶段、分层与 PPS 随机抽样结合）、中国健康与养老追踪调查（多阶段抽样与 PPS 抽样方法结合）、中国家庭金融调查（多阶段抽样与 PPS 抽样方法结合）等微观数据库均采用了抽样组合的方法来进行抽样调查。

第三节　非随机抽样

一、非随机抽样的概念

非随机抽样又称为非概率抽样，是指抽取样本时并不按照随机原则而是根据主观判断有目的地挑选或按照方便、快捷的方式抽取。因此，这种抽样的效果好坏在很大程度上依赖于抽样者的主观判断能力和经验。

非随机抽样最大的特点是操作简便、时效快、成本低。但在非随机抽样条件下，样本单位的抽取容易受主观因素的干扰，如调查员往往倾向于选择自己比较喜欢或最容易调查的总体单位，因此容易导致调查结果与总体真实状况之间存在较大的偏差。此外，非随机抽样也没有完整的抽样框，无法得出每个总体单位的入样概率，无法得出样本统计量的分布或是这种分布不存在，所以尽管样本数据可能对总体特征做出不错的描述，却无法计算抽样误差，无法对估计结果的精确性做出评价，在理论上不具备由样本对总体进行推断的数理依据。

在市场调查中，非随机抽样也是经常使用的。这是因为在有些情况下，由于客观条件的限制，如调查时间和经费比较有限、没有合适的抽样框，难以利用随机抽样；或者调查人员具有丰富的经验积累，凭主观判断可以抽取很好的样本。下面主要介绍几种常见的非随机抽样，即方便抽样、判断抽样、配额抽样、滚雪球抽样等。

二、非随机抽样的主要方式

（一）方便抽样

方便抽样（convenient sampling）又称偶遇抽样，顾名思义就是依据方便原则抽取样本。其最典型的方式就是拦截式调查，即在街道、社区、公园或者商场拦住行人进行调查。如果想要了解居民对房价上涨的看法，可以在社区或者街道询问相关的调查问题；想要了解顾客对移动服务态度的看法，可以在各个移动营业厅附近拦截顾客。

方便抽样操作简便，能及时取得所需要的信息，节省调查成本。在总体中各单位的同质性很明显的条件下，运用这种方法能够得到较好的效果。但是，如果总体中各单位差异较大，抽样误差也较大。因此，一般来说，方便抽样的结果不能用于推断总体，此法不适用于描述性研究和因果关系研究，比较适合于探索性研究，通过调查研究发现问题，产生想法和假设，可以用于正式调查前的预调查。

（二）判断抽样

判断抽样（judgement sampling）是根据调查人员对实际情况的了解，凭借调查人员的主观意愿和经验，人为确定样本单位的一种非随机抽样。这里的"判断"主要包括两个方面意思：一是判断总体的规模与结构；二是判断样本的代表性。

在判断抽样中，如何确定样本单位取决于调查目的。一般有三种情况：其一，选择平均型样本，即在调查总体中，选定的样本可以代表平均水平，其目的是了解总体平均水平的大概位置；其二，选择众数型样本，即在调查总体中，选择能够代表大多数单位情况的个体作为样本，其目的是了解众数的大体位置；其三，选择特殊型样本，如选择很好或很差的典型样本，目的是分析造成异常的原因。

判断抽样操作成本低、方便快捷，在市场调查中也较常用，适用于总体单位之间差距较大而样本量很小的情况，尤其适合特殊类型的研究（如定位明确的某种饮料的口味测试等）。但其效果依赖于调查研究者事先对调查总体的了解程度及其判断能力，受研究人员倾向性的影响较大，一旦主观判断有偏差，则很容易导致抽样偏差；不能利用调查结果对总体参数进行科学、可靠的估计，无法从概率的角度推算总体参数的置信区间，也缺乏足够的理由以说明用样本结果进行推断的可靠性。

（三）配额抽样

配额抽样（quota sampling），顾名思义，就是将总体中的各个单位按一定标准划分为若干个类别，将样本数额分配到各类别中，在规定的数额内由调查人员任意抽选样本。

可以看出，配额抽样与分层抽样有相似之处，都是事先对总体所有单位按某种标准分层（类），将样本分配到各层（类）中，但它们也有区别。在分层抽样中，是按随机原则在各层中抽取样本，所以分层抽样属于随机抽样。而在配额抽样中，样本的抽取不是随机的，而是调查人员根据自己的主观判断或方便原则抽取的，所以配额抽样属于非随机抽样。

在配额抽样中，可以按单一变量，也可以按交叉变量进行控制。下面举一个按单一变量控制的例子来说明。

【例4-7】欲了解一个城市中居民的购房情况，打算采用配额抽样抽取 $n=600$ 的样本量，控制变量有年龄和性别，配额是按单个变量分别分配的，如在各个年龄段上的配额和性别的配额。这种配额抽样比较方便，但有可能出现偏移，如年龄低的大部分为女性，年龄高的大部分为男性（见表4-4、表4-5）。

表4-4 单一变量控制（年龄）配额分配表

年 龄	人 数
20～30岁	180
31～40岁	180
41～50岁	120
50岁以上	120
合计	600

表4-5 单一变量控制（性别）配额分配表

性 别	人 数
男	300
女	300
合计	600

下面将上述二表合而为一，组成一个按交叉变量控制的例子，如表 4-6 所示。

表 4-6　交叉变量控制（年龄和性别）配额分配表

年　　龄	性　别		合　　计
	男	女	
20～30 岁	85	95	180
31～40 岁	90	90	180
41～50 岁	65	55	120
50 岁以上	60	60	120
合计	300	300	600

交叉变量配额控制可以保证样本的分布更为均匀、更具有代表性，分析也更为深入，但现场调查中操作的难度要大一些。

配额抽样能够保证样本结构与总体结构趋于一致，因此此种抽样方法得以在市场调查中广泛应用。

（四）滚雪球抽样

滚雪球抽样（snowball sampling）是指先抽取一些样本单位并对其实施调查，然后通过他们找到另外一些属于所研究目标总体的调查单位，再根据这些单位找到更多的调查单位，以"滚雪球"方式抽取样本单位。

这种方法适用于目标总体的单位比较少但相互之间有一定联系，而研究者对他们又不太了解、难以识别的情况。例如，调查在北京市工作的四川籍保姆的情况、调查青少年对某网络游戏的意见等。

这种选取样本的方法便于有针对性地找到被调查者，在缺乏足够的目标总体单位信息的情况下不至于"大海捞针"，方便快捷。但是样本单位之间很容易呈现相似性特征，这样的样本往往会遗漏总体中某些类型的单位，导致样本与总体有较大偏差。

第四节　抽样中的误差和样本量的确定

有调查就必然存在误差，因为误差不可能完全避免。误差产生的原因很多，性质也不同。抽样调查中的误差包括抽样误差和非抽样误差两类。下面先分别介绍这两类误差的概念与控制方法，再讨论样本量的确定问题。

一、抽样误差

（一）抽样误差的概念

抽样误差是指随机抽样中，由于抽样的随机性而引起的样本统计量的数值与总体参数真值之间的差异。抽样误差产生的原因在于：对任何随机抽样方案，都会存在许多待选样本，实际抽到的只是其中的某一个样本，不可能保证所抽样本的结构与总体结构完全一致，所以样本估计量的数值与总体参数真值之间就会存在误差。在随机抽样中，抽样误差是无法避免的，但其最大的特点是可测性和可控性，同时抽样误差可以根据随机抽样理论进行计算并可采用适当的方式（如增加样本容量、改进抽样方式等）加以控制。

由于抽取样本是随机的，抽到不同的样本，对总体参数真值的估计就不同，抽样误差也会不同，所以抽样误差是随机的。由于不知道总体参数真值，对于每一次随机抽出的样本，也就不可能计算该样本估计结果的实际抽样误差。那么，应该怎样测度抽样误差的大小呢？只能从所有可能样本的角度来测度平均意义上的抽样误差或一定置信度下的抽样误差范围。

（二）测度抽样误差的指标——均方误差

通常用均方误差来衡量一个估计量的抽样误差。设总体待估计参数为 θ，用于估计该参数的样本统计量 $\hat{\theta}$ 称为 θ 的一个估计量。随机抽样条件下，在一个总体中有很多的可能样本，每次抽取的样本也不同，用估计量 $\hat{\theta}$ 对 θ 进行估计就会得到很多不同的估计值，该估计量的抽样误差（$\hat{\theta}-\theta$）也就不同。这些误差总是有正有负，从所有可能样本来看，要计算平均意义的抽样误差，通常将其平方后再平均（期望值，用 E 表示），这就是估计量的均方误差（mean square error，MSE）。其定义式为

$$\text{MSE}(\hat{\theta}) = E(\hat{\theta}-\theta)^2 \tag{4.3}$$

很显然，估计量的均方误差越小，表明从所有可能样本（或反复很多次抽取）平均来看，用估计量 $\hat{\theta}$ 对参数 θ 进行估计的抽样误差就越小，估计精度就越高。

将式（4.3）进一步展开，又可以写成

$$\begin{aligned}\text{MSE}(\hat{\theta}) &= E\left\{\left[\hat{\theta}-E(\hat{\theta})\right]+\left[E(\hat{\theta})-\theta\right]\right\}^2 \\ &= E\left[\hat{\theta}-E(\hat{\theta})\right]^2 + E\left[E(\hat{\theta})-\theta\right]^2 + 2E\left[\hat{\theta}-E(\hat{\theta})\right]\left[E(\hat{\theta})-\theta\right] \\ &= E\left[\hat{\theta}-E(\hat{\theta})\right]^2 + \left[E(\hat{\theta})-\theta\right]^2 + 0 = \text{Var}(\hat{\theta}) + [\text{Bias}(\hat{\theta})]^2\end{aligned} \tag{4.4}$$

上式中，第一部分是估计量 $\hat{\theta}$ 的方差，记为 $\text{Var}(\hat{\theta})$

$$\text{Var}(\hat{\theta}) = E\left[\hat{\theta}-E(\hat{\theta})\right]^2 \tag{4.5}$$

估计量的方差是影响估计精度的一个重要指标。方差越大，说明估计量的众多可能估计值之间的差异越大，该估计量的估计精度就越低。

式（4.4）中，第二部分是估计量 $\hat{\theta}$ 偏差的平方，估计量 $\hat{\theta}$ 的偏差记为 $\text{Bias}(\hat{\theta})$，其定义式为

$$\text{Bias}(\hat{\theta}) = E(\hat{\theta})-\theta \tag{4.6}$$

偏差是所有可能样本估计值的数学期望与参数真值之间的离差。偏差越大，该估计量的估计精度就越低。偏差与估计量的方差不同，它属于偏向某个方向的系统性误差，而估计量方差是随机性误差。另外，估计量方差会随着样本量的增大而减小，而大多数偏差（少数有偏估计量除外）并不随着样本量的增大而减小，如果用样本推断总体，在有偏差的情况下，无论怎样增大样本量，都不可能提高估计的精度。

由式（4.4）可以看出，均方误差 MSE 是估计量方差与偏差平方之和。如果估计量是无偏的，$\text{Bias}(\hat{\theta}) = 0$，即 $E(\hat{\theta}) = \theta$，称估计量 $\hat{\theta}$ 是 θ 的无偏估计量，便有 $\text{MSE}(\hat{\theta}) = \text{Var}(\hat{\theta})$。也就是说，对于无偏估计量，衡量其抽样误差的指标通常就是该估计量的方差。由于均方误差 MSE 包含了估计量方差和偏差，因而可以更全面地、更综合地反映估计误差的情况。

（三）均值和成数的抽样误差

实际中，抽样估计最基本的任务是估计总体均值和总体成数，许多总量指标的估计都是以均值或成数的估计为基础的。例如，估计了居民的人均消费，结合居民总人数就不难估计出全体居民的总消费；估计了商品的合格率，结合商品总数就不难估计出合格品总数等。对总体均值和成数的抽样估计，测度其抽样误差的指标主要有两个：抽样平均误差和抽样极限误差。

1. 均值和成数的抽样平均误差

根据统计理论，对总体均值进行估计，通常采用的估计量是样本均值。由于样本均值是总体均值的无偏估计量，所以用该估计量的方差测度其抽样误差，也称为抽样方差。将方差开平方根就是标准差。由于标准差将计量单位还原为原指标的计量单位，更便于与均值相结合进行分析和推断，所以用样本均值对总体均值进行估计，通常采用样本均值的标准差来测度其抽样误差，实践中常常称之为抽样平均误差。它反映用样本均值对总体均值进行估计所产生的抽样误差的一般水平。

以 $\mu_{\bar{x}}$ 表示样本均值的抽样平均误差，σ 表示总体标准差。根据数理统计原理，可以证明：在重复抽样条件下，抽样方差（$\mu_{\bar{x}}^2$）与总体方差（σ^2）成正比，而与样本量 n 成反比，所以，抽样平均误差的计算公式为

$$\mu_{\bar{x}} = \sqrt{\frac{\sigma^2}{n}} = \frac{\sigma}{\sqrt{n}} \tag{4.7}$$

当抽样方式为不重复抽样时，将重复抽样条件下的 $\mu_{\bar{x}}$ 乘一个校正因子 $\left(\sqrt{\frac{N-n}{N-1}}\right.$，一般 N 很大，该因子通常近似为 $\sqrt{1-\frac{n}{N}}\right)$，则得到不重复抽样条件下的抽样平均误差的公式为

$$\mu_{\bar{x}} = \sqrt{\frac{\sigma^2}{n}\left(\frac{N-n}{N-1}\right)} \approx \sqrt{\frac{\sigma^2}{n}\left(1-\frac{n}{N}\right)} \tag{4.8}$$

从以上两个公式可以看出，不重复抽样始终小于重复抽样的平均误差。

同理，对总体成数进行估计，通常采用的估计量是样本成数。样本成数也是总体成数的无偏估计量，所以其抽样误差大小也可以用抽样方差或抽样平均误差来衡量。它们都能反映抽样误差的一般水平，但抽样平均误差更加常用。实际上，成数可以视为一种特殊的均值，对应的总体方差为 $P(1-P)$，所以将式（4.7）和式（4.8）中的总体方差 σ^2 替换为成数对应的总体方差 $P(1-P)$，就得到成数的抽样平均误差的公式。样本成数的抽样平均

误差记为 μ_p，其计算公式为

重复抽样条件下

$$\mu_p = \sqrt{\frac{P(1-P)}{n}} \tag{4.9}$$

不重复抽样条件下

$$\mu_p = \sqrt{\frac{P(1-P)}{n}\left(\frac{N-n}{N-1}\right)} \approx \sqrt{\frac{P(1-P)}{n}\left(1-\frac{n}{N}\right)} \tag{4.10}$$

2. 均值和成数的抽样极限误差

抽样极限误差又称抽样允许误差范围，它是指在一定的置信水平下，样本指标和总体指标之间的抽样误差的最大可能范围，记作 Δ。设 $\hat{\theta}$ 样本指标，θ 为被估计的总体指标，在一定置信水平下，二者之间的抽样误差不超过 Δ，即 $|\hat{\theta}-\theta| \leqslant \Delta$[①]。根据抽样理论，在总体为正态分布或大样本条件下（$n \geqslant 30$），均值和成数的抽样极限误差等于其抽样平均误差的 $Z_{\alpha/2}$ 倍。$Z_{\alpha/2}$ 是与给定的置信水平（$1-\alpha$）相对应的正态变量的值，查标准正态分布概率表可得。

以 $\Delta_{\bar{x}}$ 表示均值的抽样极限误差，则有：

在重复抽样条件下，均值的抽样极限误差公式为

$$\Delta_{\bar{x}} = Z_{\alpha/2} \cdot \mu_{\bar{x}} = Z_{\alpha/2}\sqrt{\frac{\sigma^2}{n}} \tag{4.11}$$

在不重复抽样条件下，均值的抽样极限误差公式为

$$\Delta_{\bar{x}} = Z_{\alpha/2} \cdot \mu_{\bar{x}} = Z_{\alpha/2}\sqrt{\frac{\sigma^2}{n}\left(1-\frac{n}{N}\right)} \tag{4.12}$$

同理，以 Δ_p 表示成数的抽样极限误差，则有

$$\Delta_p = Z_{\alpha/2} \cdot \mu_p = Z_{\alpha/2}\sqrt{\frac{P(1-P)}{n}} \tag{4.13}$$

在不重复抽样条件下，成数的抽样极限误差公式为

$$\Delta_p = Z_{\alpha/2} \cdot \mu_p = Z_{\alpha/2}\sqrt{\frac{P(1-P)}{n}\left(1-\frac{n}{N}\right)} \tag{4.14}$$

从上述抽样误差计算公式不难看出，抽样误差大小受到以下几个因素的影响。

其一，受总体各单位标志值之间差异程度的影响。总体各单位标志值之间的差异越大，即总体方差越大，抽样误差就越大；反之，抽样误差就越小。实际中，总体方差 σ^2 是未知的，通常用相近似总体（以前同类调查或同类地区）的方差数值或样本方差来代替。同样，计算成数的抽样误差时，公式中的总体成数 P 通常用相近似总体（以前同类调查或同类地区）的成数数值或样本成数 p 来代替。

其二，受样本量 n 的影响。在其他条件相同的条件下，样本量越大，抽样误差就越小，

[①] 根据这一定义式，很容易导出相应的总体参数区间估计公式：$\hat{\theta}-\Delta \leqslant \theta \leqslant \hat{\theta}+\Delta$。由此可见，获得了估计量和抽样极限误差的数值，就可得到给定置信水平下的总体参数的区间估计结果。

抽样估计精度就越高；反之，抽样误差就越小，抽样估计精度就越低。

其三，受抽样方式和估计方式的影响。例如，分层抽样的估计精度要高于简单随机抽样，在具有辅助信息的条件下，比率估计、回归估计也可以有效地减小抽样误差。这里只介绍了简单随机抽样下的抽样误差公式。关于其他抽样方式和估计方式的误差计算可参考相关书籍，此处不再赘述。

此外，就抽样极限误差而言，还要受抽样估计的置信水平的影响。置信水平（$1-\alpha$）越大，表示抽样估计结果的可靠度越高，对应的 $Z_{\alpha/2}$ 也就越大，从而抽样极限误差就会增大。

二、非抽样误差

非抽样误差是指除抽样误差之外由于各种原因引起的误差。从理论上来讲，随机抽样的结果只取决于抽样误差，但是在实践中还存在抽样误差之外的因素的干扰，如抽样框不准确（与目标总体不一致）、有些资料无法取得、已取得的资料不准确或不真实等。在随机抽样、非随机抽样普查中，都可能存在非抽样误差。

（一）非抽样误差的特点及来源

1．非抽样误差的特点

和抽样误差相比，非抽样误差的特点表现在以下几个方面。

（1）不受样本量大小的影响。非抽样误差的产生不是由于抽样的随机性，所以在抽样调查中，它不可能随着样本量的增大而减小，有时甚至会相反，样本量越大，非抽样误差也越大，因为调查中更多的人为因素会增大非抽样误差出现的可能性。

（2）造成估计量存在偏差。抽样调查中，由于非抽样误差的影响，往往造成估计量有偏差。例如，在调查中存在无回答，而无回答与有回答的被调查单位在目标变量方面存在偏差，仅仅用回答者的观测数据对总体参数进行推断会造成有偏估计。

（3）有些非抽样误差难以被识别和测定。一种情况是调查设计人员并没有意识到抽样框是不完善的，因而导致所得到的调查结果包含非抽样误差，而数据分析人员和使用者并没有意识到存在这方面的问题。另一种情况是调查人员意识到可能存在非抽样误差，但无法准确判断，无法进行测量。在实践当中，后一种情况更为常见，这会给调查工作造成一定的困扰。

另外，由于产生非抽样误差的渠道很广，有些非抽样误差产生的原因复杂，尤其是调查对象是人的时候，社会因素、经济因素、政治因素对非抽样误差的影响范围和程度不容忽视。而且与抽样误差相比，对非抽样误差的研究尚浅。因此，从实践角度出发，应着重研究非抽样误差对调查数据质量和估计结果的影响。

2．非抽样误差的来源

非抽样误差可能产生于抽样调查的各个阶段，包括抽样方案设计（包括问卷设计）阶段、数据采集阶段、数据处理与分析阶段。

（1）抽样方案设计阶段。抽样方案的设计包括多方面的工作，哪一项工作出现问题都可能造成难以弥补的后果。例如，抽样设计中的抽样框不完善是一个主要的问题。不完善的抽样框是指抽样框中包含的单元与目标总体中的单元不一致，如属于调查对象的单元在抽样框中不存在，不属于调查对象的单元却出现在抽样框中。不完善还包括抽样框中的辅助信息与现实情况严重偏离，造成样本抽选的"误导"。使用不完善的抽样框是产生非抽样误差的主要原因。再如，调查的问卷设计存在缺陷，词汇含义不清，造成被调查者的误解或者使被调查者有多种理解而提供了不准确信息。

（2）数据采集阶段。这一阶段的非抽样误差可以分为两种情况：一是调查实施过程中，调查人员没有从被调查者那里得到所需要的信息。这种情况的产生可能有多种原因，如由于地址不详或搬迁，调查人员没有找到被调查者或者被调查者不在家，抑或是被调查者虽然在家但因为种种原因拒绝接受调查等，这种现象通常称为无回答。无回答是造成数据采集阶段非抽样误差的主要原因。二是在数据采集过程中，虽然被调查者接受调查，但其提供的信息与真实情况或事实不一致，这种情况大多出现在敏感性问题的调查中。如果发现被调查者的信息明显失真，调查者会将其剔除，这又造成了无回答。实践中，调查数据的失真主要来自被调查者，但有时也与调查人员有关，如调查人员有意或无意地诱导、记录调查结果时出现错误等，当被调查单位是物时，计量工具不精确也会造成测量结果出现误差。

（3）数据处理与分析阶段。这个阶段的误差主要指对调查资料进行审核、整理、编码和录入的过程中出现差错所引起的误差。另外，误差还可能产生于不正确的估计程序之中，如应当加权却没有加权或使用与抽样方式不匹配的估计方式等。

（二）常见的非抽样误差及其控制方法

非抽样误差主要分为抽样框误差、无回答误差、计量误差等。下面就几种常见的非抽样误差及其控制方法进行简单的说明。

1. 抽样框误差

抽样调查中有两个总体概念：一个是目标总体，即作为调查研究对象的全体，这是人们通常意义上所说的总体；另一个是抽样总体，即从全体中抽选的样本总体。抽样总体的具体表现为抽样框。理想的抽样框应该是目标总体和抽样总体完全一致，二者完全呈现一一对应的关系，否则抽样框就不完善，就可能会出现抽样框误差。

例如，在对消费者进行抽样调查的过程中，有些住户可能因为暂时失业或者工作的原因搬走等，原本固定的抽样框因为这些被调查者的缺失而发生变化，这时需要寻找新的住户，这就与之前的住户有所差别，使得估计结果的可比性变差。另外，有些抽样框包含重复的样本信息或遗漏了一些重要的样本等，这些都会造成抽样框误差。

抽样框误差并不是来源于抽样的随机性，而是产生于不完善的抽样框，所以抽样框误差是一种非抽样误差。一个完善的抽样框当然是最好的，但在实践中，由于种种原因，构造完善的抽样框是很困难的。不完善的抽样框的主要问题是总体单位数 N 不准确，这时利用样本统计量对总体参数进行估计就可能产生估计偏差。

抽样框误差有以下几种类型。

（1）丢失目标总体单位。这是指抽样框没能覆盖所有总体单位。有些总体单位属于调查对象，但由于没有在抽样框中出现，可能不能入选样本。丢失单位会造成总量估计有偏，也会造成均值（或比例）估计的偏差。通常情况下，这种问题不易被察觉或即使知道抽样框覆盖不全，但寻找丢失单位十分困难。

(2) 包含非目标总体单位。这是指抽样框中包含了本不属于目标总体的调查单位。例如，在对顾客进行电话调查时，这些顾客的电话簿组成的抽样框中有一些企业的电话号码，这些企业的号码就属于非目标总体单位。另一种表现是，有些顾客的电话已改变，但原号码仍然保留在抽样框中。包含非目标单位使得抽样总体单位个数大于目标总体个数，造成总量估计偏差。由于发现非目标总体单位相对容易并可以通过一定程序将其剔除，因此其影响相对小一些。

(3) 复合连接。这是指抽样框单位与目标总体单位不完全呈现一一对应关系，而是一个抽样框单位连接多个目标单位或一个目标单位连接多个抽样框单位。例如，以居住的门牌号作为住户调查的抽样框，一个门牌号可能居住两户或多户家庭，这就属于一个抽样框单位连接多个目标单位的情形，而一户拥有两处或多处房产就属于一个目标单位连接多个抽样框单位的情形。如果复合连接的情况比较严重，将会造成样本的实际抽选与设计要求发生偏离，从而对估计结果产生影响。

(4) 不正确的辅助信息。有些抽样设计需要抽样框提供辅助信息，如分层抽样、回归估计等。如果这些辅助信息不完全或不正确，不仅会影响估计的效率，还会降低估计的准确性。

在实际工作中，为了尽量减少抽样框误差，应在以下几个方面予以重视。

(1) 有些误差来自抽样框构成资料本身。尽管设计工作十分细致，但仍无法避免误差，可能是因为研究工作不够深入、资料准备不足，否则有可能建立一个比较好的抽样框。

(2) 有些抽样框问题容易被发现，有些不易被发现。即便发现了问题，也不容易解决。对于经常性调查项目来说，不断总结与探讨抽样框的维护和使用情况是非常有必要的。

(3) 抽样框误差在有些场合下会被解释为其他类型的非抽样误差。例如，使用地图抽样框时，在区域边缘经常会出现交错现象，导致将域内单位划出或将域外单位划入。有些人认为这是抽样框误差，但说它是计量误差也有道理。

(4) 抽样框不完善并不意味着不能使用。对不完善的抽样框进行修补、调整，有时容易，有时则比较困难，需要有财力支持。不完善的抽样框是否具有被使用、修改的价值主要取决于抽样框的误差程度、修改后估计效率的提高程度、付出的时间和成本以及抽样框的使用次数。

对不完善抽样框进行补救大致有以下三种方法。

其一，利用核查或其他有关资料掌握误差情况，对不完善的抽样框进行调整或对不完善抽样框得到的估计量进行调整。

其二，事先制定一些规则，使没有包含在抽样框中的目标单位与包含在抽样框中的单位相连接，以解决抽样框中总体单位的缺失或重叠。例如，打算从一份几个月前准备好的企业员工名单中抽选一个职工的样本，但新来的员工的名单还没有被列入抽样框，因此新员工没有机会入选样本。事先规定的规则为每个新员工与所在部门最后一名员工相连接，如果最后一名员工被抽中，新员工也算被抽中并一起接受调查。这样就把丢失单位纳入了不完善的抽样框，这些丢失单位与抽样总体单位被选中的概率相同，因而得到的估计量也是无偏的。又如，以购房合同为抽样框对购房者进行抽样调查，有些购房者购买了几处房产，这些人被抽中的概率就很大。可以这样规定：如果购房者有两处以上房产，以最近一次购买房产的合同组成抽样框。

其三，在抽样过程中使用两个或多个抽样框，这种方法主要用于抽样框中丢失单位的情况。既然一个抽样框覆盖得不完全，就采用多个抽样框，在实践中多采用两个抽样框，如同时使用名录框和地域框。使用多个抽样框的主要问题是容易产生重叠现象。

2. 无回答误差

无回答误差是指在调查中由于各种原因，调查人员没能从入选样本处获得所需要的信息，造成信息缺失，由此引起的估计量的偏误，这种情况一般发生在调查对象是人的时候。无回答误差是一种重要的非抽样误差，对调查数据的质量具有至关重要的影响。由于这种现象在调查中十分普遍，对估计量的影响也很大，因此需给予足够的重视。

从内容上看，无回答误差可以分为单位无回答和项目无回答。单位无回答是指被调查单位没有参与或者拒绝接受调查，交的是一份白卷。项目无回答是指被调查单位虽然接受了调查，但仅对其中的部分内容作答，对剩余一些调查项目则没有作答。与单位无回答相比，项目无回答或多或少地提供了一些信息。

从性质上看，无回答误差可以分为有意无回答和无意无回答。有意无回答常常与调查内容相关，如被调查者因对调查内容反感或涉及个人隐私不愿意回答。无意无回答通常与调查内容无关，而是由其他原因引起的，如被调查者外出或很忙，无法接受调查等。有意无回答对数据质量的影响很大，回答者和无回答者之间往往存在系统性差异。这种无回答不仅减少了有效样本量，造成估计量方差增大，而且会带来估计偏差。无意无回答可以看成随机的，它虽然会造成估计量方差偏大，但通常不会带来估计偏差。当然，如果无回答产生于某个群体，而该群体与其他群体在目标变量方面存在数量差异，那么即便是无意无回答，也会造成估计量的偏差。例如，调查居民的旅游支出，不在家的人可能恰恰是经常外出旅游的人，这就会对总体造成有偏估计。

如果把采集数据的过程划分为查找、接触和采访三个阶段，三个阶段皆有可能出现无回答误差。

（1）查找阶段：调查人员无法找到被调查者，主要原因有地址不详、被调查者搬迁、被调查者不在现场、调查人员对地址不熟悉等。

（2）接触阶段：被调查者由于客观原因无法接受调查，如出差、生病；被调查者可能由于主观原因拒访，如对调查不感兴趣或出于安全考虑不让调查人员入户等。

（3）采访阶段：调查开始后被调查者对某些问题不愿提供答案；调查人员由于粗心遗漏某些项目；由于某种原因造成调查中断等。

为了减少无回答误差，提高调查的回答率，可以采取的措施主要有以下几个。

（1）问卷设计具有吸引力，容易引起被调查者的兴趣，同时应适当控制问卷长度。

（2）在可能的条件下，充分利用调查组织者的权威性和社会影响力，激发被调查者的参与意识。

（3）确定准确的调查方位，使调查员容易找到被调查者。

（4）采取有助于消除被调查者冷漠、担心或怀疑的措施，如预先通知、调查前的解释说明、雇用与被调查者熟悉的人做调查员等。

（5）注意调查员的挑选和培训。调查员的身份与被调查者越接近，就越容易被对方接受。实践表明，大学生、社区工作人员、居民委员会成员都是理想的非专职调查员人选。另外，要增强调查员的责任心，提高他们的访谈技巧。有经验的调查人员可以把调查中的无回答率降到最低程度。

（6）注意对调查过程的监控。对不成功的调查要及时总结教训，找出解决问题的办法，如拒访是什么原因造成的、调查时间是否合适。

（7）奖励措施。调查总要占用被调查者的时间和精力，适当的奖励是必要的。例如，入户调查中向被调查者赠送小礼品，对集体单位进行调查时许诺提供最后的调查报告或汇总成果，邮寄调查中采用抽奖方式等。一些人接受调查并不是为了得到奖励，但奖励措施会使对方感到他们提供的信息非常重要。

（8）再次调查。再次调查是指在随机抽样的第一轮调查完成后，针对无回答产生的原因，再次调查。如调查对象在第一轮调查时不在家，调查人员了解到其何时在家后再次登门调查；第一次调查时被调查者由于出差、生病或其他客观原因难以接受调查，调查人员可以约定其他时间，在对方方便的时候进行调查。此外，对一些不明原因造成的拒访，可以改变调查方式。例如，对于邮寄调查的无回答者，除再次邮寄调查问卷外，可以用电话提醒或改用电话调查。一般原则是对同一被调查者尝试三次，仍不成功便可将之放弃。

（9）替换被调查单位。对于放弃的无回答者，需要抽取替换单位，以便使接受调查的样本单位数不低于原设计的要求。替换的原则应该事先规定好，如入户调查中的"右手原则"，即用放弃的受访户右边的第一户作为替代单位。替代原则的事先规定既可以防止调查人员自作主张，又便于事后检查。

（10）调查问卷应尽量避免设置过多的敏感性问题，但有些调查本身就是针对敏感问题的，对此可采用随机化回答技术，它的基本特征是被调查者对所调查的问题采用随机回答的方式，由此产生匿名回答的效果。调查人员根据事先设计的程序，可以对目标变量进行推算。针对不同的目标变量，有不同的随机化回答模型。

3. 计量误差

计量误差是指调查中所获得的数据与真值不一致，其产生的原因有很多，主要涉及以下几个方面。

（1）设计误差。如果调查设计不细致、不周全，就有可能使计量结果产生误差。例如，问卷设计中用词不准确或不恰当，造成被调查者不理解或误解；问卷过长使被调查者厌倦，不再认真接受调查；问卷中问题的排列顺序对回答产生不利影响；等等。

抽样设计不合理也是产生误差一个重要原因。严格按随机化程序抽取样本单位是随机抽样的基本原则。例如，如果设计要求随机抽取被调查户中的一个成年人接受调查，就需要有专门的程序保证其顺利实现。为此，基什（L. Kish）还专门设计了这种情况下的抽选表，其方法是先将住户中所有成年人按先男后女、年龄从大到小的顺序排列，然后根据该户成年人的人数及表中所列的数字来确定住户中哪一位成年人为被调查者。否则，如果只是随便地抽取一个成年人，经常在家的人被抽中的可能性就大一些，从而会造成估计偏差。

（2）被调查者误差。在计量误差中，被调查者误差是最主要的一种，它是指被调查者在接受调查的过程中没有给出真实的回答。当然，这里不包括前面提到的由于对问题不理解等原因造成的误差。被调查者误差也可以划分为两类：无意识误差和有意识误差。无意识误差的主要表现是回忆误差,指对调查内容的记忆不清而使回答失真,它也包括"倾向性数字"。心理学研究表明,人们在回答数字问题时常常会下意识地给出一些"倾向性数字"。例如,调查吸烟者每天的吸烟量,回答往往是一包、半包或5支;调查人们每天看电视的时间,回答经常是半个小时、一个小时等。有意识误差是指由于问题敏感或其他因素,被调查者的回答具有某种倾向性,如回答学历、职务时往往有往高报的倾向。无意识误差可以视为随机性的,不会带来估计偏差,有意识误差则不然,由于存在倾向性,所以会导致严重的估计偏差。

(3) 调查人员误差。调查人员误差是指由调查人员引起的误差。有些误差是由于调查人员工作不认真等造成的,如记录错误;有些则是因为调查员在调查过程中就自己的思想、看法、观点等与被调查者交流,诱导其回答而产生的误差。

(4) 其他误差,主要包括以下三个方面的误差。

其一,测量工具。在需要利用测量工具的调查中,如果测量工具不准,就会使测量结果有所偏差。即便测量工具是精确的,反复测量也会产生随机误差。

其二,编码。编码的作用是把数据变为可供机器读取的形式。编码错误不仅仅指具体的编写错误,也包括对编码结果的错误理解。特别是对于调查中开放性问题的编码,同样的内容,不同编码人员的编码结果可能不同,这是因为他们对内容的理解不同。

其三,录入。再优秀的录入员也难以保证在数据录入过程中不发生任何错误,因此只能采取一些措施,把录入错误降低到最少,如使用双机录入等。

综上所述,计量误差内容复杂,它对于调查数据质量的影响不容忽视。计量误差涉及内容广泛,减少计量误差需要对调查全过程进行质量控制。

(1) 调查设计方面。调查设计是整个调查活动的起点,它的专业技术性较强,对人员素质和技能的要求很高,而且一旦设计出现问题,损失往往难以补救。设计人员应具有丰富的专业知识,了解实际情况。调查问卷设计出来后,应组织有关人员对问卷进行讨论。对于大规模的调查活动,还应在正式调查之前进行试调查,对问卷进行信度和效度的检验。

(2) 现场准备方面。在收集数据之前需要做许多准备工作。其一,招聘调查人员。在任何情况下,调查人员的条件都应该是明确的,文化程度、沟通能力、语言组织能力、思想素质都是应该考虑的重要因素。如果进行大规模的电话调查,由于区域跨度大,招聘调查人员时还应该考虑其能否与不同方言的使用者进行交流的问题。其二,培训调查人员。实践证明,调查人员的培训对调查数据质量的影响非常大。培训内容通常有调查内容的培训(熟悉调查问卷和调查工作程序)和调查技能的培训(如何处理调查过程中遇到的问题)。培训方式有课堂讲授、模拟面访和实习面访等。其三,编写调查手册。调查手册是调查人员进行工作的指南,好的调查手册有助于调查人员更有效地开展工作。调查手册的内容通常包括调查内容(调查问卷)的说明、问卷的审核规则、流程管理(如怎样分发和回收问卷、怎样报告调查进程、调查所需要的设备和材料等)的规定,以及访问技巧和技术的介绍等。

(3) 调查结果的审核。审核的目的是要保证调查所得到的数据的真实性、完整性、一致性和有效性。审核有三种类型:有效性审核、一致性审核和数据分布审核。有效性审核是检查调查数据是否有效,包括检查是否在需要填写数字的地方填上了非数字的字符、编码数据是否在允许值范围内等。一致性审核主要检查不同问题之间的关系是否正确，它可以基于不同问题或同一问题的不同部分之间的结构关系、逻辑关系来进行。例如，被调查者的出生年月和婚姻状况、家庭成员关系等调查内容之间有无矛盾。数据分布审核通过拟合数据的分布确认异常记录，然后采取相应的处理办法（如重新核实或删除）。

审核工作贯穿于整个调查过程。在收集数据阶段，调查人员可以进行现场审核，根据常识或经验判断一些问题的答案是否属于"可接受"范围；在调查结束后可立即审核所做的记录，由于刚结束调查，如有问题可以很容易地找到被调查者并查明确切情况，纠正错误。在数据收集完毕后，审核工作可以由了解情况、经验丰富的专门审核人员来完成，也可以由计算机的审核程序来完成。计算机硬件和软件的发展使得进行自动化审核的可能性越来越大。在这个阶段，虽然也进行数据有效性的审核，但侧重点是数据的一致性审核和奇异值的检测。

4．奇异值的处理

奇异值是调查数据集合里的极端值，是指和其他数据明显不一致的观测值。对奇异值的检测是一项特殊的审核工作。对其进行检测和处理的方法与技术是衡量一个调查机构数据处理水平的重要标准。这里，应该区分极端观测值和影响较大的观测值。如果一个观测值和抽样权数的组合对抽样估计有较大影响，则该观测值是有较大影响的。一个极端值不一定是有较大影响的观测值，但如果有较大影响的观测值是极端值，即奇异值，问题就十分严重了。

导致奇异值产生的原因通常有两个：其一，被调查者回答数据有错误；其二，调查人员记录数据有错误，如记录错误或数据录入错误。此外，可能是由于数据本身具有的差异性。一些看起来值得怀疑的东西也许是真实的。例如，按公司规模划分的销售额就服从典型的偏态分布，少数大型公司的销售额常占整体销售额的绝大部分。

奇异值可以用几种方法来处理。如果在调查过程中发现奇异值，就要及时处理，如进行回访核实，对错误加以更正；如果在调查完毕后的审核中发现奇异值，回访审核则不太可能，通常进行插补处理，即将奇异值剔除，然后使用插补法调整。有些情况下，奇异值无大碍，也可以不进行处理。在审核时没有进行处理的奇异值，可以在估计的时候处理。忽略未处理的奇异值会影响估计的效果，使估计结果产生偏差并导致估计量方差增大。处理的目的就是在不引入较大偏差的前提下，降低奇异值对估计量抽样误差的影响。有三种处理方法可以采用：改变数值、调整权重和进行稳健估计[1]。

三、样本量的确定

在抽样设计中，确定样本量 n 是实施抽样的必要前提。如果没有确定样本量 n，就无法开展后续工作——获取样本、收集数据以及估计总体特征。同时，由于样本量 n 不仅与时间、成本、调查对象的性质等因素有关，还决定着抽样误差的大小并间接影响整个调查的精度，所以样本量 n 的确定是一个十分关键的前提步骤。非随机抽样的样本量一般凭研究者的经验、调查的难易程度和时间经费等因素而定，这里只讨论随机抽样的样本量确定问题。

---

[1] 金勇进，蒋妍，李序颖．抽样技术[M]．北京：中国人民大学出版社，2003：325-326．

（一）必要样本量的确定

必要样本量是指满足抽样估计的允许误差要求所必需的最低限度的样本量。若给定在一定置信水平下的允许误差，根据前面所介绍的抽样极限误差公式（4.11）～（4.14），可反推出必要样本量的计算公式。实际所需样本量往往要在必要样本量的基础上考虑抽样方式、无回答等其他因素的影响而加以调整。所以，这里计算的必要样本量也称为初始样本量（下面用 n_0 表示）。

1. 根据均值抽样极限误差 $\Delta_{\bar{x}}$ 确定必要样本量

在重复抽样条件下，n_0 的计算公式为

$$n_0 = \frac{Z_{\alpha/2}^2 \sigma^2}{\Delta_{\bar{x}}^2} \tag{4.15}$$

在不重复抽样条件下，n_0 的计算公式为

$$n_0 = \frac{Z_{\alpha/2}^2 \sigma^2 N}{\Delta_{\bar{x}}^2 N + Z_{\alpha/2}^2 \sigma^2} \tag{4.16}$$

2. 根据成数抽样极限误差 Δ_p 确定必要样本量

在重复抽样条件下，n_0 的计算公式为

$$n_0 = \frac{Z_{\alpha/2}^2 P(1-P)}{\Delta_p^2} \tag{4.17}$$

在不重复抽样条件下，n_0 的计算公式为

$$n_0 = \frac{Z_{\alpha/2}^2 P(1-P) N}{N \Delta_p^2 + Z_{\alpha/2}^2 P(1-P)} \tag{4.18}$$

（二）影响样本量的因素

从上述必要样本量的计算公式可以看出，影响样本量的因素有以下几种。

1. 调查的精度

调查的精度是指用样本数据对总体进行估计时可以接受的误差水平。它可以用绝对数的形式表示，一般称为绝对误差或允许误差，在抽样调查中也称为抽样极限误差，通常用 Δ 来表示，即 $|\hat{\theta} - \theta| \leq \Delta$；也可以用相对数的形式表示，一般称为相对误差（记为 γ，$\gamma = \Delta/\theta$，θ 为目标变量的总体指标，用样本指标 $\hat{\theta}$ 代替）。1 减去抽样相对误差被称为抽样估计精度。要求的调查精度越高，即 Δ 和 γ 越小，所需要的样本量就越大。

2. 抽样估计的置信水平

对抽样估计结果的可靠度要求越高，即置信水平（$1-\alpha$）越大，对应的 $Z_{\alpha/2}$ 也就越大，在其他条件相同的情况下，所需要的样本量也就越大。

3. 总体的变异程度

总体的变异程度用总体方差 σ^2 来表示。成数对应的总体方差为 $P(1-P)$。在其他条件相同的情况下，总体变异程度越大，所需要的样本容量越大。

4. 总体的规模

市场调查实践中通常采用的是不重复抽样。对于小规模和中等规模的总体，其规模大

小对样本量的需求会产生一些影响,而大规模的总体对样本量的需求则几乎没有影响。也就是说,规模很小的总体逐渐扩大,为保证相同的估计精度,样本量会随之增大(但不是同比例的)。当总体规模达到很大程度时,随着规模的继续扩大,样本量却几乎可以维持不变。大规模总体中的抽样 n/N 要远远低于小规模总体中的抽样比。

5. 其他因素

上述必要样本量的计算公式是根据简单随机抽样的误差公式反推出来的。抽样方式不同,抽样误差的计算公式也不同。反之,在误差要求相同的条件下,抽样方式不同,所需要的样本量也有所不同。

此外,还必须考虑无回答情况和调查经费的制约等影响样本量的因素。无回答情况的出现减少了有效样本量,在无回答率较高的调查中,样本量要大一些,以减少无回答带来的影响。调查经费是影响样本量的一个十分重要的因素。事实上,样本容量是调查经费与调查精度之间的某种折中。另外,调查的时间限制、实施调查的人力等也是影响样本量的客观因素,所以实际所需样本量要在上述公式所计算的必要样本量的基础上进一步加以调整才能确定。

(三)确定样本量的具体步骤

第一步,确定调查所要求的估计精度和置信度,即明确误差限度 Δ 和置信水平 $(1-\alpha)$(并通过查表查得 $Z_{\alpha/2}$)两项内容。

第二步,预估总体方差 σ^2。由于 σ^2 是未知的,若不知道总体方差 σ^2,研究者就无法计算初始样本量。按照保守(样本容量宁大勿小)原则,选择下述方法之一实施对总体方差 σ^2 的预估。其一,利用先前的调查结果和经验;其二,利用预调查或试调查的结果;其三,利用同类或相似或有关的二手数据的结果;其四,利用某些理论上的结论;其五,利用专家的判断。

第三步,计算初始样本容量 n_0。

第四步,确定抽样方式并根据不同抽样方式的设计效应(deff)对样本容量进行调整,调整后的样本量(n_1)与初始样本量的关系为

$$n_1 = n_0 \times \text{deff} \tag{4.19}$$

设计效应(deff)定义为任意抽样方式下的抽样方差与简单随机抽样方式下的抽样方差之比,所以,简单随机抽样的 deff=1,分层随机抽样的 deff<1,整群随机抽样的 deff>1,系统随机抽样的 deff≈1。通常 deff 的值因为总体方差未知而事先无法得知。此时,需要注意在经费允许的前提下,样本量的取值要尽可能大一点,以便留有余地。

第五步,判定有效回答率 r 并根据有效回答率再对样本容量进行调整,调整后的样本量记为 n_2,公式为

$$n_2 = \frac{n_1}{r} \tag{4.20}$$

第六步,若分层抽样需要得到分组数据并对这些分组数据的精度有事先要求,还应分别计算各组所需样本量,然后经各组累计加总得到总体所需样本量。其他条件相同时,所需分析的组数越大,所需总样本容量就越大。一般认为样本量要足够大,使得每个主组的

样本量至少为100，而每个次组的容量至少为20。

第七步，权衡时间、成本、调查机构的各种资源限制，最终确定实施调查的样本量。

 案例思考与讨论

【案例4-1】　　　　　我国农民化肥消费状况市场调研方案

一、调研背景

一方面，粮食价格上升、农业税的减免、农村收费的逐步规范、民工工资拖欠问题的缓和使农民再次得到一个较好的休养生息的机会，从事农业生产的积极性显著提高，这无疑将有利于扩大化肥农药等的整体需求；另一方面，受化肥价格连续多年高居不下的刺激以及我国对WTO承诺的逐步兑现的双重影响，对于国内任何一个从事化肥生产的企业来说，不仅来自国内的竞争加剧，来自国外的竞争更不容小觑。为了在激烈的竞争中取胜，必须确保市场推广的针对性与有效性，而要做到这一点，科学与可靠的市场调查与研究是必不可少的。

受客户的委托，××××大学调查技术研究所根据与客户的沟通情况，特制定本方案，内容如下。

二、调研目的及内容

（1）了解化肥行业的基本状况。

（2）了解各个地区化肥的需求特点及消费习惯。

（3）了解化肥购买过程。

（4）了解农民的媒体普及状况和媒体使用习惯。

（5）零售商调查。

（6）末端批发商调查。

三、调研范围

东北地区、华北地区、西北地区、西南地区、华东地区、华南地区、华中地区。

四、调研对象

（1）上年买过、用过且今年要买化肥的户主或家庭骨干。

（2）经销商（零售商、末端批发商）。

五、调研方法（略）

六、调研预期结果

（1）化肥的国内市场格局。

（2）各地的主要竞争对手。

（3）化肥销售渠道末端通路的特点。

(4）末端经销商的诉求。

(5）消费者（农民）的诉求。

(6）消费者细分市场的特征。

(7）消费者购买决策影响因素。

(8）末端经销商与消费者媒体习惯特点分析。

资料来源于网络并经作者加工整理。

思考与讨论问题

(1）根据给定的化肥项目调查要求设计合理的抽样调查方式并说明理由。

(2）根据给定的化肥项目调查要求列出可能的抽样框并说明你最满意哪个抽样框及其理由。

(3）对于给定的化肥项目调查要求，假设你拥有全国所有县级行政机构的名单，应如何确定样本量？

(4）对于给定的化肥项目调查要求，假设你拥有全国所有乡级行政机构的名单，应如何确定样本量？

(5）对于给定的化肥项目调查要求，假设你拥有全国所有乡级行政机构的名单和各乡级行政机构上年的化肥使用量，应如何确定样本量？

(6）根据给定的化肥项目调查要求寻找一个可用的抽样框并说明这个抽样框的优、缺点。

【案例4-2】 中国消费者协会：2020年100个城市的消费者满意度测评[①]

一、调研背景及目的

为了充分发挥消费者满意度测评工作的效能，助力消费者满意度提升和放心消费环境建设，更好地服务国家有关推动消费的政策举措落地见效，并为推动经济高质量发展提供依据和参考，中国消费者协会在全国范围内的100个大中城市开展了2020年度消费者满意度测评工作。

二、调研对象及范围

2020年消费者满意度测评城市数量为100个，包括27个省会城市（含首府城市，以下同），4个直辖市，5个计划单列市和64个地级市（州）。2020年采用按比例分配的方式确定样本量，即根据不同城市人口规模占100个城市的总人口比例确定各城市的样本量，从而使所有城市的样本以相同概率入样。调查对象为被测评城市市辖区内的常住人口（连续居住6个月以上），年龄从15岁至70岁，最近1个月有过线下日常消费行为。最终完成了64 273个样本。

三、抽样设计

为了保证调查的代表性，调查采用"城市—市辖区—社区—受访者"的多阶段随机抽

[①] 行业数据观察报告.中国消费者协会：2020年100个城市的消费者满意度测评[EB/OL].（2021-03-33）[2022-06-27]. https://coffee.pmcaff.com/article/13691141_j.

样方法。首先，100 个调查城市的市辖区必然入选。其中，有两类城市没有市辖区。第一类是东莞市与儋州市为不设区的市，因此直接跳过这一步骤；第二类是海西蒙古族藏族自治州未明确市辖区范围，因此将其下属的三个县级市纳入本阶段抽样范围。

其次，将市辖区（含海西州的县级市）下的国家统计局城乡划分代码 111 开头的社区作为抽样框，采用简单随机抽样的方式抽取社区（居委会/村委会等）。东莞市与儋州市直接以国家统计局城乡划分代码 111 开头的社区作为抽样框。

最后，采取配额抽样的方式在随机抽取确定的社区出入口附近对本社区常住居民进行拦截访问。具体操作为：在选定的拦截地点，随机拦截选取过路消费者进行甄别，对符合受访条件者进行访问并全程进行录音。需要特别说明的是，2020 年满意度测评的执行工作与往年有所不同，因受到新冠肺炎疫情形势及社区管控等因素的影响，青岛、烟台、天津、阜阳等部分城市采取了线下拦截、线上填答的方式进行数据回收（注：调查主要采用 PAD 工具，其是一种无纸化的问卷调查方式，访问过程中将自动保存访问所产生的数据资料，可确保数据的真实性、稳定性和安全性）。

思考与讨论问题

（1）请简要阐明 "100 个城市消费者满意度测评" 所用到的抽样技术有哪些。

（2）假设四川省某公司欲调查四川省 21 个市（州）消费者对于某品牌手机的满意度。请根据案例 4-2 的抽样设计过程，设计出四川省 21 个市（州）消费者对于某品牌手机的满意度调查方案并给出具体抽样设计过程。

 思考与练习题

1. 什么是随机抽样？它和非随机抽样的区别是什么？
2. 举出两个随机抽样和非随机抽样的例子并说明分别的采用原因。
3. 随机抽样有哪些主要的抽样方式？不同抽样方式的特点和应用场合是什么？
4. 简述整群抽样、分层抽样和系统抽样的区别。
5. 非随机抽样有哪些主要的抽样方式？各自的特点和应用场合是什么？
6. 什么是抽样误差和非抽样误差？它们各自的特点是什么？
7. 谈谈你对目前市场调查中非抽样误差的看法。如何对这些非抽样误差进行控制？
8. 影响样本量的因素有哪些？
9. 简单随机抽样中样本量的确定有哪些步骤？
10. 现调查某高校在校生的月消费支出，根据有关信息估计，平均每人月消费支出为 1197 元，标准差为 308.2 元。如果要求置信水平为 95%，抽样估计的相对误差不超过 5%，采用不重复的简单随机抽样，应抽出多少学生进行调查？又知在这种调查中，分层抽样的设计效应为 0.7，在其他条件相同的情况下，如果采用分层抽样，则需要抽取多少名学生？
11. 对某企业生产的一批盒装牛奶进行质量检查，随机抽取了 60 盒，发现有 5 盒没有达到优质品标准。

（1）若要估计优质品牛奶所占比例，在 95% 的置信度下，抽样极限误差是多少？

（2）若要使优质品牛奶所占比例的抽样估计的绝对误差控制在 3% 的范围内，应抽取多少盒牛奶作为样本？

12．现调查某市某品牌中央空调市场占有率。已知全市共有家庭户 740 万户，以家庭收入为标志进行分层，其中高收入家庭有 110 万户、中收入家庭有 445 万户、低收入家庭有 185 万户。计划抽取 10 000 户作为样本进行调查分析。若采用分层比例抽样法，则需要从各层中抽取多少样本？

13．某地区对居民家庭某月用于某类消费品的支出数额进行了一次抽样调查。抽取了 400 户居民，调查得到的平均每户支出数额为 320 元，标准差为 45 元，支出额在 500 元以上的只有 48 户。试以 95.45% 的置信度计算以下问题。

（1）平均每户支出额的抽样平均误差和抽样极限误差并估计该地区居民家庭平均每户支出额的区间。

（2）该地区居民家庭中，支出额在 500 元以上的户数所占比重的抽样平均误差和抽样极限误差并估计总体这一比重的区间。

本章学习资源

案例分析提示

本章 PPT

第五章　市场调查资料的整理与分析

学习目标

1. 了解市场调查资料整理与分析的意义。
2. 熟悉调查问卷的回收与审核的方法。
3. 掌握调查资料的编码与录入方法。
4. 了解缺失值的处理及差错检查方法。
5. 了解数据的预处理方法。
6. 掌握市场调查资料的分析方法。

市场调查的实践告诉我们，收集的原始数据难免出现虚假、差错、冗余等现象，如果简单地把这些数据投入分析，可能会导致错误的结论，使得整个调查工作都失去意义。而调查资料反映的是众多样本的个体特征，各个被调查者对同一问题的回答可能千差万别，但这些回答存在必然的内在联系，如果不加以归类整理并综合思考，就不能找到其发展变化的规律。因此，必须对收集的信息资料进行去粗取精、去伪存真、由此及彼、由表及里的整理，并在此基础上进行分析。调查资料主要包括定量资料、定性资料、视听资料、实物资料等不同类型。本章所讲的资料整理主要针对定量资料。定量资料的整理一般包括调查资料（主要是调查问卷）的回收及审核、编码、录入、缺失数据处理以及统计预处理等步骤。

第一节　市场调查资料的整理

一、调查资料整理概述

（一）调查资料整理的内涵

如果说实地调查阶段是认识的感性阶段，分析阶段是认识的理性阶段，那么数据整理则是从实地调查阶段过渡到分析阶段、由感性认识上升到理性认识的一个必经的中间环节。调查资料的整理（又称为数据整理）就是运用科学的方法，对调查取得的原始资料信息（又称为原始数据）进行审核、编码、录入、分组、汇总等初步加工，形成系统化和条理化的信息，在此基础上进行分析，以集中、简明的方式来反映调查对象的总体特征的工作过程。

调查资料整理是市场调查和预测工作中最基本的环节和内容，贯穿于市场调查活动的整个过程。调查资料整理技术的发展及其应用的广度和深度极大地影响了市场调查技术发展的进程。调查资料整理过程中,计算通常比较简单,然而基于对调查资料所获得数据的管理视角来看,不仅要整理数据,还要有效地管理数据。因此,需要一个通用的、使用方便且高效的统计软件,如 Excel、SPSS、SAS、Matlab 和 Python 等。

(二)调查资料整理的意义

调查资料整理的基本目的是从大量的、杂乱无章的、难以理解的数据中抽取并推导出对于某些特定的人来说有价值、有意义的数据。由此可见,调查资料的整理有着非常重要的意义,主要表现在以下几个方面。

(1)数据整理是提高调查数据质量的必要步骤。这是因为运用各种方法从各个具体单位调查得来的资料往往是分散、零乱的,而且难免出现虚假、差错等现象,所有这些现象都会大大降低调查数据的质量,所以必须对数据进行审核与校对,消除其中的假、错、缺、冗等现象,以保证数据的真实、准确和完整。从一定意义上说,数据整理实际上是对市场调查工作的一次全面检查,必要时还应组织力量进行补充调查。通过整理工作,调查数据的质量会大大提高。

(2)数据的整理是分析的重要基础。分析阶段的任务在于获得正确的结论,而正确的结论来源于科学的分析,科学的分析又依赖于调查资料的真实、准确、完整和统一。因此,必须在分析之前认真鉴别、整理调查数据,校订或淘汰不合格的数据,这是保证分析工作顺利进行的重要基础。

(3)数据的整理便于对数据的长期保存和研究。经过整理的真实、完整的调查资料往往具有长久的研究价值,将其录入计算机更便于保存与使用。

(三)调查资料整理的步骤

调查数据的整理主要依据调查资料的整理方案(在市场调查的设计阶段编制)来进行,具体步骤一般包括以下几个。

(1)对资料进行审核、订正。审核所有被调查单位的资料是否齐全、有无差错,若有差错应进行订正。对二手资料的审核侧重于来源、真实性的审核,对原始资料的审核侧重于逻辑性、客观性、数字准确性等方面的校核。

(2)编码。通过编码将问卷信息(包括调查问题和答案)转化为统一设计的、计算机可识别的代码。

(3)数据的录入。编码之后进行数据的录入(通过计算机来实现)。

(4)数据的清理。录入资料之后需要进行清理工作,包括检查数据一致性、处理无效值和缺失值等。与问卷审核不同的是,录入后的数据清理一般由计算机完成。

(5)统计预处理。主要是进行加权处理和变量的变换。

(6)分组与汇总。对处理之后的资料进行分组与汇总,使大量的、分散的、零星的和无规律的资料变成系统的、有规律的资料。

(四)大数据资料整理的步骤

大数据资料整理有三大理念转变:要全体不要抽样;要效率不要绝对精确;要相关不

要因果。具体的大数据处理方法有很多，但是根据长时间的实践，具体处理步骤可以概括如下。

（1）大数据的采集。利用多个数据库接收来自客户端的数据，并且用户可以通过这些数据库来进行简单的查询和处理工作。大数据的采集常用 MySQL、Oracle 和 NoSQL 等数据库。

（2）大数据的导入和预处理。虽然采集端本身会有很多数据库，但是如果要对这些海量数据进行有效的分析，还是应该将这些来自前端的数据导入一个集中的大型分布式数据库或者分布式存储集群，并且可以在导入的基础上做一些简单的清理和预处理工作。

二、调查问卷的回收与审核

（一）调查问卷的回收

调查问卷回收工作主要有以下几个要点。

（1）与资料收集工作相配合，掌握每天完成的问卷数和接收的问卷数。

（2）在完成的问卷后面记录下问卷完成的日期和接收的日期，以便在分析过程中对先接收的资料和后接收的资料进行比较。

（3）多个项目同时实施时，必须清楚地记录下交付实施的项目数、仍在实施的项目数、已经完成并返回的项目数。

（4）每一份返回的问卷都要记录一个唯一的、有顺序的识别号码，作为原始的文件。

（5）在进行资料的核对、事后的编码、资料的录入等工作时，必须按识别号码准确地记录每份原始文件（返回的问卷）的具体保管人员。

（6）要让所有参与资料整理工作的人员都知道，他们不仅负有保证工作质量的责任，还负有保证不丢失任何原始文件的责任。

问卷回收中的登记和编号工作很重要。不论是来自不同地区的问卷，还是不同调查人员交回的问卷，都应立即登记和编号，尤其是对于大规模的调查，更应做好这些工作。一般负责接收问卷的人员要事先设计好登记表格，上面列有调查人员的姓名和编号、调查地区和编号、调查实施的时间、交付的日期、实发问卷数、上交问卷数和问卷编号、未答或拒答问卷数、丢失问卷数、其他问卷数以及合格问卷数等。回收的问卷应分别按照不同调查人员和不同地区（或单位）放置，问卷表面应写有编号或注明调查人员和调查地区等，否则大量的问卷混在一起，容易丢失，而且不易查找。

按号码顺序记录、接收问卷的做法十分有用。这些唯一的号码不但记录在原始文件上，也记录在资料中。因此，如有必要进行查错，研究者可以随时找到原始的资料。

如果有配额的规定或对某些子样本有具体的规定，那么应将可以接受的问卷分类并数出其数量。如果没有满足抽样的要求，就要采取相应的行动。例如，在资料的校订之前对不足份额的类别再做一些补充访问。

（二）问卷资料处理的基本程序

回收问卷之后，需要对其进行一系列的处理工作。问卷处理是一项烦琐、细致的工作，每个步骤都有各自需要解决的问题和原则、要求,问卷资料处理的基本程序如图 5-1 所示。

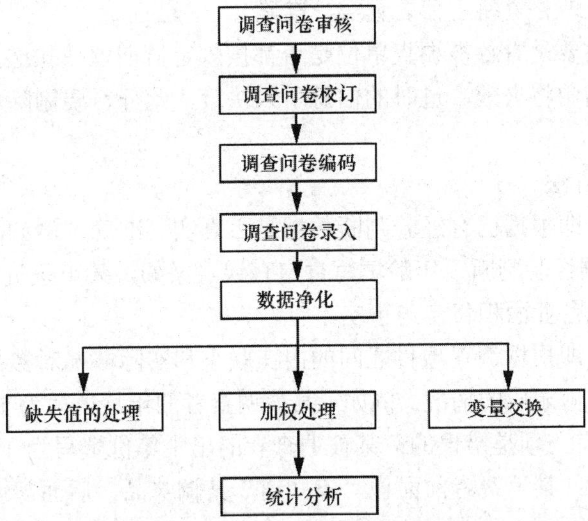

```
调查问卷审核
    ↓
调查问卷校订
    ↓
调查问卷编码
    ↓
调查问卷录入
    ↓
 数据净化
 ↙  ↓  ↘
缺失值的处理  加权处理  变量交换
         ↓
       统计分析
```

图 5-1　问卷资料处理的基本程序

从工作程序上看,调查资料处理具有承前启后的作用:在现场调查之后,对资料进行进一步加工;在报告撰写之前,为报告结论提供资料依据。对调查资料整理与分析的全过程的形象比喻是:现场访问提供原材料,资料处理将原材料加工成产品,报告撰写完成最后的包装。

（三）问卷的审核

对调查资料进行审核是保证调查工作质量的关键。问卷的审核是指对回收问卷的完整性和访问质量的检查,目的是要确定哪些问卷可以接受、哪些问卷要作废。这些检查常常是在调查实施的过程中同步展开的。

1. 审核的原则

（1）完整性。审核应包括的被调查单位是否都已调查,问卷或调查表内的各项目是否都填写齐全,即检查是否有单位无回答或项目无回答。如果发现没有答案的问题,可能是被调查者不能回答或不愿回答所致,也可能是调查人员的疏忽所致,应立即询问,填补空白问题。如果问卷答案中"不知道"的比重过大,就会影响调查资料的完整性,应采取适当措施处理并加以说明。

（2）正确性。主要是审核调查资料的口径、计算方法、计量单位等是否符合要求,剔除不可靠的资料,使资料更加准确。审核正确性主要从两个方面入手:一是逻辑方面,即根据调查项目指标之间的内在联系和实际情况对资料进行逻辑判断,看看是否有不合情理或前后矛盾的情况;二是计算方面,主要是看各数字在计算方法和计算结果上有无错误等。例如,问卷中要求被调查者填写每月购物的次数,被调查者回答的却是每周购物次数。

（3）一致性。主要是审核被调查者的回答是否前后一致、有无逻辑错误。调查人员在审核调查问卷时可能会发现某一被调查者的回答前后不一致,如某被调查者说自己在前一天晚上看见了某电视广告,后面又说自己在前一天晚上没看电视或者发现出于某个资料来源的数字与其他资料来源中的数字不一致的情况,这就需要调查人员深入调查,探询原因,或剔除虚假数据,或调整资料,使之真实、准确。

(4) 及时性。主要是看各被调查单位是否都按规定日期填写和送出资料以及填写的内容是否是最新的,切勿将失效、过时的信息引入决策。此外,要剔除不必要的资料,把重要的资料筛选出来。

2. 审核的主要方法

(1) 经验判断,即根据已有经验判断数据是否真实、准确。例如,如果被调查者的年龄填为 141 岁,根据经验判断,年龄填写肯定有误。又如,某小杂货店营业面积填为 500 平方米,根据经验,营业面积肯定与事实不符。

(2) 逻辑检查,即根据调查项目之间的内在联系和实际情况对数据进行逻辑判断,看是否有不合情理或前后矛盾的情况。例如,某被调查者的年龄填写为 13 岁,而婚姻状况却填"已婚",其中必有一项是错误的;某被调查者的出生年份填写为 1990 年,属相却填写"羊",明显两者冲突;某消费者前面说"不知道"某调味品,后面却说"每天都在使用",显然前后矛盾。

(3) 计算审核。它是对数据资料的计算技术和有关指标之间的相互关系进行审核,主要审核各数字在计算方法和计算结果上有无错误。常用的计算审核方法有加总法、对比法、平衡法等。例如,在家庭的收支结构调查中,家庭总收入远小于总支出与储蓄之和,这种情况肯定是有错误的;某被调查者的月平均工资为 5000 元,年工资总额为 5 万元,显然工资调查数据不准确。

3. 审核的阶段

审核可以在数据收集和数据公布之间的任何一个阶段进行。调查的审核工作一般包括两个阶段,即实地审核和中心办公室审核。

(1) 实地审核。实地审核又称初步审核、现场审核,一般包括调查员审核和督导审核。调查员在调查结束后应及时审核问卷,检查其完整性、正确性、一致性和及时性。如果被调查者对于某项问题无回答,则应注明原因。另外,还可标明资料的可靠程度,如可信的、可以参考的、不可信的等。这样,在利用资料时,特别是具体引用文字资料时,可酌情处理。实地督导审核应在收到问卷后立即开始,其主要目的是检查数据是否有比较明显的遗漏与错误。同时,这种审核有助于控制调查员的误差,可以及时发现并纠正他们对调查程序或具体问题的误解。

(2) 中心办公室审核。这一阶段的审核工作应在资料收集工作全部结束后立即开始。中心办公室审核比实地审核更加全面、确切和仔细,要求审核员在审核时更加认真。为保证处理方法的一致性,审核工作最好由同一个人完成。如果因工作量过大或花费时间太长而必须分工,也应该按照问卷结构分工,而不是按照问卷份数分工。例如,不同审核员分别负责 A、B、C 等部分问题的审核,采用流水作业方式。更加复杂的审核是在数据录入过程中以及数据录入后进行的,一般称为"数据的清洁"。

4. 审核的基本步骤

这里以最常见的问卷调查的中心办公室审核为例,介绍接收核查、编辑检查及采取相应处理措施等基本步骤。

1）接收核查（又称一审）

无论是入户调查、购物场所的拦截调查还是电话访谈，通常在所有现场调查结束后，客户单位或调查机构要对每位调查员所做的调查问卷做一定比例的复查，复查的比例一般为10%～20%。复查一般通过电话进行，内容主要包括以下五个方面。

（1）查实被调查者是否真正接受了调查。例如，在某时期内是否接受过某调查员的有关调查。

（2）查实被调查者是否符合过滤条件。例如，一项调查可能要求针对居住在某小区内月收入为3000元以上的居民进行，那么在复查中被调查者将被再次问到是否住在某小区、月收入是否在3000元以上。

（3）查实调查是否按规定的方式进行。例如，一项拦截调查应在指定的购物场所进行，那么就应查实被调查者是否在该购物场所接受了调查。市场研究人员有义务确保所有的数据都是在规定的条件下获取的。

（4）查实问卷回答内容是否完整。有些调查员会声称被调查者很忙，没有时间完成所有题目或者某项具体调查很难找到被调查者，只询问一些问题，然后自己填写其余问题的答案。因此，在复查审核过程中应查实被调查者是否回答了所有问题。

（5）核查其他方面的问题。例如，核查调查员的举止是否礼貌、衣冠是否整齐，礼品是否足量送到、是否有过提示，被调查者对调查员或调查本身有什么意见。核查这些问题的目的是确认调查是否按要求进行。研究人员必须确保用作参考依据的调查结果能够真实反映调查目标的回答。

2）编辑检查（又称二审）

（1）编辑检查的内容。编辑检查是对问卷进行进一步的更为准确和精确的检查，主要检查的仍是回答的完整性、准确性、一致性以及是否清楚易懂等。复查审核是对调查员的作弊行为及调查是否严守程序进行核实，而编辑整理是对调查员和被调查者的疏忽、遗漏、错误进行检查。编辑整理过程多是由人工操作，编辑检查的内容包括以下几个方面。

① 调查员是否没问某些问题或者是否没有记录某些问题的答案。如果及早发现这些问题，就可以通过补访解决，一旦进入数据录入或分析阶段，就没有时间再进行补访了，这份问卷或相关问题的答案就会因此而无效，不能被采用。

② 调查员是否遵循了规定的跳问路线。有些时候，特别是在项目开始的前几次访谈中，调查员容易混淆问卷内容，跳过了实际应该问的问题或者没有跳过不要求作答的问题。

③ 开放式问题的答案是否真实、合理。市场研究人员以及客户通常对开放式问题的答案很感兴趣，因此开放式问题的答案质量或答案所记录的内容是反映记录答案的调查员工作水平的标志。编辑整理人员必须对开放式问题的答案做出判断，如判定对某一特定问题的回答中哪些方面有缺陷甚至毫无用处。如有可能，应在补访时再次提问那些答案未被认定有效的问题。

通常建议检查人员将原始问卷分成三类：一是合格的问卷；二是明显不合格的问卷；三是有疑问的问卷。对于不同问卷，分别采取不同的处理方法。

（2）剔除无效问卷。在进行编辑检查时应注意规定若干规则，使检查人员明确问卷完整到什么程度才可以接受。例如，至少要完成多少题目的回答、哪一部分是应该全部完成的、哪些数据缺失是可以容忍的等。对于不合格的问卷应予以剔除。一般来说，不合格的问卷主要包括以下几种情况。

① 缺损的问卷，如缺了一页或多页以及无法辨认的问卷。

② 回答不完全，即有相当多的问题没有填写答案。

③ 被调查者没有理解问卷的内容而错答问题或没有按照指导语的要求回答问题，如要求跳答的问题没有按要求去做、单选题却选择多个答案等。

④ 回答没有什么变化的问卷。例如，在 7 级的态度量表中，不管是正向的看法还是反向的看法，被调查者的回答全是 4。

⑤ 在截止日期之后回收的问卷。

⑥ 由不属于调查对象的人填写的问卷。例如，在一项药品市场调查中，调查对象是患有某种疾病并进行过治疗的人，因此没有患有此种疾病或患有此种疾病但没有治疗过的人填答的问卷都属于无效问卷。

⑦ 前后矛盾或有明显错误的问卷，如年龄为 20 岁，工龄为 30 年。

对于配额抽样调查，各层要抽取的样本数已定，所以在核查问卷时应弄清属于哪层并计算各层回收的问卷数。如果某些层的回收问卷数与定额相差得太多，则可能要进行补充调查。例如，某项关于耐用消费品的抽样调查中，事先要求家庭人均月收入高于 2000 元并使用过此耐用消费品的被调查者至少为 150 人，调查对象是从随机抽取的街道居委会的居民户中等距抽取的，结果回收问卷时发现该类被调查者数量明显低于配额，因此在数据处理前应及时地对该类居民专门进行补充调查。

（3）有疑问问卷的处理。很多情况下核查人员会发现一些难以判断的问卷，主要是指问卷有疑问。对于这类问卷，常用的处理方法为退回实地重新调查、视为缺失数据或者放弃不用。

① 退回实地重新调查，即把有疑问的问卷退回去，让调查员再次调查原来的被调查者。这种处理方法主要适用于规模较小、很容易找到被调查者的商业或工业市场调查。但是，调查的时间、方式不同（例如，第一次是面访调查，第二次调查可能只是通过电话询问）都可能影响二次调查的数据。

② 视为缺失数据。在无法退回问卷时，一般把这类疑问问卷中令人不满意的回答视为缺失值来处理。这种方法主要适用于有令人不满意回答的问卷数较少、问卷中令人不满意回答的比例很小、有令人不满意回答的变量不是关键变量等情况。

③ 放弃不用。这种方法主要适用于：有令人不满意回答的问卷比例很小（低于 10%）；样本量很大；有令人不满意回答的被调查者与令人满意的被调查者在人口特征、关键变量等方面的分布没有显著差异；准备放弃的问卷中令人不满意回答的比例较大；对关键变量的回答是缺失的。

但是，如果有令人不满意回答的被调查者与令人满意的被调查者在人口特征、关键变量等方面的分布存在显著差异或者判断一份问卷是否令人满意是主观的，简单地放弃有令人不满意回答的问卷也可能会产生系统偏差。因此，如果调研者决定放弃一些问卷，则应当在报告中说明放弃的问卷数量以及判别这些问卷的程序。

三、调查资料的编码与录入

（一）编码的概念和作用

编码就是把原始资料转化为数字（或符号）的资料转化过程，对每个问题中的每种可能回答，都规定以一个相应的数字（或符号）来表示。

编码的作用主要表现在以下几个方面。

（1）减少数据录入和分析的工作量，节省费用和时间，提高工作效率。编码把文字等复杂信息转化为数字（或符号）的简单信息，大大减少了录入的工作量，提高了数据处理的效率。

（2）将定性数据转化为定量数据，把整个问卷的信息转化为规范、标准的数据库，进而可以利用统计软件，采用统计分析方法进行定量分析。因此，编码是实现计算机处理的"桥梁"。

（3）减少误差。通过编码，可将信息量化，量化的数据简单易懂，不像文字资料容易丢失重要信息。同时，在编码过程中，利用编码修正回答误差，替代缺失值，有助于减少调查误差。

（二）编码的形式

编码可以在设计问卷时进行，也可以在资料收集结束以后进行，分别称为事前编码和事后编码。由于问卷调查中的问题大部分是结构式问题，因此编码比较方便，一般只要按问卷中相应的数字来规定变量和编码就可以了。

1. 编码设计的内容

编码设计的具体内容包括问卷的代码、变量的定义（名称、类型、所占字节、对应问题等）、取值的定义（范围、对应含义等）。将这些内容列成表格形式，称为编码表（格式见表 5-1）。编码的设计与问卷设计密切相关，其部分内容可以归入问卷设计，问卷设计时要考虑编码的内容和位置。编码的设计是整个编码过程的基础，编码表的设计准确、全面、有效有助于提高调查数据的分析质量。

表 5-1 某项调查的编码表格式

变量序号	变量名	变量类型	变量所占字节	取值范围	取值对应含义	备注	对应题号	对应问题
25	V25	数值型	1	0~3 或 99	0~2 表示台数；3 表示 3 台或 3 台以上；99 表示缺失值		25	您个人拥有的智能手机数量

2. 事前编码

编码的设计与问卷设计密切相关，事前设计编码可以归入问卷设计，应注意答案选项不要过多。

【例 5-1】以下 3 个调查问题中，智能手机的有无、品牌、购买时间都是事先确定了答案的，属于事前编码。

（1）请问您个人有没有智能手机？（　　）

① 有   ② 没有

（2）请问您个人的智能手机是什么牌子的？（　　）

① 华为   ② 小米   ③ OPPO   ④ VIVO   ⑤ 荣耀

⑥ 三星   ⑦ 苹果   ⑧ 魅族   ⑨ 其他

（3）请问您个人的智能手机购买多久了？（　　）

① 6个月以下   ② 6个月～1年（含1年）

③ 1～2年   ④ 2年以上

3．事后编码

事后编码是指研究者在调查已经实施、问题已经作答之后，给予每一个变量和可能答案一个数字代码或符号。实际调查工作中，有些调查项目在资料收集工作结束之前无法确定具体的答案，有些问题的答案无法预料或难以完全罗列，在这种情况下对资料进行定量分析，一般要采用事后设计编码方法，即在资料收集完成后再进行编码设计。通常需要事后编码的有以下几项内容。

（1）封闭式问题的"其他"项。封闭式问题可能有几个可供选择的答案，再加上需要被调查者具体说明的"其他"类别。由于"其他"这样的选项事先不知道有多少可能答案，因此在数据录入前，编码人员要对其进行事后编码。

（2）开放式问题。对于开放式问题，事后编码的工作量更大。这是因为研究人员一般无法事先告诉编码人员会出现多少新的代码和答案，而且有一些答案是类似的，编码人员必须决定是将它们合并为一类，还是要分成几类。

（3）无结构问卷。对于无结构问卷，首先要看有无必要编码，如果仅需要定性归纳研究，不准备进行定量分析，也就无须编码。如果希望定量分析各变量的分布与变量间的关系，则需要进行编码，将问卷内容和结果结构化、量化。

（三）编码的基本方法

1．封闭式问题的编码设计

（1）单选题的编码。对单选题只需规定一个变量，取值为选项号。

【例5-2】对下述调查问题（单选题）进行编码。

Q20 请问您个人最近一年内买过华为手机吗？（　　）

1．买过   2．没买过

设计编码时对上题定义变量名为V20，属于数字型变量，变量所占字节数为1，变量取值范围为1、2或99，其中1表示买过，2表示没买过，99表示该题无回答。

设计问卷时，要在问题后统一位置留出相应位数用于编码，而且位置的编排应统一、醒目。这里应注意，如果有项目无回答，应返回问卷改正。但有时实在无法得到答案，应编上专门表示无回答的码，不能"漏码"。还有，这个编码不能与合理回答重复。例如，询问个人智能手机数量时，答案为0表示调查者没有智能手机，如果无回答也用0表示，编码就不能如实反映原数据了，所以无回答常用9或99表示。

（2）多选题的编码。对多选题需规定多个变量。变量与取值的定义一般有两种做法。一种做法是将各个可能的答案选项都设为一个0-1指示变量，如被调查者选择了其答案，

其变量的值为 1，否则为 0。

【例 5-3】 对下述智能手机上网的内容进行编码。

Q26 请问您使用智能手机上网一般做什么？（　　）（可多选）

A．聊天　　　　　　　B．看新闻　　　　　　C．看视频
D．玩游戏　　　　　　E．理财　　　　　　　F．其他

对上题设计的编码如表 5-2 所示。

表 5-2　Q26 问题的编码（方法一）

变量序号	变量名	变量类型	变量所占字节	取值范围		取值对应含义	备注	对应题号	对应问题
				方法一	改进法				
48	V171	数值型	1	0 或 1	0 或 1	取值为 1（或 1~6）表明该选项为主要上网内容，为 0 则不是	全为 0 表示该题无回答	26	请问您使用智能手机上网一般做什么
49	V172	数值型	1	0 或 1	0 或 2				
50	V173	数值型	1	0 或 1	0 或 3				
51	V174	数值型	1	0 或 1	0 或 4				
52	V175	数值型	1	0 或 1	0 或 5				
53	V176	数值型	1	0 或 1	0 或 6				

如被调查者使用智能手机上网一般是看新闻和理财，则 6 个变量的取值分别为 0、1、0、0、1、0。这种方法的优点是便于分析，编码的结果不用经过转换，可直接分析；缺点是不便于录入，变量随选项增多而增多，对于大样本，录入工作负担较重，而且录入时，如果录入数值与问卷答案不同，很容易出错。改进的方法是，该 0-1 变量为真时，取值为对应选项号，这样录入时的出错率低一些，但工作量仍较大。

另一种做法是将变量定义为所选题号，变量值为选项号，变量排列顺序即答案排列顺序。仍以上题为例，假设题中规定只选择两项，则该题设计的编码如表 5-3 所示。

表 5-3　Q26 问题的编码（方法二）

变量序号	变量名	变量类型	变量所占字节	取值范围	取值对应含义（i=1, 2, 3, 4, 5, 6）	备注	对应题号	对应问题
48	V171	数值型	1	0~6	取值为 i 表明第 i 选项为主要上网内容，为 0 则说明其余选项都不是主要上网内容	全为 0 表示该题无回答	26	请问您使用智能手机上网一般做什么
49	V172	数值型	1	0~6				

如被调查者使用智能手机上网一般是看新闻和理财，数值 1、2、3、4、5、6 分别代表选项 A、B、C、D、E、F，则 2 个变量的取值分别为 2 和 5。如果题中没有规定选择项数，则问卷设计时难以确定变量个数，应等问卷回收后翻阅问卷回答结果，再根据分析的需要确定变量个数。这种编码方法的优点是便于录入和检查，但分析前要用程序把它们转化为各选择答案的 0-1 变量。

（3）排序题的编码设计。对排序题同样需规定多个变量，与多选题类似，也有两种方法，这两种方法对应的问题形式略有差异。一种方法是，变量个数即选项个数，按照选项排列顺序分别定义各变量为对应选项所排次序号，取值即次序号。

【例 5-4】 对下述当代大学生购买商品看中的属性进行编码。

Q12 请您根据购买商品时的关注程度对如下商品属性进行排序（在关注程度最高的属性前面填 1，在其次关注的属性前面填 2，以此类推，在最不关注的属性前面填 5）。

（　　）A．商品质量
（　　）B．商品价格
（　　）C．商品品牌
（　　）D．商品外观
（　　）E．实用性

对上题设计的编码如表 5-4 所示。

表 5-4　Q12 问题的编码（方法一）

变量序号	变量名	变量类型	变量所占字节	取值范围	取值对应含义（i=1, 2, 3, 4, 5）	备注	对应题号	对应问题
30	V121	数值型	1	0～5	取值为 i 表明对该属性的关注程度排名为 i，为 0 则表明对该属性的排名缺失	全为 0 表示该题无回答	12	请您根据购买商品时的关注程度对如下商品属性进行排序
31	V122	数值型	1	0～5				
32	V123	数值型	1	0～5				
33	V124	数值型	1	0～5				
34	V125	数值型	1	0～5				

以 A、B、C、E、D 这 5 个选项分别对应 5 个变量 V121、V122、V123、V124、V125，根据取值的定义，若被调查者将"实用性"排在第一位，将"商品质量"排在第二位，将"商品价格"排在第三位，将"商品外观"排在第四位，将"商品品牌"排在第五位，则 5 个变量的取值分别为 2、3、5、4、1。按照这种题型对所有选项排序，采用此法比较可行，设计问卷时对应各选项统一留出位置以填写次序号。如果仅取前几名排序，采用此法与多选题一样，优点是可以直接进行分析，但录入工作量大。

另一种方法是，变量个数即要求排序项数，依照次序号排列顺序，分别定义各变量为各次序号对应的选项项数，取值即选项号。仍以上题为例，但形式稍作改变。

Q12 请问您购买商品时对如下商品属性：

A．商品质量　　B．商品价格　　C．商品品牌　　D．商品外观　　E．实用性

您最关注哪个属性？（　　）
其次呢？（　　）
再次呢？（　　）

对上述设计的编码如表 5-5 所示。

表 5-5　Q12 问题的编码（方法二）

变量序号	变量名	变量类型	变量所占字节	取值范围	取值对应含义（i=1, 2, 3, 4, 5）	备注	对应题号	对应问题
30	V121	数值型	1	0～5	i 为对应关注程度的属性对应的选项号，为 0 则表明对应关注程度的缺失	全为 0 表示该题无回答	12	请您根据购买商品时的关注程度对如下商品属性进行排序
31	V122	数值型	1	0～5				
32	V123	数值型	1	0～5				

若被调查者将"实用性"排在第一位,将"商品质量"排在第二位,将"商品价格"排在第三位,用数值 1、2、3、4、5 分别代表上述五个选项 A、B、C、D、E,则第 1 个变量 V121 的取值为 5,第 2 个变量 V122 的取值为 1,第 3 个变量 V123 的取值为 2。如果问题只要求取前几名排序,与多选题一样,采用此法便于录入,可减少工作量和降低出错率,但分析时要先进行数据转化。

(4)数字型开放题的编码设计。对直接回答数字的问题,变量取值即该数字。设计编码时,变量的测量水平应尽量高一些,这样,后期为不同分析的需要可以再分组。如果编码时就采用低测量水平的变量,则后面想提高测量水平时只能重新编码,成本太高。变量所占字节数可以根据事先预计的数字最大值的位数确定。例如,直接询问被调查者的年龄,设计编码时取变量名为 NL,所占字节为 2(因为调查对象要求为 20~60 岁),小数点位为 0,变量取值即年龄,单位为"岁",取值范围为 20~60 或 99(99 表示该题回答缺失)。

对数字型开放题设计编码时,根据取值范围,可以核对该题的回答有无明显错误、是否合乎逻辑。此外,根据问卷的填写要求,对变量统一规定格式,如小数点后保留数、数量单位等,以便于数据的对比分析。

【例 5-5】 下面是一个针对公司职员薪酬的调查问卷,样本量为 500。

问卷编号:001~500
1. 被访问对象性别:_____
(1)男　　　　(2)女
2. 请问您的年龄是:_____周岁
3. 请问您的最高学历是:_____
(1)小学及小学以下　　(2)初中　　　　　　(3)高中(含中专)
(4)大学专科　　　　　(5)大学本科　　　　(6)研究生或研究生以上
4. 请问您的个人月平均收入是:_____
(1)2 000 元以下　　　 (2)2000~3000 元　　(3)3001~4000 元
(4)4001~5000 元　　　(5)5001~6000 元　　(6)6000 元以上
5. 对下面的说法,您的意见如何?请按照您的赞同程度圈选答案。

	非常赞同	赞同	无所谓	不赞同	很不赞同
5.1 我觉得公司的管理很混乱	5	4	3	2	1
5.2 我们的老板很有人情味	5	4	3	2	1
5.3 待在这个公司我觉得郁闷	5	4	3	2	1
5.4 我对这份工作很珍惜	5	4	3	2	1

……

对上述问卷若干问题的编码如下。

问卷编号占 3 位数,每份问卷一个号码,范围为 001~500。

问题 1 占 1 位数,编码 1 代表男性,2 代表女性。

问题 2 占 2 位数,以实际填写的年龄数作为编码。

问题 3 占 1 位数,编码 1 代表小学及小学以下,2 代表初中,3 代表高中(含中专),4

代表大学专科，5 代表大学本科，6 代表研究生或研究生以上。

问题 4 占 1 位数，编码 1 代表 2000 元以下，2 代表 2000～3000 元，3 代表 3001～4000 元，4 代表 4001～5000 元，5 代表 5001～6000 元，6 代表 6000 元以上。

问题 5.1 占 1 位数，编码 5 代表非常赞同，4 代表赞同，3 代表无所谓，2 代表不赞同，1 代表很不赞同。问题 5.2 至 5.4 的编码同 5.1。

2. 开放式问题的编码

对于开放式问题的编码，编码人员首先要将回答者的答案浏览一遍，列出所有的可能答案，然后定义这些答案的变量名称和变量值，再对每一个回答者进行分类。

【例 5-6】"您为什么选择××品牌的电脑"是一个开放式问题，12 个回答者的回答内容如表 5-6 所示。要求对该开放式问题进行适当的整合和编码。

表 5-6 开放式问题及其答案

问题	答案（设有 12 个样本）
您为什么选择××品牌的电脑	（1）质量好 （2）外形美观 （3）价格适中 （4）耐用 （5）高科技 （6）体积小 （7）是名牌 （8）大家都买这个牌子 （9）经常在广告中见到 （10）说不清 （11）我不知道 （12）没有什么特别的原因

若对 300 个人询问，可能会得到五花八门的答案，如果不对答案进行归类处理就不容易进行分析，可将一些意思相近的答案归到某一类中，从而分析被调查者购买的主要原因。将上例的答案分为 6 个类别，如表 5-7 所示。

表 5-7 开放式问题答案的合并与编码

答案类别描述	表 5-6 中的答案	类别的数字编码
质量好	（1）（4）（5）	1
外形美观	（2）	2
价格适中	（3）	3
体积小	（6）	4
名牌	（7）（8）（9）	5
不知道	（10）（11）（12）	6

如果样本量很大，编码时可以从全部资料中随机抽取 20%来确定答案类别。答案类别不宜过多，否则会掩盖研究对象在该项目上的本质特征，也会使一些类别答案因回答者比例过小（小于 5%）而对分析没有太大的意义。

3．编码手册

当所有变量和取值都规定清楚之后，编码人员可将调查问卷资料的编码表合并为一本册子，即编码手册，用于说明各种符号、代码的意思。编码手册具有以下三个功能。

（1）录入人员可根据编码手册录入数据。

（2）研究人员或计算机程序员根据编码手册拟定统计分析程序。

（3）研究人员阅读统计分析结果时若不清楚各种代码的意义，可以从编码手册中查阅。

一般来说，编码手册不但是编码人员的工作指南，还提供了数据集中变量的必要信息。

【例5-7】某品牌牙膏消费者调查问卷的编码手册（节选）如表5-8所示。

表5-8　某品牌牙膏调查问卷编码手册

变量序号	变量名称	题号	是否跳答	数据宽度	编码说明
1	被调查者编号	3			001～300
2	调查员编号				01～20
3	某品牌的知名度	Q1-1	否	1，0	1=是，2=否，9=未答
4	最常用的品牌	Q2-1	否	2，0	1=中华，2=雕牌……12=洁银，13=其他，99=未答
5	对常用品牌的满意度	Q3-1	否	1，0	1=满意，2=一般，3=不满意，9=未答
……	……	……	……	……	……

从表5-8中可以看出，编码手册通常包含六个主要项目，即变量序号、变量名称、题号、是否跳答、数据宽度、编码说明。变量序号是给各变量的一个新的代码，表示各变量在数据库中的输入顺序；变量名称即对问卷中问题意思的概括，可使研究人员或程序员迅速得知这一变量的意思，便于计算机识别和统计操作，列入编码手册可使研究人员便于从中查询其含义；题号是指该变量属于问卷中的第几题，便于查询原来的题意；数据宽度包括该变量的数据最多是几位数及小数点之后有几位数；编码说明是对各数字或代码代表的是被调查者选择的是哪一项备选答案的解释。

大多数较为复杂的市场调查中，编写编码手册是一项必要的程序。但是在编写编码手册时，各项说明要尽量详尽。有了编码手册之后，使用者对于存储于计算机中的资料的含义就一清二楚了。在目前常用的SPSS统计软件中，编码手册的主要内容可以输入文件，以便直接在统计结果中体现出来。通过SPSS的编码功能或通过普通录入软件的寻找替换功能可实现编码录入。

4．编码的注意事项

实践中容易导致编码误差的情况主要有以下几种。

（1）若被调查者的回答不完整、含糊，难以确认其含义，则无法编码。

（2）编码表有问题，如答案类别相互交叉或缺少重要的答案类别，令编码人员无法准确归类。

（3）编码人员对语句的理解有误造成编码错误，产生误差。

（4）编码人员疏忽大意，造成漏码、错码，这不仅耽误时间、浪费人力，还可能严重影响数据质量。

所以，编码人员在编码时应注意以下问题。

(1) 编码人员在遇到模棱两可的问题时，不能凭猜测编码，最好询问督导员。督导员应针对该类问题制定统一标准，以便于修正。

(2) 尽量保证编码表的质量，避免由于编码表引起的编码误差。

(3) 在编码表中找不到对应答案时，可以将答案编入"其他"项，但如果该类答案比较重要或出现频率较高，可以通过增加、细分答案类别修改编码表，有时甚至要放弃原编码表，设计新的编码表。修改编码表后，一定要记住返回前面编码之后的问卷，检查所编的码是否适用于新编码表。

(4) 编码人员对编码质量有至关重要的影响，一定要做好编码人员的选择、培训、监督、审核工作。对编码人员的挑选一般以少而精为原则，要求他们具有较高的文化素质和理解能力，要有敬业精神，并且工作认真仔细。每次编码工作开始之前，都要对其进行统一的培训和训练，让他们熟悉问卷和编码表。如果有两个以上的编码人员，要尽量让他们在不同时间工作；如果在同一时间工作，应该让他们在同一地点并使用同一编码表工作。在编码过程中，还要安排督导员及时解决疑难问题，监督编码人员的工作并定期抽查他们的工作质量。

(四) 调查资料的录入

对于计算机辅助电话调查 (CATI)、计算机辅助面访 (CAPI) 以及网络调查，数据收集与录入可以同时进行，无须再进行数据的录入。对于面访、邮寄调查以及传真调查等，还需要进行数据录入。数据的录入除键盘录入以外，还可以采用扫描、光标阅读器等方式。目前应用得最多的仍是键盘录入。数据的录入可以利用数据库形式，也可以采用其他一些专门的数据录入软件，如 PC-EDIT（计算机编辑）或 SPSS 中的 DATA ENTRY 等。此外，还可以直接用一些常见的中西文文字编辑软件，按文本文件的形式输入。

对于样本量较小、问卷长度较短的情况，直接录入是完全可以的。但对于样本量较大、问卷长度较长的情况，采用程序录入则是首选途径。程序录入是指录入人员按事先编写好的录入程序实施数据录入的方法，在该录入程序里，每个题目答案的变量性质（字符串型、数字型、日期型、逻辑型等）、编码长度（位数）、编码范围（1~5 还是 0~9 等）、该变量与前面变量的逻辑关系以及跳答题项条件都有定义，录入时将依此进行逻辑检查。因此，无效的编码根本无法录入，一旦录入，计算机将发出声音警告并在屏幕上提示合理的编码范围，除非录入员更正录入，否则无法继续下一个变量的录入。

程序录入不仅可以提高录入速度（如自动跳项），而且可以提高录入质量，因此在发达国家应用得十分普及。光电扫描录入也是一种高效的录入方法，作为找出多选题答案并判分的有效途径，这种录入方法在市场调查方面的应用并不普遍，原因是设备费用高昂以及记录答案时要使用特殊型号的铅笔。随着扫描技术的发展，光电扫描在市场调查中也将迅速得到普及。

数据的录入一般利用数据库的形式，优点是清楚，便于录入查错；缺点是对变量的个数有限制。当变量的个数太多时，需要几个数据库分别录入，增加了组织上和操作上的难度。此外，也可采用专门的数据录入软件，如 SPSS 等，但并不是在任何情况下都有必要。

键盘录入是个出错率较高的环节。录入人员可能因为手指错位、错看、串行等造成录入错误。在键盘录入时，控制录入质量的方法主要包括：第一，挑选工作认真、有责任心、技术熟练的录入人员；第二，加强对录入人员的监督管理；第三，采用定量指标，定期检查录入人员的工作质量和工作效率，如对出错率超过一定界限或者录入速度太慢的录入人员应予以淘汰；第四，抽检复查质量，即抽出一定比例的数据，检查数据质量，一般复查的比例为 25%～50%；第五，双机录入，即用两台计算机分别录入相同的数据，然后将两部分数据相比较，检查不一致的数据并加以改正。双机录入的数据质量较高，但录入所花费的时间和费用都要加倍。

四、缺失值的处理

缺失值是指由于被调查者没有给出明确的答案或调查员没有记录下他们的答案而造成的未知变量值，其中部分为合理缺失，如应该跳答的问题的答案缺失，这类缺失不会给分析带来影响。不合理的缺失会影响分析结果的可信度，如果缺失数据比例较大或者缺失数据的分布与总体分布有明显差异，就可能使分析出现偏差。在许多情况下，少量的回答缺失是可以容忍的，但是如果缺失值的比例超过 10%，就可能出现严重的问题。常用的处理缺失值的方法是填充法，这样做一是能保留所收集的缺失问卷的其他信息资料，二是避免了非随机性引起的偏差。

要控制缺失值的影响，主要方法有两种：一种是事前控制，在收集阶段尽量减少无回答，在审核阶段通过再次回访调查或电话核实数据等方式，严格控制数据质量；另一种是事后控制，即在数据清洁阶段对缺失数据进行处理，主要方法有以下几种。

1．用平均值替代

缺失值可以用一个样本统计量代替，最典型的做法是使用变量的平均值代替。由于该变量的平均值会保持不变，那么其他的统计量，如标准差和相关系数等也不会受很大的影响。例如，一个被调查者没有回答其收入，那么就用整个样本的平均收入或用该被调查者所在的子样本（如属于社会地位比较高的那个阶层）的平均收入代替。

2．用模型计算值替代

用模型计算值替代是指利用由某些统计模型计算得到的比较合理的值来代替缺失值，如利用回归模型、判别分析模型等。例如，"产品的使用程度"可能与"家庭规模"和"家庭收入"有关系，利用回答了这三个问答题的被调查者的数据可以构造出一个回归方程。对于某个没有回答"产品的使用程度"的被调查者，只要其"家庭规模"和"家庭收入"是已知的，就可以通过这个回归方程计算出其"产品的使用程度"。考虑到这种替代基于科学的统计方法，所以用模型计算值替代比平均值替代更准确些。

3．个案删除

个案删除指的是将有缺失值的问卷（个案或调查对象）都删除掉，不参加数据分析。由于许多被调查者都可能会漏答一些问题，因此这种方法可能会导致小样本删除大量的数据，而且有缺失值的调查对象与全部回答的调查对象可能会有系统上的不同，使结果产生严重的偏差。

4. 配对删除

在配对删除中,并不删除有缺失数据的所有个案,而是对每种计算只使用那些有完全回答的个案。因此,在分析中,不同的计算可能会基于不同的样本数来进行。这种方法在以下几种情况中是可行的:① 样本量比较大;② 缺失值不多;③ 变量间不存在高度相关关系。

不同的缺失值处理方法可能产生不同的结果,特别是当缺失值不是随机地出现以及变量间的相关程度较强时。因此,应当使缺失的回答保持在最低的水平。在选择处理缺失值的特定方法时,要认真考虑可能出现的各种问题。

五、差错与核对

虽然所有问卷中的数据已经录入并在计算机中得到一些初步处理,但在进行图表化和数据分析之前,必须进一步审核,如有效性审核、一致性审核和分布审核。对于审核出来的问题要进行查询、修正、插补等。

(一) 将录入数据与问卷进行核对

在录入结束后,由审核人员将数据库中的记录与问卷资料进行核对,确定是否存在错录情况。一般是部分复查,抽取 25%～30%的问卷即可,这种方法能够发现差错发生的比例,但不能确定具体问卷录入中的错误所在,也就无法提供修改依据。

(二) 双机录入

它是将同一份问卷上的内容通过不同的录入人员,在计算机中录入两次。从理论上讲,两个录入人员在同一份问卷的同一个地方按同样的方式发生错误的概率非常小,因此在录入完成后,设计人员可以将两个数据库进行比较,找出其中对应变量之差不为 0 的变量,根据问卷号码进行查找,发现变量的真实数值。

(三) 一致性查错和逻辑查错

一致性查错主要是考查变量的取值范围是否与所规定的范围一致。例如,性别的取值范围是 0 (未答)、1 (男) 和 2 (女)。如果出现了 3、4、5 等数字,就说明超出了取值范围,肯定有错。一般可以利用现成的统计软件,如 SPSS 等将所有变量的取值范围检查一遍,可以很简单、方便地寻找到超出范围、有极端值或逻辑不一致的数据。通常的做法是:做一张所有非连续变量的频数表,以及计算连续变量的均值、标准差、最小值、最大值等统计量,那么超出范围的数据或极端值就可以被检查出来。例如,假定"收入"的编码应该是从 1 至 6,分别对应 6 种不同收入水平的被调查者。假定用 0 表示缺失的数据,那么频数表中大于 6 的数据就是超出范围的。根据对应的被调查者编号、变量编码、记录号码、列号码,以及超范围的变量值等,就可以找到原始的问卷和数据文件的对应位置,进行必要的修改。对超出取值范围的变量,可以查出对应的个案,核对原始问卷,改正录入错误。

逻辑查错是检查数据有无逻辑错误。逻辑错误分为两种:一是样本结构上的逻辑错误,如年龄为 16 岁的离退休人员。二是回答内容上的逻辑错误,如不喜欢某个品牌洗发水的被调查者在后面又选择使用该品牌、回答不收看某个频道节目的被调查者在同一问卷上又选择了对该频道播出的节目很感兴趣的答案。以上这些都是不符合逻辑的情况，需要修正。这种错误一般也是利用 SPSS 等统计软件做交叉分析表来检查的，做出交叉分析表后，可以很方便地发现逻辑上不合理的数据。例如，在一张"产品使用频度"和"熟悉程度"的交叉分析表中，有两个"从未听说过"某产品却"频繁地"使用这种产品的被调查者。根据这两个被调查者的编号、变量编码、记录号码、列号码以及变量值等可以进行必要的修改。如果逻辑错误被查出，那么一定要找出相应的原始问卷，而且必须在计算机数据文件中进行纠正，这样就可以进行列表和数据分析了。

此外，还要检查有无极端值。尽管并非所有的极端值都来自误差，但有时通过极端值可以找出有问题的数据。例如，某被调查者对某品牌的评价非常差，原因是他对所有问题一律答 1。

六、数据的预处理

在正式分析数据之前，必须开展统计数据预处理，以便对数据质量进行诊断、评估及提升。统计预处理的方法主要有加权处理、变量转换以及量表的转换等，其中比较常用的方法是加权处理和变量变换。

（一）加权处理

用样本的调查结果对总体的目标量进行估计是基于这样的原理：每个样本单元不仅代表自己，而且代表研究总体中那些没有被选入样本的单元。抽样推断就是把调查的原始结果放大，得到总体参数的估计。通常把一个样本单元所代表的总体单元的数量称为这个样本单元的设计权数，确定这些权数是估计过程的一个重要组成部分。但设计权数只是确定权数的开始，在调查中，许多情况会与设计时的情况有所出入，因此需要对设计权数进行调整，如对一些特殊结构进行权数调整、对无回答情况进行权数调整等。

1. 设计权数

设计权数是由抽样设计所规定的每个样本单元所代表研究总体的单元数，也就是样本单元入样概率的倒数。在概率抽样中，每个样本单元入样概率是可以计算的，因而是已知的。用 W_{di} 表示第 i 个单元的设计权数，则总体总值的估计为

$$\hat{Y} = \sum_{i=1}^{n} W_{di} y_i \tag{5.1}$$

在简单随机抽样中，每个单元入样概率都为 $\frac{n}{N}$，则

$$W_{di} = \frac{N}{n}, i = 1, \cdots, n \tag{5.2}$$

所以总体总值的估计又可以写为

$$\hat{Y} = \sum_{i=1}^{n} W_{di} y_i = \frac{N}{n} \sum_{i=1}^{n} y_i \tag{5.3}$$

这种每个单元入样概率都相等的抽样方法又称为等概率抽样。在采用等概率抽样设计时，每个单元的设计权数是相同的，在数据整理中可以不增加权数变量。

对于分层抽样，如果按各层规模等比例分配样本，也是等概率抽样；如果不是按各层规模等比例分配样本，如内曼分配，则是不等概率抽样。在不等概率抽样条件下，每个单元的设计权数是不同的，数据文件中要生成相应的权数变量，该变量在相同的层内取值相同，在不同层间取值不同。

在多阶段抽样条件下，设计权数由每个单元在不同阶段的入样概率相乘而得。例如，对于二阶段的抽样设计，令 P_{1i} 代表第 i 个单位在第一个阶段的入样概率，用 P_{2i} 代表第 i 个单元在第二个阶段的入样概率，则第 i 个单元的设计权数为

$$W_{di} = \frac{1}{P_{1i}P_{2i}} \tag{5.4}$$

由此可以推演出更多阶段抽样设计的情况。

2. 权数的结构调整

权数的结构调整涉及的范围比较广泛，主要指当调查现场出现与抽样设计不同的情况，为了保证抽样设计方案的落实而进行的某些权数调整。权数的结构调整可以通过我国劳动力抽样调查的例子说明。

【例 5-8】我国劳动力抽样调查采用的是多阶段分层整群抽样，最后阶段抽取群，群由 30 个家庭户组成，对抽中群内的家庭户全部进行调查。在调查实施中，不可能保证所有的群都正好为 30 户，如在农村有自然村，对于很小的自然村（远少于 30 户）可以合并为群，对于规模差不多的自然村（30 户左右），该自然村就是一个群。在城市通常取某栋住宅楼或楼的某个单元为一个群。有些群的规模与抽样设计相同（正好 30 户）或相仿（30 户左右），有些群的规模则与抽样设计要求相差较大，这时就需要对入样单元的设计权数进行调整。

在这个例子中，设第 i 群的规模为 M_i，如果 $M_i \neq 30$，则给该群的每一个家庭户都赋予一个结构调整系数 $W_i^* = \dfrac{30}{M_i}$。例如，一个群包含 45 户，则该群的每个家庭户的结构调整系数 W_i^* 约为 $0.67\left(\dfrac{30}{45}\right)$。

3. 权数的无回答调整

调查中都会遇到无回答情况，只能得到回答者的数据，此时如果不对原有的设计权数进行调整，那些无回答者的权数就会缺失，总体的规模就会被低估，从而导致对总值进行估计时出现严重偏差。权数的无回答调整可以计算无回答调整系数，令 W_{nri} 为无回答调整系数，W_{ri} 为调查中回答者的权数和，W_{ni} 为调查中无回答者的权数和，则无回答调整系数为

$$W_{nri} = \frac{W_{ri} + W_{ni}}{W_{ri}} \tag{5.5}$$

可以看出，调整的思路是把无回答者的设计权数在回答者之间进行重新分配，无回答调整系数 W_{nri} 就是分配比例。

如果是大规模调查，无回答调整系数应该分别计算，如可以按群计算或者按层计算。这里的假定条件是群（层）内各单元具有更高的相似性，用与无回答更相似的回答单元代替无回答，估计效果会更好一些。

4．最终权数

最终权数是对目标量进行估计所使用的权数，是设计权数、结构调整系数、无回答调整系数的结合体。令最终权数为 W，则有

最终权数=设计权数×结构调整系数×无回答调整系数

即

$$W_i = W_{di} \times W_i^* \times W_{nri} \tag{5.6}$$

（二）变量变换

根据数据分析的需要，在分析之前可能要对现有的变量进行一定的转换或产生新变量。常见的方式主要有以下几种。

1．变量重新定义

某些分析方法可能对变量的数学特性有一定要求，因此可能要改变数据的测量水平，把定距、定比变量转为定序、定类变量。例如，进行交叉列联分析时，必须先将某变量（如年薪）划分为高、中、低三组。另外，有时还需要进行再分组，如年龄最初分为 6 组，但实际分析中分组过细反而不便于分析，因而要把小类合并为大类。

2．变量转换

例如，进行聚类分析、因子分析时，必须消除量纲的影响，要在分析前先把变量标准化。又如，进行回归分析时，为了改进模型的拟合程度，要对变量进行对数变换、平方根变换等。

3．定类变量转换为 0-1 变量

为便于分析，有时要把定类变量转换为 0-1 变量，如前面讨论多选题、排序题的编码设计时提到的两种方法的互换，这种转换便于进行定量分析。一般来说，含 K 个类别的变量可以用 $K-1$ 个 0-1 变量来表示。

【例 5-9】若被调查者的居住地包括北京、上海、成都和杭州这四个，可以将其转变为 X_1、X_2 和 X_3 这三个 0-1 变量，如表 5-9 所示。

表 5-9 两种编码的转换

居 住 地	原变量编码	0-1 变量编码		
		X_1	X_2	X_3
北京	1	1	0	0
上海	2	0	1	0
成都	3	0	0	1
杭州	4	0	0	0

4．重新组合新变量

为了某些特定的统计分析（如拟合模型），需要把几个变量重新组合为一个新变量，重新进行定义。例如，根据被调查者对数字电视在若干方面的评价，把各方面的评价值加权平均，就可以得到"综合评价得分"这样一个新变量。

（三）量表的转换

为了保证数据的可比性，便于进行数据分析，有时候还要做一些量表的转换。一些量表可能会分别从正、反两个方向设计问题，因此分析时应注意统一方向，如全部正向提问或全部反向提问，这样可以使数据便于比较。

【例 5-10】观众对某广告的看法可从以下 6 个角度进行调查（其中，A、C、F 为反向提问，D、D、E 为正向提问），将它们的量表方向统一。

请问您是否同意以下观点？【1 为非常同意，2 为同意，3 为不同意，4 为非常不同意】

A．这个广告与我无关。（　　）

B．这个广告吸引我的注意力。（　　）

C．我不想进一步了解有关它的更多信息。（　　）

D．这个广告让我产生购买欲望。（　　）

E．这个广告令人信任。（　　）

F．天天播此广告，让我反感。（　　）

在分析数据前，应把量表问题的方向统一才能比较分析，否则各题的答案之间没有可加性。例如，同样都选 2，对 D 为正面评价，对 F 则是反面评价。假设将以上问题统一为正面问题，则要改变 A、C、F。以 F 为例，改为 F_1 "天天播此广告，不会让我反感"，当然该题的取值也应该颠倒位置，原来选 1 现在改为 4，原来选 4 现在改为 1，原来选 2 现在改为 3，原来选 3 现在改为 2。这样，同样都选 2，对 D 和 F_1 都为正面评价。

有时为了合乎人们比较的习惯或其他分析需要，要对量表数据进行转换。例如，把 4 级改为 2 级，即合并"非常同意"和"同意"，合并"非常不同意"和"不同意"。

此外，为了使不同单位或不同量表的变量在分析中具有可比性，可以对数据进行标准化。例如，对品牌 A 的评价使用的是 7 级量表（X_1），品牌 B 使用的是 5 级量表（X_2）等，直接比较这些品牌的得分是没有意义的。对此，通常先对数据进行转换处理。

1. 标准化转换

将得分 $X_1, X_2, \cdots, X_n$ 转换成标准化得分 $Z_1, Z_2, \cdots, Z_n$，常用的标准化公式为

$$Z_i = \frac{X_i - \text{mean}(X_i)}{\text{SD}(X_i)}, i = 1, 2, \cdots, n \tag{5.7}$$

式中，$\text{mean}(X_i)$ 和 $\text{SD}(X_i)$ 分别为变量 X_i 的平均值和标准差。

2. 规格化转换

先找出每一个变量的最大值和最小值，各变量的最大值减去最小值称为极差。将各变量得分 $X_1, X_2, \cdots, X_n$ 减去最小值后除以极差，就得到规格化数据。规格化公式为

$$Z_i = \frac{X_i - \min(X_i)}{\max(X_i) - \min(X_i)}, i = 1, 2, \cdots, n \tag{5.8}$$

第二节　市场调查资料的分析

一旦资料整理完成，即可进入市场调查资料的数据分析阶段。市场调查资料分析就是

根据一定的调查目的，按照一定的程序，采用适当的数据分析方法，对调查并经过整理的数据资料进行分组、汇总、检验和分析，揭示所调查事物或现象的本质及规律性，进而指导实践的过程。资料分析与市场调查前期的调查方案设计、资料收集和整理方法密不可分。不同分析方法对资料的要求不一定相同，因此选择分析方法时首先要考虑资料的适用性，不同类型的调查资料适用于不同的分析方法。分析方法的选择要能有效地满足调查目的，使用的方法并非越多越好、越难越好。

一、调查资料分析的原则和分类

（一）调查资料分析的原则

1．客观性原则

调查的一系列过程都是在遵循客观性原则下获得资料数据的，不客观的分析结果用作经营决策的依据将导致严重的后果。客观性原则也同时体现了准确性原则，在保证客观的同时，还要求分析、处理的资料必须是真实的，而分析的时候也要尽量减少其误差和模糊度。

2．全面性原则

不能只针对问卷上的那些资料单独地进行分析，要全面考察各相关因素的现状及趋势，综合地分析。如果孤立地研究问题，就可能以偏概全，使分析结果产生很大的偏差。

3．预测性原则

市场调查的目的不仅是了解当下的市场情况，更是要通过当前的市场预测未来，以制定合理的经营战略。因此，在分析资料时，要注意考察各相关因素的变化趋势，用发展的眼光、动态的观点来把握事物的纵向发展轨迹，从而准确地制定企业的经营决策。

4．及时性原则

及时性原则是指在资料分析过程中要强调时间性，尽量提高其速度。信息资料都具有一定的时效性，而现代社会经济条件下，市场环境变化得非常快，这就需要及时地处理市场信息并通过分析得出有用的结论。

5．适用性原则

适用性原则一是指采用的资料分析方法要恰当，二是指处理和分析后形成的信息要符合实际需要。

6．经济性原则

任何经济工作都要考虑经济效益，实行经济核算，资料分析也必须遵循经济性原则，即用尽可能少的分析费用形成尽可能多的有用的市场信息资料。

（二）调查资料分析的分类

1．根据研究目的划分

根据研究目的的不同，可以把统计分析分为描述统计分析和推断统计分析。

（1）描述统计分析，即将数据以表格、图形或数值形式直观地表现出来，着重于对数量水平、变动趋势或其他特征的描述，可能是通过某具体指标反映某一方面的特征，也可能是通过若干变量描述它们的相互关系。这类方法对数据的可靠性和准确性、测度的选择有一定要求，其结果重在数量描述，但不具有推断性质。

(2) 推断统计分析，即通过样本推断总体的一种分析方法。这类方法对数据的收集方法、变量的选择、测度的决定、资料的时间和空间范围有严格的限制，必须符合严格的假设条件。其结果不仅可以用于预测，还可以用来揭示原因以及检验理论等。

2. 根据涉及变量的多少划分

根据涉及变量的多少，可将统计分析分为单变量统计分析、双变量统计分析和多变量统计分析。

(1) 单变量统计分析，即通过对某一变量数据的计算对总体的数量水平或未来趋势等特征进行推断。

(2) 双变量统计分析，即对两个现象（变量）之间的关系进行统计分析，一般涉及两个变量之间是否相关、相关程度、相关的表现形式三方面内容。

(3) 多变量统计分析，即分析多个变量之间的关系的统计分析方法，主要包括多元回归分析、主成分分析、因子分析等。

二、描述统计分析

虽然现在各种各样先进、前沿的统计方法不断涌现，但是描述统计在统计学中的地位仍然是最重要的。其重要性体现在两个方面：一是在实际工作中，描述统计是使用得最广泛的方法，这是因为所有统计方法都有条件，而描述统计对数据的限制条件最少。而且对于实际生活中的一些问题，往往不要求解得非常精细，用描述统计的方法已经足够，没有必要采用其他方法。二是因为描述统计是其他统计分析的基础，所有对数据的分析都是从描述统计开始的，只有通过描述统计掌握了数据分布的一些基本特征以后，才能决定接下来采用哪种统计方法，因此描述统计对于后续的统计分析具有重要的指导和参考作用。

描述统计亦是市场调查分析中最常用、最基本的分析方法。描述统计分析的关键是如何选择适当的图表或指标使数据更易于解释。不同的描述统计分析方法适用于不同的研究目的，适合不同的测量尺度数据。下面介绍常用的描述统计方法。

(一) 定性数据的描述统计分析

1. 定性数据的频数分析

频数分布是数据的表格汇总，表示在几个互不重叠的组别中每一组项目的频数。频数分布表一般包括组别、频数、百分比等项目，对于定序数据还可以计算累计百分比。表中频数的总和总是等于观测单元的总数，百分比的总和总是等于100%。如果某组的频数过小，如百分比小于5%，建议将该组与其他组进行合并处理。

【例 5-11】为了解居民的健康状况，利用随机抽样调查方法对北京市60名居民进行问卷调查。请根据表5-10的数据对自评健康数据进行频数分析。

表 5-10　北京市居民健康数据

编号	自评健康	编号	自评健康	编号	自评健康	编号	自评健康
1	一般	16	比较健康	31	很健康	46	比较健康
2	一般	17	很健康	32	比较健康	47	一般
3	很健康	18	一般	33	一般	48	一般
4	很健康	19	很不健康	34	比较健康	49	比较不健康
5	一般	20	比较健康	35	比较健康	50	很健康
6	一般	21	一般	36	一般	51	一般
7	很健康	22	很健康	37	很健康	52	很不健康
8	一般	23	比较健康	38	很健康	53	比较不健康
9	很不健康	24	很健康	39	比较健康	54	一般
10	一般	25	比较健康	40	一般	55	比较健康
11	比较不健康	26	比较不健康	41	比较健康	56	一般
12	比较健康	27	很健康	42	比较健康	57	很不健康
13	比较不健康	28	很健康	43	一般	58	比较不健康
14	比较不健康	29	比较健康	44	很不健康	59	比较不健康
15	比较健康	30	比较健康	45	很健康	60	一般

由于自评健康数据属于定性数据，按照"自评健康"变量包含的属性值，即很健康、比较健康、一般、比较不健康和很不健康划分为 5 组，频数分布如表 5-11 所示。

表 5-11　北京市居民自评健康数据的频数分布

自评健康	频数	百分比/%
很健康	13	21.7
比较健康	16	26.7
一般	18	30.0
比较不健康	8	13.3
很不健康	5	8.3
总计	60	100

2. 定性数据的饼图、线状图和条形图

（1）饼图。饼图是以圆的整体面积代表被研究现象的总体，按各构成部分占总体比重的大小把圆面积分割成若干扇形来表现部分与总体的比例关系。例 5-11 中自评健康数据饼状图如图 5-2 所示。饼图一般只能用于单选问题，整个圆代表 100%，每一部分的面积表示变量取值对应的百分数。另外，饼图不能切成太多的部分，一般不超过 7 个部分。

（2）线状图。线状图又称曲线图，即利用线段的升降来说明现象的变动情况，主要用于表示现象在时间上的变化趋势、现象的分配情况和两个现象之间的依存关系。线状图又包括简单线状图和复合线状图。前者适用于描述一段时间内单个变量的历史状况及发展趋势（见图 5-3），后者适用于描述一段时间内两个或两个以上变量的历史状况及发展趋势。

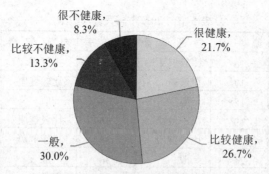

图 5-2　北京市居民自评健康状况饼图

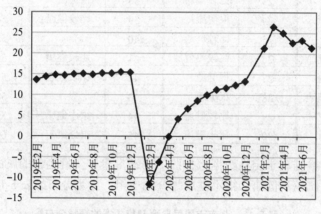

图 5-3　全国软件业务收入累计增长（单位：%）①

（3）条形图。条形图是利用相同宽度的条形的长短或高低来表现数据的大小与变动。如果条形纵排，也可称为柱形图。条形图可以清楚地表现各种不同数据资料相互对比的结果。条形图也可分为简单条形图和复合条形图，前者适用于说明一段时间内的一个变量，后者适用于说明两个或两个以上变量及其对比关系，如图 5-4 所示。

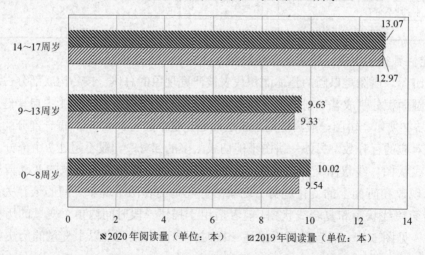

图 5-4　2019 年和 2020 年我国未成年人图书阅读量条形图

---

① 数据来源于国家统计局网站。

3．定性数据的指标

现实生活中经常见到用一两个数值概括大量数据的情况，如高收入的人数占总人口的百分比、人均收入等。对于定性数据，除了计算频数和百分比之外，还可以用众数来描述数据的集中位置。对于定序数据，可以通过计算中位数来描述数据的集中位置。

众数是一组数据中出现次数最多的变量值。要寻找数据的众数，需要先把数据整理出频数分布表，频数最多的那一组为众数。从分布图形来看，众数对应于图形最高点。有些情况下数据分布可能表现为双众数、多众数或没有众数（均匀分布）。Excel 中计算众数的函数为 MODE（数据区域）。

中位数是一组数据排序后处于中间位置的变量值，是一组数据的中点，高于和低于中位数的数据各占一半。Excel 中计算中位数的函数为 MEDIAN（数据区域）。

（二）定量数据的描述统计分析

定量分析是指从事物的数量特征方面入手，运用一定的数据处理技术进行数量分析，从而挖掘出数量中所包含的事物本身的特性及规律性的分析方法。

1．定量数据的直方图

频数分析同样适用于定量数据，只要先把数据分组，即确定组数、组距和组限，然后分组汇总频数、百分比即可。如果把研究的变量放在横轴、每组的频数或百分比放在纵轴，就得到一个直方图，每组的频数或百分比用一个长方形绘制，长方形的底是组距，高是每组相应的频数或百分比。

【例 5-12】为了解居民上网购物支出状况，利用随机抽样调查方法对北京市 60 名居民进行问卷调查，具体数据见表 5-12。

表 5-12　北京市居民上网购物支出　　　　　　　　　　　　单位：元

编号	上网购物支出	编号	上网购物支出	编号	上网购物支出	编号	上网购物支出
1	1000	16	7900	31	3000	46	6700
2	6000	17	2500	32	4600	47	6800
3	7500	18	6300	33	3500	48	4000
4	7000	19	6400	34	3700	49	4500
5	7700	20	7900	35	3800	50	20 000
6	4800	21	12 500	36	5500	51	5000
7	5000	22	2700	37	7000	52	10 000
8	2000	23	2800	38	8100	53	6800
9	9000	24	9200	39	8800	54	6900
10	5300	25	13 000	40	6000	55	11 000
11	6200	26	9500	41	8500	56	7000
12	12 000	27	9700	42	10 000	57	5600
13	6200	28	9900	43	4000	58	5700
14	1000	29	8000	44	8600	59	100
15	7500	30	1000	45	1000	60	300

对表 5-12 中北京市居民上网购物支出数据进行频数分析，结果如表 5-13 所示。

表 5-13 北京市居民上网购物支出的频数分布

上网购物支出/元	频 数	百分比/%	累计百分比/%
2000 以下	6	10.0	10.0
2000～4000	8	13.3	23.3
4000～6000	11	18.3	41.6
6000～8000	18	30.0	71.6
8000～10 000	10	16.7	88.3
10 000 及以上	7	11.7	100
总计	60	100	—

注：进行统计分析时，当某个标志值刚好是相邻两组上下限数值（重叠）时，一般把该值归并到下限组

根据表 5-13 中的北京市居民上网购物支出数据，利用 Excel 软件制作的直方图如图 5-5 所示。与条形图不同，直方图中邻近的长方形是相互连接、不间断的。直方图的一个最重要的应用就是提供分布形态信息。

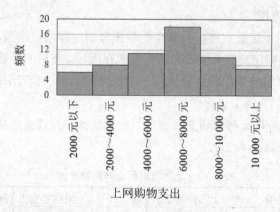

图 5-5 北京市居民上网购物支出的直方图

2．定量数据的指标

（1）相对程度分析。相对程度分析是指通过对比的方法反映现象之间的联系程度，表明现象的发展过程，为利用总量指标不能直接对比的现象找到可以对比的基础。

市场调查分析中常用的相对指标主要有结构相对指标、比较相对指标、比例相对指标、强度相对指标和动态相对指标，其含义及计算公式如表 5-14 所示。

表 5-14 常用相对指标

名 称	含 义	计 算 公 式
结构相对指标	总体各组成部分与总体数值对比求得的比重或比率，用来表明总体内部的构成情况	结构相对指标=各组总量指标数值/总体总量指标数值×100%
比较相对指标	不同总体同类现象指标数值之比	比较相对指标=某条件下的某项指标数值/另一条件下的同项指标数值×100%
比例相对指标	同一总体内不同部分的指标数值对比得到的相对数，它表明总体各部分的比例关系	比例相对指标=总体中某部分指标数值/总体中另一部分指标数值×100%

续表

名称	含义	计算公式
强度相对指标	两个性质不同而有联系的总量指标对比得到的相对数。强度相对指标反映现象的强度、密度和普遍程度	强度相对指标=某一总量指标数值/另一性质不同但与之有联系的总量指标数值×100%
动态相对指标	同一指标在不同时间上的指标数值对比的结果，说明现象的发展速度	动态相对指标=报告期水平/基期水平×100%

（2）集中趋势分析。集中趋势分析就是确定数据一般水平的代表值或中心值。常用的指标有三种，即算术平均数（mean 或 average）、中位数（median）和众数（mode）。这里有必要对三者进行比较及适用范围的说明。

算术平均数，即均值适用于定距或定比变量。其优点是能够充分利用数据的全部信息，大小受每个观测值的影响，比较稳定；缺点是易受极端值影响，如果观测值中有明显的极端值，则均值的代表性较差。

中位数不适用于定类变量，而适用于定序、定距、定比变量，特别是分布不规则的数据。其优点是不受极端值影响，缺点是没有充分利用数据的全部信息、稳定性差于均值、优于众数。

众数不适用于未分组的连续变量，主要适用于定类、定序变量。其优点是不受极端值影响，尤其是分布明显呈偏态时，众数的代表性更好；缺点是没有充分利用数据的全部信息，缺乏敏感性和稳定性。它受分组变化的影响较大，而且可能不唯一，应用的前提是调查个案充分多且数据具有明显集中趋势。

（3）分布的离散趋势分析。离散趋势反映各数值远离其中心的程度，即数据分布的分散程度。数据的离散程度越大，则集中趋势测度值对该组数据的代表性越差；离散程度越小，则其代表性就越好。常用的反映数据离散程度的指标主要有方差（variance）和标准差（standard deviation）、变异系数（coefficient of variation）、全距（range）、四分位差（inter-quartile range）、分布的偏度（skewness）与峰度（kurtosis）等。

① 方差和标准差。方差和标准差是反映数据离散程度时最常用的指标。它们反映的是所有观测值对均值（$\bar{x}$）的离散关系，其数值大小与均值代表性的大小成反向变化关系，即方差或标准差越大，均值的代表性越差。方差 S^2 即标准差 S 的平方，样本方差的计算公式为

$$S^2 = \frac{\sum_{i=1}^{n}(x_i - \bar{x})^2}{n-1} \tag{5.9}$$

对于分组数据，其计算公式为

$$S^2 = \frac{\sum_{i=1}^{k}(x_i - \bar{x})^2 f_i}{\sum_{i=1}^{k} f_i - 1} \tag{5.10}$$

② 变异系数。变异系数也称为离散系数，即标准差与均值的比值，主要用于不同类别

数据离散程度的比较，记为 CV。其计算公式为

$$\text{CV} = \frac{S}{\bar{x}} \tag{5.11}$$

由于标准差的大小不仅与数据的测度单位有关，也与观测值的均值大小有关，不能直接用标准差比较离散程度。变异系数的优点在于消除了测度单位和观测值水平不同的影响，因而可以直接用来比较数据的离散程度。

③ 全距。全距也称极差，是一组数据中最大值与最小值之差，是描述数据离散程度最简单的指标，表明数据的分布范围。它只由两端数值所决定，计算简单，易于理解，但是容易受到极端值的影响，也不能反映中间数据的分布离散状况。

④ 四分位差。将一组数据从小到大排列后，用 3 个四分位数点（Q_1，Q_2，Q_3）将其分为四个相等的部分，第一个四分位数点 Q_1 是第 25 百分位数点，又叫下四分位数点；第二个四分位数点 Q_2 是第 50 百分位数点，即中位数；第三个四分位数点 Q_3 是第 75 百分位数点，又叫上四分位数点。上四分位数点 Q_3 与下四分位数点 Q_1 之间的距离即四分位差，记为 QD。用公式表示为

$$\text{QD} = Q_3 - Q_1 \tag{5.12}$$

如果四分位差较小，说明数据比较集中于中位数附近；反之，分布较分散。四分位差经常与中位数一起用来描述定距或定序变量的分布，其缺点是四分位差只是由两个点决定的，没有充分利用所有数据的信息。

⑤ 分布的偏度与峰度。偏度是指数据分布的偏斜方向和程度。总体偏态系数是离差三次方的平均数除以标准差的三次方。样本偏态系数的计算公式为

$$\text{Skew} = \frac{n}{(n-1)(n-1)} \cdot \sum \left(\frac{x - \bar{x}}{s} \right)^3 \tag{5.13}$$

Skew 为 0 时，表明分布是对称的；若为正值，说明正偏离的差值较大，分布为正偏或右偏；若为负值，说明分布为负偏或左偏。Skew 的绝对值越大，分布的偏斜程度越大。

峰度是指分布集中趋势高峰的形状，它通常是与标准正态分布相比较而言的。若分布的形状比标准正态分布更瘦、更高，称为尖峰分布；相反，若更扁平，称为平峰分布。对峰度的测度是用峰度系数，总体峰度系数是以四阶中心距为基础的，将四阶中心距除以标准差的四次方。样本峰度系数的计算公式为

$$\text{Kurt} = \left\{ \frac{n(n+1)}{(n-1)(n-2)(n-3)} \cdot \sum \left(\frac{x - \bar{x}}{s} \right)^4 \right\} - \frac{3(n-1)^2}{(n-2)(n-3)} \tag{5.14}$$

由于标准正态分布的峰度系数为 0，当 Kurt>0 时，说明数据分布比标准正态分布更陡峭，为尖峰分布；当 Kurt<0 时，数据分布不如标准正态分布陡峭，为平峰分布。

（4）用 Excel 软件计算描述统计指标。

第一种方法是利用 Excel 中"数据"模块下"数据分析"中的"描述统计"分析工具，指定数据所在区域、输出结果的位置，选择"汇总统计"（若同时选择"平均数置信度"，还将输出计算总体均值置信区间所需的误差范围 Δ），单击"确定"按钮后即可直接获取上述描述统计指标的数据结果。

利用 Excel 对表 5-12 中北京市居民上网购物支出数据进行描述统计分析，利用 Excel 的"描述统计"分析工具所计算的各种描述统计指标的数值如表 5-15 所示。

表 5-15　Excel 对北京市居民上网购物支出的描述统计

上网购物支出/元		上网购物支出/元	
平均	9238.333 333	偏度	2.374 822 39
标准误差	1496.776 37	区域	49 900
中位数	5000	最小值	100
众数	2000	最大值	50 000
标准差	11 593.979 91	求和	554 300
方差	134 420 370.1	观测数	60
峰度	5.829 590 856	置信度（95.0%）	2995.042 598

第二种方法是利用 Excel 中的函数来逐一计算各个描述统计指标。例如，计算方差和标准差的函数名分别为 VAR 和 STDEV；计算偏度的函数名为 SKEW；计算峰度系数的函数名为 KURT。Excel 中计算四分位数的函数为 QUARTILE（区域, i），i=0, 1, 2, 3, 4。当 i 等于 0 时，函数结果为最小值；i 等于 4 时，函数结果为最大值；i 等于 2 时，函数结果为中位数。

（三）多变量相关分析

1. 定性变量间的相关分析——交叉列联表分析

交叉列联表分析是指同时将两个或两个以上的具有有限类数目和确定值的变量，按照一定的对应原则排列在一张表上，从中分析变量之间的相关关系，得出科学结论的方法。变量之间的分项必须交叉对应，从而使得交叉表中每个节点的值反映不同变量的某一个特征。进行交叉列联表分析的变量必须是离散变量，并且只能有有限个取值，否则要进行分组。

（1）两个变量的交叉列联表分析。

【例 5-13】对某企业工人工资增长与工作年限长短之间的相关关系所进行的研究中，把所有被调查的工人按工作年限的长短分为三个档次，即小于 5 年、5～10 年和 10 年以上；对工人工资的增长情况分为增长快和增长慢两类。表 5-16 是采用交叉列联表法列出的该项目分析结果。

表 5-16　工人工资增长与工作年限长短的交叉列联表分析（频数）　　　　单位：人

工资增长	工作年限			合　计
	小于 5 年	5～10 年	10 年以上	
增长慢	45	34	55	134
增长快	52	53	27	132
合计	97	87	82	266

那么到底工作年限长短与工资增长快慢有没有关系呢？我们进一步计算出百分比进行更直观的判断，如表 5-17 所示。

表 5-17 工人工资增长与工作年限长短的交叉列联表分析（频率）

工资增长	工作年限		
	小于 5 年/%	5～10 年/%	10 年以上/%
增长慢	46.39	39.08	67.07
增长快	53.61	60.92	32.93
列合计	100	100	100

交叉列联表分析中，尤其要注意变量的选择。由于两个变量都已交互分层，我们既可以根据行合计计算行百分比，也可以根据列合计计算列百分比。行百分比与列百分比的选择取决于哪个变量是因变量、哪个变量是自变量。一般规则是在自变量方向上对因变量计算百分比。以表 5-17 为例，工作年限为自变量，工资增长为因变量，因而可以对各个工作年限分别计算工资增长的快慢百分比。如表 5-17 所示，53.61%的工作年限小于 5 年的人和 60.92%的工作年限在 5～10 年的人工资增长较快，而只有 32.93%的工作年限大于 10 年的人工资增长快。由此可见，工作年限越长，工资增长速度越慢，工资增长幅度越小，这与实际是相符的。

（2）三变量的交叉列联表分析。引入第三变量后再进行交叉列联表分析，则可能出现以下四种结果。

第一，剔除外部环境的影响，使原先两个变量间的联系更单纯。

【例 5-14】表 5-18 中，仅分析购买商品房意向和文化程度二者之间的关系时，从数字上看，低于大学和大学及以上文化程度有购买意向居民的比例均低于无购买意向居民的比例。但引入变量收入水平之后发现，对于低收入来说，没有购买商品房意向的比例较高，但对于高收入的不同文化程度而言，购房意向较为明显，如表 5-19 所示。

表 5-18 居民文化程度与购买商品房意向交叉列联表

购买商品房意向	文化程度	
	低于大学	大学及以上
有购买意向	35.5%	45.5%
无购买意向	64.5%	54.5%
合计	100%	100%
样本量	1000	1000

表 5-19 居民文化程度、收入水平与购买商品房意向交叉列联表

购买商品房意向	收入水平及文化程度			
	低收入，低于大学	低收入，大学及以上	高收入，低于大学	高收入，大学及以上
有购买意向	17%	28%	54%	63%
无购买意向	83%	72%	46%	37%
合计	100%	100%	100%	100%
样本量	500	500	500	500

第二，否定原先两个变量间的联系。

【例 5-15】由表 5-20 可见，仅对受教育水平和私家车的拥有情况进行交叉列联表分析，

发现受教育水平高，拥有私家车的比例高。但引入收入变量后发现，收入才是影响私家车拥有情况的关键变量，对于低收入者，不论受教育水平高低在购买私家车方面都没有差异，如表5-21所示。

表5-20　居民受教育水平与私家车拥有情况的交叉列联表

私家车拥有情况	受教育水平	
	本科及以上	本科以下
有	32%	21%
没有	68%	79%
合计	100%	100%
样本量	250	750

表5-21　居民受教育水平、收入水平与私家车拥有情况的交叉列联表

私家车拥有情况	收入水平及受教育水平			
	低收入，本科及以上	低收入，本科以下	高收入，本科及以上	高收入，本科以下
有	20%	20%	40%	40%
没有	80%	80%	60%	60%
合计	100%	100%	100%	100%
样本量	100	700	150	50

第三，原先两个变量间没有联系，但是第三变量的引入可能引发了它们之间的一些联系。

【例5-16】由表5-22可见，仅对年龄和是否希望出国旅行进行交叉列联表分析，发现两者之间没有联系。但引入性别变量后（如表5-23所示）发现，对于男性，年龄越小，出国旅行的欲望越强；而对于女性正好相反，年龄越大，出国旅行的欲望越强。

表5-22　年龄与是否希望出国旅行的交叉列联表

是否希望出国旅行	年　龄	
	45岁以下	45岁及以上
是	50%	50%
不是	50%	50%
合计	100%	100%
样本量	500	500

表5-23　年龄、性别与是否希望出国旅行的交叉列联表

是否希望出国旅行	性别及年龄			
	男，45岁以下	男，45岁及以上	女，45岁以下	女，45岁及以上
是	60%	40%	35%	65%
不是	40%	60%	65%	35%
合计	100%	100%	100%	100%
样本量	300	300	200	200

第四，没有影响，即引入第三变量对于原来两个变量之间的联系没有影响。

2. 定量变量间的相关分析

在市场调查分析中，相关与回归分析广泛应用于研究定量变量间的关系。相关分析中两个变量的地位是平等的，而回归分析侧重探寻自变量对因变量的影响。

（1）散点图。在对两个变量进行相关分析之前，可以绘制散点图（scatter diagram），即以一个变量为横轴，另一个变量为纵轴，每个观测单元根据两个变量的取值为坐标以点的形式出现在图中。由散点图可以直观地看出变量间的关系形态及联系程度。根据变量间关系的走向，相关关系可以分为正相关和负相关；根据变量间关系的形态，相关关系可以分为线性相关和非线性相关。

【例 5-17】在例 5-12 的基础上，进一步研究居民的受教育年限和上网购物支出之间的相关性，利用 Excel 软件绘制居民的受教育年限和上网购物支出的散点图，如图 5-6 所示。从图中可以初步判断居民的受教育年限和上网购物支出呈现正相关关系，即随着受教育年限的增长，居民的上网购物支出也随之增加。此外，两个变量的关系近似表现为一条直线，即线性相关。

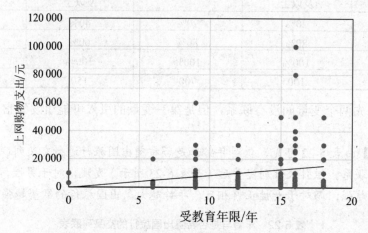

图 5-6 居民的受教育年限和上网购物支出的散点图

（2）简单相关系数。相关系数（coefficient of correlation）是测度变量间关系密切程度的量。对两个变量间线性相关程度的度量称为简单相关系数。样本相关系数的定义公式为

$$r = \frac{\text{Cov}_{xy}}{S_x S_y} = \frac{\sum_{i=1}^{n}(x_i - \bar{x})(y_i - \bar{y})}{\sqrt{\sum_{i=1}^{n}(x_i - \bar{x})^2 \sum_{i=1}^{n}(y_i - \bar{y})^2}} \tag{5.15}$$

式中，r 为相关系数；Cov_{xy} 为协方差；S_x 与 S_y 分别为变量 x 和变量 y 的标准差。Excel 软件中计算相关系数的函数为 CORREL（区域 1，区域 2）。相关系数的取值范围为 $-1 \sim +1$，即 $-1 \leq r \leq +1$。

需要注意的是，在市场调查分析中应用 r 时，必须对它的显著性进行检验。如果仅凭 r 的值来解释变量间的关系，有时可能得出不切实际的结论。例如，$r=0$ 只表示 x 和 y 之间不存在线性相关关系，并不是说 x 和 y 之间不存在任何关系，它们之间可能存在非线性关系；

r 的大小可能会受极端值的影响,不能准确度量变量间的关系,如多数观察值存在线性相关,但个别极端值使数据呈非线性相关;r 所表现的相关程度同样本数据的时间范围有很大关系,在不同时间段,变量间的相关性可能不同;用样本数据计算的 r 带有一定的随机性,尤其是样本量较少时,可能出现虚假相关。

(3) 斯皮尔曼相关系数。测定两个定序变量等级相关程度,可以利用斯皮尔曼(Spearman)相关系数 r_s,其公式为

$$r_s = 1 - \frac{6\sum d_i^2}{n(n^2-1)} \qquad (5.16)$$

式中,n 为划分的等级数;d 为两种排序的等级之差。与简单相关系数 r 类似,r_s 的取值范围为 $-1\sim+1$,即为 $-1\leqslant r_s\leqslant +1$。$0<r_s\leqslant+1$,表明两种排序正相关;$-1\leqslant r_s<0$,表明两种排序负相关;$r_s=0$,表明两种排序之间完全不相关;$|r_s|=1$,表明两种排序完全相关。

三、推断统计分析

市场调查的目的,一方面是对被调查总体的表层现状进行了解,另一方面是对事物内部隐藏的本质和规律性进行深入的剖析。在市场调查中,除了对样本数据的水平或其他特征进行描述以外,还经常需要根据样本的信息对总体的分布以及分布的数字特征进行统计推断,即推断统计分析。推断统计的前提要求是样本是随机抽样而来的,对总体有一定的代表性。

推断统计的分析方法主要包括参数估计、假设检验和方差分析。参数估计是在总体分布已知的情况下,用样本统计量估计总体参数的方法。下面主要介绍假设检验和方差分析。

(一) 假设检验

在市场调查中,主要采用统计假设检验来分析和识别调查对象的各种特征、结构和变化。统计假设检验简称假设检验,是为推断总体的某些性质,先对总体提出假设,然后根据样本资料对假设的正确性进行判断,决定是接受还是拒绝这一假设。假设检验包括参数假设检验和非参数假设检验。如果进行假设检验时总体的分布形式已知,仅需对总体的未知参数进行假设检验,则这种假设检验为参数假设检验;如果总体函数未知,则称为非参数假设检验。

假设检验的基本思想是小概率原理,即发生概率很小的随机事件在一次检验中几乎不可能发生。根据这一原理并根据样本数据判断原假设 H_0 是否成立,但这种判断有可能是错误的。可能 H_0 为真时,拒绝了 H_0,这类"弃真"错误称为第 I 类错误;也可能 H_0 不真时接受了 H_0,这类"取伪"错误称为第 II 类错误。因此,在确定检验法则时应尽量使犯这两类错误的概率都减小。一般控制犯第 I 类错误的概率,使它小于等于 α。这种只对犯第 I 类错误的概率加以控制的检验问题,称为显著性检验问题。

1. 假设检验的一般步骤

(1) 根据实际问题提出原假设 H_0 和备择假设 H_1。一般把需要通过样本去推断其正确与否的命题作为原假设,把与之相反的命题作为备择假设。

（2）确定显著性水平 α，α 的取值视具体情况而定，通常取 0.1、0.05 或 0.01 等。

（3）确定适当的检验统计量以及拒绝域的形式。

（4）根据样本观察值计算检验统计量的值。

（5）根据显著性水平与统计量的分布找出接受域与拒绝域的临界点，比较临界点与检验统计量的值，做出是拒绝还是接受 H_0 的决策。

2. 单个正态总体均值假设检验的原假设形式

对于一个总体来说，其集中趋势或者说中心值是我们关心的，因此需要了解总体的均值，但是由于总体是未知的，可以对总体进行抽样，通过样本均值的情况来检验对总体均值的假设是否成立。因此，原假设可以写成

$$H_0: \mu = \mu_0，或 H_0: \mu \geq \mu_0，或 H_0: \mu \leq \mu_0$$

但其检验统计量的选择取决于总体方差是否已知以及样本量的大小。

在总体方差已知的情况下采用 Z 检验，$z = \dfrac{\bar{x} - \mu_0}{\sigma/\sqrt{n}}$。它利用在 H_0 为真时，服从标准正态分布的统计量来确定拒绝域。

在总体方差未知的情况下采用 t 检验，$t = \dfrac{\bar{x} - \mu_0}{\sigma/\sqrt{n}}$。它利用在 H_0 为真时，服从 t 分布的统计量（自由度=$n-1$）来确定拒绝域。

【例 5-18】在例 5-12 的基础上，已知北京市 60 位居民上网购物支出的平均值（$\bar{y}$）为 9238 元，样本标准差（s_y）为 11 594 元。进一步检验北京市居民平均上网购物支出（$\bar{Y}$）是否等于 9000 元。

（1）提出原假设。验证北京市居民平均上网购物支出（$\bar{Y}$）是否等于 9000 元，因此原假设 H_0 为北京市全体居民平均上网购物支出 $\bar{Y}$ 等于 9000 元，备择假设 H_1 为 $\bar{Y}$ 不等于 9000 元。

（2）确定显著性水平 $\alpha = 0.05$。

（3）选择检验统计量并给出统计量的分布。上网购物支出近似服从正态分布，总体方差未知，选择 t 统计量为检验统计量，在原假设为真时，$\bar{Y} = 9000$ 元。计算 t 统计量的数值，即

$$t = \dfrac{\bar{y} - \bar{Y}}{s_y/\sqrt{n}} = \dfrac{9238 - 9000}{11594/\sqrt{60}} = 0.159$$

（4）确定显著性水平 $\alpha = 0.05$ 并根据 t 值利用 Excel 软件的函数计算对应的 P 值，TDIST（0.159 592）= 0.874。

（5）做出决策。当原假设成立时，即北京市居民平均上网购物支出等于 9000 元时，$P(t \neq 0.159) = 0.874 > 0.05 = \alpha$，仅一次调查未出现小概率事件，因此在 5%的显著性水平下接受原假设，认为北京市居民平均上网购物支出等于 9000 元。

（二）方差分析

方差分析（ANOVA）是非常重要的一种统计思想，其将数据差异划分为几种原因并进行比较分析以找出总体规律，在市场分析中经常使用。方差分析从实质上来说就是两个独

立样本 t 检验推广到多个独立总体情形的假设检验,是一种参数检验方法,检验多总体的均值是否存在显著性差异。

应用方差分析时一般假定所比较的总体都服从正态分布,而且具有相同的方差。不过方差分析具有稳健性,在更宽泛的条件下也是近似有效的。在方差分析中,根据控制变量的个数可以分为单因素方差分析、多因素方差分析和协方差分析三类。当涉及的因素只有一个时,称为单因素方差分析,这是多种方差分析中最简单的,下面重点讲解单因素方差分析。

进行单因素方差分析的步骤一般如下。

(1) 明确因变量(观测变量)与自变量(控制变量),建立原假设。

假设因变量为 Y,自变量为 X,X 有 k 个水平。在 X 的每个水平下,Y 的观察值个数为 n_i,总样本量为 $n = \sum_{i=1}^{k} n_i$。

原假设 H_0 为 $\bar{Y}_1 = \bar{Y}_2 = \bar{Y}_3 = \cdots = \bar{Y}_k$,即 X 的每个水平下 Y 的总体均值相等或 X 对 Y 没有显著性影响。

(2) 分别计算总方差、组间方差、组内方差,建立方差分析表,如表 5-24 所示。

表 5-24 单因素方差分析表

方差来源	平方和(SS)	自由度	方差	F 值
组间(因素影响)	$SSA = \sum_{i=1}^{k} n_i (\bar{y}_i - \bar{y})^2$	$k-1$	$MSA = \dfrac{SSA}{k-1}$	$F = \dfrac{MSA}{MSE}$
组内(误差)	$SSE = \sum_{i=1}^{k} \sum_{j=1}^{n_i} (y_{ij} - \bar{y}_i)^2$	$n-k$	$MSE = \dfrac{SSE}{n-k}$	
总和	$SST = \sum_{i=1}^{k} \sum_{j=1}^{n_i} (y_{ij} - \bar{y})^2$	$n-1$		

其中,$\bar{y}_i = \dfrac{1}{n_i} \sum_{j=1}^{n_i} y_{ij}$,$\bar{y} = \dfrac{1}{n} \sum_{i=1}^{k} \sum_{j=1}^{n_i} y_{ij}$,$y_{ij}$ 表示第 i 个水平下第 j 个观测值。

(3) 显著性检验:F 检验,计算 P 值。如果 P 值低于显著性水平 α,则拒绝原假设,认为差异显著。

(4) 分析结果。如果原假设没有被拒绝,说明自变量对因变量没有显著影响;反之,如果原假设被拒绝,说明自变量对因变量有显著影响。换句话说,在自变量的不同水平下,因变量的均值是不同的。

【例 5-19】在例 5-18 的基础上,检验受教育年限不同的居民的上网购物支出是否存在显著性差异。具体步骤如下。

(1) 明确变量并提出原假设。检验受教育年限不同的居民的上网购物支出是否存在显著性差异,即检验受教育年限这一控制变量是否显著影响居民上网购物支出这一因变量。将受教育年限分为 3 类,即义务教育及以下=1、高中或中专=2、大学本科(或专科)及以上=3,因此提出原假设 H_0:受教育年限不同居民的平均上网购物支出相等($\bar{Y}_1 = \bar{Y}_2 = \bar{Y}_3$)。

(2) 制作方差分析表,SPSS 的输出结果如表 5-25 所示。

表 5-25 单因素方差分析表

方差来源	平方和	df	均方	F	显著性
组间	2 272 600 471.388	2	1 136 300 235.694	5.607	0.004
组内	43 162 948 232.316	213	202 642 949.447		
总数	45 435 548 703.704	215			

（3）显著性检验。利用 F 检验，表 5-24 中显示 F 统计量的数值为 5.607，对应的 P 值为 0.004。给定显著性水平 $\alpha = 0.05$，可知 $P = 0.004 < \alpha = 0.05$。

（4）分析结果。在 5% 的显著性水平，仅一次调查出现了小概率事件，因此拒绝原假设，认为受教育年限不同居民的上网购物支出存在显著性差异。

四、多元统计分析

（一）聚类分析

聚类分析（cluster analysis）又称群分析和类分析，它是依据某种准则对个体（样品或变量）进行分类的一种多元统计分析方法。通俗地讲，聚类分析就是多元统计分析中研究所谓的"物以类聚"现象的一种方法，其职能是对一批样本或指标，按照它们在性质上的亲疏程度进行分类。

1. 聚类分析在市场调查中的应用

聚类分析作为一种重要的统计分析工具，目前广泛应用于经济、社会、管理、人口研究、医学、地质、生态、气象等各个领域。在市场研究中，聚类分析可以用于以下分析。

（1）市场细分。例如，可以根据消费者购买某产品的各种目的对消费者进行分类，这样每个类别内的消费者在购买目的方面是相似的。

（2）了解购买行为。聚类分析可以把购买者分类，这样有助于分别研究各类购买行为。

（3）开发新产品。对产品与品牌进行聚类分析，把它们分为不同类别的竞争对手。要在同一类别的品牌中比其他的品牌更具有竞争性，公司可以通过比较现有竞争对手，明确新产品的潜在机遇。

（4）选择实验性市场。通过把不同城市分类，选择具有可比性的城市检验不同的营销策略的效果。

（5）简化数据。聚类分析可以作为简化数据的工具，它所建立的分类数据或子类数据比个体数据更易于管理与操作。许多多元分析都是针对各个类的数据而非个体数据。例如，要描述消费者对产品使用行为的不同，可能要先把消费者分类，再通过多元判别，分析、比较不同类之间的差别。

2. 聚类分析的基本步骤

（1）确定问题（选择变量）。其中最重要的部分就是选取变量，一般来说，选择的变量应能描述对象在所研究问题方面的相似性。变量的选择应建立在以往的研究、理论与假设的基础之上。

（2）选择距离或相似系数的测度。距离的类型也有很多种，目前使用得最多的是欧氏距离或欧式距离的平方。使用不同的距离测度，可能导致不同的聚类结果。因此，可以使用不同的距离,再比较其结果。

(3)选择聚类方法。由于类与类之间定义距离的方法不同,系统聚类法也有很多种,如最短距离法、最长距离法、中间距离法、重心法、类平均法、可变类平均法、可变法、离差平方和法等。选用不同的聚类方法,结果可能不完全相同。

(4)决定类别个数。对于类别个数的确定并没有硬性规定,可以参照理论、概念或实践上的考虑,在系统聚类中可以类间距离为分类标准,而且应保证类别内个体的个数有一定意义。

(5)描述与解释各个类别。检验各类在各变量上的均值(可以借助判别分析),为各个类别命名。有时也可以使用并没有参加聚类的变量对类别进行解释,可以通过方差分析与判别分析确定这些变量在不同类间是否有显著的不同。

(6)评价聚类的有效性与准确性。在接受聚类结果之前,必须对它的有效性与准确性进行评价。正式的评价方法非常复杂,可以通过以下方法检查聚类结果的质量:① 使用不同的距离测度或不同的聚类方法对同样的数据进行聚类分析,通过比较结果来看其稳定性;② 把数据随机分为两份,分别对其进行聚类分析,比较其结果;③ 随机删除一些变量,再进行聚类分析,将其结果与原结果进行比较。

(二)判别分析

判别分析(discriminant analysis)是判别样本所属类型的一种多元统计方法,在生产、科研与日常生活中都经常用到。例如,医生可以根据体温、血压以及各项检验指标来判断病人生病的程度;经济研究者根据经济、政治、科技、军事、人口、资源等多种指标来判断国家的竞争力。在市场调查研究中,市场调研人员可以根据调查数据判断产品质量是好、一般还是坏。

1. 判别分析在市场调查中的应用

例如,分析某品牌的购买者与非购买者之间有什么差别;从人口统计和生活方式看,对某新产品有较高购买可能性的客户与购买可能性较低的客户之间有何区别;从人口统计和生活方式看,经常光顾某餐厅的顾客与经常光顾其竞争对手餐厅的顾客之间有何区别;已经选购不同品牌商品的顾客在使用、感知和态度上有何不同;等等。

2. 判别分析的基本步骤

(1)问题的界定。首先要明确研究目标,判别变量与自变量。判别变量必须是分层(类)变量,如果是定距或定比的,可以通过分层转换成分类变量。然后,把样本分为两部分,其中一部分称为分析样本,用于估计判别函数;另一部分称为验证样本,用于检验判别函数的有效性。如果样本容量足够大,可以把样本平分为两部分,一部分先做分析样本,另一部分先做验证样本,然后互换角色,再分析一次,这种方法称为双重交互确认。此外,还可以重复多次进行判别分析,当然每一次样本的划分都不相同。这样经过多次实验,可以验证判别分析的有效性。

分析样本和验证样本的分布与总样本的分布应该是一致的。例如,总样本中含有70%的忠实消费者和30%的非忠实消费者,则分析样本中与验证样本中也都应该有70%的忠实消费者和30%的非忠实消费者。

（2）估计。一旦分析样本准备完毕，就可以估计判别函数系数。

根据判别准则的不同，判别方法有很多种，下面仅介绍常用的距离判别、Fisher 判别和 Bayes 判别的基本思想。

① 距离判别。首先根据已知分类的数据分别计算各类的重心，即分组均值。判别准则是对于任何观测值，若它与第 i 类的重心距离最近，就认为它来自第 i 类。

② Fisher 判别。其思想是投影，将 k 组 p 维数据投影到某个方向，使它们的投影组与组之间尽可能分开。它借助方差分析的思想来构造判别函数 $y=c_1x_1+c_2x_2+\cdots+c_px_p$，其中判别系数确定的准则是使组间区别最大、组内离差最小。

③ Bayes 判别。假定对研究对象已有一定的认识，已知各总体的先验分布，判别准则是新样本属于该总体的条件概率最大，有时也使用把新样本归于该总体错判的损失最小。

（3）显著性检验。如果估计的判别函数是不显著的，也就是各组的判别函数的均值差异不显著，那么其结论也是没有意义的。

（4）对判别系数进行解释。

（5）有效性检验。

如前所述，数据被随机分为分析样本和验证样本两部分，利用分析样本估计判别系数后，通过验证样本回代的准确率来判断其有效性。

注意，参与构造判别函数的样本个数不宜太少，否则会影响判别函数的有效性。自变量的选择直接影响判别分析的成败，因此选择自变量时一定要慎重筛选出对分类特别重要的变量。此外，构造判别函数的指标不宜太多，否则使用不方便，而且会影响预报的稳定性。

（三）因子分析

因子分析（factor analysis）的目的是使数据简单化，它是将具有错综复杂关系的变量综合为数量较少的几个因子，以再现原始变量与因子之间的相互关系，同时根据不同因子对变量进行分类。这些因子是不可观测的潜在变量，而原先的变量是可观测的变量。因子分析最早用于解决心理学与教育学方面的问题，后来被广泛应用于社会学、经济学、考古学、生物学、医学等领域。

1. 因子分析在市场调查中的应用

（1）消费者使用习惯和态度研究。探查消费者对产品的态度往往需要使用因子分析探查影响消费者产品态度的基本因子并在此基础上，利用各因子进行聚类分析以对消费群进行细分，从而达到市场细分的目的。例如，根据因子分析，不同购买者对计算机的价格、性能、质量的要求相对不同，从而把计算机购买者分为家庭型、商务型、娱乐型、便利型等。

（2）产品研究。在产品研究中，经常需要研究品牌形象和产品属性，对此，因子分析作用重大。例如，对 15 个有关银行特性的变量的因子分析结果表明，传统服务（包括贷款利率、社会声望等）、便利性（包括服务速度、ATM 机的位置等）、可见度（包括亲友推荐、社会活动的参与度等）以及能力（包括雇员能力、辅助服务可得性等）是顾客评价银行时所使用的四个评价因子。

（3）广告研究。在广告研究中，因子分析有助于认识目标市场接触媒体的习惯。例如，企业通过了解大多数消费者关注媒体的习惯（时间、态度、偏好），以及考虑客观因素（年龄、职业等），进而确定自己的广告策划策略和投放时间等。

（4）价格研究。在价格研究中，因子分析可用于寻找价格敏感型消费者的特征。例如，这些消费者可能属于办事谨慎、注重经济、以家庭为中心的人。

（5）满意度研究。满意度研究中同样可能需要使用因子分析对顾客态度进行探查，以寻求影响顾客满意度评价的基础因子。例如，某航空公司想要了解乘客对该公司的满意度，首先要设置很多相关的变量（潜变量和隐变量），进而确定相关的问卷设计内容，展开问卷调查，收集数据，进而进行乘客满意度分析。

2．因子分析的基本步骤

（1）问题的界定。首先要明确研究目标，必须在前期研究、理论与研究者判断的基础之上选择参加因子分析的变量，而且这些变量必须是定距或定比变量。要保证一定的样本容量，一般观测值至少应是变量个数 p 的 4 倍。

（2）建立相关系数矩阵，检查变量之间的相关性。如果变量之间的相关系数都很小，可能不适合进行因子分析。通常期望变量间强相关，这样它们也会与相同的因子强相关。

（3）选择因子分析的方法。抽取因子的方法较多，主要有主成分法、主因子法、最大似然法、最小残差法、典型极大似然法等。据研究，在样本含量很大、变量数也较大（大于 30）并且所有变量都没有低共同度的情况下（大于等于 0.4），不同方法的结果都大致相同。如果样本含量超过 1500，则最大似然法给出的因子载荷估计最精确。

（4）确定因子个数 m，可以根据以往的经验、变量共同度、方差贡献度以及显著性检验等方法来确定。因子分析的主要目的是用少数几个公共因子来阐释数据的基本结构。这既要求因子的数目减少，又要求保留的因子能够尽可能多地保留原来变量的信息，因此因子数目的选取也比较讲究。

变量 x_i 的共同度即因子载荷矩阵中第 i 行元素的平方和，用 h_i^2 表示，公式为

$$h_i^2 = \sum_{j=1}^{m} a_{ij}^2, i = 1, 2, \cdots, P \tag{5.17}$$

共同度表明全部公共因子对变量 x_i 的总方差所做的贡献，即全部因子反映原变量信息的百分比。h_i^2 越接近 1，说明该变量的几乎所有原始信息都被所选取的公共因子说明了，即保留的原始信息越多。对共同度与提取的因子个数做散点图，有助于选择因子个数。

公共因子的方差贡献的要求可能不同，但一般都要求所提取的公共因子的方差贡献应在 60% 以上。

（5）因子载荷矩阵的旋转。得到初始因子载荷矩阵后，尽管它也反映因子与观测变量之间的关系，但是由于它所形成的因子与很多变量都相关，所以很难对因子做出解释。因此，需要对因子载荷矩阵进行旋转，在不影响共同度和全部所能解释的方差比例的条件下，使某些变量在某个因子上的载荷较高，而在其他因子上的载荷则较低，从而易于解释每个因子所代表的实际意义。因子载荷矩阵的旋转方法很多，最常用的是"方差最大正交旋转"（varimax procedure），即通过正交变换使得各个因子负荷的方差达到最大，同时保持因子之间的不相关性。

（6）因子的解释。通过在因子上载荷较大的变量对其进行解释。

(7)计算因子得分。因子分析的数学模型是将变量(样品)表示为公共因子的线性组合,由于公共因子能充分反映原始变量的相关关系,用公共因子代替原变量时,有时更有利于描述研究对象的特征,因此经常需要反过来将公共因子表示为观测变量(样品)的线性组合,即把因子表现为

$$F_j=b_{1j}x_1+b_{2j}x_2+\cdots+b_{pj}x_p, \quad j=1, 2, \cdots, m \tag{5.18}$$

这样就可以计算公共因子得分,从而可以在公共因子的空间中,按照各个变量(样品)的因子得分值标出其对应的位置,借助因子得分对变量(样品)进行解释。估计因子得分的方法很多,如加权最小二乘法、回归法等,其中常用的是回归法。

因子得分值可以用来代替原来的变量,用于后续的统计分析。由于消除了相关性,其为后续的统计分析方法的应用提供了较大的便利。

(四)对应分析

对应分析(correspondence analysis)是把 R 型因子分析与 Q 型因子分析结合起来,对变量与样品一起进行分类的一种多元统计方法。通过对应分析,可以把变量与样品同时反映到坐标轴相同的一张图形上,这样便于对变量和样品一起进行分类、作图和解释。

如果将其中的样品也以变量代替,对应分析可以用于分析二维变量间的内在关系。例如,在市场研究中,我们经常使以交互列联表分析,但如果列联表的行与列较多,即使通过检验证明变量间存在密切关系,也很难从表中分析它们之间的内在联系。使用对应分析可以反映行、列变量之间的内在联系,变量划分的类别越多,这种方法的优势就越明显,而且还可以通过多维散点图直观地表现这些内在关系。该统计研究技术在市场细分、产品定位、品牌形象以及满意度研究等领域的运用越来越广泛。

(五)结合分析

结合分析(conjoint analysis)也是一种多元统计方法,在欧美地区已广泛应用于市场调查。它假设消费者对产品或服务的偏好是基于多个因素的结合来判断的,因此这种偏好可以分解为对多个属性的偏好。

结合分析方法可用于确定消费者决策过程中各属性的相对重要性;估计在某一属性上处于不同水平的品牌的市场份额;确定最受欢迎的品牌的构成(即产品效用评价最高的属性);将属性水平的偏好相似的消费者归类,进行市场细分;等等。此外,结合分析还可以将研究结果做成市场模拟模型并很好地应用于未来。随着新竞争者的进入、新产品的问世、价格战的爆发及厂商广告策略的变动,市场也会随之发生变动。传统的研究方法是每当市场发生重大变动,就需要进行调查,以分析人们对这种变动的感受及这种变动将如何影响人们的购买行为。然而,使用结合分析,只要将改变的条件输入模拟模型,就可以得出人们对这些变动做出何种反应的预测。

第三节 数据处理的分析技术实例

计算机处理调查数据资料是借助运行应用软件完成的,可以直接购买现成的软件商品。伴随着计算机技术的日益发展,市场上出现了许多功能强大的统计软件,如 SPSS、STATA、

SAS 等。在此，以 IBM SPSS Statistic 20 版本为例介绍基本的操作方法和技术，即最常用的命令和程序。

IBM SPSS Statistic 是在 Windows 环境下运行的"社会科学统计程序"，是一种帮助人们进行数据处理的统计工具。其具体功能包括汇总数据、创造合适的统计表格和图表、检验变量之间的关系、执行基于给定数据的假设检验、构造合适的模型。由于现代计算机运行的速度很快，研究人员能够采用各种方法检验数据及变量间的关系。因此，如果用户想透彻地明白所要研究的问题，那么计算机程序 SPSS 就能帮助用户处理大量的数据、检验假设和发掘模式。

一、SPSS 系统运行管理方式

IBM SPSS Statistic 20 启动后即在屏幕上显示出主界面、统计结果输出窗口和新数据窗口（见图 5-7）。主界面的最上行由 11 个菜单单项组成：① File（文件）；② Edit（编辑）；③ View（视图）；④ Data（数据）；⑤ Transform（转换）；⑥ Statistics（分析）；⑦ Directed Marketing（直销）；⑧ Graphs（图形）；⑨ Utilities（实用程序）；⑩ Window（窗口）；⑪ Help（帮助）。

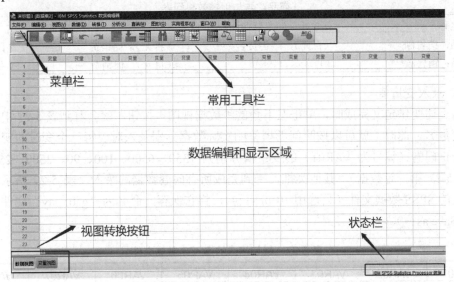

图 5-7　SPSS 软件操作界面

在主界面的左下角有两个视图转换按钮：① Data View（数据视图）；② Variable View（变量视图）。其中包含：名称，主要用于自行定义问卷中变量的名称，目的是便于理解和认识；类型，主要用于定义名称的格式和数据类型（如数值型、字符串等）；宽度和小数点，主要是设置数据的呈现格式；标签，主要给问卷题目赋予名称、称谓；值，主要是对变量数值代表什么进行定义；缺失，主要是对有些没有填的内容进行定义；对齐方式，分为左对齐、右对齐和居中对齐。度量标准分为名义、有序和度量。（名义是对数据进行分类得到的变量，如按性别分为男、女，按年龄分为老、中、青；有序变量是对数据进行排序得到的变量，如按成绩先后分为第一、第二、第三、第四等；度量变量是对数据经过按标准测量,或使用工具测量后得到的数据,有绝对零点或相对零点的数据:有绝对零点的如长度、重量等;有相对零点的如温度、成绩、智商等。)

二、SPSS 数据文件的录入

(一)建立 SPSS 数据文件的方法

1. 定义变量

在清楚数据文件结构的基础上,在打开的 IBM SPSS Statistic 20 上定义变量。如表 5-26 所示,数据结构包括 8 个变量。首先定义 VAR01=商店名称;VAR02=营业面积;VAR03=A 商品销售额;VAR04=A 商品广告费;VAR05=A 商品促销费;VAR06=B 商品销售额;VAR07=B 商品广告费;VAR08=B 商品促销费。然后在进入 SPSS 后,单击"变量视图"按钮,在名称处分别输入 VAR01 至 VAR08。例如 VAR08,在对应的标签处输入其所代表的"B 商品促销费";若答案需要定义则再在值处输入答案类型与定义,此例没有分组(而是连续的)就无须再定义。

表 5-26　问卷调查数据结构

商品广告与促销效果问卷
商店名称:_____　　　　　营业面积:_____(平方米)
A 商品:销售额_____(百元),广告费_____(百元),促销费_____(百元)
B 商品:销售额_____(百元),广告费_____(百元),促销费_____(百元)

2. 录入变量值

当上述变量定义完成时,单击左下角的"数据视图"按钮,就会看到表 5-27 中最上一行的变量名。此时,就可以按照问卷填答的实际数据分别录入对应每一个变量的变量值,如第一份问卷(编号为 VAR01)的变量值分别为 1350、6500、100、90、2500、25 和 30 (见表 5-27 第一行数据),其他类推,直到完成所有问卷数据的录入。表 5-27 所示就是最初格式的 SPSS 数据文件(只选用 10 份问卷),将它保存,命名为"gc0. say"文件(使用 File→Save as…)。

表 5-27　最初格式的 SPSS 数据文件

VAR01	VAR02	VAR03	VAR04	VAR05	VAR06	VAR07	VAR08
1	1350	6500	100	90	2500	25	30
2	700	11 000	300	160	7200	90	30
3	180	2600	8	26	3000	5	10
4	400	8000	120	110	3600	15	31
5	95	2000	3	18	2050	2	9
6	550	10 700	26	103	8340	92	75
7	270	2800	15	37	5400	20	27
8	85	1900	2	10	3020	7	15
9	300	5300	51	35	5400	73	26
10	200	300	30	36	5000	17	30

（二）利用 Excel 数据导入 SPSS

很多工作者更熟悉 Excel 软件，所以在录入数据时并不是直接录入 SPSS 软件，而是先录入 Excel 软件，然后再导入 SPSS 软件进行运算。具体操作步骤如下。

第一步，新建一个 Excel 表格，第一行是问卷问题的编号，可以用最为简单的数字和英文字母表示，然后在对应的每一列中输入被调查者的问卷答案（见图 5-8），最后将新建立的 Excel 数据文件（只选用 10 份问卷）保存起来，命名为"问卷调查数据"文件。

	A	B	C	D	E	F	G	H
1	Q1	Q2	Q3	Q4	Q5	Q6	Q7	Q8
2	1	1 350	6 500	100	90	2 500	25	30
3	2	700	11 000	300	160	7 200	90	30
4	3	180	2 600	8	26	3 000	5	10
5	4	400	8 000	120	110	3 600	15	31
6	5	95	2 000	3	18	2 050	2	9
7	6	550	10 700	26	103	8 340	92	75
8	7	270	2 800	15	37	5 400	20	27
9	8	85	1 900	2	10	3 020	7	15
10	9	300	5 300	51	35	5 400	73	26
11	10	200	300	30	36	5 000	17	30

图 5-8　在 Excel 软件中录入数据

第二步，打开 SPSS 软件，单击"文件"→"打开"→"数据"，在文件类型中选择 Excel，然后打开上面新建的 Excel 文件（问卷调查数据.xlsx，见图 5-9）。

图 5-9　在 SPSS 软件中打开 Excel 文件

打开 Excel 文件后，数据显示如图 5-10 所示，Q1～Q8 等问题的答案即可自动显示。

	Q1	Q2	Q3	Q4	Q5	Q6	Q7	Q8
1	1	1 350	6 500	100	90	2 500	25	30
2	2	700.	11 000	300	160	7 200	90	30
3	3	180.	2 600	8	26	3 000	5	10
4	4	400.	8 000	120	110	3 600	15	31
5	5	95.	2 000	3	18	2 050	2	9
6	6	500.	10 100	28	103	6 340	52	15
7	7	270.	2 800	15	37	5 400	20	27
8	8	85.	1 900	2	10	3 020	7	15
9	9	300.	5 300	51	35	5 400	73	26
10	10	200.	300.	30	36	5 000	17	30

图 5-10　在 SPSS 软件中自动显示问卷答案

在实地问卷调查结束后，收集到的信息虽然存入计算机，要想获得调查样本的特征并由此推及至总体，则必须进行数据的统计和分析。

三、统计、分析数据的基本准备工作

统计、分析数据的基本准备工作是定义变量、新增变量的计算及变量重新分组。这里主要就建立新增变量、变量的重新分组进行说明。

（一）建立新增变量

建立新增变量（Compute）功能是根据已经有的原始数据之间的逻辑关系可计算出许多新变量，以满足统计、分析的需要。操作方法为单击主菜单中的"数据转换（Transform）"→"计算（Compute）"，就打开了"计算变量（Compute Variable）"主对话框。在"目标变量名称（Target Variable）"中，可以为这个新变量取个名称（与已经有的变量名不同），如"V10"，并且输入方框。等号（=）右边的方框中要求输入数学表达式（Numeric Expression）。利用计算器板（Calculator Pad）输入表达式，即依次在左下边的已有变量方框中选定需要相加的变量，通过单击对话框中间的箭头转移按钮将其放入"数学表达式方框"，然后在计算器中单击数学符号，依次进行直到满足要求，最后单击"OK"按钮。计算机运行后的结果为：在数据窗中就可以看到每个个案都在末尾增加了一个名称为"V10"的新变量。

（二）变量的重新分组

变量的重新分组（Recode）功能是根据研究目的和统计清单的要求，对变量重新分组（类）。例如，将"商场面积"分为 1 小型（小于或等于 99m^2）、2 中型（100～499m^2）、3 大型（500m^2 及以上）3 类。操作步骤如下。

第一步，打开主对话框，选择分组变量。选择菜单"数据转换（Transform）"→"不同变量中重新分组（Recode into Different Variables）"，在打开的"不同变量中重新分组（Recode into Different Variables）"对话框中，单击所要重新分组的变量名，如营业面积（或YYMJ），然后单击箭头转移按钮，营业面积（或 YYMJ）变量就会出现在右侧的"数字变量（Numetic Variable）"→"输出变量（Output Variable）"窗口内。

第二步，定义变量标签。在右侧的"输出变量（Output Variable）"窗口定义新变量名和变量标签，如"营业面积分组（或 YYMJFZ）"，然后单击"转变（Change）"按钮。

第三步，设置原有值和新建值（Old and New Values）子对话框。单击"原有值和新建值（Old and New Values）"，在左侧出现的"原来值（Old Value）"对话框中，根据编码手册，对变量进行重新分组：首先，单击"从最小值到指定值（Range Lowest Through）"。并且在方格内键入指定的数值，如 99；单击右边"新组/类值（New Value）"方框，键入指定的数值，如"1"，然后单击"加入（Add）"，就会在 Old→New 方框内看到重新分组的情况。重复上述步骤，在"原来值（Old Value）"对话框中，单击"间距（Range）"，如在第一个格内输入 100，在第二个格内输入 499；单击右边"新组/类值（New Value）"方框，键入指定的数值，如"2"，然后单击"加入（Add）"（注：如果有多个区间值，则重复这个步骤，直到完成）。

第四步，这时返回到"选择变量"主对话框，最后单击"继续（Continue）"→"OK"按钮。计算机运行后在数据窗中就可以看到每个个案都在末尾增加了一个名为营业面积分组（或 YYMJFZ）的新变量。

四、基本统计分析

IBM SPSS Statistic 20 的数值分析程序在主菜单的统计（Analyze）中，其下拉子菜单中主要有 7 个统计分析程序，即描述性统计分析（Descriptive Statistics）、均值比较（Compare Mean）、聚类分析（Classify）、相关分析（Correlate）、回归分析（Regression）、降维分析（Data Reduction）和生存分析（Survival）。这里重点介绍一下基本的描述统计方法的使用。

在描述性统计分析（Descriptive Statistics）的子菜单中，包括的基本统计程序有频数统计（Frequencies）、描述分析（Descriptive）、探索分析（Explore）、交互分类表（Crosstabs）、比率分析（Ratio）和 P-P 图（P-P Plots），以及 Q-Q 图（Q-Q Plots）。

（一）频数分析

单击主菜单中分析（Analysis）→描述性统计分析（Descriptives Statistics）→频数统计（Frequencies），在出现的主对话框中，从左侧的"变量清单栏"中选定要进行统计分析的变量，然后单击中间的"→"按钮，使其进入右侧的"选定变量栏"，根据需要选择相应的统计量和图表（见图 5-11）。

图 5-11　频数统计选项对话框和频数统计图表选项对话框

（二）描述分析

描述分析分为三大部分，即集中趋势的描述统计、离散趋势的描述统计和分布形态的描述统计。在 SPSS 的工具栏内选择"分析（Analyze）"→"描述性统计分析（Descriptive Statistics）"→"频率（Frequencies）"，打开数据分析选项框，选择几个常用的统计量，单击"确定"按钮即可得到一系列描述统计指标。SPSS 软件中提供了集中趋势的描述统计量"均值"，离散趋势的描述统计量"标准差""方差"和"全距（范围）"等，分布形态的描述统计量"偏度"和"峰度"（见图 5-12）。根据需要进行选择即可。

图 5-12 描述统计选项对话框

利用 SPSS 软件对表 5-12 中北京市居民上网购物支出进行描述统计分析，所计算的各种描述统计指标如表 5-28 所示。

表 5-28 SPSS 软件对北京市居民上网购物支出的描述分析

统 计 量		数 值	统 计 量		数 值
样本量	有效	60	峰度		5.830
	缺失	0	峰度的标准误		0.608
均值		9238.33	全距		49 900
中值		5000	极小值		100
众数		2000	极大值		50 000
标准差		11 593.980	和		554 300
方差		134 420 370.056	百分位数	25	2000
偏度		2.375		50	5000
偏度的标准误		0.309		75	10 000

表 5-28 的计算结果显示，偏度数值为 2.375，表示北京市居民上网购物支出的分布呈右偏分布；峰度的数值为 5.830，表示北京市居民上网购物支出的分布属尖峰分布。

（三）交叉列联表分析

将所需分析的变量分别选入"行"和"列"框内，进一步打开"统计量"和"单元格"

选项对话框，选定所需统计量和输出表的单元格内容即可，如图 5-13 和图 5-14 所示。

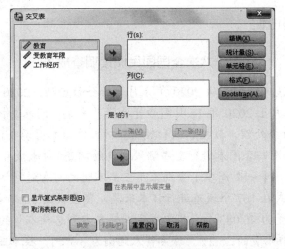

图 5-13 交叉表对话框

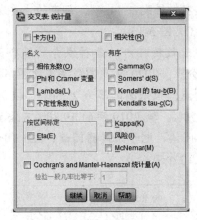 

图 5-14 交叉表统计选项对话框和显示单元格选项对话框

（四）绘制统计图

SPSS 软件的制图功能很强大，能够生成和编辑多种统计图形。除了在各种数值统计分析过程中产生设定图形外（如在频数统计中产生直方图），还特别在主菜单中有一个图形（Graphs）项，将制图作为一个单独分析项目。

在主菜单图形（Graphs）下，可以通过图形生成器（Chart Builder）和图形画板模式选择程序（Graphboard Template Chooser），以及传统模式（Legacy Chart）创建图形。其中，传统模式下可制作的图形包括条形图（Bar）、三维条形图（3-D Bar）、线形图（Line）、面积图（Area）、圆瓣图（Pie）、高低图（High-low）、排列图（Pareto）、控制图（Control）、箱线图（Boxplot）、误差条图（Error Bar）、金字塔图（Population Pyramid）、散点图（Scatter）、直方图（Histogram）、累计比图（Normal P-P）、百分位图（Normal Q-Q）、时间序列图（Sequence）、相关图（Time Series）等。

案例思考与讨论

【案例 5-1】 第十八次全国国民阅读调查成果[①]

第十八次全国国民阅读调查从 2020 年 8 月开始全面启动，2020 年 9 月开展样本城市抽样工作，2020 年 9 月至 2020 年 12 月同步开展问卷采集、问卷复核工作，2020 年 11 月至 2021 年 4 月开展数据处理、数据加权和数据分析工作。本次调查仍严格遵循"同口径、可比性"原则，继续沿用四套问卷进行全年龄段人口的调查。对未成年人的三个年龄段（0～8 周岁、9～13 周岁、14～17 周岁）分别采用三套不同的问卷进行访问。调查采用网络在线调查和电话调查方式在 167 个城市进行样本采集，覆盖我国 30 个省、自治区、直辖市。本次调查的有效样本量为 46 083 个，其中成年人样本占到总样本量的 74.8%，18 周岁以下未成年人样本占到总样本量的 25.2%，城乡样本比例为 3.3∶1。样本回收后，根据第六次全国人口普查公报的数据对样本进行加权并运用 SPSS 社会学统计软件进行分析。本次调查可推及我国 12.36 亿人口，其中城镇居民占 55.5%，农村居民占 44.5%。调查的主要发现如下。

1. 2020 年我国成年国民各媒介综合阅读率（见图 5-15）

2020 年，我国成年国民包括书报刊和数字出版物在内的各种媒介的综合阅读率为 81.30%，较 2019 年的 81.10%提升了 0.20 个百分点。2020 年我国成年国民图书阅读率为 59.50%，较 2019 年的 59.30%增长了 0.20 个百分点；报纸阅读率为 25.50%，较 2019 年的 27.60%下降了 2.10 个百分点；期刊阅读率为 18.70%，较 2019 年的 19.30%下降了 0.60 个百分点；数字化阅读方式（网络在线阅读、手机阅读、电子阅读器阅读、Pad 阅读等）的接触率为 79.40%，较 2019 年的 79.30%增长了 0.10 个百分点。

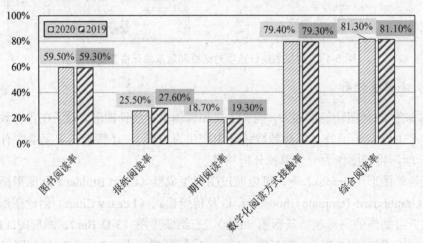

图 5-15 2020 年我国成年国民各媒介综合阅读率

2. 各类数字化阅读载体的接触情况（见图 5-16）

2020 年有 76.70%的成年国民进行过手机阅读，71.50%的成年国民进行过网络在线阅

[①] 调查成果来源：http://www.nppa.gov.cn/nppa/contents/280/75981.shtml。

读，有 27.20%的成年国民在电子阅读器上阅读，有 21.80%的成年国民使用平板电脑进行数字化阅读。

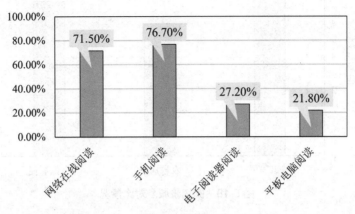

图 5-16　各类数字化阅读方式接触率

3. 数字化阅读方式的人群分布特征（见图 5-17）

从数字化阅读方式的人群分布特征来看，主力依然是 18～49 周岁的中青年群体，同时越来越多的 50 周岁及以上的中老年群体加入数字化阅读大军。具体来看，在我国成年数字化阅读方式接触者中，18～29 周岁人群占 31.00%，30～39 周岁人群占 23.20%，40～49 周岁人群占 22.60%，50～59 周岁人群占 15.90%，60～69 周岁人群占 5.60%，70 周岁及以上人群占 1.70%。在接触过数字化阅读方式的群体中，50 周岁及以上人群占 23.20%。

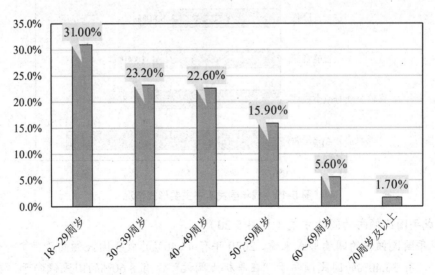

图 5-17　数字化阅读方式的人群分布情况

4. 我国城乡成年居民图书阅读量（见图 5-18）

通过对我国城乡成年居民图书阅读量的考察发现，2020 年我国城镇居民的纸质图书阅读量为 5.54 本，农村居民的纸质图书阅读量为 3.75 本。

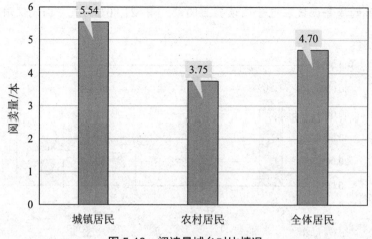

图 5-18 阅读量城乡对比情况

5. 成年国民听书的主要形式（见图 5-19）

对我国成年国民听书介质的考察发现，选择"移动有声 App 平台"听书的国民比例较高，为 17.50%；有 10.80% 的人选择通过"微信公众号或小程序"听书；有 10.40% 的人选择通过"智能音箱"听书；分别有 8.80% 和 5.50% 的人选择通过"广播"和"有声阅读器或语音读书机"听书。

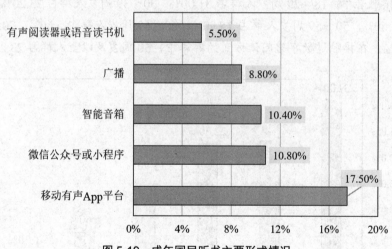

图 5-19 成年国民听书主要形式情况

6. 成年国民倾向的阅读方式（见图 5-20）

从成年国民倾向的阅读形式来看，2020 年有 43.40% 的成年国民倾向于"拿一本纸质图书阅读"，有 33.40% 的国民倾向于"在手机上阅读"，有 8.60% 的国民倾向于"在电子阅读器上阅读"，有 7.90% 的国民倾向于"网络在线阅读"，有 6.70% 的国民倾向于"听书"。

7. 成年国民个人阅读量评价（见图 5-21）

从成年国民对个人阅读量的评价来看，2020 年有 2.40% 的国民认为自己的阅读数量很多，有 9.90% 的国民认为自己的阅读数量比较多，有 40.60% 的国民认为自己的阅读数量一般，有 37.00% 的国民认为自己的阅读数量很少或比较少。

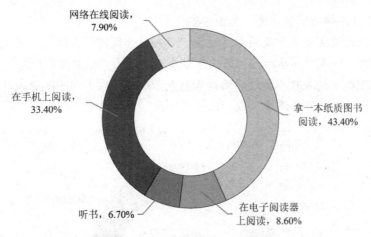

图 5-20　成年国民倾向的阅读方式

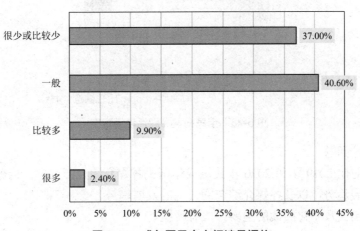

图 5-21　成年国民个人阅读量评价

8. 成年国民对个人阅读情况的满意度评价（见图 5-22）

从成年国民对于个人总体阅读情况的评价来看，有 27.70% 的国民表示满意（非常满意或比较满意），有 17.10% 的国民表示不满意（比较不满意或非常不满意），另有 41.10% 的国民表示一般。

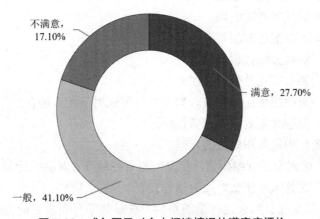

图 5-22　成年国民对个人阅读情况的满意度评价

9. 全民阅读品牌活动满意度（见图 5-23）

对参与过的阅读活动满意度的考察发现，参与过全民阅读品牌活动的成年国民中，七成以上（71.00%）的人对其参加过的阅读活动表示满意（"非常满意"或"比较满意"），两成左右（22.30%）的人对参加过的阅读活动表示一般，仅有 4.50%的人对参加过的阅读活动表示不满意（"非常不满意"或"比较不满意"）。

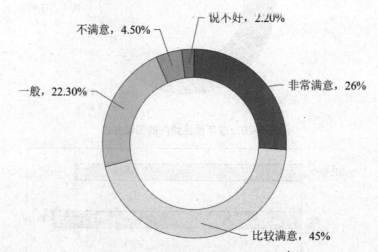

图 5-23　全民阅读品牌活动满意度

思考与讨论问题

（1）通过对比 2019 年和 2020 年我国成年国民各媒介综合阅读率，请分析我国成年综合阅读率的发展趋势，以及各媒介综合阅读率的发展趋势。

（2）成年国民数字化阅读的主要方式有哪些？

（3）根据上述分析结果，试评价我国成年阅读的基本情况及特征。

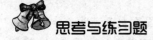

思考与练习题

1. 调查资料的一般整理步骤是什么？
2. 怎样处理开放式问题的编码？
3. 数据资料有哪些描述方法？
4. 为什么要对资料做统计预处理？
5. 缺失数据主要有哪几种处理方法？
6. 市场调查中常用的统计分析法有哪些？分别适用于什么场合？
7. 选择统计分析法时主要应考虑哪些问题？
8. 比较平均数、中位数和众数的异同。
9. 对一项调查的问卷进行编码后，发现大部分被调查者对某些封闭式问题最终选择了"其他"这一选项，这意味着什么？如何修正它？
10. 两个变量的交叉分组表比两个简单的单变量频率分布表更能为调查研究人员提供

丰富的信息。请你做一个简易的调查，给出一个例子来说明。

11．某班学生共 20 人，其中男、女生各 10 人，统计学考试成绩如表 5-29 所示。

表 5-29　某班 20 名同学的统计学考试成绩

女　生	87	81	96	93	85	12	100	45	50	81
男　生	76	66	60	71	78	86	71	64	92	66

（1）将该班考试成绩数据分组，分为优、良、中、及格和不及格，编制频数分布表。

（2）编制学生性别和考试成绩等级的交叉列联表。

（3）综合运用所学统计方法，定量分析该班统计学考试情况。

12．结合聚类分析、判别分析和因子分析的原理，分析这三种方法在市场调研中的应用。

本章学习资源

案例分析提示

本章 PPT

第六章　市场调查报告

> **学习目标**
>
> 1. 了解市场调查报告的特点。
> 2. 熟悉市场调查报告的基本结构。
> 3. 了解市场调查报告的撰写要求和步骤。
> 4. 了解口头报告的成功要领。

第一节　市场调查报告的概念和特点

一、市场调查报告的概念

市场调查报告是在对调查得到的资料进行整理、分析的基础上，记述和反映市场调查过程和调查结果的一种书面文件。市场调查结果的展示主要是通过市场调查报告来完成的，市场调查报告的撰写是市场调查工作的最后一个阶段。对于企业来说，开展市场调查活动的目的就是获得包含决策所需信息和依据的调查报告。

市场调查报告是市场调查的最终成果。与市场调查原始资料相比，市场调查报告不仅在形式上更便于阅读，而且在内容上更加深入，是原始调查数据中规律性的体现。一份好的调查报告能对企业的市场活动提供有效的导向作用，同时对各部门管理者了解市场、制定决策等都起到积极的作用。

二、市场调查报告的特点

市场调查报告具备以下几个特点。

1．针对性

市场调查报告的针对性包括选题的针对性和阅读对象的针对性两个方面。选题的针对性是指调查报告在选题时必须做到目的明确、有的放矢，围绕主题展开论述；阅读对象的针对性是指调查报告要明确谁是该报告的阅读者或使用者，调查报告的撰写应当随阅读者的不同而改变其相应的内容。

2．时效性

市场调查报告的撰写是为了向有关部门和单位说明调查得出的结论，这些结论都是根据当前的调查资料分析出来的，因此具有很强的时间限制。市场调查报告只有做到迅速、及时，才能适应瞬息万变的市场变化。

3．科学性

市场调查报告不仅要报告市场的客观表面情况，还要对调查资料做分析研究，寻找市场发展变化的规律。因此，要以长远的眼光对此进行必要的论述，让阅读者可以充分理解和掌握调查的情况。

4．新颖性

调查报告要紧紧抓住市场活动的新动向、新问题，提出新颖、独到的观点，如果报告中提出的观点是显而易见的规律或别人已经知道的东西，这样的报告将毫无意义。在互联网经济背景下，技术与商业模式创新成为市场主旋律，创新型产品与读物总是不断涌现。反映新颖性是市场调查报告的重要特点，报告要全面报道某一创新型产品与服务的背景、情况与特点，分析它的性质与意义，指出它的发展规律与前景。

5．可读性

调查报告的观点要鲜明、突出，内容的组织安排要有序，行文要流畅、通俗易懂。

6．可视性

在报告中，应适当地插入图表、照片及其他可视性较强的表现形式来强调重要信息。直观可视的图表等可以促进报告撰写者和阅读者之间的交流，也可以增强报告的明晰程度和效果，但图表、照片等的数量不应过多，否则会适得其反。一般来说，图表、照片等应与相关的文字内容放在一起，这样会方便阅读者进行图文交互阅读。

7．引用注释

报告中如有引用资料，应加注释。注释既是为了指出资料的来源，以供阅读者查证，同时也是对他人研究成果的尊重。注释应详细，应列明所引用资料的作者姓名、所属书刊名称、所属页码、出版单位和时间等。

8．规范性

报告的外观是指报告的包装，它不仅体现报告本身的专业水平，还是对调查机构企业形象的反映，所以应该认真设计报告中所用字体、字号、颜色、间距等，报告的编排要大方、美观，有助于阅读。另外，报告应该使用质地较好的纸张打印、装订，封面应选择专门的封面用纸。总之，最后呈交的报告应当是非常专业和规范的文件。

第二节　市场调查报告的基本结构和内容

市场调查报告是企业进行市场经营决策的重要参考依据，不管市场调查报告的格式或外观如何，每个调查报告都应该有其特定的议题。市场调查报告的结构也不是固定不变的，不同的调查项目、不同的调查者或调查公司、不同用户的调查报告可能有不同的结构和风格。但就一般情况而言，市场调查报告包括三个部分：开头部分、主体部分和附件部分。

一、开头部分

开头部分一般包括封面、信件、目录和摘要。

1. 封面（含标题）

市场调查报告的标题可以做成调查报告的封面，单独占用一页，封面包括市场调查报告的标题、委托方名称、调查方项目负责人（撰写调查报告者）、报告提交日期等。

市场调查报告封面示例如下。

关于某市香烟消费情况的调查报告

委托方名称：

调查方项目负责人：

报告提交日期：

标题必须准确揭示报告的主题思想，做到题文相符。标题要简单明确，高度概括调查内容。好的标题有画龙点睛的作用，对阅读者具有较强的吸引力。标题的形式一般有以下三种。

（1）直叙式标题。直叙式标题是反映调查意向或指出调查地点、调查项目的标题，如《成都市××乳业婴幼儿奶粉调查报告》等。这种标题的特点是简明、直观。

（2）观点式标题。观点式标题是直接阐明调查者的观点、看法或对事物做出判断、评价的标题，如《本市老年人各有所好》《重庆火锅底料在成都市场畅销》等。这种标题既表明了调查者的态度，又揭示了主题，具有很强的吸引力。

（3）问题式标题。问题式标题是以设问、反问等形式突出问题的焦点和尖锐性，吸引读者阅读、思考的标题，如《分红新政策能给投资者带来几多利好？》《大数据时代会给企业带来怎样的挑战？》等。

有时候，为了突出调查的主题或表现调查的目的，可以在主标题后面加副标题，一般用主标题概括调查报告的主题或要回答的问题，用副标题标明调查对象及其内容，如《政协委员破解从田头儿到餐桌的"环节拥堵"——"卖难买贵"为何两头受累？》等。

2. 信件

信件主要包括致项目委托人的信件和项目委托人的授权信。

3. 目录

提交调查报告时，如果涉及的内容和页数很多，为了便于阅读，应把各项内容用目录或索引的形式标记出来，使阅读者对报告的整体框架有具体的了解。目录是报告中完整反映各项内容的一览表，包括题目、大标题、小标题、附件及各部分所在的页码等，篇幅特别短的报告可免去此项。

4. 摘要

摘要是调查报告的内容提要，是对调查研究活动所得的主要结果的概括说明，是调查报告中专门为客户经理等主管人员撰写的部分，在整个调查报告中占有特别重要的地位。客户经理等主管人员往往对调查过程的细节没有太大的兴趣，只想知道主要结果与结论。一般要在整个报告完成后再回过头来总结、提炼摘要。摘要一般按照市场调查项目的顺序来写。摘要的内容一般包括为什么要调查、如何开展调查、调查结论及建议等。

在撰写摘要时应该注意的是：摘要是对整个调查报告的高度概括，其内容要简洁，使阅读者通过阅读摘要就可以了解本调查项目的全貌，同时对调查结论进行概括性了解。在语言表达方面，摘要应该力求通俗、精练，尽量避免使用生僻的字词，少用专业术语或一些技术性太强的术语。

下面是"某市租赁汽车需求调查报告"中的摘要内容。

> 本次调查的目的是为各单位更好地配置、调度车辆提供有效而必要的信息，既满足当前的现实需求，又兼顾未来的发展与潜在需求，主要对各单位当前的车辆构成情况及其用车状况进行调查并预测之后的用车需求情况，最后给出相应的政策性建议。对此，我们采取抽样调查方式对某市六大城区的行政机关、事业单位、非行政事业单位进行了访问调查。通过调查，得出以下结论。
>
> （1）无论是行政机关、事业单位还是企业，自有商务车的比例都很低。在所拥有的商务车中，7座型商务车的拥有率最高，其使用率也比较高。
>
> （2）在对各单位商务车使用时间的调查中发现，除了35～39座型商务车的使用时间集中于1～2年外，其他各车型的使用年限多集中在5～6年，由此可以预见各单位对商务车租赁的需求高峰将会在4～5年后出现。
>
> （3）在行政机关中，各单位现有车辆的档次和价位都偏低，其中长安、丰田、金杯、别克四款车型最受青睐。
>
> （4）在对某市部分行政机关、事业单位和企业租车情况的调查中发现，由于大多数单位都未曾租赁过商务车，有过租赁商务车经历的单位中再租率达到七成，为此，建议各租赁公司做到不懈提高服务质量，合理、科学定价，注重公司的品牌宣传和信誉的培养。

二、主体部分

主体部分一般包括引言、调查研究的方法、调查的实施情况、调查结果及数据分析、结论及建议、局限性及必要的说明。

1. 引言

引言也称序言，放在调查报告的开头部分，该部分包括的内容主要有调查问题的背景、调查要达到的目的、处理问题的基本途径三个方面。首先给出调查问题的背景并据此对调查项目的必要性做简要的解释；说明与决策制定者以及与行业专家讨论的要点、对二手资料的分析、所做的定性研究以及所考虑的各种因素；对管理决策问题和实际调查问题做出清楚的描述。其次，说明处理问题的基本途径，即所采用的处理问题的途径以及达到这一结果的过程，并描述指导这一研究的理论基础、模型，研究问答题、理论假设以及影响方案设计的因素。

在该部分中，调查者要对调查的由来或受委托进行该项调查的原因做出说明。说明时，尽可能引用有关的背景资料为依据，简短罗列客户企业在生产经营中面临的问题，在此基础上提出调查的目的以及所包含的信息范围。撰写时一般有以下几种形式。

（1）开门见山，提示主题。文章开始就先交代调查的目的或动机，提示主题。例如：

我公司受某市某饮料开发公司的委托，拟对消费者进行一项有关中药保健饮料市场需求状况的调查，了解消费者对中药保健饮料的购买意向，为该公司开发该产品提供可行性决策参考。

（2）结论先行，逐步论证。这是指先将调查的结论写出来，然后逐步论证，许多大型的调查报告均采用这种形式，其特点是观点明确，使人一目了然。例如，对于中药保健饮料的购买意向的调查也可以这样开头。

通过我们对某市场消费者购买××中药保健饮料意向的调查，认为它不具备开发价值，原因主要从以下几方面阐述……

（3）交代情况，逐步分析。先交代背景情况、调查数据，然后逐步分析，得出结论。以《中国电子商务发展报告（2019—2020）系列：跨境电子商务》一文的引言为例。

促进跨境电商发展是我国外贸转型升级的重要方向，在新冠肺炎疫情的影响下，跨境电商的优势会进一步显现。据海关总署数据，2019年全国通过海关验放的进出口商品总额为1862.1亿元。2019年跨境电商政策发展环境得到大幅度优化，跨境电商继续保持蓬勃发展态势。

（4）提出问题，引入下题。提出人们所关注的问题，引导读者进入正题。下文为《农村手机未来市场调查》的引言。

农村人口将逐渐成为消费的主力军，然而一个新兴市场的用户需求和品位在不断发展之中，我们必须及时了解和把握他们的需求并适时推出相应的产品与服务，才能持续赢得他们的信任。

伴随着固定电话拥有率的大幅下降，农村地区移动电话拥有率呈现显著的上升趋势。手机上网日益普遍，五分之一的农村手机用户经常用手机即时通信工具聊天。农村人口开始积极追求"随时随地的互联网连接"，这对我国电信市场的发展意味着什么？今天的农村消费者对于手机等通信产品和服务的态度和消费习惯又可以给运营商带来什么样的启示？未来农村手机用户对通信产品有哪些新的需求呢？

引言部分的写作方式灵活多样，可根据调查报告的种类、目的、资料以及篇幅要求等情况适当选择，应围绕为什么进行调查、怎样进行调查和调查的结论如何等进行论述。

2. 调查研究的方法

该部分的主要作用是使阅读者大致了解调查目的是如何逐步实现的，主要是在介绍整体方案概况的基础上对调查方案实施中所采用的方法进行客观、公正的记录。该部分要用易于理解的方式阐述，尽量少用专业术语，对于一些技术细节的说明可以单独写成技术报告放在附件中。这一部分需要加以叙述的内容包括以下几个方面。

（1）调查地区。说明调查活动在什么地区或区域进行（如分别在哪些省市进行）、选择这些地区或区域的理由是什么。

（2）调查对象。说明从什么样的对象中抽取样本进行调查。通常是指产品的销售推广对象或潜在的目标市场，如"18岁以上、45岁以下的女性消费者"。

（3）抽样技术。这是指根据什么样的抽样方法抽取样本，抽取后样本的结构如何、是否具有代表性，与原来拟订的抽样计划是否一致。

（4）调查方法。说明调查所采用的方法是入户访问还是电话访问，是观察法还是实验法等。如果是实验法，还必须对实验设计做出说明。要说明调查如何实施、遇到什么问题、如何处理。

上述"某市租赁汽车需求调查报告"中的调查研究方法内容如下。

（一）调查地区及调查对象

在该调查中，拟以某市六大城区的两类群体为对象进行调查。

（1）行政机关、事业单位。该群体由于公务用车制度的改革产生对租赁车辆的需求，也是未来租用车辆的主要潜在需求者，是本次调查的重点。

（2）非行政、事业单位（主要为企业单位）。企业单位是一个较大的租赁车辆的现实需求者，了解企业的租赁车辆的需求状况也是本次调查的重点对象。

（二）抽样方法

本次抽样调查采用分层、多阶段、与大小成比例（PPS 方法）的随机抽样（简单随机、对称等距或修正的对称等距抽样）。

1．第一层次：按被调查单位性质划分为行政、事业单位和非行政、事业单位

分层标志（单位性质）的选择及说明：分层标志与被调查标志之间的相关性越高，分层的效果就越好。调查对象可以按单位性质划分为行政、事业单位和非行政、事业单位（主要为企业）。由于这两类不同性质的单位在用车现状和用车费用的来源方面有很大的区别：到目前为止，行政、事业单位用车主要以自有车辆为主，这类单位对租赁汽车的需求可能并不大，但实行公车改革后，用车采用租赁方式，那么这类单位的用车需求将成为汽车租赁市场需求的重要部分，因此是汽车租赁公司潜在的主要客户；而非行政、事业单位（主要为企业）自有车辆满足用车需求的程度可能并不高，这些单位已经存在租车的现实需求，是现有汽车租赁市场的现实客户，目前占整个市场的比重很高。

2．第二层次：按单位规模划分为大、中、小类型

分层标志（单位注册资产或在编人数）的选择及说明：单位规模越大，其用车量也就越大，因此单位规模与用车需求的相关性较高。

（1）行政、事业单位属于非营利机构，没有注册资本，因此可以采用单位在编人数作为分层标志（大、中、小标准待取得数据后确定）。

（2）非行政、事业单位主要是企业，这类单位的在编人数状况如果不完善，可以考虑采用注册资本为分层标志（待讨论）。

3．层内抽样方法的确定

为了简便操作、节约抽样费用，层内拟采用对称等距抽样的方法。

（1）行政、事业单位的各层内用在编人数作为分组标志分组排序，将每个层划分为若干个间隔（间隔数即抽取的样本数），然后在每个间隔的相同位置抽取一个样本。

（2）非行政、事业单位各层内用注册资产作为分组标志排序，将每个层划分为若干个间隔（间隔数即抽取的样本数），然后在每个间隔的相同位置抽取一个样本。

注：当分层标志与调查内容存在较强相关关系时，各个层内采用对称等距抽样方法，按照资产（或者在编人数）多少排序后，样本分布比不排序的要均匀；另外，对称等距抽样的随机性强，样本相互对称，消除了系统误差，从而使样本估计更具有效性。理论

和实证都表明，当分层标志与调查内容存在较强相关关系时，分层等距抽样的效果明显优于分层简单随机抽样。

（三）调查方式

本次调查采用面访方式。

原因说明：由于商务车租赁的主要客户是国家行政单位和社会上的企业，我们要了解的是国家行政单位和社会上的企业的自有汽车车辆的使用情况、自有车辆数量与租赁车辆数量的比例、租赁商务车的需求（包括需求辆数、需求型号、需求档次等具体情况）。由于问卷问题比较多且比较详细，必须找到单位的车辆管理负责人来完成问卷，这样问卷结果才更具代表性，可信度也更高。采取电话访问虽可以减少费用，但很难准确找到单位的车辆管理负责人且被调查者容易不耐烦，造成回答与单位实际情况不符。

该部分内容有可能与摘要出现部分重复，故撰写者要注意详略得当，应恰当地处理好各部分之间的关系。

3．调查的实施情况

该部分主要描述调查的具体实施情况，如原方案中拟定调查多少人、实际收回的有效问卷有多少、有效问卷的回收率是多少、问卷丢失或无效的原因、是否采取补救措施等。另外，对调查过程中质量控制的情况，调查员的资格、条件以及训练情况也必须做简略的介绍。

如上述"某市租赁汽车需求调查报告"的调查实施情况可描述为：

向行政事业单位、非行政事业单位共发放 700 份问卷，回收有效问卷 692 份，有效问卷回收率为 98.86%。

4．调查结果及数据分析

该部分是将调查的结果报告出来，包括数据、图表资料以及相关的文字说明，还要对数据进行分析。该部分是调查报告中篇幅最长的部分，是调查报告的主要组成部分，一般要对调查研究中发现的基本事实资料进行有组织、有重点、层次分明的叙述，以便于阅读者理解有关文字说明，可穿插重要且简单明了的数据分析图表，过分复杂、冗长的图表则列入附件部分。

在一份调查报告中，常常要用若干统计表和统计图来呈现数据资料，但是仅用图表将调查所得的结果呈现出来还不够，研究人员还必须对图表中数据资料所隐含的趋势、关系或规律加以客观描述和分析。也就是说，要对调查的结果做出解释，找出数据资料中存在的趋势和关系，识别资料中所隐含的意义并用适当的语言加以描述。具体要求如下。

（1）调查结果。反映客观事实，但不是对事实的简单罗列，而应该有所提炼。

描写调查结果主要有以下三种形式。

① 先对调查数据及背景资料做客观的介绍说明，然后在后面的分析部分再阐述对情况的看法、观点。

② 先提出问题，目的是要分析问题，再进一步提出解决问题的办法。

③ 先肯定事物的某一面，由肯定的一面引申出分析部分，再由分析部分提出结论，循序渐进。

（2）数据分析。在这个阶段，要对调查数据进行质和量的分析。通过分析，了解情况，说明问题和解决问题。分析有以下三类情况。

① 原因分析，是对出现问题的基本成因进行分析，如"对××牌奶粉滞销原因的分析"就属于这一类。

② 利弊分析，是对事物在社会经济活动中所处的地位、所起到的作用进行利弊分析。

③ 预测分析，是对事物的发展趋势和发展规律做出的分析。

大多数调查的结果都是基于部分调查对象的资料，研究者还必须根据调查的数据来说明调查对象总体的情况。由于这部分涉及的内容很多，篇幅较长，可以用概括性或提示性小标题突出报告的中心思想，结构亦要安排妥当。

上述"某市租赁汽车需求调查报告"中对单位租赁商务车的数据分析如下。

（1）租赁商务车的单位分布情况（见图6-1）。

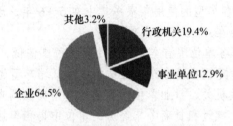

图6-1 租赁商务车的单位分布情况

如图6-1所示，从租赁商务车的单位分布情况来看，主要的租车单位是企业，所占比重为64.5%，其次是行政机关和事业单位，占比分别为19.4%和12.9%。

此外，在租赁过商务车的单位中，有七成表示愿意再次租赁；在没有租过车的单位中，67.5%的单位无自有商务车，在这些无自有商务车的单位中仅有26.7%表示愿意租赁，38.6%表示不愿意租赁，34.7%表示不清楚。

（2）单位租赁商务车的费用分布（见表6-1）。

表6-1 单位租赁商务车的费用分布

租用商务车的费用/元	比重/%
500以下	21.6
500～1000	22.8
1001～5000	37.1
5000以上	18.5
合计	100.0

从表6-1中可知，商务车租赁费用主要集中在1001～5000元，所占比重为37.1%。其次为500～1000元和500元以下，比重分别为22.8%和21.6%。租赁费用在1000元以下所占的比重最高，达到了44.4%，由此可见，各单位在租车上所花的费用仍然较低。

5. 结论及建议

在该部分，研究人员要说明调查获得了哪些重要结论、应该采取什么措施，同时应简要地引用背景资料和调查结果对所得结论进行解释和论证。具体可用以下方式得出结论。

（1）概括全文。经过层层剖析后，综合说明调查报告的主要观点，深化调查的主题。

（2）形成结论。在对真实资料进行深入、细致、科学的分析的基础上，得出报告的结论。

（3）提出看法和建议。通过分析，形成对事物的看法并在此基础上提出建议和可行性方案。

上述"某市租赁汽车需求调查报告"的结论及建议如下。

> 通过此次对某市部分行政机关、事业单位和企业的抽样调查，得出以下结论及建议。
> （1）无论是行政机关、事业单位还是企业，自有商务车的比例都很低。在所拥有的商务车中，7座型商务车的拥有率最高，其使用率也比较高，建议在商务车的购置中7座型商务车应占较大比例。
> （2）在对各单位商务车使用年份的调查中发现，除了35～39座型商务车的使用年份集中于1～2年外，其他各车型的使用年限多集中在5～6年，因此可以预见各单位对商务车租赁的需求高峰将会在4～5年后出现。
> （3）在行政机关中，各单位现有车辆的档次和价位都偏低，其中长安、丰田、金杯、别克四款车型最受青睐，建议在商务车购置结构中以低端车型为主。
> （4）在某市部分行政机关、事业单位和企业租车情况的调查中发现，由于大多数单位都未曾租赁过商务车，有过租赁商务车经历的单位中再租率达到七成，所以建议在租赁公司成立之前和成立之初加强宣传力度，推出各种优惠活动，如此既能在短期内快速抢占市场，又能在很大程度上拓展市场业务。
> （5）综合各单位对出租车租赁服务的要求，建议各租赁公司做到不懈提高服务质量，合理、科学定价，注重公司的品牌宣传和信誉的培养。

6. 局限性及必要的说明

由于调查时间、经费预算以及其他种种原因，任何市场调查都会在某种程度上存在局限性，而且所采用的研究方案也是有局限性的，各种方案都可能与某些类型的误差相联系，有些误差可能是比较严重的。在这部分，研究人员应持公开、坦率的态度，指出调查存在何种局限性、资料收集过程存在什么问题并简要讨论这些问题对结果的可能影响，目的是使报告的阅读者和使用者能够对调查结果做出自己的判断。

描述调查局限性的目的在于指出调查成果的不足之处，以便使用者在应用调查结果时加以注意。调查人员描述这些局限性时必须实事求是，过分夸大局限性会使人对调查成果产生怀疑。这部分的撰写应当十分细心谨慎并且要注意保持观点上的平衡。一方面，调查者应当提示管理决策人员不要过分地依赖调查结果，不要将结果用于其他目的（如将结果推广到其他总体）；另一方面，要注意不能影响管理决策人员对调查的信任或令其低估调查的重要性。

三、附件部分

附件是与调查报告正文有密切关系的材料，它是对正文的补充或更详细的说明。该部分包括调查报告中引用的数据资料、统计报表、资料的分类统计数据、研究方法的详细说明以及获取二手资料的有关参考文献等。通常，市场调查报告附件部分包括以下内容。

（1）项目策划书。

（2）实地调查问卷的抄本并加序言说明这份问卷要求达到的目标。

（3）对抽样有关细节的补充说明。

（4）现场走访人员约访时间表的抄本或日记。

（5）主要质量控制数据，如调查中的拒访率、无回答率等，有经验的市场研究人员可以根据这些内容判断结果的有效性。

（6）技术细节说明，如对一种统计工具的详细阐释。

（7）调查获得的原始数据图表，而且这些图表在报告正文中已有提及。

（8）提供资料人员的名单，标明作为文案调查和实地调查资料来源的单位和个人的名称和地址等。

第三节　市场调查报告的撰写要求和步骤

一、调查报告的撰写要求

一份良好的市场调查报告不仅能够体现市场调查研究机构的专业水平和质量，还能反映出撰写人员的专业知识水平和文字撰写功底。在撰写市场调查报告时，不仅要考虑客户或读者的技术水平和对调查项目的兴趣，还应该考虑他们可能在什么环境下阅读以及他们会如何使用该报告。具体应满足以下要求。

1．主题鲜明

一份良好的市场调查报告应该做到主题鲜明、突出，在调查报告的撰写过程中应紧密贴合调查目的，明确阅读对象，围绕主题展开论述。

2．结构合理

市场调查报告是一种应用型文体，除了要做到主题鲜明之外，还应重视结构性。一份规范的市场调查报告应包括前文所阐述的标题、目录、摘要、引言、调查结果及分析、结论和建议、局限性、附件等内容，同时应根据调查的主题要求安排具体的写作结构，使客户能够明白报告各部分之间的内在联系。

3．实事求是

在撰写市场调查报告时，应保持客观、中立的态度，准确地阐述调查采用的研究方法、调查结果和结论。当调查过程中出现了严重的问题，应明确阐述问题所在。当调查成功，不能只选择对客户有利的结果进行描述而对调查中的缺陷避而不谈。

4．具备可读性

首先，市场调查报告应使用清楚明白、具有说服力的词句，尽量避免使用晦涩、生僻的词语以及专业性较强的术语。

其次，在市场调查报告中可适当插入图表、照片等可视性较强的内容，以增强报告的明晰程度和效果。

二、调查报告的撰写步骤

1. 构思

市场调查报告的构思过程主要是通过收集到的资料认识客观事物,经过分析、判断确定主题思想并在此基础上确立观点,列出论点、论据,安排文章的层次结构,编写详细提纲。构思主要包括以下三个阶段。

第一阶段,阅读调查资料,理解要调查的问题。通过调查中获得的实际数据材料及各方面的背景材料初步分析要调查的问题,然后深入研究调查对象的特点,分析调查问题产生的表层原因和本质原因。

第二阶段,在分析研究调查对象的基础上,确立主题思想。主题的提炼要做到准确、集中、深刻、新颖。准确是指主题能够根据调查的目的如实反映调查问题的情况;集中是指主题的中心要突出;深刻是指主题能深入揭示事物的本质;新颖是指主题要具备新意。

第三阶段,列出论点、论据。围绕市场调查报告的主题,市场调查人员应当确定报告的主要论点并相应地列出论据,以便得出合理的结论。在得出结论时,应注意是否考虑了一切有关的实际情况和调查资料;是否有相反的结论足以说明调查事实;立场是否公正客观、前后一致以及文章的层次结构安排是否合理。

2. 选材

选材是指围绕主题选取事实材料。是否有丰富、准确的证据、资料是市场调查报告成败的关键。市场调查报告的撰写必须以事实材料为依据,即介绍情况要有数据作为依据,反映问题要用数据做定量分析,提出建议时同样要用可靠的证据来论证其可行性。因此,选材恰当可以使调查报告主题突出、观点明确、论证有力。

在开始进行调查、收集材料时,调查人员还没有形成任何固定的观点,而收集到的大量调查事实材料并不都是切中主题、准确反映事物本质特征的典型材料,因此必须对收集的材料进行去粗存精、去伪存真、由此及彼、由表及里的分析研究和加工判断。

3. 初稿写作

根据写作提纲的要求进行初稿撰写时应该注意的是,如果市场调查报告的初稿不是单独由一人完成而是由多人分工撰写的,要注意各部分的写作格式、文字描述、图表和数据的协调统一。初稿完成后,必须对其进行修改,分析各部分内容和主题的连贯性如何、顺序安排是否得当,然后再整理成完整的市场调查报告。

4. 定稿

写出初稿并考虑各方意见进行修改后,就可以定稿。在定稿阶段,一定要坚持公正、客观的原则,使最终报告能够比较完善、准确地反映客观事实。

第四节　市场调查报告的提交

一、以书面方式提交

以书面方式提交市场调查报告时,调查人员应将定稿打印为正式书面文稿,打印前应对提交的报告进行细致的设计,如字体、字号、颜色、行间距、字间距等要统一设计,编排应美观大方,应该使用质地较好的纸张打印、装订,封面应讲究,最好使用专门的封面用纸,封面上的字体大小、空白位置应精心设计。精致、大方的外观可以使阅读者产生兴趣,提高其对报告的信任感。

二、以口头方式提交

1. 口头报告的重要性和特点

在提交书面调查报告的同时,大多数委托方还要求调查人员采用口头形式对调查结果进行汇报。与书面报告相比,口头报告可以用生动的语言对某些用文字阐述不清的内容进行介绍,方便客户理解;对客户有疑问的地方进行当面解答,可以提高沟通效果。口头报告最大的特点是加快了双方沟通交流的速度,因而特别受工作繁忙、时间紧张的高层管理者的欢迎。

2. 口头报告的成功要领

口头报告能否发挥积极的作用取决于许多因素,大致可以归纳为3P,即是否进行了充分的准备(prepare)、是否进行了充分的练习(practice)以及是否进行了成功的演讲(perform)。具体内容如下。

(1) 按照书面调查报告的格式准备好演示文稿。演示文稿是用 PowerPoint 等软件制作出来的供演讲人展示的一组文件,它可以通过计算机、投影仪等播放。演示文稿因具有简明的文字、形象的图表、活泼有趣的动画和声音效果而有利于听众理解报告的内容。在设计演示文稿时应注意以下要点。

① 标题应该使用大字号,以 44 号为宜,同时可以加粗;副标题用 32 或 36 号字,举例用 28 号字;每张演示文稿的字数不要超过 40 个。

② 每张演示文稿中包含 3~5 个观点,超出的内容要放在另一张文稿中。

③ 选用的模板最好能与调查的主题有关。

④ 可将公司的图标等放到母版上,作为点缀。

⑤ 背景与文字的颜色反差应该大一些。

(2) 进行充分的练习。在正式报告前,最重要的是要做充分的练习,尤其要注意练习报告的开头部分。

(3) 在做口头报告时,要善于利用图表来辅助和支持演讲。应注意的要点是:第一,要使制作的图表显得十分重要和有权威性;第二,绝对保证图表都是清晰易懂的;第三,图表不宜太多,一张图表上也不要有太多的内容;第四,可用不同的颜色区分图表内容,以便于听众理解,但颜色不宜太多、太鲜艳;第五,可借助黑板、投影仪和计算机等展示图表,具体选择什么可根据听众多少和会场设施而定,但要保证所有人都能看清。

(4) 做报告时要充满自信。

(5) 要使报告"易听、易懂"。做口头报告时,语言应简洁明了、通俗易懂,要有趣味性和说服力。如果需要说明一个十分复杂的问题,可先做简要、概括的介绍并运用声音、眼神和手势等的变化来加深听众的印象。

(6) 要与听众保持目光接触。演讲时要适时看着听众,不要一直低着头看演讲稿或看着别处，与听众保持目光接触有助于判断他们对报告的反应和对内容的理解程度。

（7）回答问题要把握好时机。在报告过程中最好不要回答问题，以免出现报告思路被打断、听众偏离报告主题或时间不够等现象。在报告开始前可告之听众会在报告后回答问题并进行个别交流，注意不要忘记这一承诺。

（8）在规定的时间内结束报告。口头报告常有一定的时间限制，在规定的时间内做完报告是最基本的要求。滔滔不绝的演讲不仅会浪费听众的时间，还会影响报告的效果。

（9）口头报告结束后，还要请客户或有关人士仔细阅读书面报告。

案例思考与讨论

【案例6-1】 城里人最爱网购水果：2020年中国生鲜网购调查报告

一、生鲜食品网购消费行为分析

（1）水果是生鲜食品网站最大的消费品类，近80%的生鲜用户经常购买。

艾瑞调研数据显示，在一线城市生鲜用户网购行为中，水果为最受欢迎的品类。78.1%的用户表示较常购买水果，32.1%的用户经常购买水果；牛奶为第二受欢迎的品类，较常购买和经常购买的用户比例分别为70.0%和13.8%；粮油和零食分别位列受欢迎品类的第三位、第四位；蔬菜位列第五位。

（2）"宅人"用户更多购买零食，爱健身用户更多购买蔬菜。

艾瑞调研数据显示，除水果之外，具有"宅人"属性的用户更愿意购买牛奶和零食，经常购买用户的比例分别为13.7%和13.3%；休闲时间选择健身的用户更多购买粮油和蔬菜，占比分别为12.4%和11.2%，其中健身更多的用户购买零食的比例仅为7.9%，低于"宅人"用户5.4个百分点。艾瑞认为，这与不同性格用户的生活习惯相关，"宅人"用户在家追剧、打游戏，对零食的需求较大，而健身用户更加注重身体健康、形体塑造等，在吃的方面多选择蔬菜。

（3）单身人群爱零食，非单身人群爱粮油。

艾瑞调研数据显示，单身人群与非单身人群的消费品类也有一定差异。单身人群爱零食，消费比例为15.5%；非单身人群爱牛奶和粮油，消费占比分别为13.7%和11.5%。艾瑞分析认为，非单身人群对家庭和伴侣更具有责任感，在家吃饭的机会也比单身人群多，所以购买更多的是粮油和牛奶。

二、网购生鲜食品安全分析

（1）家庭用户对食品安全更重视。

艾瑞调研数据显示，家庭用户对食品安全更加重视。已婚有子女用户中，"非常关注"食品安全的占58.1%；已婚无子女用户中，"非常关注"食品安全的占50.3%；处于恋爱、单身和离异状态的用户则更多选择"比较关注"和"一般关注"。艾瑞分析认为，这一分布与家庭用户的家庭责任感有关系，尤其是已婚有子女的用户对孩子的成长发育极其关注，作为家庭日常消费的生鲜产品，其食品安全成为这一部分用户最关注的要素。

（2）线上食品消费者最看重食品安全，在购买时却更多地关注价格。

艾瑞调研数据显示，线上食品消费者最看重食品安全，在购买时却更多地关注价格。在生鲜网购用户选购商品最看重的因素中，食品安全以 57.0%的比例位列第一，价格位列第二；而在影响决策的因素中，价格却成为首要的关注要素，关注比例为 42.6%，食品安全为第二关注要素，比例为 36.4%。用户最看重食品安全，但在决策时受价格等的影响更大。艾瑞分析认为，由于生鲜品类众多且同一品类下的产品由于品牌、产地等不同，差异较大，用户在购买过程中并不能有效区分不同产品的差异，所以在购买决策时会选择参考更直接的价格因素。

（3）生鲜网购消费者对食品安全的满意度较高，对价格的满意度最低。

艾瑞调研数据显示，消费者网购生鲜食品时最关注食品安全，在满意度评价中对食品安全的满意度也比较高，总体评分为 7.99，仅次于物流的 8.00。艾瑞分析认为，生鲜食品具有即时的特点，缩短配送时间、满足消费者的即时需求是各大生鲜平台的基本设计。目前很多平台可以实现次日达、当日达、两小时达，甚至 30 分钟达，物流的及时性以及冷链配送对新鲜度的保证共同促成了用户对物流和食品安全的高满意度。

此外，用户对价格的满意度最低，平均评分仅为 7.85。一方面，生鲜电商的仓储冷链配送成本等较高，可能没有达到消费者对网购的价格预期；另一方面，一部分定位于中高端食品或主打进口、精选的生鲜电商平台由于产品的品牌或产地等不同，客单价较高，也造成了部分消费者对网购生鲜食品价格偏高的印象。

从细分品类和指标来看，生鲜食品平台各有优势。京东生鲜、天猫喵鲜生平台知名度较高，天猫喵鲜生的品类更丰富，京东生鲜和顺丰优选的物流配送体验更好，中粮我买网的食品安全满意度更高。

（4）影响食品安全的各要素中，用户对包装最满意，对平台管理最不放心。

艾瑞将影响网购生鲜食品安全的要素分为以下指标：食品干净、卫生，食品新鲜，有绿色安全认证，包装干净、无毒，配送安全、卫生，平台管理严格。其中，用户对包装的满意度最高，评分平均为 8.08；对平台的管理最不放心，评分最低，为 7.99 分。其余评分从高到低依次为食品干净、卫生（8.07 分）、配送安全、卫生（8.04 分）、有绿色安全认证（8.03 分）、食品新鲜（8.02 分）。总体来说，用户对生鲜食品电商平台的食品安全问题比较满意，未来各平台应进一步加强对供应链的管理，严格选品，优化物流配送，为用户创造一个良好的食品网购环境。

资料来源于网络并经作者加工整理。

思考与讨论问题

（1）该市场调查报告的开头使用了什么样的叙述技巧？

（2）你认为该调查报告在结构上存在问题吗？请说出你的看法。

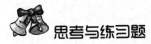

1. 市场调查报告的撰写有哪些基本要求？

2. 市场调查报告的基本结构及其主要内容是什么？
3. 标题通常采用哪几种形式？各有何特点？
4. 成功完成口头报告有哪些要领？
5. 市场调查报告的撰写步骤包括哪些内容？
6. 自选一个项目成立一个小组，进行认真的调查研究，撰写一篇不少于 3000 字的调查报告。
7. 课外实训

实训主题：大学生课外书籍阅读情况的调查报告。

实训形式：学生 5 人一组。

实训任务：每组设计一份关于"大学生课外书籍阅读情况"的调查问卷并进行实地调查，对调查资料进行整理和分析，形成调查报告。

实训步骤：

（1）形成小组，明确调查目的和任务。

（2）设计调查问卷。

（3）选择调查对象，实施调查。

（4）对调查资料进行整理和分析。

（5）形成调查报告。

（6）各组做好 PPT，进行课堂口头汇报，由其他学生提问，与自己所在的组进行对照。

本章学习资源

案例分析提示

本章 PPT

第七章 市场预测原理

学习目标

1. 了解市场预测的概念和作用。
2. 了解市场预测的主要内容。
3. 了解市场预测的要求与原则。
4. 熟悉市场预测的一般步骤。
5. 理解市场预测精确度分析的方法。

市场预测是经济预测的重要分支,市场预测的基础和前提是市场调查,而随着互联网、信息技术的发展,大数据下的市场调查为市场预测提供了良好的数据基础。根据过去和现在估计未来,可为各企业或行业的行动决策提供依据。因此,在大数据背景下,掌握市场预测的原理十分有必要。

第一节 市场预测概述

一、市场预测的概念和作用

(一)市场预测的概念

预测是指对未来不确定事件的一种预计和推测。它是人们事先对客观世界各种各样事物未来的发展变化趋势以及人类实践活动的后果所做的分析和评估,以更好地指导当前的行动。预测的研究范围很广,几乎涉及自然界和人类社会的各个领域,如社会发展预测、科学技术预测、经济预测等,其中每个领域的预测又可以细化为许多分支。就经济预测而言,可按部门分为工业经济、农业经济、商业、财政、金融、交通运输等的预测。

市场预测是指企业在通过市场调查获得一定资料的基础上,针对企业的实际需要以及相关的现实环境因素,运用已有的知识、经验和科学方法,对企业和市场未来的发展变化趋势做出适当的分析与判断,是为企业营销活动等提供可靠依据的一种活动,可为经营决策提供可靠的依据。

(二)市场预测的作用

随着商品经济的迅速发展和市场的不断扩大,商品的供求和价格变化多端,经济关系日趋复杂。企业为了在激烈的市场竞争中求得生存和发展,迫切需要及时了解市场信息,掌握市场供求矛盾的运动变化趋势,将其作为制定经营决策的依据。自 20 世纪 60 年代以来，由于经济统计资料有了较多的积累，预测的理论、方法和技巧也有了进一步的发展，特别是在定量计算方面发展得较快，计算机在预测领域等得到了广泛的应用，使预测效果较为显著，预测的准确程度有所提高，预测在经济活动中更加受到重视。

我国的社会主义市场经济是在国家宏观调控的前提下根据市场需要来配置资源的一种经济模式。为了提高宏观调控的科学性，迫切需要在做好市场调查和信息反馈的基础上，加强市场的预测工作。市场预测在宏观调控和微观经济管理中具有十分重要的作用。

1．市场预测是编制经济发展计划的重要依据

从宏观上说，国民经济计划只有建立在科学预测的基础上，才能有效解决供需间的总量矛盾、结构矛盾、时间矛盾和空间矛盾。从微观上说，企业只有通过市场预测，才能根据消费者的需求制订合理的生产经营计划，保证产销协调平衡发展和企业再生产的良性循环。在科学技术日新月异、市场供求变化多端、竞争日趋激烈的情况下，企业必须以市场调查和市场预测提供的数据和方案为依据，才能做出正确的决策，制订出切实可行的经营计划。例如，工业企业确定投资方向和开发新产品、商业企业确定商品经营范围和发展规模、金融企业开展信贷业务都必须以未来市场的供求趋势为依据，从而做出相应的抉择，否则，企业就会因经营的盲目性而导致经营的失败。

2．市场预测是发挥市场调节作用的重要保证

通过预测市场商品供需总量及构成，可以预见商品供需发展变化趋势，据此研究供需总额及结构平衡状况，以便调整生产与消费的关系，安排积累与消费的比例，调整生产与投资结构，扭转经济发展中可能出现的失衡现象。

3．市场预测是发展生产、满足需求的重要手段

通过市场预测，国家或企业可根据已有的市场信息资料和其他影响需求变动的因素预测未来一定时期的主要产品供需变化，明确重点产品发展方向，抑制长线产品，支持短线产品。

4．市场预测是企业改善经营管理的重要措施

加强市场预测，了解与企业有关的市场环境变化，有针对性地制定适当措施和利用环境策略，可以确保企业生产经营的顺利发展。

5．市场预测是增强企业应变能力和竞争能力的重要途径

企业可以通过市场预测摸清竞争对手的状况，制定相应策略，克敌制胜。

随着经济的发展、市场的创新，市场预测在经济决策和企业经营管理中将发挥越来越重要的作用。

二、影响市场预测的因素

（一）对客观事物的认识能力

唯物辩证法认为，世界上的万物都是发展变化的且变化是有规律可循的。市场预测就是要认识和把握预测对象发展变化的规律并对其未来的发展变化做出正确的分析、估计和判断，制订计划以指导当前的行动。商品生产者和经营者总希望自己的生产经营活动在未来能取得成功，但是未来是不确定的，这就需要预测。预测结果的准确程度取决于人们认

识客观事物的能力。能否把握客观事物内在的本质的和必然的联系，即能否认识事物发展变化的规律性，是预测能否接近未来实际的关键。

由此可见，预测不是凭空想象和猜测，而是预测人员根据过去和现在的客观实际资料和科学的方法，探寻事物的发展规律。因此，市场预测者对客观事物的个人认识和判断在很大程度上决定了预测的准确性和可靠性。

（二）事物受外来因素干扰的状况及程度

市场预测受到多种因素的影响，有些影响因素比较直接，容易被注意，而有些影响因素不易被发现；有些因素比较确定，有些因素则带有很大的随机性；有些因素比较容易取得其量化资料，有些则不易取得其量化资料或根本无法量化。市场现象和各种影响因素的复杂性及其对市场预测对象的干扰会对市场预测产生很大的影响，甚至决定着市场预测结果能否被采纳。

（三）选择的预测方法是否合适

市场预测中可供采用的预测方法很多，每种预测方法都有自己适用的对象和范围。在众多的预测方法中，预测者选择哪种方法进行市场预测直接影响市场预测的结果，也是市场预测实践中所面临的具体问题。

市场预测方法是具有科学性的，一方面表现在方法本身具有科学的依据，另一方面则表现在预测方法的适用性得到了发挥。若在市场预测中采用的方法不适用于预测当前市场现象的发展变化规律，所取得的市场预测结果必然是不准确的。市场预测方法的选用是否得当将直接影响预测的精确性和可靠性。因而，根据预测的目的、费用、时间、设备和人员等条件选择合适的方法是预测成功的关键。

（四）市场商品的不同供需形态

市场供需形态就是各类商品的市场供需趋向的规律性。分析不同供需形态对于正确选择预测方法是十分重要的。市场商品供需形态大体有以下四种。

（1）稳定形态，即在所预测的地域范围内，商品基本处于供需之间的平衡状态。处于这种形态的商品可变程度小、可控制程度大，对市场供需的影响较小，需求弹性较小。

（2）趋势形态。此类商品在各时段的商店需求量或供应量呈直线上升或下降趋势。

（3）季节性形态，即某些商品的需求量或供应量变化是随着时间的推移、季节的不同而呈现出周期性变化的。在市场预测中，必须考虑这些商品的季节性特点才能得出科学的预测结果。

（4）随机形态，即某些商品在某些时候的需求量呈现不规则的变化。对于这类商品的预测较为困难，需要采用各种不同的方式、方法来判断、分析，才能得出正确的预测结果。

三、市场预测的主要内容

市场变化的涉及面比较广，如商品生产的发展变化、市场需求的变化、资源供给的变化、国民经济调整的变化、经济体制的变化、价格的变化、进出口贸易的变化以及政治形势、社会风尚的变化等。因此,进行市场预测必须重视总体预测,在预测本企业所经营的商品供需发展趋势时,也要以总体预测为重要依据,必须了解并掌握总体经济方面的有关信息和资料。个体预测对企业制定经营决策和指导企业经营活动具有直接作用。个体预测与总体预测的内容是相互联系、相互补充的,不可能截然区分两者。下面着重介绍市场预测的六项主要内容,即市场需求预测、市场供给预测、企业生产经营能力预测、科学技术发展预测、营销网的建设与发展趋势预测和经济效益预测。

(一)市场需求预测

市场需求是指特定的时间、特定的地域和特定的顾客群体对某一商品的现实和潜在的需求量。市场需求受很多因素的影响,有市场主体外部的因素,如政治、法律、文化、技术、消费心理和消费习惯等;也有市场主体内部的因素,如目标市场的选择、销售价格的制定与变动、促销手段的选择与实施、营销方法的确定等。市场需求预测是指在特定的时间、特定的范围内,对特定的消费群体做有货币支付能力的商品需求分析预测。

市场需求具有趋向性、替代性、相关性等特点。趋向性是指特定顾客群体购买商品的倾向性;替代性是指许多商品在性质、功能上可以相互替代,商品间的替代性使不同商品的需求量可以相互转化;相关性是指许多商品之间的连带性或相关性,如西装与领带、照相机与胶卷、卷烟与打火机等。掌握市场需求的这些特点,对提高预测的准确程度有十分重要的意义。

市场需求预测的内容主要包括以下几个方面。

1. 市场需求总量预测

商品需求总量是指在一定时间和一定范围内,市场上有货币支付能力的消费者对商品的需求总量,包括人们的生活消费需求和生产消费需求。有支付能力的货币总量构成了社会商品购买力,包括现实购买力和潜在购买力两部分。影响购买力总量变化的因素主要有货币收入、银行储蓄、手持现金、流动购买力和非商品性支出等。

2. 市场需求构成预测

市场需求构成是指按一定的标准划分市场商品需求总量得到各类商品需求量占商品需求总量的比重,可分为消费品需求构成和生产资料需求构成两大类。这里主要是指消费品需求构成。消费品需求构成受消费者购买力水平的制约。一般来说,购买力水平越低,投向生活必需品的货币量相对越大,表现为购买力首先投向吃的方面;购买力水平越高,投向其他方面(如穿、用、住、行等)的货币量就会越大。另外,消费者所处地区的习俗、消费心理及商品价格等也对消费品需求构成有很大的影响。

3. 消费者购买行为预测

消费者购买行为预测是指在一定时期内对消费者的购买动机、购买行为方式、购买心理等的调查研究,用来预测商品需求的动向。其中的关键是调查消费者的购买决策,即由谁来买、买什么、为什么买、如何买、何时买、多长时间买一次、家庭和社会对其购买心理有什么影响等。

（二）市场供给预测

市场供给预测是指对进入市场的商品资源总量及其构成和各种具体商品市场可供量的变化趋势的预测，它同市场需求预测结合起来，可以预测未来市场供求矛盾的变化趋势。

市场供给预测主要包括对未来的市场商品总值、类值和主要产品产量的预测，也包括对商品生产能力、生产设备、生产技术、能源消耗、新产品开发、自愿利用程度、国家政策和国际贸易政策等方面的预测。

（三）企业生产经营能力预测

1．企业生产经营能力预测的内容

企业生产经营能力预测是将人力、物力和财力等因素有效地、科学地加以组合形成，创造出任何单一因素都达不到的综合效能，其构成包括以下几个方面。

（1）研究与发展能力。研究与发展能力是指企业管理人员对企业经营与环境变动关系做历史考察、现状分析和发展趋势预测。它主要包括企业规模、组织机构的研究，信息接收与判断能力，目标选择能力，管理改革和创新研究能力以及企业发展水平研究等内容。

（2）营运能力。营运能力是指通过企业生产经营资金周转速度的有关指标所反映出来的企业资金利用的效率。它表明企业管理人员经营管理、运用资金的能力。企业生产经营资金周转的速度越快，表明企业资金利用的效果越好、效率越高，企业管理人员的经营能力越强。

（3）销售能力。销售能力是企业市场营销能力最直接的体现，是所有市场销售行为结果的体现，也是企业对市场预测的有力变现和证明。

2．企业生产经营能力预测的方式

针对企业生产经营能力的预测，必须利用本企业、同行业的一些资料，借助一定的指标，对企业实际的生产经营能力进行分析。主要的指标包含相对发展速度、相对销售增长率、商品市场占有率等。

相对发展速度的计算公式为

$$相对发展速度 = \frac{本企业发展速度}{本行业发展速度}$$

相对销售增长率的计算公式为

$$相对销售增长率 = \frac{本企业销售增长率}{本行业销售增长率}$$

商品市场占有率的计算公式为

$$商品市场占有率 = \frac{本企业某种商品销售额}{同行业该类商品的市场总销售额}$$

（四）科学技术发展预测

科学技术发展预测是指对关于现代科学技术的发展和重大突破所引起的对社会、经济、市场等生产、生活各方面造成的影响所做的分析和预测。特别要预测与企业产品、行业相关的情况，与材料、工艺、设备等有关的学科的科技发展水平、发展方向、发展速度和发展趋势等，与本企业生产和经营的产品有关的技术发展前进方向，以便尽可能地采用新技术并决定有关产品的取舍。

(五) 营销网的建设与发展趋势预测

营销网本身不是市场商品供需预测的内容，但它与商品供需密切相关，是实现商品交换的重要条件和手段。要实现商品交换，就需要有一定的商品经营机构、人员和设施。随着商品供需规模的不断扩大，营销网点必然要有相应的发展。同时，针对消费结构的变化、国民经济的调整、经济体制的改革、流通渠道的改变、交通条件的改善、销售形式的变化等，营销网也要相应做出调整与变化。

以销售形式的变化为例，随着互联网等信息技术的发展，诞生了新的营销模式，如O2O营销模式。O2O（online to offline）是指将线下的商务机会与互联网结合，让互联网成为线下交易的前台。O2O模式正是充分利用了互联网跨地域、无边界、海量信息、海量用户的优势，同时充分挖掘线下资源，进而促成线上用户与线下商品与服务的交易。O2O模式可对商家的营销效果进行直观的统计和追踪评估，规避了传统营销模式中推广效果不可预测的弊端。O2O将线上订单和线下消费结合，可以准确统计所有的消费行为，进而吸引更多的商家，为消费者提供更多优质的产品和服务。

因此，在进行市场预测时，尤其是在大数据时代下，对营销网的发展和变化进行研究和预测，对合理地促进商品流通具有十分重要的意义。

(六) 经济效益预测

企业组织商品实体流动的同时势必引起资金的筹集、分配、使用和管理等一系列财务组织活动，以最少的资金消耗取得最大的经济效益，这是所有企业共同的期望。

经济效益预测就是对未来一定时期内企业经营活动所取得的有效成果和资金消耗进行预测。它可为企业制定经营决策提供财务方面的科学依据，对改善企业经营管理、提高经济效益有重要意义。

商品销售额、劳动生产力、资金占有及资金周转率、流通费用及流通费用率、利润和利润率、设备利用率等指标通常作为预测企业经济效果的主要指标。利润是对企业经营结果的综合反映，也是衡量企业经营管理水平的一个重要指标。因此，对企业利润的发展趋势进行分析和预测对提高企业经营管理水平和经济效益具有重要的意义。

四、市场预测方法的分类

(一) 按照预测方法的性质分类

按照预测方法的性质，市场预测方法大致可以分为定性预测法、回归预测法和时间序列预测法。

1. 定性预测法

定性预测法是以逻辑判断为主的预测方法。这类方法主要是预测者通过所掌握的信息和情报，结合各种因素对事物的发展前景做出判断并把这种判断量化。它普遍适用于对缺乏历史统计资料的事件或趋势转折的预测。

2. 回归预测法

回归预测法是研究变量与变量之间相互关系的一种数理统计方法，即应用回归分析从一个或几个自变量的值去预测因变量的值。回归预测中的因变量和自变量在时间上处于并进关系，即因变量的预测值要由并进的自变量的值来旁推。这类方法不仅考虑了时间因素，还考虑了变量之间的因果关系。

3. 时间序列预测法

时间序列预测法是一种考虑变量随时间发展变化的规律并用该变量以往的统计资料建立数学模型做外推的预测方法。由于时间序列预测法所需要的只是序列本身的历史数据，因此这类方法应用得非常广泛。

随着现代预测方法的发展，各种方法往往是交叉运用、相互渗透，很难截然划分，因此上述分类并非绝对。有关定性预测法、时间序列预测法和回归预测法的具体内容，后文会做详细介绍。

回归预测法和时间序列预测法的共同特点是偏重于统计资料，要建立数学模型进行预测，习惯上称为定量预测法。因此，市场预测方法又可归纳成定性预测法和定量预测法两类。

（二）按照预测时间的长短分类

按预测时间的长短，预测可分为近期预测、短期预测、中期预测和长期预测。一般来讲，近期预测是指1个月以内的预测，短期预测是指1~3个月的预测，中期预测是指3个月到2年的预测，2年以上的预测称为长期预测。预测的时间越长，预测误差就越大。

（三）按照预测是否重复分类

按预测是否重复，预测可分为一次性预测和反复预测。一次性预测是指在根据某种预测模型进行外推预测时，预测模型可以一次计算出所需要的任何时期的预测值。反复预测是指预测模型每次只能预测一个时期。

第二节　市场预测的要求与原则

一、市场预测的要求

（一）专业性

专业性就是要求预测人员具有广博的知识、较高的专业素养以及预算、综合、分析、推断等各种能力，同时要具有一定的市场调研和预测经验，能从各个角度归纳和概括市场的变化，避免出现以偏概全的现象。此外，还要有良好的职业道德和敬业精神，保证预测结果的可靠性。影响市场活动的因素，除经济活动本身外，还有政治、社会、科学技术等方面的因素，这些因素的作用使市场呈现复杂的特点。因此，预测人员是否专业对预测结果的准确性具有十分重要的影响。

（二）综合性

综合性就是要求预测人员在进行市场预测时把预测工作同企业管理、商业运作经营紧密结合起来，这样才能发挥预测的作用，否则就会干扰企业经营决策者的正常决策工作。

（三）客观性

客观性就是要求预测人员在进行市场预测时，要按照经济发展规律分析市场的变化和发展趋势，做到从实际出发、实事求是，不能以盲目乐观的态度观察、分析市场趋势，也不能持悲观、保守的态度观察、分析市场的发展和变化。

（四）完整性

完整性就是要求预测资料必须全面、可靠。全面、可靠的数据资料是进行市场预测的基础，如果数据不全或不准确，将会大大影响预测结果的准确性。当预测结果的精确度达不到规定要求时，预测工作也就失去了价值。所以，预测人员应重视数据和有关资料的收集整理和分析，完善数据系统，以确保市场预测所需要的各类数据和资料全面、可靠，使预测建立在充分的信息基础之上。

二、市场预测的原则

科学的市场预测必须遵循一定的原则，具体如下。

（一）连续性原则

连续性原则是指客观事物的发展具有合乎规律的连续性，一切社会现象和经济现象都有它的过去、现在和未来。事物发展的这种连续性表明事物发展是按照它本身固有的规律进行的，只要规律赖以发生作用的条件不变，合乎规律的现象必然会重复出现，事物未来的发展趋向同过去和现在的变化就不会大相径庭。依照连续性原则预测事物的未来，必须建立在充分了解它的过去和现在的基础上。

在运用连续性原则进行预测的过程中，还必须注意以下两个问题。一是要求预测目标的发展数据所显示的变动趋势具有一定的规律。如果事物的变化是不规则的，那么预测目标的变化就带有很大的偶然性，也就不适于利用连续性原则进行预测。二是要注意分析预测目标历史演变规律发生作用的客观条件，在未来观测期内，如果这些条件已经发生了变化，事物原来的规律性也将随之发生变化，事物的发展也就不再按照原来的变化趋势延续下去。因此，在预测工作中，不仅要善于发现客观事物的演变规律，还应重视分析预测期内影响事物的各种条件的变化情况，借以判断原来的演变规律是否继续起作用。不加分析地运用连续性原则，有时会造成预测工作的重大失误。

（二）类推性原则

类推性原则是指许多事物在结构、模式、性质、发展趋势等方面客观存在着相似之处，根据预测对象与其他事物的发展变化在时间上有前后不同但在现象上有类似之处的特点，人们可以在已知某一事物的发展变化情况的基础上，通过类推的方法推演出相似事物未来可能的发展趋势。例如，彩色电视机的发展与黑白电视机的发展就有某些类似之处，可以利用黑白电视机的发展规律类推彩电的发展规律。

事物之间的相似性是类推性原则的根本依据。在市场预测中，利用样本推断总体就是因为同类事物中具有代表性的样本同总体在结构上是相似的。因此，在市场预测中运用类推性原则时，首先要明确用来类比的事物之间是否存在某些相似之处。一般来说，越相似的事物，类推预测的效果越好；反之，如果事物之间没有或有很少的相似之处，就无法用类推进行预测。

（三）关联性原则

关联性原则是指根据事物之间的直接或间接联系或构成一种事物的各个因素之间存在的或大或小的相互联系、相互依存、相互制约的关系，当一种事物或一种因素发生变化时，分析预测与之相联系、相制约的另一事物或因素的发展变化趋势。任何事物都不可能孤立存在，而是与周围的各种事物相互制约、相互促进的。一个事物的发展变化必然影响到其他有关事物的发展变化。例如，一个国家在一定时期内采用某种特定的经济政策势必对市场发展产生某种影响，这时的政策是因，市场变化情况是果。过一段时间，国家根据市场发展变化的新情况制定新的经济政策来刺激市场或稳定市场、限制市场，甚至是改变市场发展方向等，这时的市场情况成为因，经济政策变为果。当然，一因多果或一果多因的现象也经常出现，但有其因就必有其果，这是规律。因此，从已知某一事物的变化规律推演与之相关的其他事物的发展变化趋势是合理和可能的。

（四）可控性原则

可控性原则是指对所预测的事物的未来发展趋势和过程进行一定程度的控制。在市场预测中，对本来不确定的预测对象的未来事件，可以通过有意识的控制，预先使其不确定性极小化。因此，在运用以随机现象为研究对象的数理统计原理与方法进行预测时，应当同可控因素的分析紧密结合。

在市场预测中运用可控制性原则应当注意：第一，在确定影响预测目标的各种因素时，应尽可能地利用可控制的因素；第二，应充分利用不确定性较小的经济变量，用以推测判断所要预测的市场变量。

（五）经济性原则

经济性原则就是要求在保证预测工作满足所需精确度的前提下，合理选择样本容量，正确确定预测模型，正确选择预测方法，以最低的费用和最短的时间获取最准确的预测结果。市场预测工作是一项复杂的工作，必然要耗费一定的人力、物力、财力和时间，同时市场预测工作又是企业经营管理的重要内容，企业的经营管理工作所遵循的一个重要原则就是经济性原则，市场预测也不例外。

（六）取样原则

任何一种市场状况都可以通过样本表现出来，可以通过对样本的研究分析来推断市场状况的整体发展变化趋势。在进行市场预测时，所选取的样本代表性越大，就越能反映市场状况的实质，所得到的预测结果就越准确。当然，样本量越大，花费的人力、物力、财力就越多,分析工作也就越复杂,所以企业在进行市场预测时应保证选取的样本既能反映事物的本质,又能满足经济性原则。

第三节 市场预测的步骤

一、确定市场预测目标

确定目标是进行市场预测的首要问题。确定市场预测的目标就是明确市场预测所要解决的问题是什么,即为什么进行某项市场预测。在市场预测中,明确了预测的目标,才能进一步落实预测的对象、内容、范围、要求、期限,选择适当的预测方法,才能决定预测的水平和所能达到的目标,否则市场预测就是盲目的,也是根本无法开展的。

预测是为决策服务的,预测目标是根据决策的要求提出来的,不同决策活动的目标不尽相同,因此对预测目标的要求也不一样。市场预测的目标要具体、明确,不能背离市场预测的实际需要。在通常情况下,预测的目标应包括预测的内容、项目所需资料、预测的进程和完成时间、经费预算等。

二、拟定市场预测方案

企业应该有计划、有组织地进行市场预测,预测人员应根据预测目标的内容和要求制订市场预测的整体计划,包括人员安排、预测方式方法的确定、各阶段任务、资金的投入等,为全面开展预测工作做好组织、行动上的准备。

三、收集、整理市场预测所需的资料

市场预测是否能顺利完成、预测结果准确程度的高低、预测是否符合市场现象的客观实际表现等在很大程度上取决于预测者是否具有充分、可靠的历史和现时资料。市场预测资料的收集、整理是市场预测中一个非常重要的步骤。市场预测的资料分为历史资料和现时资料两类。

1. 历史资料

历史资料是指预测期以前各观察期的各种有关市场资料,这些资料是反映市场或影响市场的各种重要因素的历史状况和发展变化规律的。由于市场的发展是具有连续性的,它过去的表现必然影响现在和未来状况的变化和发展,因此预测者必须对市场及其影响因素的历史资料进行充分的收集和研究、分析,这样才能对市场的未来走势做出客观、准确的估计。

2. 现时资料

市场预测的现时资料是指进行预测时或预测期内有关市场及其各种影响因素的资料。收集现时资料不仅可以保证预测结果能遵循市场的客观发展规律,而且能使预测及时对市场的变化做出反应,加强预测结果的可靠性。现时资料可能来自预测者的调查,也可能来

自各调查机构。

此外,预测者应着重于在较小的市场范围内收集现时资料,如对具体商品的生产、质量、需求等的调查,这样才能对所得资料进行细致、深入的研究、分析,更加准确地进行市场预测。

预测者在资料的收集过程中应做到全面、可靠、客观、实际,确保预测结果的真实性。

四、建立适当的预测模型

各种市场现象及各种影响因素所反映出的变动规律不尽相同,在市场预测中,只有对市场预测的资料进行周密分析,才能建立合适的预测模型、选择正确的预测方法,对市场现象的未来表现做出可靠的预测。

建立预测模型分为以下两步。

1．对预测资料进行分析、判断

分析、判断是通过对资料进行综合分析,使感性认识上升到理性认识,由现象深入本质,从而预测市场未来的发展变化趋势。具体包括以下三个方面的内容。

（1）分析、研究市场现象及各种影响因素是否存在相关关系及相关的密切程度如何。在实际工作中,由于受时间、地点、人力、物力、财力等因素的限制,只能对主要影响因素进行分析,如分析市场需求变化与国家政治、经济形势和国家的方针、政策之间的依存关系,市场需求变化与各种产品的价格变化的关系,市场需求变化与市场竞争的关系等。另外,还需对影响市场变化的各种因素的特点进行分析。只有对市场现象及各影响因素的特点有了深刻的认识,才能选择适当的预测方法,建立适当的预测模型。

（2）分析预测期的产供销关系。预测期的产供销关系及其变化的主要分析内容有:市场需求商品的品种、结构及流通渠道的变化情况;社会生产能力与市场需求总量的适应情况;产品结构与消费结构的适应情况等。

（3）分析当前的消费心理、消费倾向及其发展变化趋势,主要是分析随着消费者收入水平的提高,面对众多的广告促销,人们的攀比心理、追赶时髦的心理和与一定社会集团、社会阶层相适应的趋同心理等的变化对购买商品的数量、品种、质量等方面的影响。

2．选择预测方法,建立预测模型

在完成上述分析的基础上,就可以选择适当的预测方法,建立适当的预测模型了。

若依据预测者对市场有关情况的了解和分析,结合对市场未来发展变化的估计,由预测者根据实践经验和主观判断做出市场预测,则应选择定性预测方法。它既可以对市场未来的供给量和需求量进行预测,也可以对市场未来发展变化的特点趋势等做出判断。若是以大量的历史观察值为主要依据,建立适当的数学模型,以数学模型推断或估计市场未来的供给量和需求量等,则应选择定量预测方法。

市场预测模型具体包括:表示预测对象与时间之间关系的时间关系模型;表示预测与影响因素之间关系的相关关系模型;表示某个预测对象与另外的预测对象之间关系的结构关系模型。

建立预测模型必须满足以下三点要求。

（1）模型应服从于预测目标,应满足经营管理决策对具体信息的具体要求,即所选择的预测方法、建立的预测模型应该满足经营管理决策对具体信息的要求。

（2）了解预测对象本身的特点。不同的预测对象有不同的属性、特点，如时装、家电等产品一旦被社会所接受，其发展速度就相当快，但也很容易被淘汰。若对这类商品的预测采用趋势延伸外推法就不太合适，根据其特点，采用类比法进行预测更合适。而那些技术性强、投资额大的商品，一旦被社会接受、认可，更新、淘汰的过程就比较缓慢，它们的市场需求变化过程比较缓慢，成熟期较长，衰退期来得较迟。在不同的发展阶段，根据事物发展的连续性原则，采用趋势延伸外推法对这类商品进行预测比较合适。

（3）考虑预测期的条件和基础。预测方法众多，应该考虑预测期内实际所拥有的经费、人力、设备等条件，选择合适的预测方法。有时候，选择复杂的预测模型并不一定能得到精确度较高的预测数据。

五、根据市场预测模型确定预测值

在市场预测中，根据市场现象及各种影响因素的规律建立适当的预测模型之后，就可运用所建立的预测模型计算预测值了。在利用预测模型进行预测时，除了根据预测模型进行计算外，还必须结合预测者对未来市场的估计，不能机械地运用预测模型，因为预测模型只是市场预测中的一种工具，不能过于依赖它而忽视对客观实际的分析。在市场预测中，不论预测者选择的预测模型多么合适，也不论预测者计算预测值时多么认真，市场预测的结果都很难与现实情况完全吻合。这是因为预测值只是一种估计值，它不是实际观察结果，出现误差是必然的，但是预测者可以通过各种努力使预测误差尽可能小。产生预测误差的原因有两个：一是收集的资料有遗漏、被篡改或预测方法有缺陷；二是工作中的处理方法失当、受工作人员的偏好影响等。因此，每次实施预测后，要比较利用预测模型计算的理论预测值和过去同期的实际观测值，计算出预测误差，估计预测的可信度。同时，还要分析各种预测模型所产生的误差的大小，以便对各种预测模型做出改进或取舍。

六、修正预测值

由于市场现象随时都在发生变化，市场预测者所采用的预测方法和预测模型就不能一成不变。预测者必须根据市场现实情况对预测值进行修正，如果市场现象和各种影响因素发生的变化较大，还需改变预测方法，重新建立预测模型进行预测，这样才能提高市场预测的精确度。

七、撰写预测报告

预测报告是对预测工作的总结，也是向使用者做出的汇报。预测结果出来之后，要及时撰写预测报告。报告除了列出预测结果外，一般还应包括资料的收集与处理过程、选用的预测模型及对预测模型的检验、对预测结果的评价（包括修正预测结果的理由和修正的方法）以及其他需要说明的问题等。预测报告的表述应尽可能利用统计图表及数据，做到形象直观、准确可靠。

市场预测在具体应用中的详细步骤如图 7-1 所示。

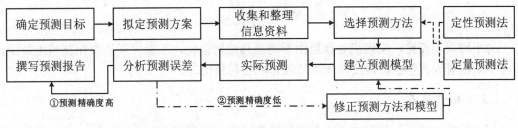

图 7-1 市场预测的详细步骤

第四节 市场预测精确度分析

一、市场预测精确度的含义

市场预测精确度是指市场预测结果的准确程度,它直接影响市场预测结果的运用。为了科学、有效地运用市场预测结果,市场预测者需要设法提高市场预测的精确度。

二、市场预测精确度的测定

市场预测精确度通常以市场预测误差这一指标的大小来反映。市场情况瞬息万变,对未来一定时期内市场发展变化的预测不可能非常准确,预测值与实际值之间必然会产生一定的误差。市场预测误差就是指市场预测对象的预测值与其实际值之间的误差,其大小反映了市场预测的精确度,市场预测误差越小,说明市场预测的精确度越高;市场预测误差越大,说明市场预测的精确度越低。

市场预测误差的测定应根据研究问题的需要和市场预测对象的不同,采用不同的测定指标。常用的测定指标有平均误差、平均绝对误差、均方误差、标准误差和平均绝对百分误差等。

(一) 平均误差

平均误差($\bar{e}$)是对预测值与实际值之间的离差计算的平均值。其计算公式为

$$\bar{e} = \frac{1}{n}\sum_{i=1}^{n} e_i \tag{7.1}$$

其中,e_i 是各预测值与实际值之间的离差;n 是观察值项数。e_i 的取值一般会有正、负值,将各样本的离差值加总时会出现正负相抵消的情况,由此导致计算得到的最终平均误差会偏低。一般情况下,只有实际研究问题允许正负相抵消或无负值的情况下,才使用该指标测定预测精确度。

(二) 平均绝对误差

平均绝对误差(MAE)是各期误差绝对值的算术平均数,用以表明各期实际观察值与

各期预测值（或理论值）的平均误差水平。其计算公式为

$$\text{MAE} = \frac{1}{n}\sum_{i=1}^{n}|e_i| \tag{7.2}$$

与平均误差相比，平均绝对误差由于离差被绝对值化，不会出现正负相抵消的情况，因而平均绝对误差能更好地反映预测值误差的实际情况。

（三）均方误差

均方误差（MSE）是对预测值与实际值之间离差的平方值计算平均数。其计算公式为

$$\text{MSE} = \frac{1}{n}\sum_{i=1}^{n}e_i^2 \tag{7.3}$$

均方误差将预测值与实际值之间的离差平方化，同样避免了正负预测误差相互抵消的问题。但是，离差平方化会使得计算结果的计量单位没有实际意义，与实际值不属于同一数量级，不易比较和理解。

（四）标准误差

标准误差（RMSE）是对预测值与实际值之间离差的平方值计算平均数，再将这个平均数开平方。其计算公式为

$$\text{RMSE} = \sqrt{\frac{1}{n}\sum_{i=1}^{n}e_i^2} \tag{7.4}$$

标准误差就是对均方误差开平方，计算结果与实际值的计量单位相同，便于将它与实际值比较来说明误差大小。统计推断中，通常将其作为度量误差范围的基准，估计（预测）误差范围就等于标准误差的若干倍。

（五）平均绝对百分误差

平均绝对百分误差（MAPE）是用相对数形式百分数表示的预测误差指标。平均绝对百分误差指标是对预测值与实际值之间离差除以实际值的比值的绝对值计算平均数。其计算公式为

$$\text{MAPE} = \frac{1}{n}\sum_{i=1}^{n}|p_{e_i}| \tag{7.5}$$

其中，

$$P_{e_i} = \frac{Y_i - \hat{Y}_i}{Y_i} \times 100\% \tag{7.6}$$

在实际应用中，平均绝对百分误差值越小，则表明预测精确度越高。若该指标值大于10%（或15%），则认为误差太大，预测值不能被采用。

总之，在市场预测中，预测人员必须对所得到的预测值进行误差的估算，若超出了允许的范围，则应考虑采用其他预测方法进行新的预测。当然，对相同的预测对象采取不同方法进行预测时，应对每种方法所所得的预测值的误差进行测定，比较其大小，选择预测误差最小的预测值作为最终的预测结果。

【例 7-1】 某市旅游局为了提前安排工作计划，利用收集的历史数据对该市 2021 年 1 月至 10 月的旅游接待量进行了预测（见表 7-1 中第 3 列）。实际上，2021 年 1 月至 10 月该市的游客接待总量达到 15 206 485 人次，最高峰在 4 月，接待游客数量达到 2 359 583 人次。由于部分地区突发疫情和连续阴雨天气，从 5 月开始，该市接待游客数量明显减少（见表 7-1）。

表 7-1　2021 年 1 月至 10 月某市游客接待量

月份	y_i 游客接待量（人次）	$\hat{y}_i$ 预测值	e_i 误差	$|e|$ 绝对误差	e_i^2 误差的平方项	$|P_{e_i}|$ 相对误差的绝对值（%）
1	1 002 981	972 847	30 134	30 134	908 057 956	3.0044
2	1 574 969	1 532 880	42 089	42 089	1 771 483 921	2.6724
3	1 774 127	1 827 203	−53 076	53 076	2 817 061 776	2.9917
4	2 359 583	2 318 587	40 996	40 996	1 680 672 016	1.7374
5	1 804 278	1 849 098	−44 820	44 820	2 008 832 400	2.4841
6	1 213 133	1 193 032	20 101	20 101	404 050 201	1.6569
7	1 303 829	1 342 730	−38 901	38 901	1 513 287 801	2.9836
8	1 268 930	1 201 082	67 848	67 848	4 603 351 104	5.3469
9	1 138 765	1 103 886	34 879	34 879	1 216 544 641	3.0629
10	1 765 890	1 794 852	−28 962	28 962	838 797 444	1.6401
合计	15 206 485	15 136 197	70 288	401 806	17 762 139 260	27.5804

根据表 7-1 的数据可分别计算出

平均误差：$\bar{e} = \dfrac{1}{n}\sum_{i=1}^{n} e_i = \dfrac{70\,288}{10} = 7028.8$

平均绝对误差：$\mathrm{MAE} = \dfrac{1}{n}\sum_{i=1}^{n} |e_i| = \dfrac{401\,806}{10} = 40\,180.6$

均方误差：$\mathrm{MSE} = \dfrac{1}{n}\sum_{i=1}^{n} e_i^2 = \dfrac{17\,762\,139\,260}{10} = 1\,776\,213\,926$

标准误差：$\mathrm{RMSE} = \sqrt{\dfrac{1}{n}\sum_{i=1}^{n} e_i^2} = \sqrt{44\,345.6} = 665.9249$

平均绝对百分误差：$\mathrm{MAPE} = \dfrac{1}{n}\sum_{n=1}^{n} |p_{e_i}| = \dfrac{27.5804}{10} \times 100\% = 2.758\,04\%$

三、对市场预测精确度的分析

（一）市场预测误差产生的原因

市场预测的实践中，往往会遇到市场预测结果不准确的情况，预测误差如果太大，预测结果将不能被采纳。导致市场预测误差产生的因素有很多，既有主观因素，又有客观因素，具体如下。

(1) 参加预测人员的数量、代表性、业务素质、实际经验、工作态度以及相互之间的配合程度等。

(2) 预测对象的复杂程度、市场因素波动、突发事件、消费者心理变化等。

(3) 国家和地方的方针、政策和法规的变化，经济体制改革，国际市场行情，进出口贸易以及社会文化意识潮流等。

(4) 预测模型的确定、变量的选取、样本容量的大小、统计资料的真实性和准确性、预测方法的选择、计算过程中的误差等。

（二）提高市场预测精确度的措施

要提高市场预测的精确度，除了要选择一定数量的懂业务、工作态度好、具有预测经验的人员构成合理的预测队伍外，还应充分结合大数据技术，做好以下工作。

(1) 核实已有的市场信息并及时掌握近期的有关市场信息资料，建立市场信息档案，从各种所需资料对比中，分析市场现象的成因和特性。例如，顾客分析是企业掌握顾客需求偏好等信息必不可少的环节。大数据下的用户画像分析技术，通过顾客在使用互联网过程中留下的痕迹，归纳、总结顾客的基本消费特征，帮助企业进行精准化营销。

(2) 根据资料的具体特征选择预测方法，在符合预测要求的前提下，力求省时、省力、方便、简单。市场调查中，大数据技术为数据的收集、记录提供了便利，可减少数据调查员的工作量，节省时间和成本。同时，因为通过大数据技术收集到的数据具有广泛性与有效性的特征，在运用定量分析法建立相关数学统计模型时，可有效减少数据统计误差，提高统计模型的拟合度，使得调查结果与实际结果无限接近，提高调查分析结果的准确性。

(3) 要在真实、准确的市场信息和合理的预测方法的基础上实事求是地预测，保证预测结果的真实性、可靠性。

（三）正确认识市场预测误差

市场预测误差是所有市场预测都会遇到的问题，存在预测误差并非意味着预测结果不准确。市场预测中存在许多不确定因素，预测结果受许多因素的影响，因此在市场预测中产生市场预测误差是难以避免的。

产生市场预测误差后，要先分析产生市场预测误差的原因，然后再审查市场预测误差的合理性。对于不合理的市场预测误差，要想办法消除；对于纯粹由无法事先确定的随机因素所引起的市场预测误差，应将其控制在研究问题所允许的误差范围内。

案例思考与讨论

【案例 7-1】 "互联网+大数据"助力四姑娘山景区日客流量的预测

近年来，我国旅游业发展迅速。2020 年，由于新冠肺炎疫情突然爆发，国内外旅游业均受到较大冲击，而随着我国疫情防控工作取得了阶段性成果以及国内经济的向好发展，我国旅游业率先复苏。在疫情防控常态化的背景下，许多旅游景点开始对客流量进行调控。在这一大背景下，四川省旅游管理部门为合理、有效地对四姑娘山景区的日客流量做出预测建立了预测模型。

就旅游者行为数据的获取而言，在传统的预测研究中，学者往往依赖访谈法、观察法、日志法和调查问卷法等。而在"互联网+"的背景下，我国旅游业不断向智能化、移动化迈进。互联网平台将搜索关键词量化为指数来表示其在一定时期的变化趋势，旅游景区的网络关注度便是游客对旅游目的地搜索情况的反映。因此，四川省旅游管理部门利用互联网搜索数据，建立时间序列预测模型，极大地提高了四姑娘山景区日客流量预测的精确度。

由此可见，在"互联网+大数据"的辅助下，市场预测模型可以更为有效地对景区客流量数据进行分析、预测。尤其是在旅游旺季，当地管理部门可利用最新获取的"四姑娘山"一词的网络关注度，提前1~2天对日客流量进行较为精确的预测并根据预测结果做出研判；而在人流密集时期，景区可以提前发布预警信息并做好游客分流的准备工作，如适当调整门票发售量及延长景区开放时间等。总之，越精确的预测越有助于景区管理部门结合实际情况采取有效措施，避免游客数量超出景区承载上限，以保障景区的安全稳定运行并优化游客的游览体验。

资料来源于网络并经作者加工整理。

思考与讨论问题

（1）请问该案例中对四姑娘山景区日客流量的预测属于市场预测主要内容中的哪一种？

（2）结合案例中"互联网+大数据"助力旅游业的日客流量预测，请你谈谈大数据对市场预测方法的启示。

思考与练习题

1. 什么是市场预测？
2. 影响市场预测的因素有哪些？
3. 市场预测的内容有哪些？
4. 在进行市场预测时有哪些要求？
5. 请简述市场预测的步骤。
6. 影响市场预测精确度的因素有哪些？可以采取哪些措施提高市场预测的精确度？
7. 对某市大学生消费能力和消费需求进行预测，请回答以下问题。

（1）预测的内容包括什么？影响预测的因素有哪些？

（2）怎样确定调查对象？如何进行资料的收集？

（3）选用什么方法进行实际预测？怎样评价预测结果的可靠性与真实性？

8. 表7-2是某销售公司2021年的月销售数据及其使用某种方法预测的数据，请计算平均误差、平均绝对误差、均方误差、均方根误差。

表 7-2 预测误差计算表　　　　　　　　　　　　　　　　　单位：万元

月　份	销　售　额	预测销售额
1	100	110
2	110	90
3	90	90
4	130	120
5	70	90
6	110	120
7	120	120
8	90	110
9	120	70
10	90	130
11	80	90
12	90	100
合计	1200	1240

本章学习资源

案例分析提示

本章 PPT

第八章 经验判断预测法

学习目标

1. 了解个人经验预测法及其应用。
2. 熟悉集体经验预测法及其应用。
3. 熟悉头脑风暴法及其应用。
4. 熟悉德尔菲法及其应用。

经验判断预测法是指预测者以各种方法取得市场预测资料后，在对这些资料进行加工整理的基础上，运用自己的实践经验和分析判断能力，对市场未来的发展变化趋势做出估计或预测的方法，它是一种以定性分析为主、定性分析与定量分析相结合的预测方法，也是实践中一种被广泛应用的预测方法。在现代市场经济条件下，企业可以充分利用相关专家丰富的经验与知识，综合分析、判断能力对某种市场现象的未来发展趋势进行预测。在某些情况下，直觉主观判断或意见调查是唯一可用的预测方法。经验判断预测法主要包括个人经验预测法、集体经验预测法、头脑风暴法和德尔菲法等，下面分别进行介绍。

第一节 个人经验预测法

一、个人经验预测法的概念及特点

（一）个人经验预测法的概念

个人经验预测法是凭借个人的知识、经验和综合分析能力对预测目标未来的发展趋势进行推断的一种预测方法。预测结果准确与否取决于预测者个人所掌握的资料多少及其综合分析能力和逻辑推理能力的高低。个人经验预测法是市场快速预测中必不可少的方法。企业所面临的市场是快速变化的，企业必须时刻关注市场的变化情况并随之做出经营决策，但市场变化频繁，企业不可能也没有必要随时投入大量精力采用复杂的预测方法。因此，很多情况下，经营管理人员和营销人员都是根据市场的变化，以自己的知识、经验做出判断、预测的。另外，个人经验预测法也可以作为对其他预测方法的补充。在现代复杂的市场环境中，一味追求将先进的科学技术用于预测实践是不合理的，先进的技术仅仅是预测的工具，能真正对预测结果做出明智判断的是具有丰富知识、经验的预测人员。总之，将个人经验判断预测法与其他预测方法结合起来能够取长补短，使预测效果更佳。

（二）个人经验预测法的特点

个人经验预测法的特点主要表现在以下几个方面。

（1）预测结果取决于预测者的知识、经验。个人经验预测法预测结果的准确度完全取决于预测者的判断、推测能力，而预测者的判断、推测能力又取决于预测者的认知能力、推理能力、工作经验甚至性格等。不同的预测者在这些方面有差距，因此会得出不同的预测结果。

（2）预测过程简便。个人经验预测法以预测者的个人判断、预测为依据，由于预测者对所需预测的目标及相关情况了解得比较透彻，不需要专门进行调查，也不需要建立数学模型，故预测过程简便，预测效率高。

（3）定性的主观判断。个人经验预测法是依靠个人的主观判断进行预测的，而不是通过建立数学模型进行预测，因此预测结果带有很强的个人主观色彩。

二、个人经验预测法的种类及应用

个人经验预测法主要分为相关推断法、对比类推法和扩散指数预测法。具体介绍如下。

（一）相关推断法

相关推断法以事物的因果关系原理为依据，从已知事物的发展趋势来推测相关事物未来的变化趋势。例如，已知现有汽车拥有量，推断车库的需求量。在应用此法进行推断时，预测者首先要以理论为依据，其次要根据自己的实践经验找出同预测目标相关的各种因素，最后根据两者的因果关系进行推断。

相关推断法主要分为以下几种。

1. 根据时间上的先行、后行或平行关系进行推断

某些社会经济现象会在其他一些社会经济现象出现变化后一段时间才随之发生相应的变化，这种相关变动关系称为时间上先行与后行的关系，它反映了相关经济现象在因果关系上的时间顺序。

基于经济发展指标对市场需求的影响，可以把经济发展指标分为三大类，即先行指标、同步指标和滞后指标。

先行指标是指先于市场发生变化并引起市场变化的指标，如财政金融政策、价格政策、消费者支出水平、人口变动趋势等。

同步指标是指与市场基本同时发生变化的经济指标，属于这一类经济指标的有国民生产总值、工业生产总值、批发价格指数等。

滞后指标是指变动落后于市场变动的指标。这类指标在市场出现变化之后才显现出自身的变化，利用它们可以验证根据先行指标所做出的市场预测，同时可对下一周期的市场进行预测。

采用相关推断法进行预测时，由于经济制度、经济指标的内涵、指标所反映的经济关系等不同，不同的国家在市场预测中所采用的指标也会有所不同。即便是同一个国家，由于不同经济发展阶段，市场变化与经济指标的关系不同，所采用的预测指标也不相同。因此，在采用此方法进行预测时，必须首先正确确定市场变化与经济指标之间的关系，选择适当的指标。

2. 根据现象之间的相关变动方向进行推断

社会经济现象之间的关系按照变动方向可分为正相关和负相关。两个经济指标表现为同方向变动，即同增同减，则两者关系称为正相关。许多有相互配套和连带关系的商品在需求上往往存在同增同减的关系，如居民消费能力的提高与私家车销售量增长之间的关系。两个经济指标的变动表现为反方向变动，则两者关系称为负相关。许多相互替代的商品在需求上往往存在这种负相关关系。例如，随着手机照相功能的日渐强大，照相机的销量随之减少；随着计算机销量的增加，钢笔的销量会减少。

根据不同经济现象之间的关系，可以从一个已知相关的经济现象的变化趋势来推断与之相关的另一经济现象的变化趋势。

（二）对比类推法

对比类推法是预测人员依据类比性原理对所预测经济现象或指标和其他类似经济现象或指标加以对比分析，推断预测对象未来变化趋势的一种方法。

这种方法的基本思路是对不同空间的同类经济现象的相关情况进行对比类推，找出某种规律并推断出预测对象未来的发展变化趋势。

依据类比目标的不同，对比类推法可分为产品对比类推法、地区对比类推法、行业对比类推法、由点向面类推法和比例推算预测法。

1. 产品对比类推法

产品对比类推法是以市场上同类产品在发展中所表现的特征来类推某产品的发展变化趋势的一种预测方法。由于很多产品在功能、构造、原材料、档次方面都存在相似性，因此在市场预测中可以利用产品之间的相似性对特定产品的发展趋势进行判断和预测。例如，纯平彩色电视机与液晶电视机的基本功能是相似的，因此可以根据纯平彩色电视机的发展规律大致判断液晶电视机的发展趋势。

2. 地区对比类推法

地区对比类推法是根据其他地区（或国家）曾经发生过的事件来类推某产品的市场发展趋势。这种方法是把所要预测的产品与其他地区（或国家）同类产品的发展过程和变动相比较，找出某些共同或类似的变化规律，以此推断预测目标未来的变化趋势。例如，北京、上海、香港的服装市场较为领先，可以根据这些服装市场的发展变化情况来推测其他地区或城市服装市场的未来发展趋势。

3. 行业对比类推法

同一产品在不同行业的使用时间有先有后，可利用该产品在先使用行业所呈现出的特征类推其在后使用行业中的变动规律。许多产品都是从某一行业市场开始，再逐步向其他行业市场推广的，如计算机最初是在科研和教育领域使用的，后来才转向家庭领域。

4. 由点向面类推法

由点向面类推法是以若干点上的指标项目推算与之相关联的全面指标项目的预测方法。这种方法主要是利用典型调查或抽样调查等点上的资料推算预测总体的预测值，也可利用对某个企业的普查资料或对某个地区的抽样调查资料推算某一行业或整个市场的预测值。

应用该方法时，除了会有各种方法都不能完全避免的预测误差外，还会存在代表性误差。利用典型调查资料进行推算，一般不易计算出代表性误差，用抽样调查资料推算，代表性误差可以用抽样误差指标测算出来并以一定区间表示总体的预测值。

【例8-1】某地区某商品零售商欲预测2022年的销售量总额。假设该地区有5000户居民，利用随机重复抽样的调查方法抽取100户居民进行调查。经过测算，该地区样本平均每户对该商品的年需求量为10.5千克，标准差为2千克，试以95%的可靠程度推断该地区居民对该商品的需求总量的区间。

已知 $\bar{x}=10.5$ 千克，$\sigma=2$ 千克，$n=100$，则其抽样误差为

$$\mu_{\bar{x}} = \frac{\sigma}{\sqrt{n}} = \frac{2}{\sqrt{100}} = 0.2 （千克）$$

若以95%的可靠程度推断该地区居民平均每户的需求量，查表可知 $z_{\alpha/2}=1.96$，则

$$\bar{x} - z_{\alpha/2} \times u_{\bar{x}} \leq \bar{X} \leq \bar{x} + z_{\alpha/2} \times u_{\bar{x}}$$

$$10.5 - 1.96 \times 0.2 \leq \bar{X} \leq 10.5 + 1.96 \times 0.2$$

$$10.108 \leq \bar{X} \leq 10.892$$

即该地区每户居民预计购买该商品的数量为 10.108～10.892 千克的可能性为95%。
该地区居民（$N=5000$）对该商品的总需求（$\bar{X} \times N$）为

$$10.108 \times 5000 \leq \bar{X} \times N \leq 10.892 \times 5000$$

$$50\,540 \leq \bar{X} \times N \leq 54\,460$$

即该地区居民对该商品的总需求量预计为 50 540～54 460 千克。

5. 比例推算预测法

比例推算预测法是根据预测对象与某种数量之间的比例关系，按比例对预测对象的预测值进行推算的方法。应用这种方法时，要注意分析、总结有关的重要比例。例如，在社会商品零售额中，食品、衣着、家庭设备及用品、医疗保健用品、交通和通信工具、娱乐教育文化用品等各类销售额所占的比重是有规律的；再如，居民收入水平与购买某种商品的数量也是有一定比例关系的。实际应用中，常将此法与由点向面类推法结合应用。

【例8-2】A、B、C、D四个地区的人口数量和当年销售某种商品的数量如表8-1所示。

表8-1　A、B、C、D各地区人口数量及某种商品销售量

地　区	A	B	C	D
商品销售量/台	4000	800	600	700
人口数量/人	400 000	300 000	250 000	280 000

由于对这四个地区分别展开调查所需的人力、物力、财力较高，所以只对A地区进行调查。调查结果表明，A地区次年人口自然增长率预计为1%，每百人对该商品的需求量预计为12台，即需求率为 $G_1=12\%$，据此可预计次年A地区该种商品的销售数量为

$$400\,000 \times 101\% \times 12\% = 48\,480 （台）$$

现根据A地区的调查数据和各地区与A地区之间的销售率比例关系预测次年四个地区

的市场需求总量。假设其他地区的与 A 地区的人口自然增长率相同，需求增长规律也与 A 地区近似，计算结果如表 8-2 所示。

表 8-2 各地区需求量预测计算表

地 区	商品销售量 (Y) /台	人口数 (P) /人	销售率 $Q=\dfrac{Y}{P}$	销售率比 $\dfrac{Q_i}{Q_1}$	需求率 $\dfrac{Q_i}{Q_1} \times G_1$	次年需求量 $P \times 1.01 \times G$
A	4000	400 000	0.010	1.000	0.1200	48 480
B	800	300 000	0.0027	0.270	0.0324	9817
C	600	250 000	0.0024	0.240	0.0288	7272
D	700	280 000	0.0025	0.250	0.030	8484
合计	6100	1 230 000	—	—		74 053

第一步，计算各地区销售率，即各地区销售量占人口数的比例 $Q=\dfrac{Y}{P}$。

第二步，计算销售率比。以 A 地区为基准，用各地区销售率与 A 地区销售率相比，即 $\dfrac{Q_i}{Q_1}$，如 B 地区销售率比为 $\dfrac{0.0027}{0.010}=0.270$，它说明若 A 地区的销售量为 100 台，B 地区的销售量可达到 27 台。

第三步，计算各地区需求率。以 A 地区的需求率调查预计数为基础，A 地区次年的需求率 G_1 为 12%，其他地区的需求率为 $\dfrac{Q_i}{Q_1} \times G_1$。

第四步，根据各地区的需求率和人口数对次年的需求量进行预测，需求量=$P \times 1.01 \times G$，预测结果显示，次年四个地区对该商品的需求总量为 74 053 台。

（三）扩散指数预测法

扩散指数预测法是根据若干个经济指标的变动计算出扩散指数，以扩散指数为依据来判断市场未来发展趋势的一种预测方法，即它是一种以经济指标为中心进行景气观测的方法。其具体操作方法是：选定 k 个指标 x_i（$i \in \{1,2,\cdots,k\}$）并收集本期 t 和上期 $t-1$ 的数值 x_{it} 和 x_{it-1}，对两期的数值加以比较，可以计算其增长率 $z_{it}=\dfrac{x_{it}-x_{it-1}}{x_{it-1}} \times 100\%$，若增长率大于零（$z_{it}>0$），则该指标在本期 t 为"扩张"，记为"+"；若增长率小于零（$z_{it}<0$），则该指标在本期 t 为"收缩"，记为"-"；若增长率等于零（$z_{it}=0$），则该指标在本期 t 不予统计或记为"0.5+"。

扩散指数（DI）的计算公式为

$$\mathrm{DI}_t = \dfrac{t \text{时期选定指标中出现扩张的个数}}{\text{选定指标总数}} \times 100\%$$

例如，选定 k 个指标，在 t 时期有 m 个指标处于扩张状态，则

$$\mathrm{DI}_t = \dfrac{m}{k} \times 100\%$$

【例 8-3】某国产汽车品牌销售经理欲预测 2022 年该品牌汽车的市场趋势，他选择了

10 个与汽车销售量息息相关的指标并利用扩散指数预测法对 2022 年该品牌汽车的市场趋势进行了预测，数据如表 8-3 所示。

表 8-3 扩散指数计算表

指标编号	t 期数值	$t-1$ 期数值	t 期增长率/%	扩张或收缩
1	200 000	190 000	5.26	扩张
2	7.2	7.4	−2.70	收缩
3	6000	5800	3.45	扩张
4	32 189	30 733	4.74	扩张
5	2000	1650	21.21	扩张
6	1.4	1.3	7.69	扩张
7	5.2	4.8	8.33	扩张
8	160 000	155 000	3.23	扩张
9	1.4	1.1	27.27	扩张
10	102.5	102.9	−0.39	收缩

由表 8-3 可知，扩张指标个数 m 为 8 个，收缩指标个数为 2 个，选定的指标个数 k 为 10，则扩散指数为

$$\mathrm{DI}_t = \frac{m}{k} \times 100\% = \frac{8}{10} \times 100\% = 80\%$$

一般认为，扩散指数达到 50%以上，表示未来市场需求有上升动向；达到 60%以上，则可判断将会出现上升状态；达到 75%，说明市场需求将会出现较大幅度的上升；若在 50%以下，则预计市场需求有下降趋势；在 40%以下，说明市场将会出现下降局面。由表 8-3 计算可知，扩散指数为 80%，超过了 75%，因此，2022 年该品牌汽车的市场需求将出现较大幅度的上升。

第二节 集体经验预测法

一、集体经验预测法的概念

集体经验预测法是指预测专家（如企业经营管理人员、业务人员及相关经销人员）凭借自己的经验来判断市场趋势的一种预测方法。由于经营管理人员、业务人员及相关经销人员比较熟悉市场需求及其变化动向，他们的判断往往能够比较贴近市场的真实趋势，所以此法是一种较好的近期预测方法，在实践中得到了广泛应用。这种方法简便易行、可靠实用，它注重发挥集体智慧，在一定程度上克服了个人主观判断的局限性和片面性，有利于提高市场预测的质量。

二、集体经验预测法的实施过程

采用集体经验预测法时，企业首先要对经营管理人员及业务人员进行意见调查，可以

采取开调查会或填调查表的方法，不论采取什么方法，都要在大家充分发表意见的基础上，再由预测组织者对其意见进行归纳、分析、判断，最后确定企业的预测方案。其预测过程如下。

1. 选择相关人员作为预测者

选择合适的人员参与预测是预测中的一个关键环节。一般选择企业经营管理人员、业务人员及比较熟悉市场需求的相关人员参与市场预测。

2. 提出预测要求

根据经营管理的需要，由预测组织者向参与预测人员提出预测要求，说明预测目的。

3. 预测者提出预测方案

预测小组成员根据预测要求，凭借个人的经验和分析判断能力提出各自的预测方案并说明其理由。在所提方案中，预测者应预测未来市场的可能状态、各种可能状态出现的概率及企业在每种状态下可能达到的水平值。

4. 计算综合期望值

预测者提出各自的预测值后，预测组织者对各预测者的预测结果进行综合，计算各类综合期望值。

5. 对参与预测的有关人员进行分类并给每一类预测人员赋予不同的权数

由于不同预测人员对市场的了解程度以及经验不同，每个人的预测结果对最终预测结果的影响作用也不同，所以需要对每位预测者的预测结果赋予不同的权数。

6. 确定最终预测值

若赋予预测者的权数不同，则采用加权平均法汇总最终预测结果；若给每位预测者赋予相同的权数，则采用简单算术平均法汇总预测结果。

【例 8-4】某公司为确定 2022 年的产品销售预测值，邀请 5 名营销人员、3 名部门主管和总经理、副总经理分别对 2022 年销售额进行预测。运用集体经验预测法进行预测，预测过程如下。

营销人员、部门主管、总经理和副总经理通过各自的分析、判断对公司 2022 年的销售额做出了预测，预测结果如表 8-4 至表 8-6 所示。

表 8-4　营销人员预测值

营销人员	销售状态	销售估计值/万元	概率	期望值/万元	权数
甲	高	3200	0.3	3020	0.2
	中	3000	0.5		
	低	2800	0.2		
乙	高	2900	0.4	2740	0.2
	中	2700	0.4		
	低	2500	0.2		
丙	高	3000	0.3	2890	0.2
	中	2900	0.3		
	低	2800	0.4		

续表

营销人员	销售状态	销售估计值/万元	概率	期望值/万元	权数
丁	高	2500	0.3	2400	0.2
	中	2400	0.4		
	低	2300	0.3		
戊	高	2700	0.3	2520	0.2
	中	2500	0.5		
	低	2300	0.2		

从表 8-4 可知，5 名营销人员的营销水平相当，其预测权数相同，均为 0.2，则营销人员的综合预测值可用简单算术平均法计算，计算公式为

$$\bar{x}=\frac{\sum x}{n}=\frac{3020+2740+2890+2400+2520}{5}=\frac{13570}{5}=2714（万元）$$

表 8-5 各部门主管预测值

部门主管	销售状态	销售估计值/万元	概率	期望值/万元	权数
营销部门主管	高	2850	0.3	2800	0.5
	中	2800	0.4		
	低	2750	0.3		
生产部门主管	高	2700	0.4	2620	0.3
	中	2600	0.4		
	低	2500	0.2		
财务部门主管	高	2650	0.3	2605	0.2
	中	2600	0.5		
	低	2550	0.2		

从表 8-5 可知，3 名部门主管由于经验的丰富程度不同，预测的准确程度也不同，故分别给予了不同的权数，则各部门主管的综合预测值应采用加权算术平均法计算，计算公式为

$$\bar{x}=\sum x_i p_i = 2800\times0.5+2620\times0.3+2605\times0.2=2707（万元）$$

表 8-6 总经理、副总经理的预测值

职位	销售状态	销售估计值/万元	概率	期望值/万元	权数
总经理	高	2900	0.3	2740	0.4
	中	2700	0.5		
	低	2600	0.2		
副总经理	高	2800	0.4	2730	0.6
	中	2700	0.4		
	低	2650	0.2		

根据表 8-6 中总经理及副总经理的预测值和权数资料，可计算出二者的综合预测值为

$$\bar{x} = \sum x_i p_i = 2740 \times 0.4 + 2730 \times 0.6 = 2734 \text{（万元）}$$

对以上三类人员的预测值加以综合，确定 2022 年销售额的最终预测值时应该考虑的问题是各类人员的重要程度，即给每一类预测值赋予不同权数（权数一般由预测工作的组织者依据公司最高管理层提供的权数确定）。假设营销人员的权数为 3，部门主管的权数为 2，总经理和副总经理的权数为 1，则 2022 年销售额的最终预测值为

$$\bar{x} = \frac{\sum xf}{\sum f} = \frac{2714 \times 3 + 2707 \times 2 + 2734 \times 1}{3 + 2 + 1} = \frac{16\,290}{6} = 2715 \text{（万元）}$$

三、集体经验预测法的优、缺点

（一）集体经验预测法的优点

（1）集体经验预测法的参与人数多，因而所拥有的信息量远远大于个人所拥有的信息量，所要考虑的因素也比个人所要考虑的因素多。

（2）集体经验预测法有具体明确的预测方案，预测结果比个人经验预测的结果更可靠。

（3）集体经验预测法是在综合各类预测人员的意见后得出预测结果，可以避免个人判断的主观性和片面性。

（4）集体经验预测法虽然有时难以得到统一的预测结果，但这并不意味着预测的失败，而恰恰说明这一预测方法考虑到了问题的多重性、多面性，其结果能更好地为决策及执行工作提供依据。

（5）集体经验预测法可以同时对几个预测目标进行分析、预测，这是个人经验预测法难以做到的。

（二）集体经验预测法的缺点

集体经验预测法有许多难以克服的缺点，主要是参与预测人员会受到很多因素的影响，以至于影响预测结果的准确性。

（1）受感情因素的影响。参与预测人员中可能有上下级、前后辈、同学、同事等多种关系，出于感情方面的考虑，地位较低者即使有不同意见也不好意思当面提出。

（2）受个人性格特征的影响。由于每个预测人员的成长环境不同，对事物的认知不同，看问题的角度不同，因而每个预测人员在预测问题时都会出现个性观点，若参与预测人员各执己见，则不利于意见的充分表达及形成共识。

（3）受时间因素的影响。如果采取开调查会的方式收集意见，由于时间的限制，很难做到在会议现场统一大家的意见，做出共同的估计。

第三节　头脑风暴法

一、头脑风暴法的概念

头脑风暴法是由美国创造学家 A. F. 奥斯本于 1939 年首次提出、1953 年正式发表的一

种激发思维的方法。"头脑风暴"一词最早是精神病理学的用语，是就精神病患者的精神错乱状态而言的，现在则演变成无限制的自由联想和讨论的代名词，其目的在于产生新观念或激发创新设想。

头脑风暴法是指根据预测的目的和要求，组织各类专家相互交流意见，进行智力碰撞，产生新的思想火花，使专家的观点不断提升、集中，从而提炼出最优预测结果的一种预测方法。它实际上是集体经验预测法的进一步发展。头脑风暴法作为一种创造性思维方法，在预测中的运用范围日益广泛。

二、头脑风暴法的要点

头脑风暴法最大的特点是其所要解决的问题是创造性问题而非逻辑性问题，它通过最大限度地发挥专家所具有的智慧和创造力寻找解决问题的可能方法。采用头脑风暴法组织专家会议要注意以下要点。

（1）会议就所讨论问题提出具体要求并严格规定提出设想时所采用的术语，以便限制讨论问题的范围，使参与者把注意力集中于讨论问题上。

（2）参会者不能质疑别人的意见，不能放弃或终止讨论中的任何设想，不管这种设想是否恰当或可能。

（3）会议组织者应鼓励参会人员对已经提出的设想进行改善和综合并为准备修改自身设想的人提供有限发言权。

（4）支持和鼓励参加预测的专家解除思想顾虑，创造一种自由的气氛，激发参会人员的积极性。

三、头脑风暴法的类型及实施过程

头脑风暴法可分为直接头脑风暴法和质疑头脑风暴法两种。

（一）直接头脑风暴法

1. 直接头脑风暴法的概念

直接头脑风暴法是通过对预测问题的共同讨论，直接鼓励专家进行创造性思维活动，提出专家集体预测结果的方法。

2. 直接头脑风暴法的实施过程

第一步，会前准备。

组织准备工作包括的内容有选择参会专家、安排会议主持人、会前的调查研究、向各位专家提供必要的资料及明确需要讨论研究的题目、会议日程安排等。

专家的选择是否得当会在很大程度上影响预测结果，应按下述要点选取专家。

（1）专家最好来源于与预测对象有关的各个方面。专家的专业与所预测的问题相同或相近不是其参加预测的必要条件，头脑风暴法甚至鼓励一些与预测问题无关或关系不大的其他领域的学识渊博的专家参加，包括不同学科的学者或不同流派的学者、与经济建设各方面有广泛联系的专家等，选择的专家既应包括专家学者，也应包括实际部门干部，这样才能激发专家的纵向或横向思维创造，保证从不同的侧面对问题进行分析。

(2) 不仅要有一定的市场调查与预测方面的知识、经验，还要有良好的语言表达能力和发达的思维联想能力。

(3) 从同一职位（职称或级别）中选取参会人员时，不宜选取领导者参加，否则可能给职位较低的参会人员造成某种压力。

(4) 尽量从不同职位（职称或级别）的人员中选取参会人员。

(5) 会议人数多少要根据实际需要和会议主持者的能力而定，参加人数不宜过多，一般为 10～15 人。

选好主持人也是会议能圆满完成的一个关键环节，主持人一般安排 1 名，要求熟悉并掌握主持要点和操作程序，对所讨论问题的背景有一定的了解，熟悉头脑风暴法的操作程序和处理方法。

第二步，召开征询意见会议。

首先由预测组织者（即会议主持人）提出问题，与会专家充分发表意见，提出各种预测方案。预测组织者要对预测的问题做出如下说明。

(1) 问题产生的原因、对原因的分析以及问题可能造成的结果。最好对结果加以夸张的描述，使参会人员感受到解决问题的必要性。

(2) 分析解决同类问题的经验及现有途径。

(3) 以中心问题或子问题为核心，提出所解决问题的层次结构。问题的内在结构应简单，这样才有助于发挥头脑风暴的效果。

在组织会议时，会议组织者应该做到以下几点。

(1) 要有虚心求教的态度，在会议上以听取意见为主，一般不发表意见，以免影响与会人员发表真实意见。

(2) 主持人的发言应能激发参会人员的思维灵感，鼓励其发表个人的新奇看法。如何让参会专家把自己的意见充分表达出来，这是组织工作的关键，所以主持人要营造比较轻松的气氛，使专家乐于发表意见。

(3) 态度应该保持中立，不应对专家意见做出评判，要让专家各抒己见。

(4) 做好会议记录。会议一般安排 1～2 名记录员，记录员要认真将参会专家的每一个设想（不论好坏）都完整地记录下来，如哪些人发表了意见、会议争论的焦点问题是什么、对哪些问题的意见比较统一、会议还有哪些不足等。

(5) 在所有参会专家提出设想以前不评估已提出的设想，不限制每一位专家的发言时间，允许一个人多次发言，会议后期再对所有设想进行集中评价。

第三步，确定最终预测结果。

会议结束后，组织者在取得专家意见的基础上对各方案进行比较、评价和归类，综合专家意见，整理出有关企业生产经营或有关产品质量、性能、特点、价格、竞争能力和市场需求的分析材料，再综合市场行情及其发展趋势确定最终预测结果。

（二）质疑头脑风暴法

质疑头脑风暴法也称为反头脑风暴法，是同时召开两个会议、集体产生设想的方法。第一个会议按照直接头脑风暴法的方式进行，第二个会议对第一个会议的设想进行质疑，即对直接头脑风暴法中提出的系统化设想进行进一步的质疑，这也是评估头脑风暴法中设想的现实性的过程。

质疑头脑风暴法的实施过程分为三个阶段。

第一阶段，参加者对就预测问题所提出的设想提出质疑，进行全面评价。这一阶段的重点是研究有碍设想实现的问题且在质疑的过程中还可能产生一些新的设想。质疑过程一直进行到没有问题可以质疑为止。

第二阶段，就每一个设想编制意见一览表或可行设想一览表。

第三阶段，对质疑过程中提出的评价意见进行处理，形成一个可解决所预测问题且现实可行的最终设想一览表。至此，最终的预测结果也就产生了。

质疑头脑风暴法的重点在会议提出的预测设想和对设想可行性的质疑上，可以保证预测结果的可靠性、可行性与正确性。

四、头脑风暴法的优、缺点

（一）头脑风暴法的优点

（1）头脑风暴法可以通过对人的思维进行创造性组合排除中庸的折中性方案。

（2）头脑风暴法中专家通过会议形式发表意见，可以达到集思广益、互相补充的目的，因此对预测对象的分析更深入并能快速、准确地得出预测结果。

（3）头脑风暴法可以通过设想、质疑等为所预测问题找到符合客观实际的解决方法，同时可为决策者提供切实可行的方案。

（4）头脑风暴法在费用、时间方面比较节省。

（二）头脑风暴法的缺点

（1）应用范围受到一定的限制。利用头脑风暴法所提出的设想不能通过按照重要程度进行排序寻找可达到目标的最优结果，在实际应用时应与集体经验预测法结合并对其结果进行定量分析和处理，这在一定程度上限制了头脑风暴法的应用范围。

（2）采取开讨论会的形式会受到参加人数和时间的限制，如果参加人数较少，就会使预测意见缺少代表性及全面性；如果参加讨论的专家较多，要让每个专家发表意见，又要开展讨论，时间就会比较紧张。

（3）会议上权威专家的意见有时会左右其他人的意见，多数人的意见有可能使少数人的意见受到压制。

（4）预测结果易受调查者和被调查者双方心理状态的影响，如有些人坚持自己的意见，即使错了也不愿当众修改。

第四节　德尔菲法

一、德尔菲法的概念

德尔菲法（delphi method）是在集体经验预测法的基础上发展起来的一种直观预测方

法，又名专家小组法或专家意见征询法，它是一种以匿名方式多轮发函征询专家意见，然后定量处理，最终得出预测结果的经验判断法。企业应用德尔菲法做预测，需由企业组成一个专门的预测机构，其中包括若干专家和企业预测组织者，按照规定的程序，背靠背地征询专家对未来市场的意见或者判断，然后进行预测。德尔菲法一般适用于长期预测。

二、德尔菲法的特点

1. 匿名性

德尔菲法不组织专家会议，不是把专家集中起来发表意见，而是采取匿名发函的调查形式，受邀专家之间互不见面，亦不联系，即"背对背"的调查形式。这种形式克服了专家易受权威、潮流、会议气氛和其他人心理状态影响的缺点。专家可以不受任何干扰，独立地对调查函中所提问题发表自己的意见，不必做出解释，甚至不必申述理由，而且有充分的时间进行思考、调查研究和查阅资料。

2. 反馈性

由于德尔菲法采用匿名形式，专家之间互不接触，分别就调查函所提问题发表自己的意见，故仅靠一轮咨询收集的专家意见往往比较分散，不易得出结论，而且单个专家的意见也容易有某种局限性。为了使受邀的专家了解每一轮咨询的汇总情况和其他专家的意见，组织者要对每一轮咨询的结果进行整理、分析、综合并在下一轮咨询中将其匿名反馈给每个受邀专家，以便专家根据新的调查函进一步发表意见。经典的德尔菲法一般要经过四轮咨询。反馈是德尔菲法的核心，在每一轮反馈中，每个专家都可以参考别人的意见，冷静地分析其是否有道理，并在没有任何压力的情况下进一步发表自己的意见。多次反馈保证了专家意见的充分性和最终结论的正确性、可靠性。

3. 量化性

在应用德尔菲法进行信息分析、研究时，对研究课题的评价或预测（例如，对研究对象的各项指标及其相对重要性的评价，对研究对象的实现时间、条件和手段的估计等）不是由信息分析、研究人员做出的，也不是由个别专家给出的，而是由一批有关专家给出的。由此，对诸多专家的回答必须进行统计处理，所以应用德尔菲法所得的结果带有统计学的特征，往往以概率的形式出现，它既可反映专家意见的集中程度，又可反映专家意见的离散程度。

为了便于对应答专家的意见进行统计处理，调查函应设计成表格化、符号化、数字化的形式。德尔菲法的统计性特点有利于用定量化方法处理一般定性问题，也有利于结果的定量表述。

三、德尔菲法的用途

总的来说，德尔菲法主要用于预测和评价，它既是一种预测方法，又是一种评价方法。不过经典德尔菲法的侧重点是预测，因为在进行相对重要性之类的评估时，往往也是预测性质的评估，即对未来可能事件的估计比较。具体地说，德尔菲法主要有以下五个方面的用途。

（1）对达到某一目标的条件、途径、手段及它们的相对重要程度做出估计。

（2）对未来事件实现的时间进行概率估计。

（3）对某一方案（技术、产品等）在总体方案（技术、产品等）中所占的最佳比重做出概率估计。

（4）对研究对象的动向和在未来某个时间所能达到的状况、性能等做出估计。

（5）对方案、技术、产品等做出评价或对若干备选方案、技术、产品进行排序，以选出最优者。

四、德尔菲法的预测步骤

德尔菲法的一般预测步骤如图8-1所示，具体步骤如下。

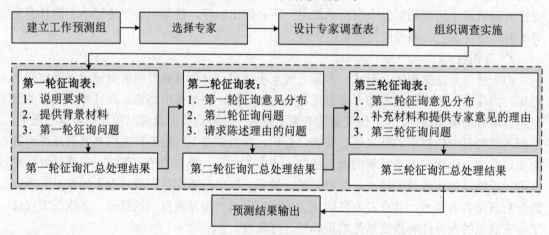

图8-1 德尔菲法的一般预测步骤（以三轮征询为例）

第一步，组建预测领导小组。由于德尔菲法采用书面方式，以信函为主，工作量大，因此必须成立一个预测领导小组负责组织、主持预测活动，具体负责拟定预测课题，确定预测对象，根据预测对象的要求收集、整理有关资料和数据，准备背景资料，设计征询表，选择专家以及对预测结果进行分析处理等。

第二步，选择专家。预测结果的准确性在很大程度上取决于参加预测的专家的水平。专家的知识、经验及综合水平是直接影响预测结果准确性的重要因素。在选择专家时应该注意以下几个问题。

（1）按照课题所涉及的知识范围确定专家。参加预测的专家应该对所预测的行业有比较深入的了解和研究，具有与预测内容有关的专业知识和丰富经验，思想活跃，判断能力强，精通业务，有预见性和较强的分析问题的能力。

（2）专家不一定需要具备很高的学术地位，可以是一些技术领域的专家。

（3）可以选择一些熟悉市场行情、了解有关行业和商品产销动态的人员作为专家。

（4）所选择的专家要具有代表性。

（5）专家人数的多少可根据预测课题的大小和涉及面的宽窄而定，问题大、涉及面广，人数可多一些；反之，人数可少一些。一般情况下，参加的专家越多，预测的精确度越高。就企业市场预测而言，所选专家组人数以10~15人为宜，一般不超过20人。

第三步，向所有专家提出所要预测的问题及有关要求并附上有关这个问题的所有背景材料，同时请专家提出还需要什么材料，然后由专家做书面答复。

第四步，各位专家根据所收到的材料提出自己的预测意见并说明自己是怎样利用这些材料得出预测值的。

第五步，将各位专家的第一次判断意见汇总，列成图表，进行对比，然后再分发给各位专家，让专家比较自己同他人的意见，修改或完善自己的意见和判断。此外，也可以对各位专家的意见加以整理并请其他更权威的专家加以评论，然后把反馈意见再分发给各位专家，以便他们参考后修改自己的意见。

第六步，收集、汇总所有专家的修改意见，再次分发给各位专家，以便做第二次修改。逐轮收集意见并为专家反馈信息是德尔菲法的主要环节。收集意见和信息反馈一般要经过三四轮。在向专家进行反馈的时候，注意只给出各种意见，并不说明发表各种意见的专家的具体姓名。这一过程重复进行，直到每一位专家都不再改变自己的意见为止。

第七步，对专家的意见进行综合处理。对于专家意见的处理方法，应根据不同的预测或对预测结果的要求而定。这里介绍几种常用的预测结果处理方法。

（1）算术平均法。这种方法是对各位专家的预测结果，计算其算数平均值。如果不考虑各位专家的影响力差别，一般可采用简单算数平均法；如果要各位专家阐明其结论的充分性、合理性及影响力，则给予各位专家不同的权数，用加权算数平均法。

（2）中位数或上下四分位点。在专家预测数值分布比较分散的情况下，一般用中位数来表示专家预测的估计值，它代表了预测意见的集中程度，用上下四分位点来表示预测估计值的范围。具体操作方法如下。

先将各位专家的预测值按照从小到大（或从大到小）的顺序加以排列，处于中间位置的数值就是中位数。

在中位数两侧分别找出处于中间位置的数，这两个数叫四分位点，这样就把数列分为四等份。小于中位数的四分位点称为下四分位点，大于中位数的四分位点称为上四分位点。在上、下四分位点范围内包含了半数专家的预测值。

在实践中，一般采用对各位专家的预测值计算其平均数作为最终预测值，表示各位专家意见的集中程度。

极差是测定专家意见分散程度的一个指标。

极差的计算公式为

$$极差=最大预测值-最小预测值$$

极差反映出了专家预测值的最大差异范围。极差越大，说明专家意见越分散；极差越小，说明专家意见越集中。但极差较容易受到极端值的影响，为了克服这个问题，可以采用标准差来分析。

标准差也是测定各位专家意见分散程度的指标。假设有 n 位专家，各专家意见用符号 x_i 表示，$i \in \{1,2,\cdots,n\}$，则专家意见分散程度的标准差（σ）计算公式为

$$\sigma = \sqrt{\frac{1}{n-1}\sum_{i=1}^{n}(x_i-\bar{x})^2}$$

其中，$\bar{x}$ 为专家意见的平均数。标准差数值越大，表明专家意见越分散；标准差数值

越小，表明专家意见越集中。

五、运用德尔菲法预测时应遵循的原则

第一，问题要集中且有针对性。问题不要过于分散，要使各个事件构成一个有机整体。所有问题要按等级排序，排序的原则是：先简单，后复杂；先综合，后局部。经过排序处理后的问题容易于引起专家回答问题的兴趣。

第二，调查文件中不应掺杂调查单位或领导小组的意见，防止出现诱导现象。主要是避免专家的预测向领导小组靠拢，以至于得出迎合领导小组观点的预测结果。如果是这样，预测的可靠性将大大降低。

第三，避免组合事件。如果一个事件包含了两个相悖的方面，一方面是专家同意的，另一方面是专家不同意的，会导致专家难以做出回答。

六、德尔菲法的优、缺点

（一）德尔菲法的优点

（1）各专家能够在不受干扰的情况下独立、充分地表明自己的意见，不会受到某些权威专家意见的影响，更不会出现讨论会上的随大流倾向。采用匿名方式反馈信息，专家可以参考别人的意见，服从有理的意见，这样既发挥了专家个人的分析、判断能力，也克服了个人意见的片面性。

（2）预测结果的可靠程度高。预测结果是建立在具有丰富知识和经验的专家的判断的基础上的，将各位专家的意见进行综合，能够发挥集体的智慧。

（3）应用面比较广，比较节省费用。

（二）德尔菲法的缺点

（1）预测结果主要源自专家的主观判断，缺乏一定的客观标准。各位专家根据个人的经验判断、预测，预测结果不可避免地会有一定的局限性，会出现有些意见不够全面或不太切合实际的情况。

（2）有些专家自尊心过强，不愿意修改自己本不全面的意见。

（3）过程比较复杂，花费时间较长。由于采用多轮征询方式，结果的收集、反馈时间较长，轮数太多也会造成有些专家中途退出，从而影响预测的精确度。在采用此法预测时，一般认为进行四轮征询就可以了，如果第二轮或第三轮征询后意见比较统一，就没有必要再进行征询，应尽量减少征询次数。

七、德尔菲法的应用案例

【例 8-5】某公司利用德尔菲法预测其产品的市场需求量（计量单位：万台）。该公司预测领导小组选择了本公司的 1 位采购经理、1 位销售经理、3 位销售员及 2 位经销商组成了一个 7 人预测小组进行预测。由该公司营销经理负责分发资料和汇总各专家意见。预测程序如下。

第一轮预测，营销经理将有关预测背景资料发给各位专家作为参考。各专家将预测意见以匿名形式函交营销经理。

第二轮预测，营销经理将第一轮预测结果分发给各位专家，使每位专家了解其他专家的预测数据，然后再做出第二轮预测，专家在第二轮预测中可以修改自己的预测结果。有3位专家在第二轮预测中修改了自己的预测结果。

第三轮预测，营销经理将第二轮的预测结果发给各位专家，做出第三轮预测。有4位专家在第三轮预测中修改了自己的预测结果。

第四轮预测，营销经理将第三轮的预测结果发给各位专家，做出第四轮预测。

经过四轮的反馈，得到的预测结果如表8-7所示。

表8-7 各轮次的专家预测结果

专　　家	第一轮预测	第二轮预测	第三轮预测	第四轮预测
采购经理	1300	1100	1000	1000
销售经理	900	900	850	850
销售员1	800	850	900	900
销售员2	900	900	850	850
销售员3	850	850	850	850
经销商1	1300	1000	1000	1000
经销商2	850	850	850	850
改变意见的专家人数	—	3	4	0
平均数	985.71	921.43	900	900
中位数	900	900	850	850
极差	500	250	150	150
标准差	217.40	95.12	70.71	70.71

（1）在第四轮预测中，各位专家已不再修改自己的预测数据，表明各位专家的预测结果已趋于一致。按照7位专家第四轮预测的平均数计算，则预测该公司产品的市场平均需求量为

$$\frac{1000+850+900+850+850+1000+850}{7}=985.71（万台）$$

（2）用中位数计算，可将第四轮预测值从高到低进行排列，具体如下：

1000　1000　900　850　850　850　850

中间项的计算公式为$\frac{n+1}{2}$（其中，n为项数），则按照7位专家第四轮预测的中位数计算，则预测该公司产品的市场需求量为第4项$\left(\frac{7+1}{2}\right)$对应的数值，即预测该公司产品的市场需求量为850万台。

（3）选用平均数或是中位数的原则：如果数据分布的离散程度较大，一般选用中位数，以免受个别偏大或偏小的判断值的影响；如果数据分布的离散程度比较小，一般使用平均数，以便考虑到每个判断值的影响。按照此原则，根据第四轮预测值的极差和标准差数值来看，该数据分布的离散程度较大，因而此例建议采用中位数为预测结果。

案例思考与讨论

【案例 8-1】　　　　　　　　S 市的征询方法

为制定城市发展决策，S 市进行了一次小规模的征询调查，调查对象为有关专家和政府机关领导，调查的人数为 45 人，调查的内容是：预测本市未来几年内亟待解决的十大问题，要求调查对象按照轻重缓急（将重要问题或急需解决的问题排在前面）的顺序进行填写。第一轮结果出来了，但问题提得很分散，归纳整理后有 107 个。于是，调查小组从中选择了 20 个意见比较集中的问题进行了第二轮征询，要求调查对象从这 20 个问题中选出 10 个。经过第二轮的选择后，意见就比较统一了，有 10 个问题的提出者超过了半数。这次调查为该市今后的发展决策制定提供了重要的参考依据。

资料来源于网络并经作者加工整理。

思考与讨论问题

（1）请问 S 市采取的征询方法属于预测方法中的哪一种？它是对哪一种预测方法的改进和发展？这种方法的优、缺点是什么？

 思考与练习题

1. 请简述个人经验预测法的特点。
2. 对比类推预测法有哪些形式？
3. 采用头脑风暴法时选择专家的原则是什么？
4. 简述德尔菲法的预测步骤。
5. 某公司为了掌握 2022 年其商品在 A、B、C、D、E 5 个城市的销售量情况，对 A 市进行了抽样调查，预测 2022 年 A 市对该商品的需求量为 0.12 台/百户，试结合 2021 年有关资料（见表 8-8）对 2022 年这 5 个城市对该商品的需求量进行预测。

表 8-8　2021 年某公司商品销售情况

城　　市	A	B	C	D	E
销售量/台	1500	1900	2700	2500	980
家庭数/百户	15 000	20 000	26 000	12 000	9000

6. 某公司 4 个业务员对该公司次年产品销售状况进行了预测，不同状态下的销售额（单位：万元）及其概率估计如表 8-9 所示。

表 8-9　某公司营业员对次年产品销售额的预测

预　测　人	最低值/万元	概　　率	可能值/万元	概　　率	最高值/万元	概　　率
甲	850	0.3	950	0.4	1100	0.3
乙	980	0.2	1050	0.7	1200	0.1
丙	700	0.2	900	0.4	1150	0.4
丁	850	0.3	1000	0.5	1100	0.2

已知甲、乙两个业务员的水平相当，他们的预测结果同样重要；丙的水平较高，其预测结果的权数为甲或乙的 1.5 倍；丁的水平最高，其预测结果的权数为甲或乙的 2 倍，试预测该公司次年销售额。

7. 某公司采用德尔菲法预测其产品 2022 年的市场需求量（单位：万台），成立了由营销经理为组长的预测领导小组，根据预测对象的特点，从公司内外选择了 10 位专家形成专家组，进行了四轮征询、反馈、修改汇总，各轮征询情况如表 8-10 所示。

表 8-10　专家预测结果统计表

轮次	专家										中位数	极差
	1	2	3	4	5	6	7	8	9	10		
一	500	440	230	530	280	250	310	230	200	250		
二	470	440	250	430	270	250	300	240	240	240		
三	370	440	270	440	300	260	300	250	250	240		
四	370	440	270	440	300	260	300	250	250	240		

要求：

（1）请采用中位数法分别对各轮专家意见进行综合。

（2）根据各轮征询情况确定预测结果。

（3）极差是否较大？极差较大是否说明专家意见分歧较大？有无必要进一步分析原因？

本章学习资源

案例分析提示

本章PPT

第九章 时间序列预测法

学习目标

1. 理解时间序列预测法的基本原理。
2. 理解简易的算术平均预测法，熟练掌握平均速度预测法。
3. 熟练掌握一次移动平均预测法和一次指数平滑预测法的原理及其应用。
4. 了解二次移动平均预测法和二次指数平滑预测法的原理及其应用。
5. 熟练掌握直线趋势方程预测法，了解几种典型的曲线趋势预测模型的主要特点。
6. 理解季节指数的含义和计算方法，熟悉趋势与季节变动的综合预测法。
7. 能够利用 SPSS 或 Excel 软件进行时间序列的分析和预测。

第一节 时间序列预测法的基本原理

一、时间序列预测法的特点

时间序列预测法是根据时间序列对现象的发展变化过程进行观察和分析，认识现象发展过程中所蕴含的变化规律和趋势并将其向未来外推或延伸，据以预测现象未来的发展水平。时间序列预测法又称为趋势延伸法，是经济预测的基本方法之一。

社会经济现象都会经历从过去到现在、再延续到未来的过程。虽然各种现象总是受到许许多多随机因素的影响，致使现象的发展变化过程具有不确定性，但是大多遵循一定的规律。因此，我们可以根据反映现象历史和现状的数据形成的时间序列，寻找现象的发展变化规律并预测现象未来的趋势。

与其他预测方法相比，时间序列预测法具有以下特点。

（1）时间序列预测法是一种定量预测方法。它不只是对现象的发展方向和趋势做出定性判断，而是将反映现象历史和现状的数据按时间顺序编制成时间序列，以时间序列为依据，运用一系列定量分析技术来预测现象未来的可能数值。

（2）时间序列预测法依据的是所研究现象自身的时间序列数据，不依赖其他现象的资料。实际上，时间序列预测是把影响现象发展变化的所有因素归结为时间，关注的是现象随着时间推进而发展变化的规律。现象的发展变化总是受到许多因素的影响，时间序列中的每个数据都是同一时间上所有因素共同作用的综合结果，但是时间序列预测并不关注各种影响因素的具体影响作用，而是把所有因素的共同作用抽象为一个因素——时间，只研究现象与时间的数量关系。

（3）时间序列预测的前提是假定现象过去所呈现的规律会延续至未来。如果现象在过去和现在的发展变化具有很清晰的规律,但这些规律在未来会失效或发生转折,就不能按以前的规律去预测现象的未来了。只有确认现象以前的规律将会延续下去,才能按同一发展规律去预测现象的未来,这实际上是假定以前的基本影响因素将会在预测期内产生同样的作用,即过去各种基本因素的综合作用将会延续至未来。这就要求在运用时间序列预测时,要分析所研究现象的发展规律是否会延续,原来的某些影响因素是否会改变或终止,是否会出现新的影响因素导致所研究现象不再遵循原来的发展规律。

(4) 时间序列预测通常适用于短期预测,而不太适用于中、长期预测。因为影响现象的因素通常有许多而且是在不断变化的,从长期来看,现象未来的发展变化不可能是过去规律的简单延续,所以将时间序列预测用于对现象的中、长期预测可能会缺乏必要的前提条件,预测效果很可能不理想。

二、时间序列中的不同变动规律

每个现象的发展变化都要受多种因素的影响,这些因素有主有次,有长期性的、周期性的,也有短暂性的、偶然性的。不同现象有各不相同的影响因素,不可能对每一种具体因素的影响作用和变动规律都分别进行测定,但是可以按照影响的性质和作用形式将时间序列的变动分解为长期趋势、季节变动、循环变动和不规则变动四种成分。

长期趋势是指现象在相当长一段时间内沿某一方向持续发展变化的一种态势或规律性。它是时间序列中最基本的构成因素,是受某些长期性、起决定性作用的基本因素影响的结果。按变化方向不同来分,长期趋势有上升趋势、下降趋势和水平趋势三类。按变化的形态来分,长期趋势可分为线性趋势和非线性趋势两类。

季节变动本来的意义是指现象在一年内所呈现的较有规律的周期性起伏波动,实践中一般把周期不超过一年(如一季、一月、一周或一日等)的有规律的周期性起伏波动称为季节变动。引起季节变动的原因既可能是自然条件(如一年四季的更替),也可能是法规、制度和风俗习惯等(如节假日)。季节变动在许多现象的发展变化过程中都存在。例如,农产品的生产、销售和储存通常都有淡季和旺季之分,以一年为一个周期;超市的营业额和顾客人数的变动常常以七天为一个小周期,每个周末是高峰期。

循环变动是指在较长时间内(通常为若干年)呈现出涨落相间、峰谷交替的周期性波动,如出生人数以 20~25 年为一个周期,固定资产投资以 5~10 年为一个周期。循环变动与长期趋势都需要长期的观察才能发现规律性,但不同的是,长期趋势是沿着单一方向持续变动,而循环变动是具有周期性循环特征的波动,通常围绕长期趋势上下起伏。循环变动与季节变动都属于周期性波动,但二者也有区别。循环变动的周期至少在一年以上,而且周期长短不像季节变动的周期那样固定,波动形态和波幅等也不是很有规则,引起循环变动的原因通常不像引起季节变动的原因那么直观、明显。因此,对循环变动的识别和分析往往比较困难。

不规则变动,顾名思义,是指没有规律可循的变动,它是从时间序列中分离了长期趋势、季节变动和循环变动之后剩余的变动,也称为剩余变动。不规则变动可细分为随机扰动和异常变动两种类型。随机扰动是短暂的、不可预期的、不可重复出现的众多因素综合作用的结果,其中每个因素的影响很小。随机扰动表现为以随机方式使现象呈现出方向不定、时大时小的起落变动,但从较长观察时间内的总和或平均来看,这种变动在一定程度上可以相互抵消。异常变动是指一些具有偶然性、突发性的重大事件,如战争、社会动乱和自然灾害等引起的变动,其单个因素的影响较大且各因素的作用不可能相互抵消,在时间序列分析中往往需要对这种变动进行特殊处理。后面所讲的不规则变动一般仅指随机扰动。

三、时间序列的成分合成与预测模型

时间序列预测是建立在对时间序列四种成分的正确识别的基础上的。也就是说,一般需要先将时间序列变动中有规律可循的变动成分识别或分解出来,分别对每一种成分的变动规律进行测定和预测,然后再综合起来,即可得到对所研究现象的预测。

1. 时间序列的成分合成模型

按照相互作用的方式不同,可以设定不同的合成模型来对时间序列的四种成分进行综合,实际中最常用的有乘法模型和加法模型。

若以 Y 表示时间序列中的指标数值,以 T 表示长期趋势值,以 S 表示季节变动值,以 C 表示循环变动值,以 I 表示不规则变动值,以下标 t 表示时间($t=1,2,\cdots,n$),则乘法模型和加法模型的形式分别为

$$\text{加法模型:} Y_t = T_t + S_t + C_t + I_t \tag{9.1}$$

$$\text{乘法模型:} Y_t = T_t \times S_t \times C_t \times I_t \tag{9.2}$$

加法模型假定四种成分的影响是相互独立的,每种成分的数值均与时间序列指标数值 Y 具有相同的计量单位和表现形式(如绝对数序列中各种成分的数值都表现为绝对量)。在加法模型中,季节变动和循环变动在各个时间上的数值有正有负,在它们各自的一个周期内,正负数值相互抵消,因而总和或平均数为零;不规则变动的数值也是有正有负,但只有从长时间来看,其总和或平均数才趋于零。在加法模型中,对各成分的分离采用减法。例如,$Y_t - S_t$ 就表示从时间序列中剔除了季节变动的影响。

乘法模型假定四种成分的影响作用大小是有联系的(引起它们变动的原因仍然是相互独立的),只有长期趋势值与时间序列 Y 的计量单位和表现形式相同(如绝对数序列中趋势值为绝对量),其余各种成分的数值均表现为以长期趋势值为基准的一种相对变化幅度,通常以系数或百分数表示。在乘法模型中,各个时间上的季节变动和循环变动系数在 1 上下波动,在它们各自的一个周期内,其平均值为 1;不规则变动系数也在 1 上下波动,但只有从长时间来看,其平均值才趋于 1。在乘法模型中,对各成分的分离采用除法。例如,要从时间序列中剔除季节变动的影响,则用 Y_t/S_t 表示。

在实际应用中,加法模型和乘法模型都可以采用,但相对而言,乘法模型的假定与许多现象变动的性质更加吻合,在数学处理和预测中也更为简便,因此多运用乘法模型。下面的分析与预测都是基于乘法模型的。

2. 包含不同成分的时间序列综合预测模型

虽然时间序列可以分解为以上四种成分,但在一个具体的时间序列中,这四种成分并

不一定齐全。一般来说，在任何一个时间序列中，长期趋势和不规则变动总是存在的，而季节变动和循环变动则不一定存在。例如，年度数据形成的时间序列就不包括季节变动，因为每项数据中的季节性起伏波动相互抵消了，各项数据之间不存在季节性差异。而有些现象在长期发展过程中本身不存在明显的周期在一年以上的周期性起伏，因而也就没有循环变动。

时间序列所包含的成分不同，预测的模型和方法也不尽相同。由于不规则变动系数 I 是以 1 为中心随机波动的，无法预测其未来确切的波动方向和具体数值，预测时只能假定它取平均值 1（这相当于在点值预测时不考虑其影响，但区间预测时必须估计其波动区间），对其他成分则可以按各自的变化规律分别做出预测。若用 $\hat{Y}$ 代表所研究现象的预测值，用 $\hat{T}$、$\hat{S}$、$\hat{C}$ 分别代表长期趋势、季节变动指数和循环变动系数的预测值，则时间序列的综合预测模型有下列几种类型。

（1）如果时间序列只包含长期趋势和不规则变动，则所研究现象的预测值就只取决于长期趋势成分的预测值，即

$$\hat{Y} = \hat{T} \tag{9.3}$$

（2）如果时间序列包含变动趋势、季节变动和不规则变动，则所研究现象的预测值等于长期趋势预测值与季节变动指数预测值的乘积，即

$$\hat{Y} = \hat{T} \times \hat{S} \tag{9.4}$$

（3）如果时间序列包含变动趋势、季节变动、循环变动和不规则变动，则所研究现象的预测值等于变动趋势预测值、季节变动指数预测值与循环变动系数预测值的乘积，即

$$\hat{Y} = \hat{T} \times \hat{S} \times \hat{C} \tag{9.5}$$

实际中，经常假定季节变动的规律不易改变，即季节变动指数保持稳定，因而常常直接用近期数据计算的季节变动指数 S 来代替上述预测模型中的 $\hat{S}$。一般来说，循环变动对中、长期预测的影响较大，而对短期预测的影响较小，因此短期预测中常常忽略其影响；而且，对循环变动的测定和预测都比较困难，所以实际应用中，较为常见的是式（9.3）和式（9.4）这两类预测模型。本章第二节至第四节介绍式（9.3），第五节介绍式（9.4）。

第二节　简易平均预测法

一、算术平均预测法

算术平均预测法就是以观察期内各期数据的算术平均数作为预测值的方法，适用于现象的发展变化呈现水平趋势的场合。一般采用简单算术平均法，预测值的计算公式为

$$\hat{y} = \bar{y} = \sum_{i=1}^{n} y_i / n \tag{9.6}$$

有时为了突出近期数据的影响，也采用"近大远小"的加权原则计算全部观察数据的加权算术平均数，作为预测值［参见后面的加权移动平均预测的计算公式（9.11）］。

作为上述方法的拓展，如果现象的发展变化呈逐期大致等量增长的态势，也可以用各

期增长量的算术平均数作为增长量的预测值，即采用平均增长量进行预测。预测值的计算公式可写为

$$\hat{y}_{n+K} = y_n + \frac{\sum_{i=1}^{n}(y_n - y_1)}{n-1} \times K \tag{9.7}$$

式中，y_n 和 y_1 分别为时间序列最末和最初的两项观察值；K 为时间序列最末项到预测期的间隔期数。

应用该方法时需注意：作为预测依据的观察期长短不同，预测值也将不同。一般来说，若时间序列的随机扰动较大，所选取的观察期应长一些，即计算平均数所依据的数据应多一些；反之，若时间序列的随机扰动较小，则所选取的观察期可短一些。

【例 9-1】某公司在保留店铺营销的同时大力开拓电子商务渠道，其最近 12 个月的店铺销售额和网络销售额数据如表 9-1 所示。已知该公司商品的销售额无明显的季节性，试分别对该公司商品未来两个月的店铺销售额和网络销售额做出预测。

表 9-1　某公司商品的店铺销售额和网络销售额　　　　　　　　　　　　　　　单位：万元

时间序号	1	2	3	4	5	6	7	8	9	10	11	12
店铺销售额	145	140	136	142	148	132	146	148	154	144	147	151
网络销售额	51	56	60	61	67	70	75	79	83	88	91	96

从表中数据可见，该公司商品的店铺销售额呈现水平趋势，所以由式（9.6）可得，未来两个月该公司商品的店铺销售额的预测值都是

$$\hat{y} = \frac{\sum_{i=1}^{12} y_i}{12} = \frac{145+140+136+\cdots+151}{12} = \frac{1733}{12} = 144.42 \text{（万元）}$$

该公司商品的网络销售额呈现增长趋势且逐期增长量比较稳定，所以可由式（9.7）来预测该公司未来两个月的网络销售额，即

$$\text{平均增长量} = \frac{\sum_{i=1}^{n}(y_n - y_0)}{n-1} = \frac{96-51}{12-1} = \frac{45}{11} = 4.09 \text{（万元）}$$

未来第一个月的网络销售额=96+4.09×1=100.09（万元）
未来第二个月的网络销售额=96+4.09×2=104.18（万元）

二、几何平均预测法（根据平均发展速度预测）

几何平均预测法就是以观察期内各期发展速度的几何平均数作为预测期现象发展速度预测值的方法，适用于现象的发展变化呈现按大致相等的速率递增或递减的趋势的场合。

若以 x_i 代表观察期内各期环比发展速度，以 n 代表环比发展速度的项数，以 y_n 和 y_0 分别代表观察期最末和最初的两项观测值，以 $\bar{x}_G$ 代表几何平均法计算的平均发展速度，则有

$$\bar{x}_G = \sqrt[n]{x_1 \cdot x_2 \cdots x_n} \quad \text{或} \quad \bar{x}_G = \sqrt[n]{\frac{y_n}{y_0}} \tag{9.8}$$

假定现象 Y 未来的发展速度不变，则 Y 的预测值的计算公式为

$$\hat{y}_{n+K} = y_n(\overline{x}_G)^K \text{ 或 } \hat{y}_{n+K} = y_n(1+\text{平均增速})^K \tag{9.9}$$

【例 9-2】 某地区最近 6 年的居民消费水平数据如表 9-2 所示，试预测第 7 年、第 8 年该地区居民的消费水平。

表 9-2 近 6 年某地区居民消费水平

年份序号	1	2	3	4	5	6
居民消费水平/元	4620	4866	5065	5427	5750	6010
环比发展速度/%	—	1.053	1.041	1.071	1.06	1.045

由式（9.8）可得，居民消费水平的平均发展速度为

$$\overline{x}_G = \sqrt[5]{1.053 \times 1.041 \times 1.071 \times 1.06 \times 1.045} = \sqrt[5]{1.3004} = 1.054 = 105.4\%$$

或

$$\overline{x}_G = \sqrt[5]{\frac{6010}{4620}} = \sqrt[5]{1.3009} = 1.054 = 105.4\%$$

即近 6 年该地区居民消费水平平均每年递增 5.4%，假定未来两年仍然按这一速度递增，则由式（9.9）可预测：

第 7 年该地区居民消费水平为：$\hat{y}_7 = y_6(\overline{x}_G)^1 = 6010 \times 1.054 = 6334.54$（元）

第 8 年该地区居民消费水平为：$\hat{y}_8 = y_6(\overline{x}_G)^2 = 6010 \times 1.054^2 = 6676.61$（元）

应用该方法进行预测简单易懂，所以实际工作中常常采用。但应注意，用几何平均预测法计算的平均发展速度实际上只取决于现象最初和最末两项数据的水平，基期的选择对平均速度有重要影响。若基期水平因为异常因素的影响而过高或过低，观察期的平均速度就会缺乏代表性，所以预测时要以定性分析为依据。

第三节 平滑值预测法

由于受不规则变动影响，现象随时间而变化的过程表现在坐标图上往往是不平滑的、起伏不定的折线。从时间序列中消除不规则变动后，相应的折线就会变成比较平滑、规则的线条，从而可清晰地揭示现象的长期趋势。统计上通常把这个过程称为时间序列的平滑或修匀，其主要方法包括移动平均法、指数平滑法。平滑值预测法是指根据平滑值预测的方法。

一、移动平均预测法

移动平均数是指采用逐项递进的方法将时间序列中的若干项数据进行算术平均所得到的一系列平均数。若平均的数据项数为 N，就称为 N 期（项）移动平均。根据移动平均数来预测就是移动平均预测。

移动平均预测法与前面介绍的算术平均预测法都是以算术平均数作为预测的依据，但二者又有明显区别。算术平均预测法是对时间序列的全部观察数据求一个平均数，该平均数只能反映现象在观察期内的平均水平，不能反映出趋势的变化。而移动平均预测法是按

一定的平均项数滑动着对时间序列求一系列平均数（也叫平滑值），这些平均数不仅能消除或减弱时间序列中的不规则变动，而且能揭示现象的变化趋势，所以移动平均预测法在市场预测中得到了广泛的应用。

根据时间序列的特征不同，移动平均预测有的只需要做一次移动平均，有的则需要计算二次移动平均。

（一）一次移动平均法

一次移动平均预测就是只需要对时间序列进行一次移动平均，直接用第 t 期的移动平均数 M_t 作为第 $t+1$ 期的预测值 $\hat{y}_{t+1}$。移动平均数既可以是简单移动平均，也可以是加权移动平均。

如果认为所平均的各项数据重要性相同，就采用简单算术平均法计算移动平均值作为预测值。其计算公式为

$$\hat{y}_{t+1} = M_t = \frac{y_t + y_{t-1} + y_{t-2} + \cdots + y_{t-N+1}}{N} = \frac{1}{N}\sum_{i=0}^{N-1} y_{t-i} \qquad (9.10)$$

式中，$y_t, y_{t-1}, \cdots$ 分别代表第 $t, t-1, \cdots$ 期的观察值；N 为平均项数。

为了突出近期数据对预测值的影响，预测时可采用加权算术平均法计算移动平均数。权数按"近大远小"的原则确定，具体地说，就是给离预测期较近的数据以较大的权数，给离预测期较远的数据以较小的权数。加权移动平均预测第 $t+1$ 期预测值的计算公式为

$$\hat{y}_{t+1} = M_t = \frac{y_t w_t + y_{t-1} w_{t-1} + y_{t-2} w_{t-2} + \cdots + y_{t-N+1} w_{t-N+1}}{w_t + w_{t-1} + w_{t-2} + \cdots + w_{t-N+1}} \qquad (9.11)$$

式中，N 为移动平均的项数；w_t 为观察值 y_t 的权数且满足由近到远权数逐渐递减的原则，即有 $w_t > w_{t-1} > \cdots > w_{t-N+1}$。为了简便，由近到远各期观察值的权数常常取自然数 $N, N-1, \cdots, 2, 1$。

【例9-3】 根据例9-1中某公司商品最近12个月的店铺销售额，试分别计算5项简单移动平均数和加权移动平均数，并预测未来一个月该公司商品的店铺销售额。

取移动平均的项数 $N=5$，根据表9-1数据计算的简单移动平均数和加权移动平均数序列如表9-3所示。

表9-3 某公司商品的店铺销售额及其移动平均数

时间序号	1	2	3	4	5	6	7	8	9	10	11	12
店铺销售额/万元	145	140	136	142	148	132	146	148	154	144	147	151
5项简单移动平均数	—	—	—	—	142.2	139.6	140.8	143.2	145.6	144.8	147.8	148.8
5项加权移动平均数	—	—	—	—	142.7	139.3	141.5	143.9	147.5	146.9	147.7	148.7

若采用简单移动平均法，由式（9.10）可得，最后一期的简单移动平均数148.8就是未来一个月该公司店铺销售额的预测值，其计算公式为

$$\hat{y}_{12+1} = M_{12} = \frac{151+147+144+154+148}{5} = \frac{744}{5} = 148.8 \text{（万元）}$$

若采用加权移动平均法，取权数分别为1, 2, 3, 4, 5，由式（9.11）可得，最后一期的加权移动平均数148.7就是所求预测值，其计算公式为

$$\hat{y}_{12+1} = M_{12} = \frac{151\times5+147\times4+144\times3+154\times2+148\times1}{5+4+3+2+1} = \frac{2231}{15} = 148.7 \text{（万元）}$$

采用一次移动平均预测法，需注意以下几点。

（1）平均的项数 N 越大，移动平均的平滑、修匀作用越强，所以如果时间序列中不规则变动的影响大，要想得到稳定的预测值，就要将 N 值取得大一些；反之，若不规则变动的影响较小，要想使预测值对现象的变化做出较快的跟踪反应，就要将 N 值取得小一些。

（2）当序列包含周期性变动时，移动平均的项数 N 应与周期长度一致，这样才能在消除不规则变动的同时，也消除周期性变动，使移动平均值序列只反映长期趋势。因此，季度数据通常采用四项移动平均，月度数据通常采用十二期移动平均。

（3）一次移动平均预测只具有预测未来一期趋势值的功能，而且只适用于呈水平趋势的时间序列。如果现象的发展变化具有明显的上升（或下降）趋势，就不能直接采用一次移动平均数作为预测值，否则预测结果就会产生偏低（或偏高）的滞后偏差，即预测值的变化要滞后于实际趋势值的变化。移动平均的项数 N 越大，这种滞后偏差的绝对值就越大。对具有上升（或下降）趋势的时间序列进行移动平均预测，必须要考虑滞后偏差，最常用的方法是下面介绍的二次移动平均预测。

（二）二次移动平均法

二次移动平均预测是指先对时间序列进行 N 项移动平均，平均的结果称为一次移动平均数，记为 $M_t^{(1)}$；再对一次移动平均数序列 $M_t^{(1)}$ 进行 N 项移动平均，平均的结果称为二次移动平均数，记为 $M_t^{(2)}$；然后根据两次移动平均数建立预测模型进行预测。

两次移动平均数一般都采用简单算术平均法来计算，其计算公式为

$$M_t^{(1)} = \frac{y_t + y_{t-1} + y_{t-2} + \cdots + y_{t-N+1}}{N} \tag{9.12}$$

$$M_t^{(2)} = \frac{M_t^{(1)} + M_{t-1}^{(1)} + M_{t-2}^{(1)} + \cdots + M_{t-N+1}^{(1)}}{N} \tag{9.13}$$

如果现象的变化呈线性趋势，则利用两次移动平均数可建立如下的线性预测模型。

$$\hat{y}_{t+T} = a_t + b_t K \tag{9.14}$$

式中，t 是预测的时间起点；K 是时间 t 距离预测期的期数（即第 $t+K$ 期为预测期）；a_t, b_t 是预测模型中第 t 期的参数估计值。其计算公式为

$$\begin{cases} a_t = 2M_t^{(1)} - M_t^{(2)} \\ b_t = \dfrac{2}{N-1}\left(M_t^{(1)} - M_t^{(2)}\right) \end{cases} \tag{9.15}$$

上述公式源自线性趋势的特征为逐期增量相等，根据两次移动平均数 $M_t^{(1)}$，$M_t^{(2)}$ 与趋势值之间的滞后偏差的数量关系推导而得。因为当现象具有线性趋势时，一次移动平均数 $M_t^{(1)}$ 实际上代表的是所平均时间中间一期，即 $t - \dfrac{N-1}{2}$ 期的趋势值。也就是说，$M_t^{(1)}$ 比 t 期趋势值 $\hat{y}_t$ 滞后了 $\dfrac{N-1}{2}$ 期，若逐期增量为 b，则 $M_t^{(1)}$ 与 $\hat{y}_t$ 之间的滞后偏差为 $\dfrac{N-1}{2}b$。由式（9.14）可知，$T = 0$ 时，$\hat{y}_t = a$，因此

$$\hat{y}_t - M_t^{(1)} = a - M_t^{(1)} = \frac{N-1}{2}b \tag{9.16}$$

同样，$M_t^{(2)}$ 与 $M_t^{(1)}$ 之间也存在同样大小的滞后偏差，即

$$M_t^{(1)} - M_t^{(2)} = \frac{N-1}{2}b \tag{9.17}$$

将式（9.16）和式（9.17）联立求解，即可求得式（9.15）。

【例 9-4】 根据例 9-1 中某公司商品最近 12 个月的网络销售额，试采用二次移动平均预测法求未来一个月该公司网络销售额的预测值，平均项数 N 取为 5。

先计算一、二次移动平均值序列，$T = 5$，计算结果如表 9-4 所示。

表 9-4　某公司商品的网络销售额及其两次移动平均值

时间序号	1	2	3	4	5	6	7	8	9	10	11	12
网络销售额/万元	51	56	60	61	67	70	75	79	83	88	91	96
一次移动平均	—	—	—	—	59.0	62.8	66.6	70.4	74.8	79.0	83.2	87.4
二次移动平均	—	—	—	—	—	—	—	—	66.72	70.72	74.8	78.96

再由式（9.15）可计算出预测期线性趋势模型的参数估计值，即

$$\begin{cases} a_{12} = 2 \times 87.4 - 78.96 = 95.84 \\ b_{12} = \dfrac{2}{5-1} \times (87.4 - 78.96) = 4.22 \end{cases}$$

二次移动平均预测模型为

$$\hat{y}_{12+K} = 95.84 + 4.22K$$

未来一个月（$K = 1$）该公司网络销售额的预测值为

$$\hat{y}_{12+1} = 95.84 + 4.22 \times 1 = 100.06 \text{（万元）}$$

二、指数平滑预测法

（一）指数平滑法的基本原理

指数平滑法是在加权移动平均法的基础上改进而来的一种被广泛使用的统计分析方法。它通过计算一系列指数的平滑值来消除不规则变动，以反映时间序列的长期趋势。指数平滑法既是对时间序列进行修匀的一种方法，也可以直接用于预测，还可以用于估计预测模型的参数。

用 E_t 表示第 t 期的指数平滑值，其计算公式为

$$E_t = \alpha y_t + (1-\alpha)E_{t-1} \tag{9.18}$$

式中，E_t 和 E_{t-1} 分别表示第 t 期和第 $t-1$ 期的指数平滑值；y_t 为第 t 期的观测值；α 为平滑系数，$0 < \alpha < 1$。显然，指数平滑具有递推性质，各期平滑值是在上期平滑值的基础上递推而得的。将上式展开，可得

$$\begin{aligned} E_t &= \alpha y_t + \alpha(1-\alpha)y_{t-1} + \alpha(1-\alpha)^2 y_{t-2} + \alpha(1-\alpha)^3 y_{t-3} + \cdots + \alpha(1-\alpha)^{t-1} y_1 + (1-\alpha)^t E_0 \\ &= \alpha \sum_{i=1}^{t} (1-\alpha)^{t-i} y_i + (1-\alpha)^t E_0 \end{aligned} \tag{9.19}$$

式中，E_0 称为初始值，通常将时间序列的最初水平 y_0 作为初始值 E_0。数列项数较多时，初始值对平滑值的影响不大。由于 α 是介于 0 与 1 之间的小数，当 $t\to\infty$ 时，最后一项 $(1-\alpha)^t$ 趋近于零，其余各项的系数构成一个无穷递减等比数列，该数列总和为 $\dfrac{\alpha}{1-(1-\alpha)}=1$。可见，指数平滑值 E_t 实际上是以前各期观测值的加权算术平均数，各期观测值的系数就是其比重权数。由于权数呈指数形式递减，因而称为指数平滑法。

用指数平滑法来修匀时间序列具有很多优点：按"近大远小"原则给各期观测值赋予了不同的权数，既充分利用了以前各期观测值的信息，又突出了近期数据的影响，能够及时跟踪反映现象的最新变化；采用递推公式，更便于连续计算，因为实际计算时不必保留以前的全部信息，只需上期的平滑值和最新的观测值两项数据即可；权数确定也较为简便，只需确定最新一期数据的权数，其他各项观测值的权数可自动生成。

应用指数平滑法的关键是平滑系数 α 的选择。α 越大，近期数据的权数就越大，权数递减的速度就越快，对现象变化的跟踪反映越敏捷，但修匀作用就越弱；反之，α 越小，对数据的跟踪反映越迟缓，而修匀作用越强。因此，α 的选取一般可从以下几个方面来考虑。

（1）如果认为时间序列中随机扰动成分较大，为了尽可能消除随机扰动的影响，可选择较小的 α；反之，若认为随机扰动成分较小，为了及时跟踪现象的变化，突出最新数据的信息，可选择较大的 α。

（2）如果现象趋势的变化很平缓，可选择较小的 α；如果现象趋势的变化比较剧烈，如呈阶梯式特征，应选择较大的 α。

（3）以大小不同的 α 值进行试算，使得预测误差最小的 α 值就是最合适的平滑系数。

按修匀次数的多少来分，指数平滑有一次指数平滑、二次指数平滑和多次指数平滑。

（二）一次指数平滑预测模型

当时间序列呈水平趋势或没有明显波动规律时，可以用一次指数平滑进行短期预测，即直接将第 t 期的指数平滑值 E_t 作为第 $t+1$ 期的预测值 $\hat{y}_{t+1}$，即一次指数平滑预测的模型为

$$\hat{y}_{t+1}=E_t=\alpha y_t+(1-\alpha)E_{t-1} \qquad (9.20)$$

由于同样有 $\hat{y}_t=E_{t-1}$，所以上式又可改写为

$$\hat{y}_{t+1}=\hat{y}_t+\alpha(y_t-\hat{y}_t) \qquad (9.21)$$

由式（9.21）可知，第 $t+1$ 期的预测值等于上期预测值加上用 α 调整后的上期预测误差。这个公式体现了一次指数平滑预测的基本思想：如果第 t 期的预测没有误差，则第 t 期预测值仍然是第 $t+1$ 期的预测值；如果有预测误差，则认为这种误差不外乎包括两部分，一部分是随机扰动所引起的误差，预测时应尽可能予以剔除，另一部分是由于第 t 期的现象与以前比较确实有了实质性变化而造成的误差，对此需及时跟踪反映，这就要求根据预测误差调整预测值。α 值实际上就体现了预测者对预测误差中实质性变化所占比重的一种估计。

【例 9-5】根据例 9-1 中某公司商品最近 12 个月的店铺销售额，试利用一次指数平滑法预测未来一个月该公司商品的店铺销售额（$\alpha=0.4$）。

取 $\alpha=0.4$，所计算的指数平滑值序列如表 9-5 所示。

表 9-5 某公司商品的店铺销售额及其指数平滑值

时间序号	1	2	3	4	5	6	7	8	9	10	11	12
店铺销售额/万元	145	140	136	142	148	132	146	148	154	144	147	151
指数平滑值	145.0	143.0	140.2	140.9	143.8	139.1	141.8	144.3	148.2	146.5	146.7	148.4

由式（9.20）或式（9.21）可知，未来一个月该公司商品的店铺销售额的预测值为 148.4 万元，其计算过程为

$$\hat{y}_{12+1} = E_{12} = 0.4 \times 151 + 0.6 \times 146.7 = 148.4 \text{（万元）}$$

或

$$\hat{y}_{12+1} = 146.7 + 0.4 \times (151 - 146.7) = 148.4 \text{（万元）}$$

（三）二次指数平滑的预测模型

指数平滑值是历史数据的加权均值，所以当现象有明显的上升或下降趋势时，指数平滑值与原数列趋势值之间存在明显的滞后偏差，因此不能直接将指数平滑值作为预测值，需利用二次指数平滑。二次指数平滑是对第一次指数平滑值（记为 $E_t^{(1)}$）序列再进行一次指数平滑。以 $E_t^{(2)}$ 表示二次指数平滑值，则有

$$E_t^{(2)} = \alpha E_t^{(1)} + (1-\alpha) E_{t-1}^{(2)} \tag{9.22}$$

二次平滑值与一次平滑值之间也存在着同样的滞后偏差。

如果时间序列具有线性趋势，可建立如下的线性趋势预测模型：

$$\hat{y}_{t+K} = a_t + b_t K \tag{9.23}$$

式中，t 是预测的时间起点；K 是时间 t 距离预测期的期数（即第 $t+K$ 期为预测期）；a_t、b_t 是预测模型中第 t 期的参数估计值。根据平滑值 $E_t^{(1)}$、$E_t^{(2)}$ 与趋势值之间的滞后偏差的数量关系，可得出参数估计值 a_t、b_t 的计算公式为

$$\begin{cases} a_t = 2E_t^{(1)} - E_t^{(2)} \\ b_t = \dfrac{\alpha}{1-\alpha}(E_t^{(1)} - E_t^{(2)}) \end{cases} \tag{9.24}$$

可见，二次指数平滑预测模型是以最新一期的一、二次指数平滑值来估计线性趋势预测模型的参数，因此其参数估计值是根据数据的最新变化而不断修正的。此预测方法适宜对现象进行短、中期预测。

【例 9-6】根据例 9-1 中某公司商品最近 12 个月的网络销售额，试取 α=0.4，分别计算一次、二次指数平滑值并预测未来两个月该公司商品的网络销售额。

取 α=0.4，初始值 $E_0^{(1)} = E_0^{(2)} = y_1 = 51$。由式（9.18）和式（9.22）分别可算出一次、二次指数平滑值序列，如表 9-6 所示。

表 9-6 某公司商品的网络销售额及其一次、二次指数平滑值

时间序号	1	2	3	4	5	6	7	8	9	10	11	12
网络销售额/万元	51	56	60	61	67	70	75	79	83	88	91	96
一次指数平滑值 $E_t^{(1)}$	51.0	53.0	55.8	57.9	61.5	64.9	69.0	73.0	77.0	81.4	85.2	89.5
二次指数平滑值 $E_t^{(2)}$	51.0	51.8	53.4	55.2	57.7	60.6	63.9	67.6	71.3	75.4	79.3	83.4

再由式（9.24）可算出第 12 期的参数估计值 a_t 和 b_t，即

$$\begin{cases} a_{12} = 2\times 89.5 - 83.4 = 95.6 \\ b_{12} = \dfrac{0.4}{0.6}\times(89.5-83.4) = 4.07 \end{cases}$$

于是可得，对该公司网络销售额的预测模型为

未来一个月（第 13 期，即 $T=1$）该公司网络销售额的预测值为

$$\hat{y}_{12+1} = 95.6 + 4.07\times 1 = 99.67 \text{（万元）}$$

未来第二个月（第 14 期，即 $T=2$）该公司网络销售额的预测值为

$$\hat{y}_{12+1} = 95.6 + 4.07\times 2 = 103.74 \text{（万元）}$$

三、利用 Excel 和 SPSS 进行平滑值预测

（一）利用 Excel 进行平滑值预测

利用 Excel 计算移动平均数的操作方法是：选择"数据"→"数据分析"→"移动平均"命令，在弹出的对话框中指定数据所在区域、间隔（即移动平均的项数）和输出区域的起点单元格即可。若选中"图表输出"复选框，不仅可得到移动平均序列，还可以得到原数列（实际值）与移动平均序列（预测值）的折线图。

需注意的是，Excel 计算的移动平均数均放在各相应计算期的末尾一期，N 项移动平均序列缺少的项都在前（$N-1$）项。对于存在上升或下降趋势的序列，这样处置会使所求的移动平均数产生明显的滞后偏差，不能反映实际的趋势水平。因此，通常需要将移动平均数放在各相应计算期的中间一期，作为该期的趋势值（预测值）。这就需要对 Excel 的输出结果进行调整，其方法是用鼠标选定新序列前面的 $\dfrac{(N-1)}{2}$ 个空白单元格，右击后在弹出的快捷菜单中选择"删除"命令并选择"下方单元格上移"命令即可。由于 Excel 输出的图和移动平均序列的数值是相链接的，调整移动平均序列的位置后，图中预测值也会自动调整。

利用 Excel 计算指数平滑值序列的方法是：选择"数据"→"数据分析"→"指数平滑"命令，在弹出的对话框中指定数据所在区域、阻尼系数（指 $1-\alpha$，α 为平滑系数）和输出区域的起点单元格即可。若选中"图表输出"复选框，不仅可以得到指数平均值序列，还可以得到原数列（实际值）与平滑值序列（预测值）的折线图。Excel 计算的平滑值（预测值）只能用于水平趋势的序列。

（二）利用 SPSS 进行指数平滑预测

在较低版本的 SPSS 中，在菜单栏选择"分析（Analyze）"→"时间序列（Time Series）"→"指数平滑（Exponential Smoothing）"命令，进入"指数平滑法"主对话框。在较新版本的 SPSS 中，在菜单栏中选择"分析"→"预测"→"创建模型"命令，打开"时间序列建模器"对话框 [见图 9-1（a）]。从源变量列表中将需要进行指数平滑预测的变量（如例 9-6 中的"网络销售量"）选入"因变量"列表。在"方法"下拉列表中选择"指数平滑法"，然后单击"条件"按钮，弹出"时间序列建模器：指数平滑条件"对话框 [见图 9-1（b）]。

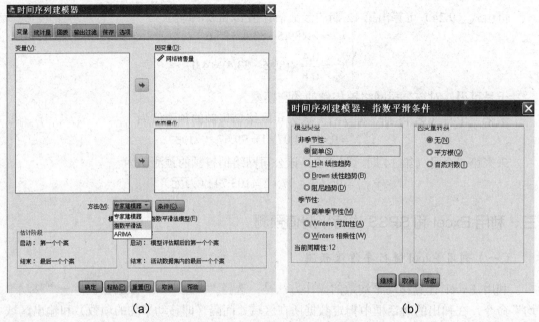

图 9-1 利用 SPSS 进行指数平滑预测的主对话框

利用 SPSS 进行指数平滑预测可用于多种不同类型的时间序列。"时间序列建模器：指数平滑条件"对话框用于设定指数平滑模型的类型和因变量转换。"模型类型"选项包括"非季节性"和"季节性"两大类模型，分别适用于不含季节因素和含有季节因素的序列。其中，"简单"模型适用于没有趋势或季节性的序列，"Holt 线性趋势"模型适用于具有线性趋势（霍特线性趋势模型）且没有季节性的序列；"Brown 线性趋势"模型适用于具有线性趋势（布朗线性趋势模型）且没有季节性的序列；"阻尼趋势"模型适用于具有线性趋势且该线性趋势正逐渐消失、没有季节性的序列。"简单季节性"模型适用于没有趋势并且季节性影响随时间变动保持恒定的序列；"Winters 可加性"模型适用于具有线性趋势和季节性影响且季节性效应不依赖于序列水平的场合；"Winters 相乘性"模型适用于具有线性趋势和季节性影响且季节性效应依赖于序列水平的场合。

第四节　趋势方程预测法

趋势方程预测法也叫趋势外推法或趋势延伸法，就是利用趋势方程外推或将趋势线延伸来进行预测的方法。具体地说，先要拟合一个以时间 t 为解释变量、所考察指标 y 为被解释变量的回归方程来反映现象的长期趋势，此回归方程称为趋势方程，然后按原来的时间顺序将预测期的时间变量值 t 代入趋势方程，即可计算出预测期的趋势值。

趋势形态不同，所拟合的趋势方程也有不同的形式。长期趋势可以分为直线趋势和曲线趋势两大类。

一、直线趋势方程预测法

当时间序列的逐期增长量大致相同、长期趋势可近似地用一条直线来描述时，称时间序列具有线性趋势，就可用下列形式的直线趋势方程来预测：

$$\hat{y}_t = a + bt \tag{9.25}$$

式中，$\hat{y}_t$ 为时间序列 y_t 的趋势值；t 为时间（通常取 $t=1,2,\cdots,n$）；a 为趋势线的截距，表示 $t=0$ 时的趋势值（即趋势的初始值）；b 为趋势线的斜率，表示当时间 t 每变动一个单位趋势值的平均变动量。

线性趋势方程中参数 a、b 的估计通常采用最小二乘法，其计算公式与直线回归方程中参数的计算公式相同，只不过将自变量 x 换成了时间 t，即计算公式为

$$\begin{cases} b = \dfrac{n\sum t y_t - \sum t \sum y_t}{n\sum t^2 - (\sum t)^2} \\ a = \bar{y} - b\bar{t} \end{cases} \tag{9.26}$$

【例 9-7】 根据例 9-1 中某公司商品最近 12 个月的网络销售额，试利用趋势方程预测法对未来两个月该公司商品的网络销售额做出预测。

最近 12 个月网络销售额的变化大体近似于一条直线，因此可拟合直线趋势方程。取 $t=1,2,\cdots,12$，计算结果如表 9-7 所示。

表 9-7 有关直线趋势方程参数估计的计算表

时间 t	网络销售额 y_t/万元	t^2	ty_t
1	51	1	51
2	56	4	112
3	60	9	180
4	61	16	244
5	67	25	335
6	70	36	420
7	75	49	525
8	79	64	632
9	83	81	747
10	88	100	880
11	91	121	1001
12	96	144	1152
合计	877	650	6279

将表 9-7 的计算结果代入式（9.26）可计算出直线趋势方程参数的估计值，即

$$\begin{cases} b = \dfrac{n\sum t y_t - \sum t \sum y_t}{n\sum t^2 - (\sum t)^2} = \dfrac{12 \times 6279 - 78 \times 877}{12 \times 650 - 78^2} = 4.0455 \\ a = \bar{y} - b\bar{t} = \dfrac{877}{12} - 4.0455 \times \dfrac{78}{12} = 46.788 \end{cases}$$

所求的直线趋势方程为 $\hat{y}_t = 46.788+4.0455t$

可预测未来两个月（$t=13$，14）该公司商品的网络销售额分别为
$$\hat{y}_{13} = 46.788+4.0455\times13=99.38（万元）$$
$$\hat{y}_{14} = 46.788+4.0455\times14=103.43（万元）$$

从前面的例题可见，对同一时间序列，不同的预测方法得到的结果不尽相同。直线趋势方程预测法与平滑值预测法（二次移动平均法和二次指数平滑法）都可以用于直线趋势的预测，但二者又有以下明显的区别。

（1）预测模型的参数估计方法不同。趋势方程的参数由最小平方法求得，平滑值的 N 或 α 主要靠经验判断。

（2）预测模型的时间变量的取值不同。趋势方程预测的时间变量值是建模时的时间序号的延伸，而平滑值预测法的时间变量值取决于预测期距离建模时点的间隔。

（3）模型的适应性和灵敏性不同。趋势方程将全部观察数据等同看待，反映观察期内长期趋势随时间而变动的平均变动水平；平滑值预测法注重近期数据的影响，不断根据最新数据来调整预测模型的参数，能够更加灵敏地反映现象的变化态势。

总之，二者各有特色。一般来说，趋势方程预测比较适合对发展趋势比较平稳的现象进行短、中期预测，平滑法预测更适合对发展趋势不太稳定的现象进行短期预测。

二、曲线趋势方程预测法

当时间序列呈现出某种曲线趋势时，就要拟合曲线趋势方程，即利用趋势曲线来预测。与直线趋势预测的原理相同，也要先拟合趋势方程，再利用趋势方程进行外推。趋势曲线的类型很多，下面介绍几种常见的趋势曲线及其模型参数的估计方法。

（一）指数曲线

当现象的环比发展速度或环比增长速度大体相同时，其长期趋势可拟合为如下形式的指数曲线方程：

$$\hat{y}_t = ab^t \tag{9.27}$$

式中，参数 a 相当于时间序列长期趋势的初始值；参数 b 相当于平均发展速度。若 $b>1$，时间序列呈递增趋势，现象水平随 t 的增加而提高；反之，若 $b<1$，时间序列呈递减趋势，现象水平随 t 的增加而降低。

通过对数变换，可将式（9.27）转换为 $\lg \hat{y}_t = \lg a + (\lg b)t$。根据最小二乘法求出参数 $\lg a$ 和 $\lg b$ 的估计值之后，再取其反对数，即可估计式（9.27）中的参数 a 和 b，也可以直接利用有关软件来完成计算。

【例9-8】1999—2021 年某地区货物出口总额（单位：亿元）的数据如表 9-8 的第 2 列所示，试建立趋势预测模型并预测 2023 年、2024 年的出口总额。

表 9-8 出口总额及其指数曲线趋势方程的计算表

年份	出口总额（y）/亿元	时间序号（t）	$y^*=\lg y$	t^2	ty^*
1999	719	1	2.8567	1	2.8567
2000	849	2	2.9289	4	5.8578
2001	917	3	2.9624	9	8.8871
2002	1210	4	3.0828	16	12.3311
2003	1488	5	3.1726	25	15.8630
2004	1510	6	3.1790	36	19.0739
2005	1828	7	3.2620	49	22.8338
2006	1837	8	3.2641	64	26.1129
2007	1949	9	3.2898	81	29.6083
2008	2492	10	3.3965	100	33.9655
2009	2661	11	3.4250	121	37.6755
2010	3256	12	3.5127	144	42.1522
2011	4382	13	3.6417	169	47.3417
2012	5933	14	3.7733	196	52.8258
2013	7620	15	3.8820	225	58.2293
2014	9690	16	3.9863	256	63.7812
2015	12 205	17	4.0865	289	69.4711
2016	14 307	18	4.1555	324	74.7999
2017	12 016	19	4.0798	361	77.5154
2018	15 778	20	4.1981	400	83.9610
2019	18 984	21	4.2784	441	89.8461
2020	20 487	22	4.3115	484	94.8525
2021	22 094	23	4.3443	529	99.9183
合计	—	276	83.0698	4324	1069.76

从表 9-8 可知，该地区货物出口总额呈现不断上升的趋势，其长期趋势可用式（9.27）的指数曲线方程进行拟合。

以 y 表示出口总额，y^* 表示出口总额的对数值，根据表 9-8 中第 3～6 列的计算结果，由式（9.26）可得

$$b^* = \frac{n\sum ty^* - \sum t \sum y^*}{n\sum t^2 - (\sum t)^2} = \frac{23 \times 1069.76 - 276 \times 83.0698}{23 \times 4324 - 276^2} = 0.072\,058$$

$$a^* = \overline{y^*} - b^*\overline{t} = \frac{83.0698}{23} - 0.072\,058 \times \frac{276}{23} = 2.747\,035$$

于是有

$$\hat{y}_t^* = a^* + b^* t = 2.747\,035 + 0.072\,058t$$

从而可得，指数曲线的参数估计值分别为

$a=10^{2.747\,035}=558.51$，$b=10^{0.072\,058}=1.180\,478$

出口总额的指数曲线趋势方程为

$$\hat{y}_t = 558.51 \times 1.180\,478^t$$

根据上述趋势方程可预测 2023 年（$t=25$）、2024 年（$t=26$）的出口总额分别为

$$\hat{y}_{25} = 558.51 \times 1.180\,478^{25} = 35\,357.2\,（亿元）$$

$$\hat{y}_{26} = 558.51 \times 1.180\,478^{26} = 41\,738.4\,（亿元）$$

（二）K 次曲线

对逐期增长量（或称一阶差分）序列再求逐期增长量，称为二级增长量（或称二阶差分）。以此类推，可计算时间序列的 K 级增长量（或称 K 阶差分）。当现象的 K 级增长量大体接近一常数时，可拟合如下形式的 K 次曲线趋势方程：

$$\hat{y}_t = b_0 + b_1 t + b_2 t^2 + b_3 t^3 + \cdots + b_K t^K \tag{9.28}$$

实际中最常用的是 K 等于 1、2、3 的情况。$K=1$ 时，K 次曲线就是直线，代表的是持续上升或下降的发展趋势，发展过程不存在转折点；$K=2$ 时，K 次曲线就是二次曲线，即抛物线，它描述的发展过程有一个转折点，包含上升和下降两个阶段；$K=3$ 时，K 次曲线就是三次曲线，它描述的发展过程也是有升有降，但存在两个转折点，起初由低到高，之后出现下降又再上升。

二次曲线趋势方程的形式为

$$\hat{y}_t = b_0 + b_1 t + b_2 t^2 \tag{9.29}$$

估计式（9.29）中的参数 b_0、b_1、b_2 时，可将 t 和 t^2 分别视为两个自变量，将式（9.29）视作二元线性回归方程，于是可用最小二乘法估计其参数。

同理，将 t、t^2 和 t^3 分别视为三个自变量，于是三次曲线趋势方程可按三元线性回归方程的方法来求得。

【例 9-9】根据表 9-8 的数据，试建立二次曲线趋势预测模型并预测 2023 年、2024 年的出口总额，试比较二次曲线与指数曲线两种趋势模型的预测误差。

利用有关软件（参见后面的介绍）可估计出二次曲线趋势方程为

$$\hat{y}_t = 2020.81 - 573.534\,t + 63.836\,t^2$$

根据二次曲线趋势方程可预测 2023 年（$t=25$）、2024 年（$t=26$）的出口总额分别为

$$\hat{y}_{25} = 2020.81 - 573.534 \times 25 + 63.836 \times 25^2 = 27\,580\,（亿元）$$

$$\hat{y}_{26} = 2020.81 - 573.534 \times 26 + 63.836 \times 26^2 = 30\,262\,（亿元）$$

将时间序号 t 的值分别代入上述指数曲线与二次曲线趋势方程，求得各期预测值及其误差，如表 9-9 和图 9-2 所示。

表 9-9　出口总额两种曲线趋势方程的预测值及其误差

年份	t	出口总额 y/亿元	指数曲线			二次曲线		
			预测值	误差绝对值 $|e|$	误差平方	预测值	误差绝对值 $|e|$	误差平方
1999	1	719	659.3	59.7	3563	1511.1	792.1	627 442
2000	2	849	778.3	70.7	4999	1129.1	280.1	78 449
2001	3	917	918.8	1.8	3	874.7	42.3	1786
2002	4	1210	1084.6	125.4	15 730	748.1	461.9	213 391

续表

年份	t	出口总额 y/亿元	指数曲线			二次曲线		
			预测值	误差绝对值|e|	误差平方	预测值	误差绝对值|e|	误差平方
2003	5	1488	1280.3	207.7	43 129	749.1	738.9	546 045
2004	6	1510	1511.4	1.4	2	877.7	632.3	399 780
2005	7	1828	1784.2	43.8	1921	1134.1	693.9	481 555
2006	8	1837	2106.2	269.2	72 454	1518.1	318.9	101 716
2007	9	1949	2486.3	537.3	288 682	2029.8	80.8	6522
2008	10	2492	2935.0	443.0	196 260	2669.1	177.1	31 370
2009	11	2661	3464.7	803.7	645 962	3436.1	775.1	600 852
2010	12	3256	4090.0	834.0	695 594	4330.9	1074.9	1 155 304
2011	13	4382	4828.2	446.2	199 078	5353.2	971.2	943 284
2012	14	5933	5699.6	233.4	54 493	6503.3	570.3	325 217
2013	15	7620	6728.2	891.8	795 293	7781.0	161.0	25 921
2014	16	9690	7942.5	1747.5	3 053 750	9186.4	503.6	253 616
2015	17	12 205	9375.9	2829.1	8 003 532	10 719.5	1485.5	2 206 811
2016	18	14 307	11 068.1	3238.9	10 490 467	12 380.2	1926.8	3 712 528
2017	19	12 016	13 065.6	1049.6	1 101 765	14 168.6	2152.6	4 633 783
2018	20	15 778	15 423.7	354.3	125 520	16 084.7	306.7	94 071
2019	21	18 984	18 207.4	776.6	603 181	18 128.5	855.5	731 931
2020	22	20 487	21 493.4	1006.4	1 012 799	20 299.9	187.1	35 005
2021	23	22 094	25 372.5	3278.5	10 748 310	22 599.0	505.0	255 035
合计			—	19 250.0	38 156 486	—	15 694	17 461 416

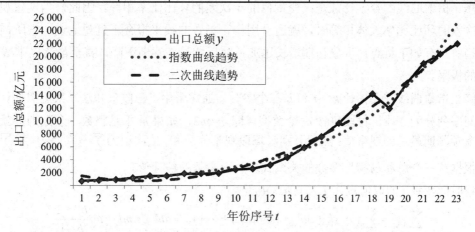

图 9-2 出口总额及其指数曲线趋势和二次曲线趋势

由图 9-2 可见，指数曲线与二次曲线都能够很好地拟合出口总额的变动趋势。根据表 9-9 的计算结果，由第七章的平均绝对误差和标准误差定义公式可得，运用指数曲线趋势方程进行预测的平均绝对误差和标准误差分别为

$$\text{MAE} = \frac{1}{n}\sum_{i=1}^{n}|e_i| = \frac{19\,250}{23} = 836.96$$

$$\text{RMSE} = \sqrt{\frac{1}{n}\sum_{i=1}^{n}e_i^2} = \sqrt{\frac{38\,156\,486}{23}} = 1288.01$$

运用二次曲线趋势方程进行预测的平均绝对误差和标准误差分别为

$$\text{MAE} = \frac{1}{n}\sum_{i=1}^{n}|e_i| = \frac{15\,694}{23} = 682.35$$

$$\text{RMSE} = \sqrt{\frac{1}{n}\sum_{i=1}^{n}e_i^2} = \sqrt{\frac{17\,461\,416}{23}} = 871.32$$

平均绝对误差和标准误差越小,说明所求趋势方程在观察期内的拟合效果越好。上述计算结果显示,无论是从平均绝对误差还是标准误差来看,指数曲线的预测误差都大于二次曲线的预测误差,二次曲线的拟合效果略好些。但需注意的是,拟合误差只能说明在过去观察期内的拟合效果,不能完全代表未来预测值的真实误差大小。实际中,还需密切关注近期的预测误差。如本例中,2020—2021 年,指数曲线的预测值都大大高于实际值,而二次曲线的预测误差较小,所以,二次曲线也许更适合用于预测出口总额未来(近期)的数值。

(三)其他非线性趋势曲线

用来拟合现象非线性趋势的曲线还有修正指数曲线、逻辑斯蒂曲线和龚泊兹曲线等。

1. 修正指数曲线

修正指数曲线的方程形式为

$$\hat{y}_t = k + ab^t \quad (0<b<1) \tag{9.30}$$

修正指数曲线的数学特征是:变量值的一次差的环比比率相等。因此,当现象观测值的一次差的环比比率大体相等时,就适合用修正指数曲线来拟合。直观地说,它所描述的长期趋势具有如下特点:现象初期增长迅速,随后增长率逐渐下降,直至最终以常数 k 为增长的极限。

修正指数曲线需要估计 k、a 和 b 三个参数,通常采用"三段求和法"来近似估计。先将时间序列分为 3 段,每段包含 m 个数据,即 $m=n/3$,如果 m 不是整数,余数为几就舍掉几个离预测期最远的观察值;然后分别对每段观察值求和,依次记为 $\sum_1 y_t$、$\sum_2 y_t$、$\sum_3 y_t$;最后根据这三个总和与模型参数的关系式求解出参数的估计值。

将时间变量 t 的取值设为 $1,2,\cdots,n$。由于

$$\sum_1 y_t = \sum_{t=1}^{m} y_t = (k+ab^1)+(k+ab^2)+\cdots+(k+ab^m) = mk + ab\frac{b^m-1}{b-1}$$

$$\sum_2 y_t = \sum_{t=m+1}^{2m} y_t = (k+ab^{m+1})+(k+ab^{m+2})+\cdots+(k+ab^{2m}) = mk + ab^{m+1}\frac{b^m-1}{b-1}$$

$$\sum_3 y_t = \sum_{t=2m+1}^{3m} y_t = (k+ab^{2m+1})+(k+ab^{2m+2})+\cdots+(k+ab^{3m}) = mk + ab^{2m+1}\frac{b^m-1}{b-1}$$

将上述三个方程联立求解可得

$$\begin{cases} b = \sqrt[m]{\dfrac{\sum_3 y_t - \sum_2 y_t}{\sum_2 y_t - \sum_1 y_t}} \\ a = \left(\sum_2 y_t - \sum_1 y_t\right)\dfrac{b-1}{b(b^m-1)^2} \\ k = \dfrac{1}{m}\left(\sum_1 y_t - ab\dfrac{b^m-1}{b-1}\right) \end{cases} \quad (9.31)$$

【例 9-10】 某地区居民最近 12 年的智能手机普及率数据如表 9-10 所示,试拟合适当的趋势模型并预测未来两年的普及率。

表 9-10 某地区居民最近 12 年的智能手机普及率

年份序号 t	1	2	3	4	5	6	7	8	9	10	11	12
普及率/%	10	16	24	38	43	55	60	66	68	70	71	72

根据表 9-10 的时间序列绘制折线图(见图 9-3 中的"普及率")可知,该地区居民近 12 年的智能手机普及率的变化趋势大致呈修正指数曲线特征,故可拟合修正指数曲线。将近 12 年的数据平均分为 3 段,每段包含 4 个观察值($m=4$),求出各段数据的总和,即

$$\sum_1 y_t = \sum_{t=1}^{4} y_t = 10 + 16 + 24 + 38 = 88$$

$$\sum_2 y_t = \sum_{t=5}^{8} y_t = 43 + 55 + 60 + 66 = 224$$

$$\sum_3 y_t = \sum_{t=9}^{12} y_t = 68 + 70 + 71 + 72 = 281$$

由式(9.31)可得

$$\begin{cases} b = \sqrt[m]{\dfrac{\sum_3 y_t - \sum_2 y_t}{\sum_2 y_t - \sum_1 y_t}} = \sqrt[4]{\dfrac{281-224}{224-88}} = 0.80461 \\ a = \left(\sum_2 y_t - \sum_1 y_t\right)\dfrac{b-1}{b(b^m-1)^2} = (224-88)\times\dfrac{(0.80461-1)}{0.80461\times(0.80461^4-1)^2} = -97.878389 \\ k = \dfrac{1}{m}\left(\sum_1 y_t - ab\dfrac{b^m-1}{b-1}\right) = \dfrac{1}{4}\left(88 + 97.878389\times 0.80461\times\dfrac{0.80461^4-1}{0.80461-1}\right) = 80.532 \end{cases}$$

于是可得普及率的修正指数曲线趋势模型为

$$\hat{y}_t = 80.532 - 97.878389\times 0.80461^t$$

该趋势方程所描绘的趋势线见图 9-3 中的"修正指数曲线"。
根据上述趋势模型预测未来两年($t=13$、14)的普及率分别为

$$\hat{y}_{13} = 80.532 - 97.878389\times 0.80461^{13} = 74.73$$
$$\hat{y}_{14} = 80.532 - 97.878389\times 0.80461^{14} = 75.87$$

则该地区居民未来两年的智能手机普及率分别是 74.73% 和 75.87%。

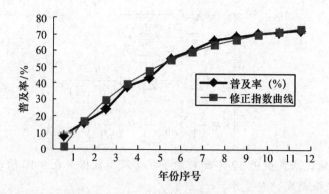

图 9-3　某地区智能手机普及率的时序图及其修正指数曲线趋势

实际应用中，极限值 k 可以通过定性分析来确定。例如，居民的社保覆盖率、网络普及率（使用网络的人口数与人口总数之比）不可能超过 100%，居民的社保覆盖率的极限值 k 可设定为 100%；网络普及率可根据所研究地区的人口构成和收入水平等实际情况，设定一个低于 100% 的数值为极限值 k。这样，修正指数曲线就只需要估计 a 和 b 两个参数了。参数估计原理与"三段求和法"相同，只是时间序列只需要分为两段，每段包含 m 个数据。对两段观察值分别求和，记为 $\sum_1 y_t$、$\sum_2 y_t$。将时间变量 t 的取值设为 $1,2,\cdots,n$，根据这两个总和与模型参数的关系式可推出参数 a 和 b 的估计公式如下：

$$\begin{cases} b = \sqrt[m]{\dfrac{\sum_2 y_t - mk}{\sum_1 y_t - mk}} \\ a = (\sum_1 y_t - mk) \dfrac{b-1}{b(b^m - 1)} \end{cases} \quad (9.32)$$

2. 逻辑斯蒂曲线

逻辑斯蒂曲线（logistic curve）的方程形式为

$$\hat{y}_t = \frac{1}{k + ab^t} \quad (9.33)$$

逻辑斯蒂曲线的数学特征是：变量值倒数的一次差的环比比率相等。它通常所描述的现象趋势是：初期增长缓慢，随后逐渐加快，达到一定程度后增长速度又逐渐减慢，直至达到饱和状态，接近一条水平线 $y=1/k$。逻辑斯蒂曲线经常用于描述一些变量的成长过程，也称为成长曲线，其图形是一条 S 形曲线，如图 9-4 所示。可证明，当 $k>0$，$a>0$，$0<b<1$ 时，逻辑斯蒂曲线有一个拐点，该拐点位于 $t = \dfrac{\ln k - \ln a}{\ln b}$ 处，此时 $y=1/2k$。在此拐点之前后，现象的增长率随着时间 t 的增加由逐渐增大转变为逐渐减小。

令 $1/\hat{y}_t = \hat{y}_t^*$，则式（9.33）转化为 $\hat{y}_t^* = k + ab^t$。于是，逻辑斯蒂曲线可转换为修正指数曲线进行估计。

3. 龚泊兹曲线

龚泊兹曲线（Compertz curve）的方程形式为

$$\hat{y}_t = ka^{b^t} \quad (k>0) \quad (9.34)$$

龚泊兹曲线的数学特征是：变量值的对数一次差的环比比率相等。当现象观测值的对数一次差的环比比率大体相等时，就适合用龚泊兹曲线来拟合。

式（9.34）中，k、a 和 b 三个参数取不同的数值，龚泊兹曲线就有不同的图形。它所适合的场合与逻辑斯蒂曲线的适用场合比较类似。龚泊兹曲线也经常用于描述某些变量的成长过程，也称为成长曲线，其图形也大致呈 S 形，如图 9-5 所示。可证明，当 $k>0$，$0<a<1$，$0<b<1$ 时，龚泊兹曲线有一个拐点，该拐点位于 $t = \dfrac{\ln[\ln(1/a)]}{\ln(1/b)}$ 处，此时 $y=k/e$（$e \approx 2.71828$）。在此拐点之前后，现象的增长率随着时间 t 的增加由逐渐增大转变为逐渐减小，龚泊兹曲线由向上凹转变为向下凹，k 是现象增长的极限数值，$y=k$ 是龚泊兹曲线的渐近线。

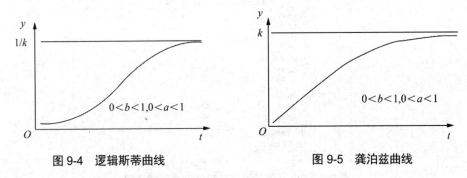

图 9-4　逻辑斯蒂曲线　　　　　图 9-5　龚泊兹曲线

对式（9.34）两边取对数得：$\lg \hat{y}_t = \lg k + b^t \lg a$。

令 $\lg \hat{y}_t = \hat{y}_t^*$，$\lg k = k^*$，$\lg a = a^*$，则式（9.34）转化为 $\hat{y}_t^* = k^* + a^* b^t$。于是，龚泊兹曲线也可转换为修正指数曲线进行估计。

三、利用 Excel 或 SPSS 求趋势方程

利用 Excel 或 SPSS 求趋势方程的方法与第十章中求回归方程的方法相同，只需要以时间序号 t 作为自变量 x、以预测变量作为因变量 y 即可，操作方法及其结果输出的解读详见第十章的介绍。需注意的是，Excel 的"回归"是指线性回归，若要进行非线性回归，只能先将变量进行相应的转换，再根据新变量估计出线性回归方程参数，最后转换出非线性回归方程的参数估计值。除此以外，SPSS 还提供了直接估计几种常见曲线回归方程的方法，参见第十章第四节的有关内容。

利用 Excel 求趋势方程还有一种快捷方法：直接在时间序列折线图上添加趋势线。具体方法是：先利用图表向导根据时间序列实际值绘制出折线图，然后用鼠标在这条折线上的任意一点右击，在弹出的快捷菜单中选择"添加趋势线"命令，出现"设置趋势线格式"对话框，如图 9-6 所示。对话框中有几种常用的趋势线类型可供选择，选择"趋势线选项"选项卡，选中"显示公式"和"显示 R 平方值"复选框，这样不仅能显示趋势线，而且在图中可同时显示该趋势线的方程式和 R^2（相当于回归分析中的判定系数 R Square）。输出结果如图 9-7 所示（此图为第四节例 9-8 的出口总额及其指数曲线趋势）。

图 9-7 中输出的指数曲线方程是 $\hat{y}_t = 558.51 e^{0.1659x}$，其模型形式为 $\hat{y}_t = \alpha e^{\beta x}$。不难发现这个模型中的 e^β 相当于式（9.27）中的 b。如本例中，$e^{0.1659} = 1.18$。所以两种形式实际上是一

致的。但一般在社会经济统计分析中,更倾向于使用式(9.27)这种形式的指数曲线方程,因为其中的参数 b 相当于平均发展速度,这样不仅可以反映其长期趋势,而且可以分析时间序列的变化速率。

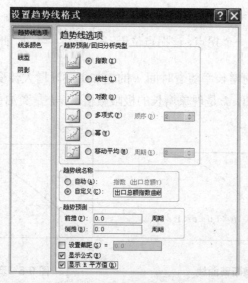

图9-6 Excel的"设置趋势线格式"对话框

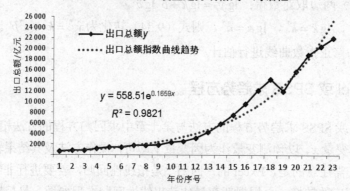

图9-7 添加趋势线的输出结果

使用添加趋势线的方法较为简便,尤其是在拟合非线性趋势方程时,这一优势更为突出,但该方法提供的趋势线类型和输出信息量都很有限。一般来说,R^2 越大,该趋势线的拟合效果就越好。但是,这在选择多项式曲线(k 次曲线)时要特别谨慎,因为阶数 k 越大,往往 R^2 也越大,但要估计的参数过多,很可能使一些参数估计值经不起统计检验而无效。

第五节 趋势与季节变动的综合预测法

一、水平趋势与季节变动的综合预测法

如果时间序列的发展趋势呈水平趋势且包含季节变动和不规则变动,则由式(9.4)可

知,现象的预测值 $\hat{Y}$ 等于水平趋势预测值 $\hat{T}$ 与季节指数 S 的乘积。求水平趋势预测值 $\hat{T}$,可应用第二节的算术平均预测法、第三节的一次移动平均预测法或一次指数平滑预测法。此时,季节指数 S 的计算可应用同期平均法。

同期平均法的基本原理是:假定时间序列呈水平趋势,即长期趋势,值是一常数,通过对多年的同期数据进行简单算术平均,以消除各个季节周期上的不规则变动,再将同期平均数与水平趋势值对比,即可得到季节指数或称季节比率,以此来表明季节变动的规律。

同期平均法计算季节指数的一般步骤如下。

第一,计算同期平均数 $\bar{y}_i$($i=1,2,\cdots,L$,L 为一年所包含的时序数据项数),即将不同年份同一季节的多个数据进行简单算术平均。其目的是消除不规则变动的影响。为了计算方便,一般要先将各年同一季节的数据对齐排列,如将历年的月(季)度数据按月(季)对齐排列。

第二,计算全部数据的总平均数 $\bar{y}$,用以代表消除了季节变动和不规则变动之后的全年平均水平,亦即整个时间序列的水平趋势值。

第三,计算季节指数 S_i,它是同期平均数与总平均数对比的比率,即

$$S_i = \frac{\bar{y}_i}{\bar{y}} \times 100\% \tag{9.35}$$

可见,同期平均法计算的季节指数实际上表示:从多个季节周期平均来看,各季节水平相对于平均水平的相对变化程度。当季节指数 S_i 大于 100%,表示所研究现象处于旺季;反之,当季节指数 S_i 小于 100%,表示第 i 期是个淡季。

【例 9-11】某企业生产的一种学生用学习机在 2018—2021 年的销售量数据如表 9-11 所示,试用同期平均法计算各月的季节指数并预测该学习机在 2022 年各月的销售量。

表 9-11 2018—2021 年各月某种学习机的销售量数据　　　　单位:千台

年 份	月 销 售 量											
	1	2	3	4	5	6	7	8	9	10	11	12
2018	51	53	45	24	25	18	37	80	120	56	28	29
2019	46	48	40	23	23	21	32	74	101	50	25	27
2020	41	63	47	22	21	23	30	86	139	51	33	29
2021	53	55	50	21	31	20	35	90	112	60	31	37

计算过程和计算结果如表 9-12 所示。

表 9-12 采用同期平均法计算的季节指数

月 份	1	2	3	4	5	6	7	8	9	10	11	12	平均
同月合计/千台	191	219	182	90	100	82	134	330	472	217	117	122	—
同月平均/千台	47.75	54.75	45.5	22.5	25.0	20.5	33.5	82.5	118.0	54.25	29.25	30.5	47.0
季节指数/%	101.6	116.5	96.8	47.9	53.2	43.6	71.3	175.5	251.1	115.4	62.2	64.9	100

从计算结果可见,该学习机的销售旺季是 2 月、8 月、9 月和 10 月,其中销售量最高的季节是 9 月,该月的销售量相当于全年月平均销售量的 251.1%;销售量最低的是 6 月,该月的销售量只相当于全年月平均销售量的 43.6%。根据各月的季节指数可以绘制出季节指数图,以便一目了然地看出季节变动的规律,如图 9-8 所示。

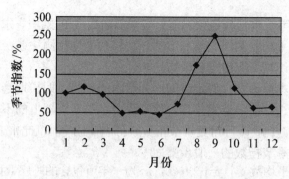

图 9-8 某种学习机销售量的季节变动

因为该时间序列的长期趋势呈水平趋势,所以趋势预测值可以取全部数据或最近一个季节周期上 12 个月数据的算术平均数。本例可取最近一年(2021 年)的月平均销售量作为水平趋势的预测值,即水平趋势预测值为

$$\hat{T} = \frac{53+55+50+21+31+20+35+90+112+60+31+37}{12}$$

$$= \frac{595}{12} = 49.58$$

用水平趋势预测值乘以各月的季节指数即可对 2022 年各月销售量做出预测,如 1、2 月份销售量的预测值分别为

$$\hat{y}_1 = \hat{T} \times S_1 = 49.58 \times 101.6\% = 50.37 \text{(千台)}$$

$$\hat{y}_2 = \hat{T} \times S_2 = 49.58 \times 116.5\% = 57.76 \text{(千台)}$$

同理,可计算出其余各月销售量的预测值,计算结果如表 9-13 所示,将各月预测值加总即可得全年销售总量的预测值。

表 9-13　2022 年各月销售量的预测值　　　　　　　　　　　　单位:千台

月　份	1	2	3	4	5	6	7	8	9	10	11	12
销售量预测值	50.37	57.76	47.99	23.75	26.38	21.62	35.35	87.02	124.50	57.22	30.84	32.18

二、非水平趋势与季节变动的综合预测法

如果时间序列的发展趋势呈上升或下降趋势且包含季节变动和不规则变动,则趋势预测值 $\hat{T}$ 可应用第二节的平均增长量(或速度)预测法、第三节的二次移动平均预测法或二次指数平滑预测法以及第四节的趋势方程预测法计算,甚至可以组合运用几种预测方法计算。此时,计算季节指数 S 不宜采用上述同期平均法而应采用趋势剔除法。这是因为当现象呈现出明显上升趋势时,同期平均法总会高估年末季节指数,相应地低估年初季节指数;反之,若现象呈现明显的下降趋势,则会高估年初季节指数,相应地低估年末季节指数。

趋势剔除法的基本原理是:假定时间序列有明显的上升或下降趋势,首先测定出时间序列各期的趋势值,然后设法从原序列中消除趋势成分,最后再通过平均的方法消除不规则变动,从而求得季节指数。

最简便、常用的是移动平均趋势剔除法,即采用移动平均法测定长期趋势,再剔除长期趋势来计算季节指数。这是因为在长期趋势、季节变动和不规则变动三种成分共存时,

若用趋势方程拟合法直接对原序列计算趋势值,会因为季节变动的影响而使趋势值不准确。而移动平均法可较为方便地同时消除不规则变动和季节变动的影响,只反映出长期趋势。实际上,移动平均趋势剔除法也适用于包含循环变动的场合。

移动平均趋势剔除法计算季节指数的具体方法和步骤如下。

(1)计算移动平均值(M)。对原序列计算平均项数等于季节周期L的中心化移动平均值,以消除原序列中的季节变动S和不规则变动I。若序列不包含循环变动,即$Y=T\times S\times I$,则所求移动平均值就作为长期趋势值,即 $M=T$。假定时间序列也包含循环变动,即$Y=T\times S\times C\times I$,则所求移动平均值包含着趋势和循环变动,即$M=T\times C$,可称之为趋势-循环值。与第三节的移动平均预测不同的是,对于非水平趋势的时间序列,每个移动平均值不能放置在其平均时间的最末一期,而应放置在其平均时间的中间一期以代表该期的趋势值。若平均项数N为偶数,还需进行一次中心化(移正)处理,即还需对第一次求得的移动平均序列再进行两项移动平均。

(2)剔除原序列中的趋势成分(或趋势-循环成分)。用原数列各项数据Y除以对应的移动平均值(M),得到消除了趋势或消除了趋势-循环变动的序列,亦即得到如下只含季节变动和不规则变动的比率序列

$$\frac{Y}{M}=\frac{T\times S\times I}{T}=S\times I \quad 或 \quad \frac{Y}{M}=\frac{T\times S\times C\times I}{T\times C}=S\times I \quad (9.36)$$

(3)消除不规则变动I。将各年同期(同月或同季)的比率($S\times I$)进行简单算术平均,可消除不规则变动I,从而可得到季节指数S。

(4)调整季节指数。季节指数应满足一种平衡关系:在一个完整的季节周期中,季节指数的均值等于1,即

$$\sum_{i=1}^{L}S_i=L \quad 或 \quad \overline{S}=\frac{1}{L}\sum_{i}^{L}S_i=100\% \quad (9.37)$$

若(3)的计算结果不满足式(9.37),就需要对其进行调整(即归一化处理)。这种调整实际上就是将误差平均分摊到各期季节指数中。调整方法是将所求的各项季节指数都乘以一个调整系数,即可得到最终所求的季节指数。此调整系数的公式为

$$季节指数的调整系数 = \frac{1}{\overline{S}}=L \div \sum_{i=1}^{L}S_i \quad (9.38)$$

【例9-12】某公司近五年来各季度的饮料销售额数据如表9-14所示。试用移动平均趋势剔除法计算各季度的季节指数并预测来年(即第六年)各季度的销售额。

表9-14 近五年某饮料销售额的季度数据　　　　　单位:万元

年　份	季度销量数据			
	1	2	3	4
第一年	29	90	108	14
第二年	35	112	130	24
第三年	40	108	126	28
第四年	48	139	179	33
第五年	56	152	192	35

根据表 9-14 的数据，计算四项中心化移动平均值（M）并计算趋势（或趋势-循环）剔除值（Y/M），计算结果如表 9-15 所示。

表 9-15　饮料销售额的趋势值和趋势剔除值

年　份	季　度	销售额（Y）/万元	中心化四季移动平均值（M）	趋势剔除值（Y/M）
第一年	1	29	—	—
	2	90	—	—
	3	108	61.00	1.7705
	4	14	64.50	0.2171
第二年	1	35	70.00	0.5000
	2	112	74.00	1.5135
	3	130	75.88	1.7133
	4	24	76.00	0.3158
第三年	1	40	75.00	0.5333
	2	108	75.00	1.4400
	3	126	76.50	1.6471
	4	28	81.38	0.3441
第四年	1	48	91.88	0.5224
	2	139	99.13	1.4023
	3	179	100.75	1.7767
	4	33	103.38	0.3192
第五年	1	56	106.63	0.5252
	2	152	108.50	1.4009
	3	192	—	—
	4	35	—	—

为便于计算，先将表 9-15 中的趋势剔除值按季度对齐排列，如表 9-16 所示。计算同季平均数得到季节指数。由于四个季度的季节指数总和不等于 4，应进行调整，调整系数为 1.0037（4÷3.9854），调整后的季节指数在表中最末行。

表 9-16　饮料销售额的季节指数计算表

年　份	季　度				总　和
	1	2	3	4	
第一年	—	—	1.7705	0.2171	—
第二年	0.5000	1.5135	1.7133	0.3158	—
第三年	0.5333	1.4400	1.6471	0.3441	—
第四年	0.5224	1.4023	1.7767	0.3192	—
第五年	0.5252	1.4009	—	—	—
合计	2.0809	5.7567	6.9076	1.1962	—
平均	0.5202	1.4392	1.7269	0.2991	3.9854
季节指数（%）	52.22	144.45	173.32	30.01	400.00

可见，第二、第三季度是该公司饮料的销售旺季，分别比其趋势值高出 44.45% 和 73.32%。

而第一、第四季度是销售淡季，其销售额分别只相当于当期趋势值的 52.22%和 30.01%。

从原时间序列中消除季节变动的影响，即用原时间序列各项观察值除以对应的季节指数，计算出无季节影响的销售额序列，如表 9-17 所示。

表 9-17　消除了季节影响的饮料销售额时间序列

时间序号	销售额（Y）/万元	季节指数（S）	无季节影响的序列（Y/S）=（TCI）	时间序号	销售额（Y）/万元	季节指数（S）	无季节影响的序列（Y/S）=（TCI）
(1)	(2)	(3)	(4)=(2)/(3)	(1)	(2)	(3)	(4)=(2)/(3)
1	29	0.5222	55.539	11	126	1.7332	72.696
2	90	1.4445	62.307	12	28	0.3001	93.290
3	108	1.7332	62.311	13	48	0.5222	91.926
4	14	0.3001	46.645	14	139	1.4445	96.229
5	35	0.5222	67.029	15	179	1.7332	103.275
6	112	1.4445	77.537	16	33	0.3001	109.949
7	130	1.7332	75.004	17	56	0.5222	107.247
8	24	0.3001	79.963	18	152	1.4445	105.229
9	40	0.5222	76.605	19	192	1.7332	110.775
10	108	1.4445	74.768	20	35	0.3001	116.613

比较实际销售额时间序列与消除季节影响后的销售额序列可见，后者可以更清楚地显示出销售额的长期变化呈现明显的线性增长趋势，如图 9-9 所示。

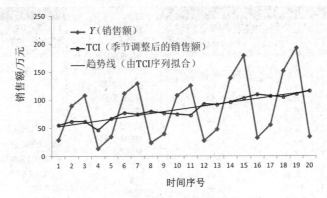

图 9-9　饮料销售额及其趋势线

利用最小二乘法对无季节影响的销售额序列（T×C×I）拟合的趋势直线方程为

$$\hat{T}_t = 49.6988 + 3.2903t$$

利用上述趋势方程外推求得长期趋势的预测值，再乘以预测期的季节指数，即可求得第六年第一至第四季度（$t=21,\cdots,24$）的销售额预测值依次为（这里不考虑循环变动影响）

$$\hat{y}_{21} = \hat{T}_{21} \times S_1 = (49.6988 + 3.2903 \times 21) \times 0.5222 = 62.03（万元）$$
$$\hat{y}_{22} = \hat{T}_{22} \times S_2 = (49.6988 + 3.2903 \times 22) \times 1.4445 = 176.348（万元）$$
$$\hat{y}_{23} = \hat{T}_{23} \times S_3 = (49.6988 + 3.2903 \times 23) \times 1.7332 = 217.306（万元）$$
$$\hat{y}_{24} = \hat{T}_{24} \times S_4 = (49.6988 + 3.2903 \times 24) \times 0.3001 = 38.618（万元）$$

三、运用 SPSS 进行时间序列成分分解与综合预测

运用 SPSS 进行时间序列成分分解与综合预测，必须先定义数据的时间。

首先，输入数据。以例 9-12 来说明，在"变量视图（Viariable View）"中输入变量名"Y"，在"标签（Label）"中输入"销售额"；在"数据视图（Data View）"中将该公司近五年来各季度的饮料销售额数据输入同一列。

其次，定义数据的时间。单击菜单栏的"数据（Data）"→"定义日期（Define Dates）"命令，在相应的对话框中选择数据的时间类型并指定起始时间。本例为各年份季度数据，第一项数据为第一年第一季度的，故选择"年份""季度（Years，quarters）"并在第一个个案的"年份（Year）"和"季度（Quarter）"之后均输入 1。定义时间后文件会自动增加新变量"YEAR""QUARTER"和"DATE"。

（一）绘制时间序列的线图

单击菜单栏的"分析（Analyze）"→"预测"→"序列图"命令。在相应的对话框将所需变量选入"变量（Variables）"（可以选多个），时间轴可指定，也可以省略（默认）。

（二）进行时间序列成分分解与预测

第一步，进行时间序列的成分分解。单击菜单栏的"分析（Analyze）"→"预测"→"季节性分解（Seasonal Decomposition）"命令，如图 9-10 所示。

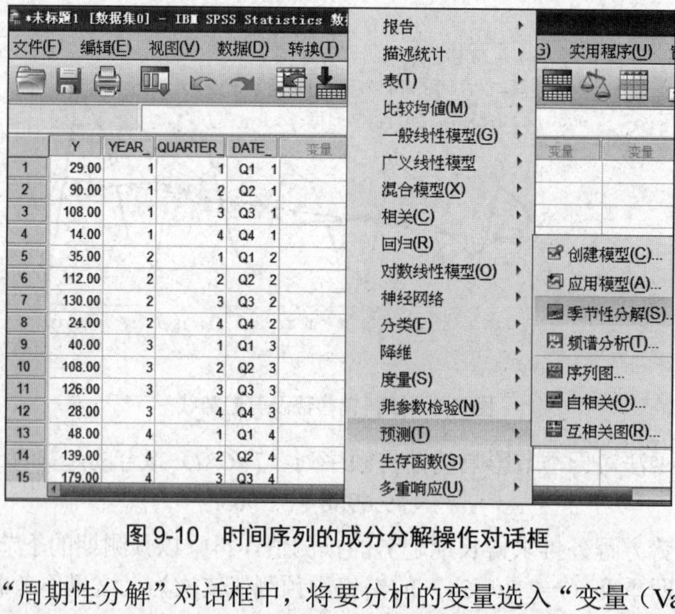

图 9-10 时间序列的成分分解操作对话框

第二步，在"周期性分解"对话框中，将要分析的变量选入"变量（Variable（s））"框中。在"模型类型"下选择乘法（Multiplicative）或加法（Additive）。在"移动平均权重（Moving Average Weight）"下选择"所有点相等（All points equal）"或"结束点按 0.5 加权（Endpoints Weighted by .5）"，两者的区别是前者仅做一次移动平均，而后者多做了一次两项移动平均（移正），如图 9-11 所示。单击"确定"按钮后得到输出结果。

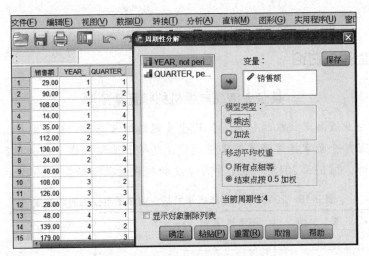

图 9-11 时间序列的成分分解对话框

输出文件中将会显示季节性因素（seasonal factors，即季节指数）的数值。如本例中，各季度的季节指数依次为 52.22%、144.45%、173.32%和 30.01%。同时，数据文件自动添加了 4 个新变量序列，分别是不规则成分"ERR_1"、季节调整后的序列"SAS_1"、季节因子"SAF_1"和剔除了季节与不规则变动的趋势-循环成分"STC_1"。

第三步，利用趋势-循环成分"STC_1"的数据建立趋势模型，预测趋势值。建立一个新变量 t 表示时间序号（如本例中 t 从 1 到 20）。本例中从"STC_1"的时序图可以看出，趋势-循环成分随着时间 t 的变化而呈现出直线趋势，可利用"分析（Analyze）"→"回归（Regression）"→"线性（Linear）"估计出线性趋势方程参数。将"STC_1"置于因变量框中，将时间 t 置于自变量框内。单击"确定"按钮后得到回归参数的估计值，如表 9-18 所示。

表 9-18 SPSS 的线性回归方程参数估计结果

系数（Coefficients）

模型		非标准化系数		标准化系数	t	Sig.
		B	标准误差	B*		
1	（常量）	51.306	1.655		31.008	.000
	t	3.068	0.138	0.982	22.208	.000

由表 9-18 中的非标准化系数可写出所求的线性回归趋势方程为

$$\hat{T}_t = 51.306 + 3.068t$$

由该方程可得到趋势成分预测值。如本例中，若要预测第六年第 1 季度至第 4 季度的趋势成分，则应取 t 依次为 21、22、23、24。根据上述趋势方程可求得相应的趋势成分预测值分别为 115.73、118.80、121.87、124.94。

第四步，将趋势成分预测值与季节指数相乘，得到最终的预测值。如第六年第一季度饮料销售额的预测值应为 115.73×52.325%=60.56 万元。由于计算公式的选择和计算过程的舍入误差，这里的计算结果与例 9-12 的结果略有出入。

案例思考与讨论

【案例 9-1】 某企业液晶电视机的销售量预测

近年来某企业液晶电视机的销售量呈现出良好的增长态势。要更好地组织生产、做好市场营销,就必须全面掌握该产品销售量的变化趋势和波动规律,对来年各季度的销售量做出合理的预测。该企业 2018—2021 年各季度的销售量数据如表 9-19 所示。

表 9-19　2018—2021 年各季度某企业液晶电视机的销售量

年　度	季　度	销售量/万台	年　度	季　度	销售量/万台
2018	1	48	2020	1	60
	2	41		2	56
	3	60		3	75
	4	65		4	78
2019	1	58	2021	1	63
	2	52		2	59
	3	68		3	80
	4	74		4	84

思考与讨论问题

1. 利用有关软件绘制折线图。
2. 由折线图观察该企业液晶电视机销售量的时间序列明显包含哪几种变动成分。
3. 汇总出各年度销售量并根据年度数据计算 2018—2021 年的以下数据。
（1）年平均销售量、年平均增长量、年平均增长速度。
（2）分别用所求年平均增长量和年平均增长速度预测 2022 年的销售量。
4. 如果要根据季度数据来预测销售量的长期趋势,适合采取什么方法?为什么?
5. 选择适当的方法测定出销售量的季节变动规律。
6. 预测 2022 年各季度的销售量。
7. 如果拥有这几年各月份的销售量数据,你认为这对销售量季节变动的分析有无好处?为什么?

 思考与练习题

1. 时间序列预测有哪些特点?
2. 简易平均预测有哪些方法?分别适用于哪些场合?
3. 一次移动平均法与二次移动平均法分别用于什么样的时间序列?用于代表观察期趋势值的移动平均与用于预测的移动平均有何不同?
4. 预测线性趋势的平滑法和趋势方程预测法有何异同?

5．指数平滑法的平滑系数的大小如何确定？

6．含有季节变动时，水平趋势与非水平趋势的时间序列综合预测法有何不同？

7．某服装厂 2020 年生产量为 100 万件。试求：

（1）预计从 2021 年起，生产量每年递增 10%，到 2025 年销售量可达到多少？

（2）若希望 2025 年生产量在 2020 年的基础上翻一倍，问 2021 年起每年应以多快的速度增长才能达到预定目标？平均每月递增的速度又是多少？

8．某商品最近 16 周的市场平均价格如表 9-20 所示。

表 9-20　某商品的市场平均价格

周　　次	周平均价格/元	周　　次	周平均价格/元
1	72.0	9	75.1
2	70.9	10	74.2
3	70.5	11	73.5
4	72.0	12	72.5
5	73.2	13	71.7
6	72.0	14	72.1
7	72.5	15	72.8
8	73.8	16	73.0

试分别用移动平均法（取 5 项平均）、指数平滑法（$\alpha=0.4$）对该商品第 17 周的平均价格进行预测并评价两种预测方法的优劣。

9．某地区 2001—2020 年的能源消费总量如表 9-21 所示。

表 9-21　某地区 2001—2020 年的能源消费总量

年　　份	2001	2002	2003	2004	2005	2006	2007	2008	2009	2010
能源消费总量/万吨标准煤	104	109	116	123	131	135	136	136	141	146
年　　份	2011	2012	2013	2014	2015	2016	2017	2018	2019	2020
能源消费总量/万吨标准煤	150	159	184	213	236	259	281	291	307	315

要求：

（1）利用表中 2011—2020 年的数据计算平均增长量、年平均增长速度。

（2）分别按（1）所求的两个平均数预测 2021 年和 2022 年该地区的能源消费总量。

（3）根据表中全部数据，试利用二次移动平均预测法预测 2021 年和 2022 年该地区的能源消费总量（试取平均项数为 5）。

（4）根据表中全部数据，试利用二次指数平滑预测法预测 2021 年和 2022 年该地区的能源消费总量（试取平滑系数为 0.3）。

（5）利用表中全部数据绘制时序图，根据图形，应选择哪种趋势预测模型？试利用 Excel 的添加趋势线功能选择预测模型并据以预测 2021 年和 2022 年该地区的能源消费总量。

10．某地区 2018—2021 年的居民用电量如表 9-22 所示。

表9-22 某地区居民用电量　　　　　　　　　　　　　　　　　　单位：万千瓦时

月　份	2018年	2019年	2020年	2021年
1	83	91	91	81
2	57	74	67	44
3	44	35	36	49
4	99	86	84	84
5	82	88	101	88
6	111	116	108	87
7	110	101	114	101
8	57	70	51	61
9	64	63	55	53
10	73	80	93	88
11	100	107	96	99
12	100	92	87	85

要求：

（1）试用同期平均法计算季节指数。

（2）预测该地区居民2022年各月及全年的用电量。

11. 某地区近12年的家用汽车拥有量如表9-23所示，绘制折线图，试分别用逻辑斯蒂曲线和龚泊兹曲线拟合其长期趋势并预测第13年、第14年的家用汽车拥有量。

表9-23 某地区家用汽车拥有量

年份序号	1	2	3	4	5	6	7	8	9	10	11	12
汽车拥有量/万辆	40	50	110	140	200	300	410	520	600	640	660	680

本章学习资源

案例分析提示

本章PPT

第十章　回归预测法

学习目标

1. 理解回归方程的类型、回归预测法的一般步骤和主要特点。
2. 熟练掌握一元线性回归预测法的原理及其应用。
3. 掌握多元线性回归预测法的原理及其应用。
4. 了解非线性回归预测的原理及其应用。
5. 能够利用 SPSS 或 Excel 软件进行回归预测。

第一节　回归预测法的基本原理

一、回归预测的概念

（一）变量之间的相互关系

现实生活中，许多社会与经济现象都不是孤立存在的，其发展变化总是与其他现象的发展变化相互依存、相互影响。客观现象之间的相互依存关系是多种多样的，按其数量上是否确定可分为两种不同的类型：一类是确定性函数关系，另一类是不确定性相关关系（或称统计关系）。

函数关系是指现象之间的确定性数量依存关系，即当一个或多个变量 X 取一定数值时，某一个变量 Y 有确定的值与之相对应，如应纳个人所得税与个人所得的关系，商品销售额与销售量和销售价格的关系，存款利息与存款额、存款期限和利率的关系，营业利润与营业收入和营业成本的关系等。函数关系可写为某种形式的确定性数量关系式 $Y=f(X)$。通常将 Y 称为因变量，X 称为自变量。如果变量之间存在函数关系，则根据自变量的数值可以确定因变量的数值，反之亦然。

相关关系是指现象之间的不确定性数量依存关系，即当一个或若干个变量 X 取一定数值时，与之相对应的另一个变量 Y 的数值虽然不是严格与 X 一一对应的，但其数值变化总会具有一定的统计规律性。这种不确定性相关关系一般可表示为 $Y=f(X,u)$，其中 u 为随机变量。例如，企业产品销售额（Y）与广告支出（X）的关系，一般具有相同产品销售额的两个企业的广告支出费用并不完全相同，除了广告支出外还有很多因素会影响企业的产品销售额。因此，企业产品销售额与广告支出这两个变量之间呈现出的关系为相关关系而非确定性函数关系。

（二）回归分析与回归预测

确定变量间是否存在相关关系是进行相关分析的前提条件。若两个变量间存在相关性，通过计算相关系数可知其相关关系的密切程度，但其具体数量形式不能通过相关分析来测定。因此，需要通过回归分析来说明变量间相关关系的具体数量形式，进而基于一个变量的变化去推测另一个变量的具体变化。

"回归"一词最初是由英国著名生物学家、统计学家高尔顿（Francis Galton，1822—1911年）在研究人类遗传问题时提出来的。1855 年，高尔顿在其发表的《遗传的身高向平均数方向的回归》一文中指出，当父母的身高走向极端时，子女的身高不会呈现出极端化而是更接近人类平均身高。这就是"回归"的古典含义。

现代回归分析的含义是当一个变量（因变量）与另一个或多个变量（自变量）存在依存关系时，用适当的数学模型去近似表达或估计变量之间的平均变化关系。该数学模型称为回归方程。利用该回归方程由一个或一些变量的未来值对预测的目标变量做出预测，这就是回归预测。换言之，回归预测是在对现象之间的相关关系进行回归分析的基础上，以回归方程为预测模型所进行的预测。回归预测是市场预测的基本方法之一。

例如，研究某地区某行业企业广告支出费用（自变量 X）与销售收入（因变量 Y）的依存关系，对应一定的销售收入，企业广告支出费用并不确定，但总是在一定的范围内变动。对于每一个企业的销售收入水平，企业广告支出费用呈现出一定的分布，但平均来说，企业广告支出费用总是随着企业销售收入的增加而增加。根据企业销售收入与广告支出费用的观测数据，要确定两者间变动的规律，解决类似问题的方法就是回归分析。

（三）使用回归预测法应注意的事项

在理解和使用回归预测法时，应注意以下事项。

一是在理解回归预测法时，要注意其待估参数的经济含义，其所要揭示的是因变量与自变量之间的平均关系。

二是要注意将回归预测法与定性分析相结合。无论是相关分析还是回归分析，都只是从数据本身之间的相互联系进行测定，并不能决定现象间的本质联系。所有社会和经济现象间本质联系的判断应依靠相关学科的理论知识和实践经验等。若回归预测法离开了定性分析，很容易产生"伪回归"问题。

三是在利用回归预测法做样本外预测时应注意：一般来说，直线回归方程只适用于中、短期预测，不适用于长期预测。用预测区间来表示预测精确度，因变量的预测区间不是常数，而是会随着自变量预测值的变化而变化，自变量预测值与其平均值越接近，因变量的预测区间就会越窄，反之会越宽，即呈现出"喇叭"形状。若想提升预测精确度，可以增加样本容量。样本容量越大，预测误差的方差越小，预测区间也越窄。尤其在大数据时代，大样本截面数据的获取较为容易，其预测精确度相对较高。

二、回归预测模型的类型

由于现象之间的相关关系涉及的变量数量、表现形式不同，所建立的回归预测模型，即回归方程也有不同的类型。常见的两种分类类型如下。

（一）依据回归方程中包含的自变量个数分类

依据回归方程中包含的自变量个数，可分为一元回归方程和多元回归方程。

回归分析旨在通过一个或一些变量去解释或预测另一个变量，因此回归分析首先要将所研究变量区分为自变量和因变量。因变量也称为响应变量、被解释变量，是所要预测的变量，通常用 Y 表示。自变量也称为解释变量，是用来解释和预测因变量的变量，通常用 X 表示。只包含一个自变量的回归方程称为一元回归方程；包含两个或两个以上自变量的回归方程统称为多元回归方程。例如，以企业销售额为因变量（Y），以企业广告费（X）为自变量，根据二者之间的相关关系建立的回归方程就属于一元回归方程；以企业销售额为因变量（Y），以企业广告费（X_1）和居民收入水平（X_2）这两个变量为自变量所建立的回归方程就属于多元回归方程。

（二）依据回归方程的不同形态分类

依据回归方程的不同形态，可分为线性回归方程和非线性回归方程。

判断回归方程是否为"线性"通常有两种标准，即模型中的变量是否是线性的、模型中的参数是否是线性的。本书对回归方程线性与否的判断标准是模型中的变量是否是线性的。

当变量之间的数量关系大体上接近于一条直线时，就称变量之间存在直线相关或线性相关，反映这种相关关系的回归方程也是线性的，即因变量与自变量的幂指数都是 1。当变量之间的数量关系大体上接近于一条曲线时，就称变量之间存在曲线相关或非线性相关，反映这种相关关系的回归方程也是非线性的，因变量与自变量的幂指数不全为 1。按这一划分标准，$Y_i = \beta_1 + \beta_2 X_i^2 + \varepsilon_i$ 或 $Y_i = \beta_1 + \beta_2(1/X_i) + \varepsilon_i$ 都是非线性回归方程。

从较大的观察范围来看，许多相关关系呈非线性。以各地区的计算机普及率与居民收入的关系为例，随着居民收入的不断增长，计算机普及率的上升可能会先快后慢直至趋于稳定，呈现非线性相关的态势。但值得注意的是，在实际应用中通常将回归方程设定为线性形式，用线性模型去近似地描述总体回归函数，常能获得较好的效果。主要原因在于线性形式是最简单的函数形式，其参数估计与检验相对容易，当观察范围不太大时，非线性回归方程通常可以通过线性化处理转化为线性回归方程来估计其参数。

回归方程的分类如图 10-1 所示。

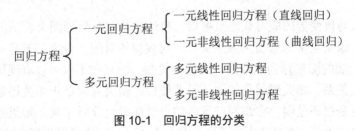

图 10-1　回归方程的分类

三、回归预测法的一般步骤

回归预测法的基本思路是：先通过定性分析明确所要预测的变量与哪个（些）变量存在密切的相关关系，选择适当的模型形式来描述变量之间的关系，然后根据观察数据估计模型参数、检验模型的有效性和可靠性，最后利用预测模型进行预测。

回归预测一般要经历如下几个步骤。

(一)明确预测的目标变量(因变量)与自变量

回归预测模型中因变量与自变量的选择主要应从以下几方面来考虑。

首先,根据预测的具体任务要求,明确所要预测的目标变量,即回归方程中的因变量。市场预测中,常常以商品销售量(额)、市场需求量、居民消费支出、市场占有率、市场价格走势或投资回报(利润率)等变量为预测目标。

其次,根据定性分析来选择回归方程中的自变量。也就是说,明确因变量之后,可根据专业知识、经验和逻辑思维判断能力分析与因变量的变化有关的因素,抓住主要矛盾和矛盾的主要方面,从众多相关因素中选择主要的、与因变量关系密切的因素为自变量。例如,需要预测某地区住房需求量,影响因素主要有该地区的居民人口数或人口增长速度、居民收入水平、房屋价格、贷款利率等。自变量不仅可以是定量变量,也可以是定性变量。在回归方程中,定性变量也称为虚拟变量或0-1变量,经常用0和1来代表该变量的两种具体表现。例如,政策可能是影响居民住房需求的一个重要因素,因此应该考虑将"是否有政策限制"作为预测居民住房需求的一个自变量,可用1表示"有政策限制",用0表示"无政策限制"。在多元回归方程中,还必须注意自变量之间不能有很强的相关性,以保证模型符合多元回归分析的理论要求。对此,还可以辅之以定量的检验方法来判断。

此外,变量的选择还需要考虑可行性。其一,因为回归预测模型的参数是由因变量与自变量的观察数据估计出来的。为了得到较为准确、可靠的参数估计值,必须能够收集到因变量与自变量足够多的、准确、可靠的数据。其二,回归预测模型中自变量的数值应该是可控制的或比较容易预测的。若自变量未来的数值难以预测,也就无法利用回归预测模型对因变量进行预测。例如,准备结婚的人数是影响居民住房需求的一个重要因素,但其预测期的准确数据很难获得,因此不宜选作回归预测模型的自变量。

(二)分析变量之间的关系类型,选择回归方程的形式

明确因变量与自变量之后,就需要明确它们之间的相关关系是线性关系还是非线性关系,从而选择回归方程的形式。除了依据定性分析之外,通常要借助实际观测数据绘制散点图来判断。

获取因变量与自变量的成对观测数据后,将这些数据在坐标图上表示出来。自变量 X 的值为横坐标,因变量 Y 的数值为纵坐标,一对观测值对应一个点,若有 n 对观测值,则相应的 n 个点形成的图形称为散点图,又称相关图。散点图不仅可以直观地显示出两个变量之间有无相关关系、相关形式是线性还是非线性、相关方向是正相关还是负相关,也可以判断相关程度是强还是弱,它是回归预测的重要探索性分析工具。如果散点图中所有的点分布在一条直线上下,则可认为变量之间呈线性相关,则选择线性回归方程为预测模型;如果散点大致呈一条曲线形式分布,则变量之间呈非线性相关,应选择非线性回归方程为预测模型。

(三)利用观察值估计回归方程的参数,对回归方程及其参数进行检验和评价(估计误差)

选择了回归方程的形式后,还需要根据样本观察数据,采用一定的统计方法估计出回

归方程的参数。估计线性回归方程的参数通常采用最小平方法。许多非线性回归方程可通过适当的变量代换转化为线性方程，按最小平方法得到线性方程参数估计值之后，即可换算出非线性回归方程的参数估计值。借助有关计算机软件，也可以直接按最小平方法原则采用迭代方法估计出非线性回归方程的参数。

由于回归方程的参数估计所依据的数据通常是样本数据，估计结果未必可信，这就有必要对回归方程及其参数进行检验和分析。只有通过了检验，所估计的回归方程才能用来代表变量之间的数量依存关系，才能用于预测。

对回归方程参数的检验包括经济意义的检验和统计检验。所谓经济意义的检验，就是要检验回归方程参数估计值的正负、数值大小是否与经济学理论相吻合。例如，居民消费支出（Y）与收入水平（X）的一元线性回归方程 $Y = \alpha + \beta X + \mu$，由经济理论可知，回归系数 β 应为正数，而且一般介于 0 和 1 之间。如果估计结果与定性分析结论不相吻合，应进一步分析可能的原因并采取相应措施加以改进。若原因是样本数据不足，就应该扩大样本量，增加观察数据，重新进行估计；若原因是回归方程形式或变量选择不当，就需要改变方程形式或重新选择变量。

对回归方程及其参数的统计检验也叫显著性检验，检验的基本方法是方差分析法（F 检验）、t 检验。对多元线性回归方程，还应检验自变量之间是否存在高度线性相关（多重共线性）关系等。

通过了检验，只能说明回归方程及其参数估计值有一定实际意义，但还不能说明回归方程的估计或预测效果较好。对于同一样本数据，可能有多个回归方程都可以通过检验，选择哪一个更好呢？这就要对回归方程的代表性和拟合优度进行评价，依据是可决系数或相关系数、回归估计标准误差等。可决系数或相关系数绝对值的数值越大，回归估计的误差越小，表明变量之间的相关程度越高，所估计的回归方程越有效；反之亦然。

（四）利用回归方程求出预测值

假如在样本观察期内，变量之间所呈现的数量依存关系将延续下去，经过上述检验和优选的回归方程就是预测模型。已知自变量在预测期的数值后，根据回归预测模型即可求得因变量的预测值。回归预测可分为点值预测和区间预测。点值预测的结果是一个具体数值，在数轴上表现为一个点。区间预测的结果是由预测下限和预测上限构成的一个数值范围，在数轴上表现为一个区间。点值预测比较简单、明确，但不能说明置信度和预测误差。而区间预测一般是在点值预测的基础上加、减一个与置信度相联系的预测误差范围而得，所以其信息量更为丰富，预测结果更有实际价值。

值得注意的是，回归方程即使对样本数据的拟合效果很好、回归估计标准误差很小，也不一定有很好的预测效果。因为样本观察范围期内变量之间的关系在预测期可能会发生改变，如线性关系可能变为非线性关系或出现某些新的重要影响因素，这样回归方程的预测效果就会降低甚至失效。所以，实际预测时还应分析预测期各种影响因素及其相互关系的变化，这就需要将定性分析与定量分析有机结合，了解丰富的市场信息，综合多方面的分析来做出判断。有时，需要根据这种分析对回归方程参数进行适当修正或对预测值进行适当的调整，以减小预测误差，使最终预测结果更接近未来的实际情况。

四、回归预测法的主要特点

与其他预测方法相比,回归预测法具有以下特点。

(1)回归预测法是一种定量预测方法。与时间序列预测法不同,回归预测法不只是对现象发展方向和趋势做出定性判断,而是更强调根据变量之间的数量依存关系,由相关变量的变化来预测目标变量未来的发展水平。

(2)回归预测依据的是因变量与其自变量之间的数量依存关系——回归方程。虽然影响现象发展变化的因素很多,不可能把所有影响因素都纳入预测模型,但可将重点关注的且与预测因变量密切关联的一个或几个主要影响因素作为自变量来建立回归方程。因此,在其他影响因素相对稳定的情况下,就能够以回归方程为预测模型,根据自变量的数值来预测因变量。

(3)回归预测的假定前提是:回归方程所反映的变量之间的数量依存关系将在预测期保持不变,未考虑纳入预测模型的其他影响因素在预测期的影响作用也不会发生大的变化。基于上述假设才能确保根据回归方程得到的因变量预测数值的精准度和可信度。如果未来出现了新的重要影响因素或者某些其他影响因素在预测期的作用发生了较大变化,则需要重新建立回归预测模型。

(4)回归预测模型中自变量的数值应该是可控制的或比较容易预测的,这样才能确保回归预测具有可行性。若回归方程虽然有效,但自变量的数值无法控制或难以预测,也无法利用回归模型对因变量进行预测。

第二节　一元线性回归预测法

一、一元线性回归方程的形式

一元线性回归预测法是指对因变量有影响的自变量只有一个,而且两个变量的数量变化关系呈近似线性关系时,就可以建立一元线性回归方程并由自变量 X 的取值来预测因变量 Y 的值。

总体一元线性回归模型或总体回归函数的表达式为

$$y_i = \alpha + \beta x_i + u_i \tag{10.1}$$

其中,α、β 是未知参数,α 为截距系数,即总体回归函数在 y 轴上的截距,β 为斜率系数,u_i 为随机扰动项,该项是无法直接观测的随机变量。引入随机扰动项最主要的目的在于:由于对所研究现象变动规律的认识并不完备,除了模型中的自变量 x_i 以外,还有一些未被认识或尚不能肯定的因素影响着因变量 y_i,因此用 u_i 作为被模型省略掉的未知因素的代表。

对式(10.1)求均值,总体回归函数的条件期望表示方式为

$$E(y|x_i) = \alpha + \beta x_i \tag{10.2}$$

其中,$E(y|x_i)$ 为 y 的条件均值,即给定自变量值 x_i 时因变量的均值或期望值。由

式（10.2）不难理解，总体回归函数描述的是 y 和 x 两个变量之间平均的数量变化关系。于是，斜率系数 β 更为清晰，即自变量对因变量的变价效应为常数，$\dfrac{\partial E(y|x_i)}{\partial x_i} = \beta$。

总体一元线性回归模型在实际中难以被运用。由于实际问题中，通常总体包含的单位数庞大，无法掌握所有单位的数值，总体回归函数实际上是未知的。因此，只能通过对样本观测获得的信息去估计总体回归函数，即用样本回归函数估计总体回归函数。样本回归函数的函数形式应与设定的总体回归函数的函数形式一致。样本回归函数可表示为

$$\hat{y}_i = \hat{\alpha} + \hat{\beta} x_i \tag{10.3}$$

与总体回归函数类似，实际观测的因变量值 y_i 并不完全等于样本条件均值 $\hat{y}_i$，二者之差可用 ε_i 表示，即

$$y_i = \hat{\alpha} + \hat{\beta} x_i + \varepsilon_i \tag{10.4}$$

式（10.3）和式（10.4）是等价的，其中 ε_i 称为剩余项（或残差），可以将其看作对 μ_i 的估计值。$\hat{y}_i$ 是对总体回归函数中因变量的预测值，$\hat{\alpha}$ 和 $\hat{\beta}$ 是对总体回归函数中 α、β 的估计值。因此，样本回归函数（10.3）或（10.4）可作为预测模型，即一元线性回归预测模型。

二、一元线性回归方程的参数估计

（一）最小二乘法

若利用一元线性回归预测模型进行预测，确定式（10.3）中的待估参数 $\hat{\alpha}$ 和 $\hat{\beta}$ 是关键。人们总是希望寻求一定的规则和方法，使得所估计的样本回归方程是总体回归方程最理想的代表。例如，用产生样本概率最大的原则去确定样本回归方程的方法，称为极大似然准则；用使估计剩余项平方和最小的原则去确定样本回归方程的方法，称为最小二乘准则。估计线性回归模型中参数的方法有若干种，这些估计方法都是以对模型的某些假定条件为前提的，本书重点介绍最小二乘法（ordinary least squares estimators，简记为 OLS）的估计原理。

1. 基本假定

对模型（10.3）进行估计前，为确保模型的估计具有良好的统计性质，随机扰动项需满足基本假定：① 零均值假定，$E(\mu_i) = 0$；② 同方差假定，$\text{Var}(\mu_i) = \sigma^2$；③ 无自相关假定，$\text{Cov}(u_i, u_j) = E(u_i u_j) = 0$；④ 强外生性假定，$E(\mu_i | x_i) = 0$，大样本下，可以将该假定进行放松，即满足弱外生性假定，$\text{Cov}(u_i, x_i) = 0$；⑤ 正态性假定，$\mu_i \overset{i.i.d}{\sim} N(0, \sigma^2)$。

2. 估计方法

为使样本回归方程尽可能与总体回归方程"接近"，就要使所有因变量的实际值 y_i 与其相应的回归估计值 $\hat{y}_i$ 的离差整体最小，即整体的剩余项 ε_i 越小越好。但 ε_i 数值有正有负，若对其进行简单求和，$\sum \varepsilon_i$ 会出现正负相互抵消而趋于零的现象。为避免该现象的产生，通常采用剩余项平方和 $\sum \varepsilon_i^2$ 最小的原则，即

$$\min \sum \varepsilon_i^2 = \sum (y_i - \hat{y}_i)^2 = \sum \left[y_i - (\hat{\alpha} + \hat{\beta} x_i) \right]^2 \tag{10.5}$$

根据微积分中求极值的原理，为使 $\sum \varepsilon_i^2$ 达到最小，只需分别对模型（10.5）中参数 $\hat{\alpha}$ 和 $\hat{\beta}$ 求一阶偏导数并令其等于零，即可得到满足式（10.5）最小二乘的正规方程组，具体如下

$$\begin{cases} \sum y_i = n\hat{\alpha} + \hat{\beta}\sum x_i \\ \sum x_i y_i = \hat{\alpha}\sum x_i + \hat{\beta}\sum x_i^2 \end{cases} \quad (10.6)$$

解上述方程可以求得 $\hat{\alpha}$ 和 $\hat{\beta}$，即一元线性回归模型参数 $\hat{\alpha}$ 和 $\hat{\beta}$ 的最小二乘估计式的计算公式为

$$\begin{cases} \hat{\beta} = \dfrac{\sum(x_i - \bar{x})(y_i - \bar{y})}{\sum(x_i - \bar{x})^2} = \dfrac{n\sum x_i y_i - \sum x_i \sum y_i}{n\sum x_i^2 - (\sum x_i)^2} \\ \hat{\alpha} = \dfrac{\sum y_i}{n} - \hat{\beta}\dfrac{\sum x_i}{n} = \bar{y} - \hat{\beta}\bar{x} \end{cases} \quad (10.7)$$

（二）参数估计实例

【例 10-1】 某空调销售网点经调研发现，夏季空调销售量与气温之间存在相关关系，即夏季气温越高，该网点的空调销售量越高。表 10-1 中（1）和（2）列分别给出了不同温度（x，单位：摄氏度）下对应的空调销售量（y，单位：万台）的数据。试建立空调销售量与气温之间的一元线性回归方程 $\hat{y}_i = \alpha + \beta x_i$ 并估计参数 α 和 β 的数值。

表 10-1 销售网点的空调销售量与气温及其回归方程计算表

序 号	(1) x/摄氏度	(2) y/万台	(3) $(x-\bar{x})(y-\bar{y})$	(4) $(x-\bar{x})^2$	(5) $(y-\bar{y})^2$	(6) $\hat{y}$	(7) $(y-\hat{y})^2$
1	38	2000	5873.06	106.09	325 128	1999.39	0.3721
2	35	1890	3359.46	53.29	211 784	1833.49	3193.3801
3	30	1565	310.96	5.29	18 279.04	1556.99	64.1601
4	28	1350	−23.94	0.09	6368.04	1446.39	9291.0321
5	34	1782	2218.86	39.69	124 044.8	1778.19	14.5161
6	22	1187	1383.96	32.49	58 951.84	1114.59	5243.2081
7	27	1284	102.06	0.49	21 257.64	1391.09	11 468.2681
8	18	900	5139.06	94.09	280 688	893.39	43.6921
9	25	1360	188.46	7.29	4872.04	1280.49	6321.8401
10	20	980	3463.46	59.29	202 320	1003.99	575.5201
合计	277	14 298	22 015.4	398.1	1 253 694	—	36 215.989
平均	27.7	1429.8	—	—	—	—	—

将表 10-1 所列数据带入式（10.7），可求得

$$\begin{cases} \hat{\beta} = \dfrac{\sum(x_i - \bar{x})(y_i - \bar{y})}{\sum(x_i - \bar{x})^2} = \dfrac{22\,015.4}{398.1} = 55.30 \\ \hat{\alpha} = \dfrac{\sum y_i}{n} - \hat{\beta}\dfrac{\sum x_i}{n} = \bar{y} - \hat{\beta}\bar{x} = 1429.8 - 55.30 \times 27.7 = -102.01 \end{cases}$$

于是，可以得到一元线性回归方程的表达式为
$$\hat{y} = -102.01 + 55.30x$$

三、一元线性回归方程的统计检验

由于总体回归模型的参数是不能直接观测的，只能通过样本观测值去估计，而估计量是随抽样而变动的随机变量，那么所估计的回归方程是否可靠？对于任意给出的 n 对数据 (x_i, y_i)，都可以拟合一个线性回归方程，显然这样的回归方程不一定有意义。因此，在使用一元线性回归方程进行预测之前，应该检验其是否具有统计显著性，即检验自变量 x 对因变量 y 的线性影响是否显著。

（一）拟合优度的度量

拟合优度是指所估计的样本回归方程对样本观测数据拟合的优劣程度。度量拟合优度的统计量是可决系数。在计量经济学中，度量回归方程可决系数建立在对因变量总离差分解的基础之上。

1. 因变量总离差平方和的分解

样本数据中因变量的每个观测值与平均值的离差 $(y_i - \bar{y})$ 可以分解为两部分，即
$$(y_i - \bar{y}) = (\hat{y}_i - \bar{y}) + (y_i - \hat{y}_i) \tag{10.8}$$

$(\hat{y}_i - \bar{y})$ 称为回归离差，它是估计值 $\hat{y}_i$ 对 $\bar{y}$ 的偏离程度，是随自变量 x 的取值不同而不同的。这部分离差的方向和大小可以通过自变量的变化来加以解释，严格地说，可以通过 y 与 x 的线性关系来解释。

$(y_i - \hat{y}_i)$ 称为残差（通常记为 ε_i），它是观测值 y_i 和估计值 $\hat{y}_i$ 的离差，是由除了自变量 x 的线性影响以外的其余因素引起的，包括自变量 x 对 y 的非线性影响、y 的其他影响因素和观测误差。这部分离差的方向和大小都是不确定的，不能由回归方程来解释说明。

因变量的离差及其与回归离差和残差的关系如图 10-2 所示。

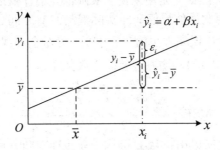

图 10-2　因变量总离差的分解

将式（10-8）两边求平方并对所有观测值加总，即
$$\sum (y_i - \bar{y})^2 = \sum (\hat{y}_i - \bar{y})^2 + \sum (y_i - \hat{y}_i)^2 \tag{10.9}$$

式中，$\sum (y_i - \bar{y})^2$ 称为总离差平方和（用 TSS 表示），反映因变量 y 的总变异；$\sum (\hat{y}_i - \bar{y})^2$ 称为回归平方和（用 ESS 表示），表示因变量 y 的总变异中可由回归直线做出解释的部分；

$\sum(y_i - \hat{y}_i)^2$ 称为残差平方和（用 RSS 表示），是因变量 y 的总变异中样本回归直线无法解释的部分。

2. 可决系数

因变量的总离差平方和中，回归平方和所占比重越大，残差平方和所占比重越小，说明样本回归直线对样本数据的拟合程度越好。因此，可用回归平方和在总离差平方和中所占比重来度量样本回归直线的拟合程度，这一比重称为可决系数（或称判定系数）。在一元线性回归分析中，一般用 r^2 来表示。于是，对式（10.9）两边同时除以 $\sum(y_i - \bar{y})^2$，得

$$r^2 = \frac{\sum(\hat{y}_i - \bar{y})^2}{\sum(y_i - \bar{y})^2} = 1 - \frac{\sum(y_i - \hat{y}_i)^2}{\sum(y_i - \bar{y})^2} \tag{10.10}$$

可简记为

$$r^2 = \frac{\text{ESS}}{\text{TSS}} = 1 - \frac{\text{RSS}}{\text{TSS}}$$

可决系数的取值范围为 $0 \leqslant r^2 \leqslant 1$。$r^2=1$，表示所有的样本观测值对应的点都落在一条直线上，因变量 y 的变异全部可由 y 与 x 的线性关系来解释；r^2 越接近 1，说明回归方程对样本观测值的拟合效果越好。$r^2=0$，则说明因变量 y 的变异完全不能由 y 与 x 的线性关系来解释；r^2 越接近 0，则说明样本回归方程的拟合效果越差。

如例 10-1 用样本数据估计的样本回归方程，根据表 10-1 中第（5）列和第（7）列相关数据，已经计算出 $\sum(y_i - \hat{y}_i)^2 = 36\,215.989$ 和 $\sum(y_i - \bar{y})^2 = 1\,253\,694$，于是可计算出可决系数为

$$r^2 = 1 - \frac{\sum(y_i - \hat{y}_i)^2}{\sum(y_i - \bar{y})^2} = 1 - \frac{36\,215.989}{1\,253\,694} = 0.9711$$

3. 回归估计标准误差

除可决系数外，另一个常用作衡量回归方程代表性大小的统计分析指标是估计标准误差（常用 S_e 表示）。估计标准误差是用来说明实际值与估计值之间相对偏离程度的指标。通过 OLS 法测算得到的因变量估计值 $\hat{y}_i$ 与实际观测值 y_i 之间总是存在或正或负的估计误差，即残差 ε_i。为了说明估计误差大小的一般水平，可对全部观测值的残差平方进行平均，即求得均方残差（用 MSE 表示）。均方残差的计算公式为

$$\text{MSE} = \frac{\sum_{i=1}^{n}(y_i - \hat{y}_i)^2}{n-2} = \frac{\sum_{i=1}^{n}\varepsilon_i^2}{n-2} = \frac{\text{RSS}}{n-2} \tag{10.11}$$

式（10.11）中的分母之所以用 $n-2$ 是因为一元线性回归方程中有两个待估计参数 $\hat{\alpha}$ 和 $\hat{\beta}$，致使分子对应的残差平方和 $\sum_{i=1}^{n}\varepsilon_i^2$ 的自由度为 $n-2$。统计学上可证明，根据式（10.11）得到的 MSE 是随机扰动项 ε_i 总体方差 σ^2 的无偏估计量。同时，统计学中常用标准误差去度量估计量的精确性，标准误差是均方残差的平方根。于是，回归估计标准误差的计算公式为

$$S_e = \sqrt{\frac{\sum_{i=1}^{n}(y_i - \hat{y}_i)^2}{n-2}} = \sqrt{\frac{\sum_{i=1}^{n}\varepsilon_i^2}{n-2}} = \sqrt{\frac{\text{RSS}}{n-2}} \quad (10.12)$$

回归估计标准误差 S_e 除了可以衡量样本回归方程的代表性，也可作为衡量回归模型预测结果误差大小的指标之一。往往 S_e 越小，表明观察值越接近样本回归线，样本回归方程的代表性越强。对预测而言，实际预测误差是未知的，但只要影响变量的因素没有重大变化，S_e 越小，预测误差通常越小。

如例 10-1 用样本数据估计的样本回归方程，根据表 10-1 中第（7）列相关数据，已经计算出 $\sum(y_i - \hat{y}_i)^2 = 36\,215.989$，于是可计算出估计标准误差为

$$S_e = \sqrt{\frac{\sum_{i=1}^{n}(y_i - \hat{y}_i)^2}{n-2}} = \sqrt{\frac{36\,215.989}{10-2}} = 67.28$$

4．回归估计标准误差、可决系数和相关系数之间的关系

回归估计标准误差 S_e 与可决系数 r^2、相关系数 r 有着密切的关系，即三者之间可相互推算。

（1）可决系数与相关系数的关系。在一元线性回归中，可决系数就等于相关系数 r 的平方。由此，若已求得可决系数，也可以用下式计算得到相关系数的绝对值。

$$|r| = \sqrt{r^2} = \sqrt{\frac{\sum(\hat{y}_i - \bar{y})^2}{\sum(y_i - \bar{y})^2}} = \sqrt{1 - \frac{\sum(y_i - \hat{y}_i)^2}{\sum(y_i - \bar{y})^2}} \quad (10.13)$$

显然，由式（10.13）计算的相关系数不能确定是正相关还是负相关，其相关方向还需根据回归系数的正负或定性分析来判断。

例如，根据表 10-1 的数据，由式（10.13）可计算出该销售网点空调销售量与气温的样本相关系数的绝对值，即

$$|r| = \sqrt{r^2} = \sqrt{0.9711} = 0.9854$$

由于样本回归系数 $\hat{\beta} = 55.30 > 0$，所以相关系数 $r>0$，故得 $r=0.9854$，表明该销售网点空调销售量与气温之间存在高度的线性正相关关系。

虽然一元线性回归中可决系数与相关系数存在数量关系，但需要注意两者之间的不同：一是两者的取值范围不同，$-1 \leq r \leq 1$，$0 \leq r^2 \leq 1$。二是两者的内涵不同，r 是就两个变量而言，度量 y 与 x 的对称相关关系。r^2 是就估计的回归模型而言，度量 y 与 x 的不对称因果关系。

（2）回归估计标准误差与可决系数的关系。回归估计标准误差与可决系数之间可以相互推算。由式（10.13）可得

$$r^2 = 1 - \frac{\sum(y_i - \hat{y}_i)^2/(n-2)}{\sum(y_i - \bar{y})^2/(n-1)} \times \frac{n-2}{n-1}$$

设 $S_y^2 = \sum(y_i - \bar{y})^2$，可得

$$r^2 = 1 - \frac{S_e^2}{S_y^2} \times \frac{n-2}{n-1}$$

大样本情况下，尤其是大数据，由于数据量足够大，可知 $(n-2)/(n-1) \approx 1$，从而有

$$r^2 \approx 1 - \frac{S_e^2}{S_y^2} \text{ 或 } r \approx \sqrt{1 - \frac{S_e^2}{S_y^2}} \tag{10.14}$$

或

$$S_e \approx S_y\sqrt{1-r^2} \tag{10.15}$$

综合对比式（10.13）、式（10.14）和式（10.15）可知，回归估计标准误差 S_e 与可决系数 r^2 是度量回归估计精度和回归方程拟合优度的指标，但也间接反映了变量之间相关关系的密切程度；相关系数 r 是衡量变量之间相关密切程度的指标，但也可间接反映回归估计精度和回归方程拟合优度。

但需注意，可决系数等于相关系数 r 的平方这一数量关系仅存在于一元线性回归中，在多元线性回归中不成立。回归估计标准差是有量纲的指标，要受因变量计量单位和数量级的影响。有时，为了反映回归方程的估计精度，可将回归估计标准差与因变量的样本平均水平相比，计算回归估计的相对误差程度，该比率小于一定标准（如 $S_e/\bar{y}<10\%$ 或 15%），即可认为回归估计效果比较满意，这样也便于不同估计问题的精度比较。

（二）显著性检验

回归方程参数显著性检验是基于概率论中"小概率事件不易发生"的原理。可以认为小概率事件在一次观察中基本不会发生，如果该小概率事件竟然发生了，就认为原假设（H_0）不真，从而拒绝原假设，不拒绝备择假设（H_1）。在总体回归方程参数的概率分布性质已知的情况下，对总体回归参数某种原假设成立的条件下，选择适当的统计量和显著性水平 α，构造一个小概率事件，用以判断原假设结果合理与否。

通常检验总体回归系数 β 是否显著地不为 0，原假设和备择假设分别为[①]

$$H_0: \beta=0 \quad H_1: \beta \neq 0$$

若拒绝 H_0，表明 x 对 y 存在显著的线性影响，所估计的回归方程是显著的、有意义的；反之，若不能拒绝 H_0，表明所估计的回归方程不显著、没有意义。一元线性回归方程中的显著性检验主要有 F 检验和 t 检验两种等价的检验方法。

1. 回归方程的显著性检验（F 检验）

一元线性回归方程的 F 检验是根据方差分析的基本思想，将因变量观测值的离差分解为回归离差和残差，检验由于 x 的线性影响而引起的变化是否显著。由式（10.10）可知，在总离差平方和一定的情况下，回归平方和越大，即可决系数越大，表示因变量 y 的变化能够由 x 的线性影响来解释的比重越大，但是回归平方和要达到什么样的水平才能说明 y 与 x 的线性关系具有显著性呢？

在满足回归方程的基本假定的情况下，若原假设"$H_0: \beta=0$"成立，可证明，回归平方和（ESS）、残差平方和（RSS）除以随机扰动项 ε 的总体方差 σ^2 所构成的统计量分别服从自由度为 1、$(n-2)$ 的 χ^2 分布，即有 ESS/$\sigma^2 \sim \chi^2(1)$，RSS/$\sigma^2 \sim \chi^2(n-2)$。这两个服从 χ^2 分布的

[①] 也可以检验 $H_0: \beta=\beta_0$（$\beta_0 \neq 0$），还可以检验常数项 α，其检验原理与 $\beta=0$ 的检验相同，但通常对检验 $\beta=0$ 是否成立更为关注。

统计量相互独立，因此它们分别除以相应自由度后的比值服从第一自由度为 1、第二自由度为(n–2)的 F 分布。所以，对于 $H_0:\beta=0$ 的检验可采用如下的检验统计量：

$$F = \frac{(\text{ESS}/\sigma^2)/1}{(\text{RSS}/\sigma^2)/(n-2)} = \frac{\text{ESS}}{\text{RSS}/(n-2)} = \frac{\sum(\hat{y}_i - \bar{y})^2}{\sum(y_i - \hat{y}_i)^2/(n-2)} \sim F(1, n-2) \quad (10.16)$$

对于给定的显著性水平 α，查 F 分布表可得临界值 $F_\alpha(1,n\text{-}2)$。需注意，只有当 ESS 充分大时，才能说明变量间的线性相关性显著，ESS 越小说明变量间的线性相关性越不显著，所以这里的临界值为 $F_\alpha(1,n\text{-}2)$。若 $F \geqslant F_\alpha(1,n\text{-}2)$，则拒绝 H_0，表明变量 y 与 x 之间的线性关系显著；反之，若 $F < F_\alpha(1,n\text{-}2)$，则不能拒绝 H_0，表明变量 y 与 x 之间的线性关系不显著。

同样，也可以根据所计算的 F 统计量的值对应的显著性水平（即 P 值）来做出决策：若 P 值 $\leqslant \alpha$，拒绝 H_0，反之则不能拒绝 H_0。这里的 P 值表示在第一自由度为 1、第二自由度为(n-2)的 F 分布曲线下，统计量 F 的值右尾的面积，一般统计软件都会输出这一数值。

上述检验方法也称为一元线性回归的方差分析，有关的计算结果也可用方差分析表展示出来，如表 10-2 所示。

表 10-2　一元线性回归的方差分析表

离差来源	平方和（SS）	自由度（df）	均方差（MS）	F 值	P 值（Significance F）
回归	$\text{ESS} = \sum(\hat{y}_i - \bar{y})^2$	1	$\dfrac{\text{ESS}}{1}$	$F = \dfrac{\text{ESS}}{\text{RSS}/(n-2)}$	$P\{F(1,n\text{-}2) \geqslant F\}$
残差	$\text{RSS} = \sum(y_i - \hat{y}_i)^2$	n–2	$\dfrac{\text{ESS}}{n-2}$		
总体	$\text{TSS} = \sum(y_i - \bar{y})^2$	n–1			

例如，根据表 10-1 的数据，可以算出 $\sum(\hat{y}_i - \bar{y})^2 = 1\,217\,426$，带入式（10.16）中可以计算出 F 检验的统计量为

$$F = \frac{\sum(\hat{y}_i - \bar{y})^2}{\sum(y_i - \hat{y}_i)^2/(n-2)} = \frac{1\,217\,426}{36\,215.989/(10-2)} = 268.93$$

取显著性水平 $\alpha = 0.05$，经查 F 检验临界值表可得，$F_{0.05}(1, 8) = 5.32$，由于 F 统计量数值明显大于临界值，$F = 268.939 > F_{0.05}(1, 8) = 5.32$。因此，例 10-1 中得到的一元线性回归通过了 F 检验，表明变量 y 与 x 之间的线性关系显著。

2. 回归参数的显著性检验（t 检验）

为检验"$H_0:\beta=0$"是否成立，即自变量 x 对应的参数是否显著地不等于零，可以从估计量 β 的概率分布出发采用 t 检验。由于 $\beta \sim N\left[\beta, S^2(\beta)\right]$，$S^2(\beta) = \dfrac{\sigma^2}{\sum(x_i - \bar{x})^2}$，而其中总体方差 σ^2 未知，可用 $S_e^2 = \dfrac{\sum\varepsilon_i^2}{(n-2)}$ 去代替，可证明 $S_e^2/\sigma^2 \sim \chi^2(n-2)$ 且与 β 相互独立，因此在 "$H_0:\beta=0$" 成立时，有

$$t = \frac{\beta}{S(\beta)} = \frac{\beta}{S_e / \sqrt{\sum(x_i - \bar{x})^2}} \sim t(n-2) \quad (10.17)$$

式（10.17）的 t 统计量服从自由度为 $(n-2)$ 的 t 分布。根据这一统计量可对回归参数进行 t 检验。对于给定显著性水平 α，查自由度 $(n-2)$ 的 t 分布表确定临界值 $t_{\alpha/2}(n-2)$。若 $|t| \geqslant t_{\alpha/2}(n-2)$，则拒绝 H_0 而接受 H_1，即表明变量 y 与 x 之间的线性关系显著；反之则不能拒绝 H_0。

同样，也可以根据所计算的 t 统计量的值对应的显著性水平（即 P 值）来做出决策：若 P 值 $\leqslant \alpha$，拒绝 H_0，反之则不能拒绝 H_0。这里的 P 值表示在自由度为 $(n-2)$ 的 t 分布曲线下，统计量 t 的值右尾的面积乘以 2，一般统计软件都会输出这一数值。此外，也可利用 Excel 软件中的 TINV 函数计算 t 临界值。

例如，为检验例 10-1 中不同温度（x）对空调销售量（y）回归参数 β 是否显著地不等于零，即检验 x 与 y 之间的线性关系是否显著。根据表 10-1 第（4）列数据得 $\sum(x_i - \bar{x})^2 = 398.1$，根据式（10.12）已算出 $S_e = 67.28$，根据 OLS 估计结果已计算出 $\hat{\beta} = 55.30$。将上述数值均带入式（10.17），可以计算出 t 检验的统计量为

$$t = \frac{\beta}{S(\beta)} = \frac{\beta}{S_e / \sqrt{\sum(x_i - \bar{x})^2}} = \frac{55.30}{67.28/\sqrt{398.1}} = 16.399$$

取显著性水平 $\alpha = 0.05$，经查 t 检验临界值表可得，$t_{0.025}(8) = 2.306$，由于 t 统计量数值明显大于临界值，$t = 16.399 > t_{0.025}(8) = 2.306$。因此，例 10-1 中得到的一元线性回归通过了 t 检验，表明变量 y 与 x 之间的线性关系显著。

四、利用一元线性回归方程进行预测

如果经过检验，所建立的回归方程是显著的且有良好的估计效果，就可以利用回归方程进行预测。但需要注意：利用一元线性回归方程进行预测是在一定前提条件下进行的条件预测，要判定所研究问题涉及的变量间的关系在样本期和预测期并无明显变化。回归预测可分为对因变量 y 的平均值预测和个别值预测，对 y 的平均值预测又分为对平均值的点预测和区间预测，这几种预测的关系如图 10-3 所示。

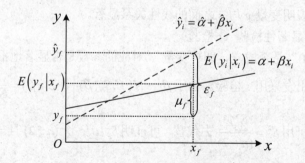

图 10-3　y 的平均值预测与个别值预测的关系

（一）y 的平均值预测

1. 点预测

y 的平均值点预测就是将自变量预测期的数值 x_f 代入所估计的回归方程，即可计算出因变量相应的预测值 $\hat{y}_f$，即当 $x = x_f$ 时，因变量相应的预测值为

$$\hat{y}_f = E(y_f) = \alpha + \beta x_f \tag{10.18}$$

式（10.18）就消除了预测误差中的 ε_f 项。由样本回归方程的含义不难理解，用式（10.18）计算的预测值 $\hat{y}_f$ 实际上是对 y_f 的均值 $E(y_f)$ 的点估计。

例如，根据例 10-1 所估计的回归方程，在气温达到 39 摄氏度时，可预测该销售网点的空调销售量将达到：

$$\hat{y}_f = -102.01 + 55.30 \times 39 = 2054.69 \text{（万台）}$$

2. 区间预测

$\hat{y}_f$ 是由样本回归方程得到的，待估参数 $\hat{\alpha}$ 和 $\hat{\beta}$ 是随机变量，进而 $\hat{y}_f$ 也是随机变量。点预测得到的 $\hat{y}_f$ 不一定等于因变量预测期的真实平均值 $E(y_f | x_f)$。因此，在利用一元线性回归模型进行预测时，需要给出在一定概率保证度下 $E(y_f | x_f)$ 的预测区间。应考虑预测值 $\hat{y}_f$ 的抽样分布并寻找与 $\hat{y}_f$ 和 $E(y_f | x_f)$ 都有关的统计量及其概率分布。

已知 $E(y_f) = E(y_f | x_f) = \alpha + \beta x_f$，利用统计学知识可证明 $\hat{y}_f$ 标准差 $S(\hat{y}_f)$ 的计算公式为

$$S(\hat{y}_f) = \sigma \sqrt{\frac{1}{n} + \frac{(x_f - \overline{x})^2}{\sum (x_i - \overline{x})^2}} \tag{10.19}$$

其中，σ 为随机扰动项的标准差。一般情况下 σ 未知，可用其无偏估计量 $S_e = \sqrt{\dfrac{\sum \varepsilon_i^2}{n-2}}$ 代替。对 $\hat{y}_f$ 进行标准化后的变量服从自由度为 $n-2$ 的 t 分布。于是，构建如下 t 统计量：

$$t = \frac{\hat{y}_f - E(y_f | x_f)}{S(\hat{y}_f)} = \frac{\hat{y}_f - E(y_f | x_f)}{S_e \sqrt{\dfrac{1}{n} + \dfrac{(x_f - \overline{x})^2}{\sum (x_i - \overline{x})^2}}} \sim t(n-2) \tag{10.20}$$

式（10.20）中可以明显看出 t 统计量与 $\hat{y}_f$ 和 $E(y_f | x_f)$ 都有关且服从自由度为 $(n-2)$ 的 t 分布。因此，在给定显著性水平 α 时，查 t 分布表可得临界值 $t_{\alpha/2}(n-2)$，可得

$$P\left\{[\hat{y}_f - t_{\alpha/2} S(\hat{y}_f)] \leqslant E(y_f | x_f) \leqslant [\hat{y}_f + t_{\alpha/2} S(\hat{y}_f)]\right\} = 1 - \alpha \tag{10.21}$$

根据式（10.21）可获得预测期内 y 的平均值 $E(y_f | x_f)$ 的置信度为 $1 - \alpha$ 的预测区间为

$$\left[\hat{y}_f - t_{\alpha/2} S_e \sqrt{\frac{1}{n} + \frac{(x_f - \overline{x})^2}{\sum (x_i - \overline{x})^2}},\ \hat{y}_f + t_{\alpha/2} S_e \sqrt{\frac{1}{n} + \frac{(x_f - \overline{x})^2}{\sum (x_i - \overline{x})^2}}\right] \tag{10.22}$$

例如，根据例 10-1 所估计的回归方程，在气温达到 39 摄氏度时，该销售网点的空调平均销售量的点预测数值为 $\hat{y}_f$ 为 2054.69，进一步对该销售网点的空调平均销售量做区间预测。在给定显著性水平 $\alpha = 0.05$ 时，查 t 分布临界值表可知 $t_{0.05/2}(10-2) = t_{0.025}(8) = 2.306$。

根据式（10.12）可计算出 $S_e = 67.28$，表 10-1 数据已知 $n = 10$，$\sum(x_i - \bar{x})^2 = 398.1$，$\bar{x} = 27.7$。于是，将上述数据带入式（10.22），可计算出该销售网点的空调销售量平均值 $E(y_f | x_f)$ 的预测区间上下限为

$$\hat{y}_f \pm t_{\alpha/2} S_e \sqrt{\frac{1}{n} + \frac{(x_f - \bar{x})^2}{\sum(x_i - \bar{x})^2}} = 2054.69 \pm 2.306 \times 67.28 \sqrt{\frac{1}{10} + \frac{(39 - 27.7)^2}{398.1}}$$

$$= 2054.69 \pm 100.64$$

因而，在气温达到 39 摄氏度时，空调销售量平均值 $E(y_f | x_f)$ 落在区间 [1954.05, 2155.33]（单位：万台）的概率为 95%。

（二）y 的个别值预测

对于给定的预测期内自变量的数值 x_f，要在 y 的平均值预测的基础上，进一步确定 y 的个别值预测区间。与 y 的平均值预测区间的研究思路相似，需要找到与预测值 $\hat{y}_f$ 和个别值 y_f 都有关的统计量及其概率分布。

根据前文的分析可知，与预测期自变量对应的残差项 $\varepsilon_f = y_f - \hat{y}_f$ 恰好是与预测值 $\hat{y}_f$ 和个别值 y_f 都有关的随机变量且其服从正态分布假定。利用统计学知识可证明 ε_f 的标准差 $S(\varepsilon_f)$ 计算公式为

$$S(\varepsilon_f) = \sigma \sqrt{1 + \frac{1}{n} + \frac{(x_f - \bar{x})^2}{\sum(x_i - \bar{x})^2}} \tag{10.23}$$

一般情况下 σ 未知，可用其无偏估计量 $S_e = \sqrt{\frac{\sum \varepsilon_i^2}{n-2}}$ 代替。同时可以证明对 ε_f 进行标准化后的变量服从自由度为 $n-2$ 的 t 分布，于是，构造如下 t 统计量。

$$t = \frac{\varepsilon_f - E(\varepsilon_f)}{S(\varepsilon_f)} \tag{10.24}$$

由于 $\varepsilon_f \sim N[0, S^2(\varepsilon_f)]$，所以，$E(\varepsilon_f) = 0$ 且 $\varepsilon_f = y_f - \hat{y}_f$，将其带入式（10.24）可得

$$t = \frac{\varepsilon_f - E(\varepsilon_f)}{S(\varepsilon_f)} = \frac{y_f - \hat{y}_f}{S_e \sqrt{1 + \frac{1}{n} + \frac{(x_f - \bar{x})^2}{\sum(x_i - \bar{x})^2}}} \sim t(n-2) \tag{10.25}$$

式（10.25）对应的 t 统计量可用于关于个别值 y_f 的区间预测。因此，在给定显著性水平 α 时，查 t 分布表可得临界值 $t_{\alpha/2}(n-2)$，可得

$$P\left\{\left[\hat{y}_f - t_{\alpha/2} S(\varepsilon_f)\right] \leq E(y_f | x_f) \leq \left[\hat{y}_f + t_{\alpha/2} S(\varepsilon_f)\right]\right\} = 1 - \alpha \tag{10.26}$$

根据式（10.26）可获得预测期内 y 的个别值，即预测真实值 y_f 置信度为 $1 - \alpha$ 的预测区间为

$$\left[\hat{y}_f - t_{\alpha/2} S_e \sqrt{1 + \frac{1}{n} + \frac{(x_f - \bar{x})^2}{\sum(x_i - \bar{x})^2}}, \hat{y}_f + t_{\alpha/2} S_e \sqrt{1 + \frac{1}{n} + \frac{(x_f - \bar{x})^2}{\sum(x_i - \bar{x})^2}}\right] \tag{10.27}$$

例如，根据例 10-1 所建立的回归方程，在气温达到 39 摄氏度时，该销售网点空调平均销售量的点预测数值 $\hat{y}_f$ 为 2054.69，进一步对该销售网点的空调个别销售量做区间预测。在给定显著性水平 $\alpha = 0.05$ 时，查 t 分布临界值表可知 $t_{0.05/2}(10-2) = t_{0.025}(8) = 2.306$。

根据式（10.12）可计算出 $S_e = 67.28$，表 10-1 数据中，已知 $n = 10$，$\sum(x_i - \bar{x})^2 = 398.1$，$\bar{x} = 27.7$。于是，将上述数据带入式（10.27），可计算出该销售网点的空调销售量个别值 y_f 的预测区间上下限为

$$\hat{y}_f \pm t_{\alpha/2} S_e \sqrt{1 + \frac{1}{n} + \frac{(x_f - \bar{x})^2}{\sum(x_i - \bar{x})^2}} = 2054.69 \pm 2.306 \times 67.28 \sqrt{1 + \frac{1}{10} + \frac{(39 - 27.7)^2}{398.1}}$$

$$= 2054.69 \pm 184.93$$

因而，在气温达到 39 摄氏度时，空调销售量个别值 y_f 落在区间 $[1869.76, 2239.62]$（单位：万台）的概率为 95%。

（三）y 的平均值预测和个别值预测的注意事项

1. y 的个别值的预测区间比其平均值的预测区间更宽

这主要是由于抽样误差的存在，用 OLS 估计得到的 $\hat{\alpha}$ 和 $\hat{\beta}$ 构建的一元线性回归模型预测因变量平均值 $\hat{y}_f$ 时与总体真实平均值 $E(y_f | x_f)$ 存在误差。用 $\hat{y}_f$ 对个别值 y_f 做预测，不仅存在上述所谓的抽样波动引起的误差，同时也会受到随机扰动项的影响。于是，通过对比式（10.22）和式（10.27）可知，利用 $\hat{y}_f$ 对平均值做预测的标准差要小于对个别值做预测的标准差，正是基于上述原因，y 的个别值的预测区间比其平均值的预测区间更宽（见图 10-4）。因此，在实际应用中通常对 y 的平均值进行预测。

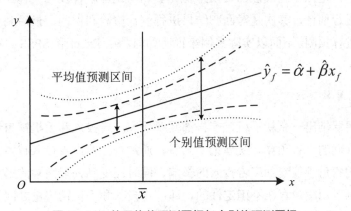

图 10-4 y 的平均值预测区间与个别值预测区间

2. 用回归模型做预测时 x_f 的取值不宜偏离自变量均值过远

根据图 10-4 明显可以看出，对 y_f 的平均值预测区间和个别值预测区间都会随自变量预测值 x_f 的变化而发生变化。当 $x_f = \bar{x}$ 时，标准差中 $(x_f - \bar{x})^2 = 0$，此时预测区间最窄，意味着此时的预测精度最高。x_f 与 $\bar{x}$ 的偏离程度越大，标准差中 $(x_f - \bar{x})^2$ 项数值越大，预测区间的宽度越大，预测精度越低。因此，x_f 的取值不宜偏离自变量均值 $\bar{x}$ 过远，否则回归

模型的预测精度会大大降低。

3．预测精度与样本容量相关

由式（10.22）和式（10.27）可知，回归方程预测精度除了取决于$(x_f - \bar{x})^2$外，还取决于样本容量的倒数$1/n$、$t_{\alpha/2}(n-2)$、S_e和$\sum_{i=1}^{n}(x_i - \bar{x})^2$。然而$t_{\alpha/2}(n-2)$、$S_e$和$\sum_{i=1}^{n}(x_i - \bar{x})^2$均与$n$有关。在在$n$越大时，$1/n$越小、$t_{\alpha/2}(n-2)$越小（$\alpha$相同的情况下）、$S_e$越小、$\sum_{i=1}^{n}(x_i - \bar{x})^2$越大。综合上述原因，预测区间将越窄，预测精度将越高。因此，可以通过增加样本量的方式来提高回归方程的预测精度。随着大数据的发展，样本容量已突破了传统意义上$n \geq 30$的大样本定义。当n趋于∞时，抽样误差趋于0，此时对平均值的预测误差亦趋于0，而对个别值的预测误差则只取决于随机扰动ε_i的标准差σ。

4．要注意将预测分析与定性分析相结合

与相关分析一样，回归分析也只是从数据出发定量地分析变量间相互依存关系的一种统计手段，并不能揭示现象之间的本质联系。现象间内在的本质联系取决于事物发展变化的客观规律性，要由有关的实质性科学去加以说明，需要结合实际经验去分析。如果仅凭数据对本来没有内在联系的现象进行分析，就可能造成一种"伪相关"或"伪回归"，这样的分析不仅没有实际的意义，而且会导致荒谬的结论。

五、利用 Excel 和 SPSS 进行一元线性回归预测

统计实践中，建立一元线性回归模型首先要利用统计软件及相关理论对一元线性回归模型中的参数进行估计，其次是对回归结果进行统计检验和说明，最后利用所建立的一元线性回归模型进行预测。下面以实际案例来说明如何利用 Excel 和 SPSS 进行一元线性回归预测。

（一）研究目的

某手机公司要推出一款新手机，广告部需要研究广告投入和手机销售量之间的关系，从而制定更加准确的广告预算。从理论上来看，通常企业的广告投入越多，手机销售量就会越高。手机销售量不仅受到广告投入的影响，同时还受到许多因素的影响，然而这些因素中有很多是难以观察或存在不确定性的，即广告投入和手机销售量之间的关系不是确定性函数关系，而是相关关系。因此，可以通过建立线性回归方程来对新款手机的广告投入进行预测。

（二）模型的设定

大数据时代下，随着计算机网络技术的发展，获得调查数据变得更为容易。某企业新开发了一款产品，想要预测该款产品的销售量。于是，该企业调查了2021年全国296个销售网点的广告投入和产品销售量，具体数据如表10-3所示。

表 10-3 企业的广告投入与产品销售量的调查数据

销售网点	销售量/万件	广告投入/万元	销售网点	销售量/万件	广告投入/万元
1	353.71	74.08	11	35.88	6.86
2	141.04	35.09	12	31.96	6.40
3	58.10	10.51	13	15.05	3.94
4	68.90	7.98	14	40.29	6.11
5	16.12	3.18	15	13.19	3.63
6	34.86	6.97	16	7.19	1.32
7	21.20	5.50	17	16.40	3.55
8	37.72	8.78		……	
9	15.51	6.11	295	3.84	1.11
10	14.71	4.22	296	6.05	1.21

根据理论知识和实践分析可知，广告投入是影响产品销售量的一个重要因素。因此，应该以广告投入作为自变量 x，以销售量作为因变量 y，构建一元线性回归模型。但在构建回归模型之前，首先应初步探究广告投入与销售量之间的相关性。于是，利用 Excel 软件绘制散点图（见图 10-5），在"插入"菜单的"图表"中选择"XY 散点图"，将广告投入这一列数据选中放入"X 轴系列值"，将销售量这一列数据选中放入"Y 轴系列值"，单击"确定"按钮。

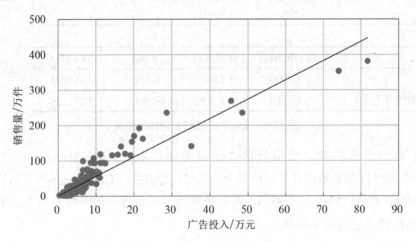

图 10-5 广告投入与销售量的散点图

从图 10-5 中可以初步发现，广告投入与销售量之间呈现正相关关系，即随着广告投入的增加，销售量也会增加，同时从图形中可判断出，广告投入与销售量之间呈现出线性关系。于是，建立如下一元线性回归模型：

$$y_i = \alpha + \beta x_i + \varepsilon_i$$

（三）模型参数的估计

假设所建立的一元线性回归模型及随机扰动项 ε_i 满足古典假定，可以用 OLS 法对其参数 α 和 β 进行估计。利用 Excel 和 SPSS 软件都可以很方便地得到回归方程参数的估计值及其相关统计检验信息。Excel 中 "回归" 的操作方法是：在 "数据" 菜单的 "数据分析" 中选择 "回归"，随即弹出 "回归" 对话框，在 "Y 值输入区域" 一栏输入因变量观测数据的起止单元格内容，在 "X 值输入区域" 一栏中输入自变量观测数据的起止单元格内容。如果输入区域的第一行（列）是变量名或符号，就选中 "标志"；如果输入区域只有观测值不含变量名或符号，就不选此项。在 "输出区域" 一栏指定显示输出结果的单元格起点，单击 "确定" 按钮后即可得到回归估计结果，具体输出结果如图 10-6 所示。

回归统计	
Multiple R	0.9403
R Square	0.8842
Adjusted R Square	0.8838
标准误差	15.8337
观测值	296

方差分析

	df	SS	MS	F	Significance F
回归分析	1	562912.7	562912.7	2245.32	1.12E-139
残差	294	73707.23	250.7049		
总计	295	636619.9			

	Coefficients	标准误差	t Stat	P-value
Intercept	1.4934	1.1248	1.3277	0.1853
广告投入费用（万元）	5.4480	0.1150	47.3848	1.1E-139

图 10-6　Excel 的回归分析输出结果

Excel 回归分析的输出结果包括 "回归统计（Regression Statistics）" "方差分析（ANOVA）" 和 "回归系数估计" 三个部分，从输出结果的 "Coefficients" 下可得到截距项 $\hat{\alpha}$（Intercept）的估计值约为 1.4934，回归系数 $\hat{\beta}$（广告投入的系数）约为 5.4480。其他输出结果将陆续在后面给予解释。

SPSS 中 "回归" 的操作方法是：选择 "分析（Analyze）" → "回归（Regression）"，选择 "线性（Linear）" 进行线性回归分析。在 "线性回归（Linear Regression）" 选项框中，将源变量列表中的 "销售量" 选入 "因变量（Dependent）" 框，将 "广告投入" 选入 "自变量（Independent）" 框即可，其他很多选项可以忽略。单击 "确定" 按钮后得到的输出结果显示在输出（output）文件中，其主要内容也分为三大部分，具体输出结果如图 10-7 所示。图 10-7（c）回归系数表中的 "标准系数" 是指将 X 和 Y 标准化处理后的变量之间的回归系数，所以其常数项对应的数值为 0。

模型汇总

模型	R	R方	调整R方	估计标准误差
1	0.940[a]	0.884	0.884	15.8335

a. 预测变量: (常量), 广告投入。

(a) 模型概要

Anova[a]

模型		平方和	df	均方	F	Sig.
1	回归	562914.097	1	562914.097	2245.370	0.000[b]
	残差	73705.794	294	250.700		
	总计	636619.891	295			

a. 因变量: 销售量

b. 预测变量: （常量），广告投入

(b) 方差分析表

系数[a]

模型		非标准化系数		标准系数	t	Sig.
		B	标准误差	Beta		
1	（常量）	1.493	1.125		1.327	0.185
	广告投入	5.448	0.115	0.940	47.385	0.000

a. 因变量: 销售量

(c) 回归系数

图 10-7　SPSS 的回归分析输出结果

于是，无论是 Excel 软件还是 SPSS 软件得到的回归参数的估计结果都是相同的，所求的一元线性回归方程为

$$\hat{y}_i = 1.493 + 5.448 x_i$$

（四）模型的检验

1. 经济意义检验

上述回归方程所估计的参数 $\hat{\beta} = 5.448$，表明如果没有广告投入（$x=0$ 时），手机销售量平均只有 1.493 万件；广告投入费用每增加 1 万元，销售量将平均增加 5.448 万件，这与理论和实践分析是较为相符的。

2. 拟合优度检验

Excel 回归输出结果的第一部分 "回归统计"（见图 10-6）和 SPSS 回归输出结果的 "模型汇总"[见图 10-7（a）]都给出了可决系数（R Square，R 方）和相关系数（Multiple R 或 R——在多元线性回归中指复相关系数，复相关系数不考虑相关方向；在一元线性回归中它就是简单相关系数 r 的绝对值）的值。

本例中可决系数仅为 0.940 33，说明所建模型整体上对样本数据拟合较好，即自变量

"广告投入"对因变量"销售量"的大部分差异做出了解释,解释能力达到了 94.033%。但值得注意的是,可决系数并不是评价模型好坏的唯一标准,实际应用中还应关注回归估计标准误差及 F 检验的结果。

同时,Excel 和 SPSS 也都提供了计算相关系数的工具,两者的输出结果实际上都是一个相关系数矩阵,即所选定变量两两之间的相关系数。利用 Excel 计算相关系数的操作方法是:单击"数据"→"数据分析"命令,选择"相关系数",在其对话框的"输入区域"中输入样本数据所在区域;各个变量的数据是按列(行)放置的,在"分组方式"栏单击"逐列(行)"命令;如果输入区域的第一行(列)为变量名,就勾选"标志位于第一行(列)";在输出区域栏中指定输出结果的起点位置即可。Excel 只能计算一般的相关系数,即 Pearson 相关系数。SPSS 可计算其他类型的相关系数(如 Kendal 等级相关系数、Spearman 等级相关系数)并且同时输出对相关系数的显著性检验结果。其操作方法是:依次选择"分析(Analyze)"→"相关(Correlations)"→"双变量(Bivariate)",在"双变量相关(Bivariate Correlations)"对话框中将所要分析的诸变量选入"Viariables"框即可(默认计算的是 Pearson 相关系数,可根据需要同时选中其他相关系数)。

3. 回归标准误差

Excel 和 SPSS 的回归分析中给出了回归估计标准误差这一指标的计算结果,即 Excel "回归统计"中的"标准误差(Standard Error)"(见图 10-6)和 SPSS 回归输出的"模型汇总"中的"估计标准误差"[见图 10-7(a)]。本例中回归估计标准误差 S_e 的数值为 15.8335。

4. F 检验

Excel 和 SPSS 回归输出结果的方差分析表(ANOVA)不仅显示了检验统计量 F(Sig.)的值及其对应的 P 值(即 Significance F),也给出了离差平方和的分解等计算依据。由图 10-6 或图 10-7 的方差分析表可知,$F=2245.370$。若给定显著性水平 $\alpha=0.01$,根据图 10-6 中"Significance F"可知,P 值$=0.000<0.01$,所以应拒绝 H_0,表明销售量 y 与广告投入 x 之间的线性关系显著。事实上,通过统计软件计算得到的 P 值来判断更加灵活、直观,可以与任意不同的显著性水平 α 比较,不必事先指定 α 的值。

5. t 检验

Excel 和 SPSS 的回归分析输出结果中都给出了回归系数的 t 检验信息。由图 10-6 或图 10-7 中的回归系数部分可知,"t Stat"即 $t=47.385$。若给定显著性水平 $\alpha=0.01$,根据 P 值(P-value 或 Sig.)可知,P 值$=0.000$(SPSS 中仅保留三位小数,故显示 Sig.$=0.000$,并不意味该 P 值为 0)远远小于给定的显著性水平 0.01。所以应拒绝 H_0,表明销售量 y 与广告投入 x 之间的线性关系显著,即广告投入对销售量存在显著的线性正向促进作用。

不难发现,在上述两种检验中,F 检验的"Significance F"(Sig.)和回归系数的 t 值对应的 P 值(P-value 或 Sig.)是完全相同的。实际上,在一元线性回归分析中,$F=t^2$,所以 F 检验与 t 检验是等价的。实际应用中任选一种检验方法均可。但要注意,$F=t^2$ 仅限于一元线性回归模型,对于多元线性回归模型,该关系式不成立。

(五)利用模型预测

样本内预测可以借助 Excel 和 SPSS 直接得到点预测值。在 Excel "回归"对话框中的"输出"选项部分,若选中"残差",则会输出样本中各 x 值对应的回归估计值(显示为"预测值")及其残差(即实际值减去预测值的结果)。在 SPSS "线性回归(Linear Regression)"选项框中,单击"保存(Save)"按钮,在"预测值(Predicted Values)"选项下选中"未标准化(Unstandardized)",则原数据文件中会显示样本各 x 值对应的预测值,若事先输入了预测期自变量 x 的数值,SPSS 还会同时输出因变量相应的回归预测值。

但通常主要运用线性回归模型进行样本外预测,假设当广告投入为 38 万元时,销售量将达到多少?为了回答这一问题,需利用上述一元线性回归模型估计方程,以及 y 的平均值预测(点预测和区间预测)和个别值预测(预测)的计算公式。

1. y 的平均值点预测

该预测较为简单,直接将 $x_f = 38$ 带入一元线性回归模型 $\hat{y}_i = 1.493 + 5.448 x_i$ 即可,得到 $\hat{y}_f = 1.493 + 5.448 \times 38 = 208.517$ 万件,即当公司广告投入达到 38 万元时,销售量将平均达到 208.517 万件。

2. y 的平均值和个别值区间预测

通过对比 y 的平均值预测区间和个别值预测区间的计算公式可知,只需要计算出 $t_{\alpha/2}$、$(x_f - \bar{x})^2$ 和 $\sum(x_i - \bar{x})^2$ 项即可。其中,$t_{\alpha/2}$ 可以通过查找 t 分布表或者可以利用 Excel 软件中的 TINV 函数来进行计算,在任意单元格中输入 "=TINV(0.052 94)",即可得到 $t_{\alpha/2}(n-2) = t_{0.05/2}(296-2) = 1.9681$。

$(x_f - \bar{x})^2$ 和 $\sum(x_i - \bar{x})^2$ 项中均涉及自变量的均值 $\bar{x}$,于是可利用 Excel 软件和 SPSS 软件进行描述性统计分析。

Excel 软件的操作方法是:单击"数据"→"数据分析",选择"描述性统计分析",在其对话框的"输入区域"中输入样本数据所在区域;各个变量的数据是按列(行)放置的,在"分组方式"栏单击"逐列(行)";如果输入区域的第一行(列)为变量名,就勾选"标志位于第一行(列)";勾选"汇总统计",在输出区域栏中指定输出结果的起点位置即可,单击"确定"按钮后得到如图 10-8 所示的输出结果。

广告投入	
统计量	数值
均值	5.624 633 014
标准误差	0.466 045 352
中位数	3.824 953 5
众数	-
标准差	8.018 147 42
方差	64.290 688 04
峰度	49.615 899 39
偏度	6.362 239 186
范围	81.474 219
最小值	0.318 623
最大值	81.792 842
求和	1664.891 372
观测数	296

图 10-8 Excel 的描述性分析输出结果

SPSS 软件的操作方法是：选择"分析"→"描述统计"→"描述"，在"描述"选项框中，将变量列表中的"广告投入"选入"变量"框，其他很多选项可以忽略。单击"确定"按钮后得到如图 10-9 所示的输出结果。

描述统计					
	N	极小值	极大值	均值	标准差
广告投入	296	0.32	81.79	5.6247	8.0181
有效的N（列表状态）	296				

图 10-9　SPSS 的描述性分析输出结果

由图 10-8 和图 10-9 可得到自变量 x 的均值和标准差（结果保留 4 位小数）分别为：$\bar{x}=5.6247$ 和 $\sigma_x=\sqrt{\dfrac{1}{n-1}\sum(x_i-\bar{x})^2}=8.0181$。于是，利用 Excel 软件中的 POWER 函数，在任意单元格中输入命令"=POWER(38−5.6247)"，可以计算出

$$(x_f-\bar{x})^2=(38-5.6247)^2=1048.16005$$

利用 Excel 软件中输入命令"=(296−1)*POWER(8.0181)"，可以计算出

$$\sum(x_i-\bar{x})^2=(n-1)\sigma_x^2=(296-1)\times 8.0181^2=18965.0556$$

于是，将上述分析得到的数据分别带入 y 的平均值预测区间和个别值预测区间计算公式，y 的平均值预测区间为

$$\hat{y}_f\pm t_{\alpha/2}S_e\sqrt{\frac{1}{n}+\frac{(x_f-\bar{x})^2}{\sum(x_i-\bar{x})^2}}=208.517\pm 1.9681\times 15.8335\times\sqrt{\frac{1}{296}+\frac{1048.16005}{18965.0556}}$$
$$=208.517\pm 7.5465$$

y 的个别值预测区间为

$$\hat{y}_f\pm t_{\alpha/2}S_e\sqrt{1+\frac{1}{n}+\frac{(x_f-\bar{x})^2}{\sum(x_i-\bar{x})^2}}=208.517\pm 1.9681\times 15.8335\times\sqrt{1+\frac{1}{296}+\frac{1048.16005}{18965.0556}}$$
$$=208.517\pm 32.0627$$

第三节　多元线性回归预测法

一、多元线性回归方程的参数估计

（一）多元线性回归方程的形式

在许多实际问题中，一个现象的变动往往要受多种现象变动的影响。例如，消费支出除了受当期收入水平的影响外，还受物价水平、以前收入水平以及预期收入水平等因素的影响。要研究多个变量之间的数量关系，就要建立多元回归方程。这里仅讨论变量之间近似呈线性关系的情况。

若因变量 Y 与两个以上的自变量之间存在线性相关关系，它们之间的数量关系可写为

$$Y_i=\beta_0+\beta_1 X_{1i}+\beta_2 X_{2i}+\cdots+\beta_k X_{ki}+\mu_i \tag{10.28}$$

式中，Y_i 为因变量；$X_{1i}, X_{2i}, \cdots, X_{ki}$ 为自变量；k 为自变量个数，μ_i 为随机扰动项。$\beta_0, \beta_1, \beta_2, \cdots, \beta_k$ 是模型的总体参数，其中 β_0 是模型的常数项，$\beta_1, \beta_2, \cdots, \beta_k$ 是总体回归系数。β_j ($j=1,2,\cdots,k$) 表示在其他自变量保持不变的情况下，自变量 X_j 变动一个单位所引起的因变量 Y 平均变动的数量，因而也称为偏回归系数。

若记

$$Y = \begin{bmatrix} Y_1 \\ Y_2 \\ \vdots \\ Y_n \end{bmatrix}, \quad X = \begin{bmatrix} 1 & X_{11} & X_{21} & \cdots & X_{k1} \\ 1 & X_{12} & X_{22} & \cdots & X_{k2} \\ \vdots & \vdots & \vdots & & \vdots \\ 1 & X_{1n} & X_{2n} & \cdots & X_{kn} \end{bmatrix}, \quad \boldsymbol{\beta} = \begin{bmatrix} \beta_0 \\ \beta_1 \\ \vdots \\ \beta_k \end{bmatrix}, \quad \boldsymbol{u} = \begin{bmatrix} u_1 \\ u_2 \\ \vdots \\ u_k \end{bmatrix}$$

则多元线性回归方程的矩阵形式可表示为

$$Y = X\boldsymbol{\beta} + \boldsymbol{u} \tag{10.29}$$

或

$$E(Y) = X\boldsymbol{\beta} \tag{10.30}$$

则样本回归方程的矩阵形式可表示为

$$Y = XB + \boldsymbol{\varepsilon} \tag{10.31}$$

或

$$\hat{Y} = XB \tag{10.32}$$

其中，

$$\hat{Y} = \begin{bmatrix} \hat{Y}_1 \\ \hat{Y}_2 \\ \vdots \\ \hat{Y}_k \end{bmatrix}, \quad B = \begin{bmatrix} b_0 \\ b_1 \\ \vdots \\ b_k \end{bmatrix}, \quad \boldsymbol{\varepsilon} = \begin{bmatrix} \varepsilon_1 \\ \varepsilon_2 \\ \vdots \\ \varepsilon_k \end{bmatrix}$$

分别为多元线性回归方程中 Y 的样本估计值向量、系数估计值向量和残差值向量。B 作为 $\boldsymbol{\beta}$ 为估计值，$\boldsymbol{\varepsilon}$ 作为 $\boldsymbol{u}$ 为估计值。

（二）基本假定

式（10.28）中，u_i 为随机误差项，简称误差项。它表示除了模型中的 k 个自变量以外的其他各种随机因素对因变量的影响。随机误差项 ε 是无法直接观测和估计的，与一元线性回归分析相同，随机扰动项需满足以下基本假定：① 零均值假定，$E(\mu_i)=0$。② 同方差假定，$\text{Var}(\mu_i)=\sigma^2$。③ 无自相关假定，随机扰动项互不相关，$\text{Cov}(u_i, u_j) = E(u_i u_j) = 0$。④ 强外生性假定，$E(\mu_i | x_i) = 0$；大样本下，可以将该假定放松，即满足弱外生性假定，$\text{Cov}(u_i, x_i) = 0$。⑤ 正态性假定，$\mu_i \overset{i.i.d}{:} N(0, \sigma^2)$。⑥ 无多重共线性假定，多元回归分析的基本假定还包括自变量之间不能具有较强的线性关系。若自变量之间也存在较强的线性关系，称为多重共线性，这会使得回归系数的估计很不可靠。

（三）参数估计方法——最小二乘法

式（10.28）中总体参数 $\beta_0, \beta_1, \beta_2, \cdots, \beta_k$ 是未知的，需要利用样本信息对它们进行估计。

若估计量分别用 $b_0, b_1, b_2, \cdots, b_k$ 表示，则得到估计的多元线性回归方程为

$$\hat{y}_i = b_0 + b_1 x_{1i} + b_2 x_{2i} + \cdots + b_k x_{ki} \tag{10.33}$$

求解参数估计量同样可采用最小二乘法，即所求估计值 $b_0, b_1, b_2, \cdots, b_k$ 应满足

$$\min Q = \sum (y_i - \hat{y}_i)^2 = \sum (Y - b_0 - b_1 X_1 - b_2 X_2 - \cdots - b_k X_k)^2 \tag{10.34}$$

根据微积分中求极小值的原理，可将 Q 分别对 $b_0, b_1, b_2, \cdots, b_k$ 求一阶偏导数并令其都等于零，加以整理后可得到以下 $(k+1)$ 个方程式组成的正规方程组，即

$$\begin{cases} \sum Y = nb_0 + b_1 \sum X_1 + b_2 \sum X_2 + \cdots + b_k \sum X_k \\ \sum X_1 Y = b_0 \sum X_1 + b_1 \sum X_1^2 + b_2 \sum X_1 X_2 + \cdots + b_k \sum X_1 X_k \\ \sum X_2 Y = b_0 \sum X_2 + b_1 \sum X_1 X_2 + b_2 \sum X_2^2 + \cdots + b_k \sum X_2 X_k \\ \cdots \\ \sum X_k Y = b_0 \sum X_k + b_1 \sum X_1 X_k + b_2 \sum X_2 X_k + \cdots + b_k \sum X_k^2 \end{cases} \tag{10.35}$$

不难看出，求多元线性回归方程的标准方程组是求一元线性回归方程的标准方程组的扩展。通过解这一方程组便可以求出多元回归线性方程的参数估计值 $b_0, b_1, b_2, \cdots, b_k$。

正规方程组（10.35）可简记为矩阵形式，即

$$(X'X)B = X'Y \tag{10.36}$$

多元回归方程参数的最小二乘估计可通过如下的矩阵运算来求得

$$B = (X'X)^{-1} X'Y \tag{10.37}$$

（四）参数估计实例

【例 10-2】某空调销售网点经调研发现，夏季空调销售量不仅与气温之间存在相关关系，与价格变化之间也存在相关关系，即空调价格上涨得越多，该网点的空调销售量越低。表 10-4 中（1）（2）和（3）列分别给出了不同空调销售量（y，单位：万台）、温度（x_1，单位：摄氏度）和价格变化（x_2，单位：元）下对应的数据。试建立空调销售量与气温、价格变化之间的多元线性回归方程 $\hat{y}_i = b_0 + b_1 x_{1i} + b_2 x_{2i}$ 并估计参数 b_0、b_1 和 b_2 的数值。

表 10-4　销售网点的销售量与气温及价格变化的数据

序号	（1） y/万台	（2） x_1/摄氏度	（3） x_2/元	（4） $\hat{y}$
1	2000	38	85	2010.30
2	1890	35	100	1862.28
3	1565	30	130	1592.78
4	1350	28	165	1380.10
5	1782	34	115	1767.34
6	1187	22	190	1106.86
7	1284	27	180	1285.16
8	900	18	210	909.50
9	1360	25	150	1368.88
10	980	20	200	1008.18
平均值	1429.8	27.7	152.5	—
合计	14 298	277	1525	—

根据所建模型式（10.28），因变量观测值向量和自变量数据矩阵分别为

$$Y = \begin{bmatrix} 2000 \\ 1890 \\ \vdots \\ 980 \end{bmatrix}, \quad X = \begin{bmatrix} 1 & 38 & 85 \\ 1 & 35 & 100 \\ \vdots & \vdots & \vdots \\ 1 & 20 & 200 \end{bmatrix}$$

将上述矩阵带入式（10.37）中，可以得到：

$$B = \begin{bmatrix} 1389.38 \\ 26.54 \\ -4.56 \end{bmatrix}$$

将上述参数数值带入多元线性回归方程，可得到样本多元线性回归方程为

$$\hat{y}_i = 1389.38 + 26.54 x_{1i} - 4.56 x_{2i}$$

二、多元线性回归方程的统计检验

（一）可决系数和复相关系数

1. 可决系数

多元线性回归方程同样可以用可决系数和估计标准误差等指标来评价其拟合效果，其计算原理与一元线性回归方程的相应指标的计算原理基本相同。首先来看多元线性回归方程中可决系数的构成。

多元线性回归分析中的可决系数（也称为多重可决系数）仍然是指回归平方和与总离差平方和的比值，用 R^2 表示，其计算公式为

$$R^2 = \frac{\sum (\hat{y}_i - \overline{y})^2}{\sum (y_i - \overline{y})^2} = \frac{\text{ESS}}{\text{TSS}} \tag{10.38}$$

可决系数 R^2 仍然是介于 0~1 的一个小数。R^2 越接近 1，回归方程对样本数据的拟合程度就越好，同时也说明回归方程中自变量对因变量的联合影响程度越大，因变量与自变量间的相关程度越高；反之亦然。

2. 修正的可决系数

在样本容量一定的情况下，可决系数是回归模型中自变量个数的不减函数，随着模型中自变量的增加，可决系数 R^2 的值会变大，这会使人们产生一种错觉：只要增加自变量，就会改善模型的拟合效果。但是，增加自变量必定使得待估参数的个数增加，损失自由度，从而增加估计误差，降低估计的可靠度。为此，需要用自由度对可决系数 R^2 进行修正，修正的可决系数记为 $\overline{R}^2$，其计算公式为

$$\overline{R}^2 = 1 - \frac{n-1}{n-k-1} \frac{\sum (y_i - \hat{y}_i)^2}{\sum (y_i - \overline{y})^2} \tag{10.39}$$

于是，修正的可决系数与未经修正的可决系数之间存在如下关系：

$$\overline{R}^2 = 1 - (1 - R^2) \frac{n-1}{n-k-1} \tag{10.40}$$

式中，n 为样本量；k 为自变量个数。由于 $k \geq 1$，所以 $\overline{R}^2 < R^2$，随着自变量个数 k 的

增加，$\bar{R}^2$ 将明显小于 R^2。同样，$\bar{R}^2$ 越大，表明回归方程对样本数据的拟合程度越好，因变量与自变量间的相关程度越高。

利用例 10-2 中数据及多元线性回归方程估计式 $\hat{y}_i = 1389.38 + 26.54x_{1i} - 4.56x_{2i}$ 可以计算得出，$\text{ESS} = \sum(\hat{y}_i - \bar{y})^2 = 1244382.8$，根据表 10-1 中第（5）列数据最后一行可计算出，$\text{TSS} = \sum(y_i - \bar{y})^2 = 1253694$。于是，多元线性回归方程的可决系数为

$$R^2 = \frac{\sum(\hat{y}_i - \bar{y})^2}{\sum(y_i - \bar{y})^2} = \frac{\text{ESS}}{\text{TSS}} = \frac{1244382.8}{1253694} = 0.9926$$

修正的可决系数为

$$\bar{R}^2 = 1 - (1 - R^2)\frac{n-1}{n-k-1} = 1 - (1 - 0.9926) \times \frac{10-1}{10-2-1} = 0.9905$$

3．复相关系数

在多元的场合，因变量与自变量之间相关程度的测定是以回归分析为基础的。测定多元相关关系的密切程度，除了可以用可决系数或修正的可决系数外，还可以用复相关系数。复相关系数等于可决系数的平方根，记为 R，其计算公式为

$$R = \sqrt{\frac{\sum(\hat{y}_i - \bar{y})^2}{\sum(y_i - \bar{y})^2}} \tag{10.41}$$

需要注意的是，Y 可能与一些自变量呈正相关，同时又可能与其他自变量呈负相关，因此复相关系数不能反映变量间线性相关的方向，只能反映变量间线性相关的密切程度。复相关系数的取值区间为 $0 \leq R \leq 1$。$R=1$，表明 Y 与 $X_1, X_2, \cdots, X_k$ 之间存在完全确定的线性关系；$R=0$，则表明 Y 与 $X_1, X_2, \cdots, X_k$ 之间不存在任何线性相关关系。

4．估计标准误差

多元线性回归方程的估计标准误差 S_e 的计算公式为

$$S_e = \sqrt{\frac{\sum(y_i - \hat{y}_i)^2}{n-k-1}} \tag{10.42}$$

式中，n 为样本观测值的个数；k 为回归方程参数的个数。在 k 元线性回归模型中，标准方程组有 $(k+1)$ 个方程式，从而利用 n 个样本点来拟合回归方程时就有 $(k+1)$ 个约束条件，因此其自由度为 $(n-k-1)$。同样，估计标准误差 S_e 越小，表明样本回归方程的代表性越强，回归估计值的准确程度越高。

利用例 10-2 中数据及多元线性回归方程估计式 $\hat{y}_i = 1389.38 + 26.54x_{1i} - 4.56x_{2i}$ 可以计算得出，$\text{RSS} = \sum(y_i - \hat{y}_i)^2 = 10154.1244$。于是，多元线性回归方程的估计标准误差为

$$S_e = \sqrt{\frac{\sum(y_i - \hat{y}_i)^2}{n-k-1}} = \sqrt{\frac{10154.1244}{10-2-1}} = 38.0866$$

（二）显著性检验

1．回归方程的显著性检验——F 检验

多元线性回归分析中，回归方程的显著性检验就是要检验因变量与多个自变量的线性关

系是否显著，基本原理与一元线性回归方程的 F 检验相同，其具体的操作步骤可归纳如下。

（1）提出待检验的假设。

$H_0: \beta_j$ 全为 0 $(j=1, 2, \cdots, k)$（表示所有自变量对因变量的线性影响都不显著）

$H_1: \beta_j$ 不全为 0 $(j=1, 2, \cdots, k)$（表示至少有一个自变量对因变量的线性影响显著）

（2）检验统计量为服从第一自由度为 k、第二自由度为 $(n-k-1)$ 的 F 统计量：

$$F = \frac{\sum(\hat{y}_i - \bar{y})^2 / k}{\sum(y_i - \hat{y})^2 / (n-k-1)} = \frac{\text{ESS}/k}{\text{RSS}/(n-k-1)} \sim F(k, n-k-1) \tag{10.43}$$

与一元回归分析一样，也可将离差平方和分解及其自由度与检验统计量 F 的数值都显示在方差分析表 10-5 中。

表 10-5　多元线性回归的方差分析表

离差来源	平方和（SS）	自由度（df）	均方差（MS）	F 值	P 值（Significance F）
回归	$\text{ESS} = \sum(\hat{y}_i - \bar{y})^2$	k	$\dfrac{\text{ESS}}{k}$	$F = \dfrac{\text{ESS}/k}{\text{RSS}/(n-k-1)}$	$P\{F(k,n-k-1) \geqslant F\}$
残差	$\text{ESS} = \sum(y_i - \hat{y}_i)^2$	$n-k-1$	$\dfrac{\text{ESS}}{n-2}$		
总体	$\text{ESS} = \sum(y_i - \bar{y})^2$	$n-1$			

（3）根据自由度和给定的显著性水平 α，查 F 分布表中临界值 F_α。当 $F \geqslant F_\alpha$ 时，拒绝原假设；反之则接受原假设，表示所建立的回归方程没有意义。此外，也可根据检验统计量 F 的数值所对应的 P 值（Significance F）来下结论。

例如，根据表 10-4 的数据，可以算出 ESS = 1 244 382.8，RSS = 10 154.1244，将上述结果带入式（10.43）可以计算出 F 检验的统计量为

$$F = \frac{\text{ESS}/k}{\text{RSS}/(n-k-1)} = \frac{1\,244\,382.8/2}{10154.1244/(10-2-1)} = 428.9232$$

取显著性水平 $\alpha = 0.05$，经查 F 检验临界值表可得，$F_{0.05}(2, 7) = 4.7374$，由于 F 统计量数值明显大于临界值，$F = 428.9232 > F_{0.05}(2, 7) = 4.7374$。因此，例 10-2 中得到的多元线性回归通过了 F 检验，说明回归方程是显著的，即列入模型的自变量"温度"和"价格变化"联合起来对因变量"空调销售量"有显著影响。

2. 回归参数的显著性检验——t 检验

在多元线性回归中，通过了 F 检验只能说明 k 个总体回归系数不全为 0，并不能说明每一个自变量都对因变量有显著影响。因此，还需要进一步对每一个回归系数进行显著性检验。一般来说，当发现某个自变量的线性影响不显著时，应将其从多元线性回归模型中剔除，以尽可能少的自变量达到尽可能高的拟合效果。

回归系数检验的原假设 $H_0: \beta_j$ 全为 0 $(j = 1, 2, \cdots, k)$，其检验原理和基本步骤与一元回归模型基本相同，同样采用 t 检验，这里仅给出检验统计量 t 的一般计算公式：

$$t = \frac{\hat{\beta}_j}{S(\hat{\beta}_j)} \sim t(n-k-1) \quad (j=1, 2, \cdots, k) \tag{10.44}$$

式中，$\hat{\beta}_j$ 是自变量 x_j 对应的回归系数估计值，$S(\hat{\beta}_j)$ 是估计量 $\hat{\beta}_j$ 的标准差的估计值。给定显著性水平 α，可查 t 分布表中自由度为 $(n-k-1)$ 对应的临界值 $t_{\alpha/2}$，若 $|t| \geqslant t_{\alpha/2}$，就拒绝 H_0，说明自变量 x_j 对因变量 y 的影响是显著的；反之，若 $|t| < t_{\alpha/2}$，就不能拒绝 H_0，说明自变量 x_j 对因变量 y 的影响不显著。此外，也可以用 t 值对应的 P 值来判断：P 值越小表明总体回归系数 $\hat{\beta}_j$ 为 0 的可能性越小，P 值 $< \alpha$ 即表明相应的自变量 x_j 对因变量 y 的影响是显著的。

但在多元线性回归分析中，F 检验与 t 检验有明显不同的作用，F 检验是关于所有自变量与因变量之间线性关系是否显著的检验，而 t 检验是分别就每一个自变量对因变量的线性影响是否显著进行检验。

三、利用多元线性回归方程进行预测

若根据样本资料建立的多元线性回归方程通过了显著性检验且有良好的估计效果，就可以用作预测模型，称为多元线性回归预测模型。与一元线性回归预测类似，多元线性回归预测可以划分为 y 的平均值预测和个别值预测，y 的平均值预测又分为对平均值的点预测和区间预测。

（一）y 的平均值预测

1. 点预测

点预测就是把样本以外各个自变量的值表示为行向量 $\boldsymbol{X}_\mathbf{f} = (1, x_{f1}, x_{f2}, \cdots, x_{fk})$，直接代入所估计的回归方程，即可计算出因变量相应的预测值 $\hat{y}_f$，即

$$\hat{y}_f = \boldsymbol{X}_\mathbf{f} B = b_0 + b_1 x_{f1} + b_2 x_{f2} + \cdots + b_k x_{fk} \tag{10.45}$$

对式（10.45）两边同时取期望，可得

$$E(\hat{y}_f) = E(\boldsymbol{X}_\mathbf{f} B) = E(b_0 + b_1 x_{f1} + b_2 x_{f2} + \cdots + b_k x_{fk})$$
$$= b_0 + b_1 x_{f1} + b_2 x_{f2} + \cdots + b_k x_{fk} = E(y_f) \tag{10.46}$$

对比式（10.45）和式（10.46）可知，$\hat{y}_f$ 是 $E(y_f)$ 的无偏估计量，即 $\hat{y}_f$ 可以作为 $E(y_f)$ 和 y_f 的点预测值。

例 10-2 中，假设夏季气温为 39 摄氏度，空调价格上涨 210 元，利用多元性回归方程 $\hat{y}_i = 1389.38 + 26.54 x_{1i} - 4.56 x_{2i}$ 可以预测出此时该网点的空调销售量为

$$\hat{y}_i = 1389.38 + 26.54 \times 39 - 4.56 \times 210 = 1466.84 \text{（万台）}$$

2. 区间预测

与一元线性回归方程中 y 的平均值区间预测思路相同，构造 t 统计量且该统计量服从自由度为 $(n-k-1)$ 的 t 分布。在给定显著性水平 α 时，查 t 分布表可得临界值 $t_{\alpha/2}(n-k-1)$。于是，预测期内 y 的平均值 $E(y_f)$ 的置信度为 $1-\alpha$ 的预测区间为

$$\left[\hat{y}_f - t_{\alpha/2} S_e \sqrt{\boldsymbol{X}_\mathbf{f}(X'X)^{-1} X'_\mathbf{f}},\ \hat{y}_f + t_{\alpha/2} S_e \sqrt{\boldsymbol{X}_\mathbf{f}(X'X)^{-1} X'_\mathbf{f}} \right] \tag{10.47}$$

(二) y 的个别值预测

与一元线性回归方程中 y 的个别值区间预测思路相同。同样，构造 t 统计量且该统计量服从自由度为 $(n-k-1)$ 的 t 分布。在给定显著性水平 α 时，查 t 分布表可得临界值 $t_{\alpha/2}(n-k-1)$。于是，预测期内真实值 y_f 置信度为 $1-\alpha$ 的预测区间为

$$\left[\hat{y}_f - t_{\alpha/2} S_e \sqrt{1+X_f(X'X)^{-1}X'_f} , \hat{y}_f + t_{\alpha/2} S_e \sqrt{1+X_f(X'X)^{-1}X'_f} \right] \quad (10.48)$$

四、利用 Excel 和 SPSS 进行多元线性回归预测

在统计实践中建立多元线性回归模型，首先是利用统计软件及相关理论对多元线性回归模型中的参数进行估计，其次是对回归结果进行统计检验和说明，最后利用所建立的多元线性回归模型进行预测。下面以实际案例来说明如何利用 Excel 和 SPSS 进行多元线性回归预测。

(一) 多元回归方程的设定

人口数和人均收入都是影响商品销售量的重要因素，某鲜奶销售商对 14 个社区的鲜奶销售量与人口数、居民人均收入等情况进行了调查，调查数据如表 10-6 所示。若另有一社区，人口数为 2100 人，人均收入估计为 13 500 元，试建立二元线性回归方程对该社区鲜奶销售量进行预测。

表 10-6　鲜奶销售量与人口数、居民人均收入数据

序　号	鲜奶销售量/千克	人口数/人	人均收入/元
1	324	1120	5640
2	560	1500	5960
3	672	1600	7550
4	745	1700	6200
5	930	1450	6910
6	994	810	8010
7	1028	950	15 200
8	1146	1400	6350
9	1297	1660	14 020
10	1780	1230	12 050
11	1952	1720	10 680
12	2016	1980	9720
13	2110	2780	8670
14	2440	2400	15 980

由表 10-6 的数据计算得知，人口数、人均收入与鲜奶销售量的相关系数分别为 0.664、0.611，而人口数与人均收入之间存在微弱的线性相关关系（相关系数只有 0.167）。因此，以鲜奶销售量为因变量 Y，以人口数、人均收入为自变量 X_1 和 X_2，可建立二元线性回归方程：$Y_i = b_0 + b_1 X_{1i} + b_2 X_{2i} + \varepsilon_i$。

(二) 多元回归方程参数的估计

利用 Excel 和 SPSS 都可以得到多元回归方程参数的估计值及其相关信息，其操作方法与一元线性回归的操作方法基本相同。有所不同的是，多元回归方程中的自变量有两个或两个以上。Excel 在输入数据时要求所有自变量必须在相邻的行或列，在 "X 值输入区域" 一栏中输入所选自变量全部观测数据的起止单元格即可。SPSS 不限制数据表中各变量的顺序或位置，只需将所选诸自变量都选入 "Independent（s）"（自变量）框即可。与一元线性回归相比，若多一个自变量，多元线性回归的输出内容就只是在回归系数部分多了一行该自变量的回归系数估计值、t 检验值及其 P 值等。Excel 和 SPSS 的回归输出结果很相似，图 10-10 只列出了本例利用 Excel 的 "回归" 得到的输出结果。

回归统计	
Multiple R	0.835 4
R Square	0.697 9
Adjusted R Square	0.643 0
标准误差	393.9611
观测值	14

方差分析

	df	SS	MS	F	Significance F
回归分析	2	3944399.95	1972199.97	12.71	0.0014
残差	11	1707258.91	155205.36		
总计	13	5651658.86			

	Coefficients	标准误差	t Stat	P-value
Intercept	-758.9093	419.0086	-1.8112	0.0975
人口数	0.7146	0.2080	3.4354	0.0056
人均收入	0.0954	0.0312	3.0624	0.0108

图 10-10　二元线性回归的输出结果

由图 10-10 可知，回归系数的估计值分别为 $b_0=-758.9093$，$b_1=0.7146$，$b_2=0.0954$，于是可得到所建立的二元线性回归方程为

$$\hat{y}=-758.9093+0.7146X_1+0.0954X_2$$

(三) 模型的检验

1. 经济意义检验

人口数（X_1）的回归系数 $b_1=0.7146$，表示在其他条件不变的情况下，人口数每增加 1 人，鲜奶销售量将会平均增加 0.7146 千克；人均收入（X_2）的回归系数 $b_2=0.0954$，表示在其他条件不变的情况下，人均收入每增加 1 元，鲜奶销售量将会平均增加 0.0954 千克。上述两个回归方程参数与理论和实践分析是较为相符的。

2. 统计检验

图 10-10 的回归输出结果中，F=12.71，对应的 Significance F（显著性水平）为 0.0001，表明整个回归方程是非常显著的。再看回归方程各个系数的 t 检验结果，P-value（P 值）下方的各个数值都很小，远远小于 0.01 的显著性水平，表明回归方程中人口数（X_1）和人均收入（X_2）都对鲜奶销售量有显著影响，该回归方程和系数估计值具有很高的可靠性。

由图 10-10 的"回归统计"部分可知，复关系数（Multiple R）、可决系数 R^2（R Square）和修正的可决系数 R^2（Adjusted R Square）的数值都相当高，表明人口数（X_1）和人均收入（X_2）对鲜奶销售量（Y）的变化具有较强的解释能力，所估计的回归方程具有较好的拟合效果。回归估计标准误差 S_e 为 393.9611（单位：千克）。

（四）多元回归方程的预测

根据上述二元线性回归方程可对该社区鲜奶销售量进行预测。已知社区人口数为 2100 人，人均收入为 13 500 元，即有 X_1=2100，X_2=13 500，则该社区鲜奶销售量的预测值为
$$\hat{y}_f = -758.9093 + 0.7146 \times 2100 + 0.0954 \times 13\,500 = 2029.651 \text{（kg）}$$

第四节　非线性回归预测法

第二节、第三节主要介绍了变量之间呈现线性关系的预测，然而在实际应用中，社会经济现象中很多变量之间会呈现出非线性关系，此时就要建立更为符合实际的非线性回归方程进行预测。根据自变量的多少，非线性回归可分为一元非线性回归和多元非线性回归。

一、非线性回归预测法的一般步骤

（一）选定回归方程的形式

1. 定性分析法

非线性回归的形式可以通过定性分析做出事先判断。例如，研究环境质量与人均收入之间的关系时，根据环境库兹涅茨曲线可知，污染在低收入水平上随人均 GDP 增长而上升，在高收入水平上随 GDP 增长而下降，即环境质量与人均收入之间呈现"倒 U 形"的曲线关系。因此，应当建立非线性回归模型。

2. 散点图法

有些变量之间的关系难以根据定性分析事前做出判断，此时选定自变量之后，应根据散点图来判断因变量与自变量之间近似呈现何种非线性关系，进而确定回归模型的具体形式。选择合适的曲线类型并不是一件容易的事情，对于一元非线性回归，这里给出几种常见的非线性回归方程形式作为参考，如指数曲线 $\hat{y} = \alpha e^{\beta x}$、幂函数曲线 $\hat{y} = \alpha x^{\beta}$、对数曲线 $\hat{y} = \alpha + \beta \ln x$、多项式曲线（二次曲线 $\hat{y} = \alpha + \beta x^2$、三次曲线 $\hat{y} = \alpha + \beta x^3$）等形式。

(二)估计回归方程中的参数

很多非线性模型可以通过适当的变量代换转化为线性关系问题进行分析。接下来将以幂函数曲线为例,对非线性回归的参数进行估计。

例如,反映产出量(Y)与资本投入量(K)、劳动力投入量(L)之间数量关系常常采用如下的生产函数模型(ε 为随机误差项)。

$$Y = \beta_0 K^{\beta_1} L^{\beta_2} \varepsilon \tag{10.49}$$

对式(10.49)两边同时取自然对数,可得

$$\ln Y = \ln \beta_0 + \beta_1 \ln K + \beta_2 \ln L + \ln \varepsilon$$

令 $\ln Y = Y^*$,$\ln \beta_0 = \beta_0^*$,$\ln K = K^*$,$\ln L = L^*$,$\ln \varepsilon = \varepsilon^*$(假定该随机项 ε^* 符合回归分析要求),可得

$$Y^* = \beta_0^* + \beta_1 K^* + \beta_2 L^* + \varepsilon^* \tag{10.50}$$

于是,就可采用多元线性回归预测法来估计回归方程中的参数,利用相应的统计检验法确定最终的非线性回归形式并使用该方程预测 Y 的平均值和个别值。

但需要注意的是,此时式(10.50)中的待估参数 β_1 和 β_2 的含义发生了转变,即 Y 对 K 的弹性 β_1、Y 对 L 的弹性 β_2 分别为

$$\beta_1 = \frac{\mathrm{d}Y}{\mathrm{d}K}\frac{K}{Y}, \quad \beta_2 = \frac{\mathrm{d}Y}{\mathrm{d}L}\frac{L}{Y} \tag{10.51}$$

式(10.51)中 β_1 度量的是在 L 不变的情况下,K 每变化 1%时 Y 的平均变化率,β_2 度量的是在 K 不变的情况下,L 每变化 1%时 Y 的平均变化率。

二、利用 Excel 和 SPSS 进行非线性回归预测

实际工作中,针对具体问题建立非线性回归模型,首先是利用统计软件及相关理论对非线性回归模型中的参数进行估计,其次是对回归结果进行统计检验和说明,最后利用所建立的非线性回归模型进行预测。下面以实际案例来说明如何利用 Excel 和 SPSS 进行非线性回归预测。

(一)非线性回归方程的设定

研究环境质量与人均收入之间的关系时,根据环境库兹涅茨曲线可知,环境质量与人均收入之间呈现"倒 U 形"的曲线关系[1]。于是,根据理论分析应该建立环境质量与人均收入之间的非线性回归模型。使用二氧化硫排放量(单位:万吨)作为环境质量的(因变量)衡量指标,用 Y 表示;使用城镇居民可支配收入(单位:千元)作为人均收入的(自变量)衡量指标,用 X 表示。表 10-7 给出了我国 2002—2019 年二氧化硫排放量与城镇居民可支配收入数据,数据均来源于 2003—2020 年《中国统计年鉴》。于是,尝试建立非线性回归方程以预测 2020 年我国二氧化硫排放量可能达到的水平。

---

[1] 李从欣,吕建珍,李国柱. 收入、收入类别与环境库兹涅茨曲线[J]. 经济与管理,2012,26(4):21-26.

表 10-7 我国 2002—2019 年二氧化硫排放量与城镇居民可支配收入数据

年份	(1) 二氧化硫排放量，y /万吨	(2) 城镇居民可支配收入，x /千元	(3) 城镇居民可支配收入平方项，$z=x^2$
2002	1926.5637	7.7028	59.3331
2003	2159	8.4722	71.7782
2004	2254.9	9.5216	90.6609
2005	2549.4	10.493	110.1030
2006	2588.8	11.7595	138.2858
2007	2468	13.7858	190.0483
2008	2321	15.7808	249.0336
2009	2214	17.1747	294.9703
2010	2185	19.1094	365.1692
2011	2217.91	21.8098	475.6674
2012	2118	24.5647	603.4245
2013	2043.9	26.467	700.5021
2014	1974.4	28.844	831.9763
2015	1859.1	31.195	973.1280
2016	854.9	33.616	1130.0355
2017	610.8	36.396	1324.6688
2018	516.1	39.251	1540.6410
2019	457.3	42.359	1794.2849

先根据表 10-7 中的数据绘制散点图（相关图），利用 Excel 软件，在"插入"菜单的"图表"中选择"XY 散点图"，将城镇居民可支配收入这一列数据选中放入"X 轴系列值"，将二氧化硫排放量这一列数据选中放入"Y 轴系列值"，单击"确定"按钮（见图 10-11）。

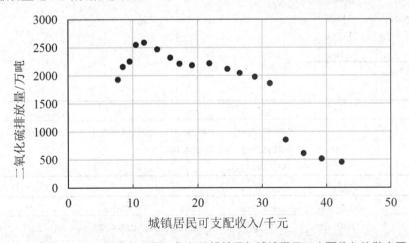

图 10-11 2002—2019 年我国二氧化硫排放量与城镇居民可支配收入的散点图

由图 10-11 可知，2002—2006 年，当城镇居民可支配收入不太高时，我国二氧化硫排放量与城镇居民可支配收入呈现正线性相关关系。但随着城镇居民可支配收入的上升，二氧化硫排放量不可能一直呈上升趋势，而且图 10-11 已经显示了这一趋势。2006 年，我国二氧化硫排放量达到最大值（2588.8 万吨）并出现了转折点，在 2006—2019 年，随着城镇居民可支配收入的上升，我国二氧化硫排放量与城镇居民可支配收入呈现负线性相关关系，因此不选择直线回归方程。结合理论分析及散点图结果，二氧化硫排放量与城镇居民可支配收入之间的关系与二次曲线较为相似，应该将非线性回归方程设定为二次曲线形式，即

$$\hat{y}_t = \alpha + \beta_1 x_t + \beta_2 x_t^2 \tag{10.52}$$

（二）非线性回归方程参数的估计

1. 利用 Excel 软件进行参数估计的操作方法

方法 1：考虑到非线性回归方程 $\hat{y}_t = \alpha + \beta_1 x_t + \beta_2 x_t^2$ 不能直接采用 OLS 法进行回归，于是通过变量代换转化为回归方程。设 $z = x^2$，将方程转换为 $\hat{y}_t = \alpha + \beta_1 x_t + \beta_2 z_t$（注：自变量求平方后的数较大，于是将自变量 x 的单位由"元"转换为"千元"后再对其求平方）。于是，利用表 10-7（1）、（2）、（3）列数据进行 OLS 估计。

Excel 软件的回归估计操作步骤为：在"数据"菜单的"数据分析"中选择"回归"，随即弹出"回归"对话框，在"Y 值输入区域"一栏输入因变量观测数据的起止单元格内容，在"X 值输入区域"一栏中输入自变量观测数据的起止单元格内容。在"输出区域"一栏指定显示输出结果的单元格起点，单击"确定"按钮后即可得到回归估计结果，具体输出结果如图 10-12 所示。

SUMMARY OUTPUT

Regression Statistics	
Multiple R	0.9488
R Square	0.9002
Adjusted R Square	0.8869
Standard Error	239.8946
Observations	18

ANOVA

	df	SS	MS	F	Significance F
Regression	2	7790577.506	3895288.753	67.68597044	0.00000003
Residual	15	863241.3913	57549.42608		
Total	17	8653818.897			

	Coefficients	Standard Error	t Stat	P-value	Lower 95%	Upper 95%
Intercept	1719.5762	283.7267	6.0607	0.000022	1114.8271	2324.3253
X	86.8032	27.3701	3.1715	0.0063	28.4653	145.1411
X^2	-2.9430	0.5617	-5.2397	0.000100	-4.1402	-1.7458

图 10-12　Excel 的回归分析输出结果

方法 2：在散点图的基础上采用"添加趋势线"的方式，选择趋势线类型为"多项式"并将"顺序（D）"设置成 2，在"选项"中要求"显示公式"和"显示 R 平方值"（参见第九章的有关操作），即可得到回归方程的估计结果（见图 10-13）。只不过这里的"趋势线"即所求的回归线（见图 10-13 中的虚线），所显示的"公式"就是回归方程，显示的 R^2 就是可决系数。

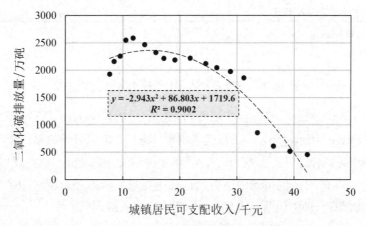

图 10-13　Excel 的回归分析输出结果

2．利用 SPSS 软件进行参数估计的操作方法

方法 1：选择"分析（Analyze）"→"回归（Regression）"，选择"线性（Linear）"进行线性回归分析。在"线性回归（Linear Regression）"选项框中，将源变量列表中的"二氧化硫排放量"选入"因变量（Dependent）"框，将"城镇居民可支配收入、城镇居民可支配收入平方项"选入"自变量（Independent）"框即可，其他很多选项可以忽略。单击"确定"按钮后得到的输出结果显示在输出（Output）文件中，如图 10-14 所示。

模型汇总				
模型	R	R方	调整R方	估计标准误差
1	0.949[a]	0.900	0.887	239.894 59

a. 预测变量: (常量), 城镇居民可支配收入平方项, 城镇居民可支配收入。

（a）模型汇总

Anova[a]						
模型		平方和	df	均方	F	Sig.
1	回归	7 790 577.713	2	3 895 288.857	67.686	0.000[b]
	残差	863 241.184	15	57 549.412		
	总计	8 653 818.897	17			

a. 因变量: 二氧化硫排放量
b. 预测变量: (常量), 城镇居民可支配收入平方项, 城镇居民可支配收入。

（b）方差分析表

图 10-14　SPSS 的回归分析输出结果

系数[a]

模型		非标准化系数		标准系数	t	Sig.
		B	标准误差	Beta		
1	(常量)	1719.576	283.727		6.061	0.000
	城镇居民可支配收入	86.803	27.370	1.362	3.171	0.006
	城镇居民可支配收入平方项	2.913	0.562	−2.230	−5.240	0.000

a. 因变量：二氧化硫排放量

（c）回归系数

图 10-14　SPSS 的回归分析输出结果（续）

方法 2：该方法较为简单，具体操作步骤为：选择"分析（Analyze）"→"回归（Regression）"→"曲线回归（Curve estimation）"。在其选项框中，将"二氧化硫排放量"选入"Dependent"（因变量）框，将"城乡居民可支配收入"选入"自变量（Independent）"框并在"模型（Model）"下面选中"二次项"即可，也可选中下方的选项［要求显示方差分析（ANOVA）表，另外也可要求显示拟合图、预测值等，此略］，如图 10-15 所示。

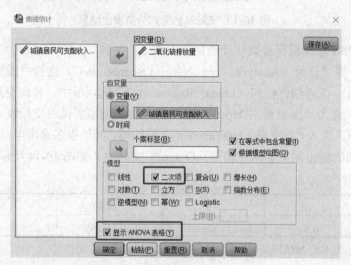

图 10-15　SPSS 中对数回归模型的选项

本例中，上述操作的主要输出结果如图 10-16 所示。

模型汇总			
R	R 方	调整R方	估计标准误差
0.949	0.900	0.887	239.895

自变量为城镇居民可支配收入。

（a）模型汇总

图 10-16　SPSS 的回归分析输出结果

ANOVA

	平方和	df	均方	F	Sig.
回归	7 790 577.506	2	3 895 288.753	67.686	0.000
残差	863 241.391	15	57 549.426		
总计	8 653 818.897	17			

自变量为城镇居民可支配收入。

(b) 方差分析表

系数

	未标准化系数		标准化系数	t	Sig.
	B	标准误	Beta		
城镇居民可支配收入	86.803	27.370	1.362	3.171	0.006
城镇居民可支配收入的平方项	−2.943	0.562	−2.250	−5.240	0.000
(常数)	1719.576	283.727		6.061	0.000

(c) 回归系数

图 10-16　SPSS 的回归分析输出结果（续）

无论采用何种统计软件进行回归估计，参数估计结果均是一致的，即式（10.52）估计结果为

$$\hat{y}_t = 1719.576 + 86.803 x_t - 2.943 x_t^2$$

(三) 非线性回归方程的统计检验①

以 SPSS 输出结果进行解释，"R" 在这里指非线性相关程度，为 0.949，"R 方" 即 $R^2 = 0.900$，"估计值的标准误" 即回归估计标准误差 S_e 为 239.895，$F=67.686$，"Sig." 即 F 检验的显著性水平接近 0 （显示为 "0.000"）。可见，所估计的回归方程非常显著且具有较好的拟合效果。参数估计值 $\hat{\alpha}$ （即常数）为 1719.576，$\hat{\beta}_1 = 86.803$，$\hat{\beta}_2 = -2.943$，其 t 检验统计量对应的 P 值均小于显著性水平 0.05。因此，拒绝原假设，有理由认为常数项、城镇居民可支配收入和城镇居民可支配收入平方项均显著影响二氧化硫排放量。

注意：由于 x_t^2 项是由城镇居民可支配收入求平方计算得到的，通过 Excel 中 CORREL 函数可以计算出 x_t 与 x_t^2 之间的相关性为 0.9818，说明两者之前存在高度的正线性相关，即违背了多元线性回归中的无多重共线性假定（多元回归分析的基本假定还包括自变量之间不能具有较强的线性关系）。因此，在实际应用中，为了削弱多重共线性，通常将式（10.52）$\hat{y}_t = \alpha + \beta_1 x_t + \beta_2 x_t^2$ 中的 x_t 项去掉，仅保留 x_t^2 项。于是，利用 Excel 软件对方程 $\hat{y}_t = \alpha + \beta_2 x_t^2$ 进行 OLS 法估计，具体回归结果见图 10-17。

---

① 针对时间序列数据，除上述统计学检验外，还应进行计量经济学检验，如自相关检验。感兴趣的读者可参看《计量经济学（第四版）》（庞浩主编，科学出版社）第十章的内容。

SUMMARY OUTPUT

Regression Statistics	
Multiple R	0.9129
R Square	0.8334
Adjusted R Square	0.8229
Standard Error	300.2171
Observations	18

ANOVA

	df	SS	MS	F	Significance F
Regression	1	7211734.004	7211734.004	80.0145	0.0000001
Residual	16	1442084.893	90130.3058		
Total	17	8653818.897			

	Coefficients	Standard Error	t Stat	P-value	Lower 95%	Upper 95%
Intercept	2577.0335	107.6755	23.9333	0.0000000	2348.7716	2805.2954
X	-1.1941	0.1335	-8.9451	0.0000001	-1.4771	-0.9111

图 10-17　Excel 的回归分析输出结果

因此，环境质量与人均收入之间的最终关系式，即最终的回归方程为

$$\hat{y}_t = 2577.0335 - 1.1941 x_t^2$$

（四）非线性回归方程的预测

根据上述回归方程可进行预测。已知 2020 年，我国城镇居民可支配收入为 43 834 元，则 $x_{ft} = 43.834$，将其直接带入回归方程 $\hat{y}_t = 2577.0335 - 1.1941 x_t^2$，可求得 2020 年我国二氧化硫排放量的点预测值（$\hat{y}_{ft}$）为

$$\begin{aligned}\hat{y}_{ft} &= 2577.0335 - 1.1941 x_{ft}^2 \\ &= 2577.0335 - 1.1941 \times 43.834^2 \\ &= 282.6664\end{aligned}$$

因此，2020 年，当我国城镇居民可支配收入为 43 834 元时，2020 年我国二氧化硫排放量预期达到 282.6664 万吨。

案例思考与讨论

【案例 10-1】　　　　　　　　　　银行业上市公司股价预测

影响上市公司股价的因素很多。沪深 AB 股上市企业陆续公布经营情况，2021 年上半年银行业上市公司营业收入和净利润排名前五的企业依次为工商银行、建设银行、农业银行、中国银行和招商银行。利用 CSMAR 数据库收集的我国 37 家上市银行 2021 年 6 月的每股股价、每股收益、个股总市值、营业总收入和净利润等数据如表 10-8 所示。

表 10-8 2021 年 6 月我国 37 家上市银行的数据

证券代码	证券简称	每股股价/元	每股收益/元	个股总市值/千元	营业总收入/元	净利润/元
000001	平安银行	22.62	0.8	438 961 869.6	76 835 000 000	17 583 000 000
002142	宁波银行	38.97	1.58	234 132 394.7	19 373 000 000	9 559 000 000
002807	江阴银行	3.94	0.2167	8 557 701.52	1 409 011 000	472 559 000
002936	郑州银行	3.67	0.33	21 448 673.08	6 493 279 000	2 540 027 000
002948	青岛银行	4.97	0.4	13 650 875.45	4 679 055 000	1 832 972 000
002966	苏州银行	7.35	0.52	24 500 000	4 571 533 896	1 840 899 202
600000	浦发银行	10	0.99	293 521 444.1	84 011 000 000	30 204 000 000
600015	华夏银行	6.19	0.53	95 246 916.45	45 530 000 000	11 196 000 000
600016	民生银行	4.41	0.56	156 387 963.4	80 849 000 000	26 737 000 000
600036	招商银行	54.19	2.35	1 117 882 499	155 021 000 000	61 648 000 000
600908	无锡银行	5.8	0.42	10 797 604.03	1 893 103 000	806 512 000
600919	江苏银行	7.1	0.64	104 864 215.6	25 543 489 000	10 508 900 000
600926	杭州银行	14.75	0.8	87 470 456.37	12 663 557 000	5 006 857 000
600928	西安银行	4.66	0.32	20 711 111.11	3 349 578 000	1 418 801 000
601009	南京银行	10.52	0.84	105 273 818.6	17 086 721 000	8 515 509 000
601128	常熟银行	6.2	0.37	16 993 306.74	3 323 676 000	1 095 273 000
601166	兴业银行	20.55	1.79	426 909 619.9	94 136 000 000	40 638 000 000
601169	北京银行	4.87	0.57	102 966 333.4	28 820 000 000	12 685 000 000
601187	厦门银行	9.48	0.41	25 018 932.38	2 300 379 278	1 086 632 094
601229	上海银行	8.2	0.86	116 493 535.3	23 456 990 000	12 297 354 000
601288	农业银行	3.03	0.34	967 309 958.7	355 636 000 000	122 833 000 000
601328	交通银行	4.9	0.54	192 329 233.7	122 285 000 000	42 873 000 000
601398	工商银行	5.17	0.46	1 393 895 139	447 017 000 000	164 509 000 000
601528	瑞丰银行	15.57	0.38	23 500 656.09	1 373 217 000	527 863 000
601577	长沙银行	8.94	0.94	35 952 690.56	8 449 956 000	3 589 115 000
601658	邮储银行	5.02	0.4	364 089 559	143 663 000 000	41 244 000 000
601665	齐鲁银行	9.3	0.36	42 601 750.01	3 990 485 000	1 490 279 000
601818	光大银行	3.78	0.37	178 276 813.8	71 249 000 000	22 506 000 000
601838	成都银行	12.64	0.94	45 658 856.86	6 942 790 000	3 390 573 000
601860	紫金银行	3.63	0.2	13 289 115.88	2 027 377 000	748 817 000
601916	浙商银行	3.97	0.28	66 357 346.21	22 493 000 000	6 988 000 000
601939	建设银行	6.65	0.61	63 797 823.08	400 908 000 000	154 106 000 000
601963	重庆银行	10.87	0.79	20 603 916.81	6 046 379 000	2 754 310 000
601988	中国银行	3.08	0.36	649 157 785.7	286 409 000 000	118 547 000 000
601997	贵阳银行	7.16	0.87	26 178 378.22	6 791 552 000	3 011 402 000
601998	中信银行	5.1	0.59	173 668 654.3	93 695 000 000	29 480 000 000
603323	苏农银行	4.38	0.39	7 897 441.32	1 665 695 000	695 852 000

思考与讨论问题

（1）每股股价与表中哪几个变量的相关程度较高？指明相关的方向。

（2）以每股股价为因变量，以每股收益为自变量建立一元线性回归方程并在 0.05 的显著性水平上检验所建立方程的线性关系是否显著。

（3）如果想用一元线性回归方程来解释和预测每股股价，自变量的最佳选择是哪一个？

（4）若以每股股价为因变量，同时以每股收益、个股总市值、营业总收入和净利润为自变量建立多元线性回归方程，试在 0.05 的显著性水平上检验回归系数是否显著并解释原因。

（5）若要建立一个二元线性回归方程，应选择哪两个变量为自变量？试在 0.05 的显著性水平上检验该回归方程和回归系数的显著性。

（6）现有一家商业银行即将上市，其 2021 年 6 月每股收益为 0.45 元，个股总市值为 485 099 559 千元，营业总收入为 184 663 000 000 元，净利润为 52 244 000 000 元。请根据适当的回归方程预测该银行上市后的价格水平。

思考与练习题

1. 如何选择回归预测模型的因变量和自变量？
2. 回归预测模型有哪些主要类型？如何选择？
3. 简述估计回归方程参数的最小平方法的基本原理。
4. 解释因变量的离差平方和、回归平方和及残差平方和的含义，分析这三者有何意义。
5. 度量回归方程估计效果可用哪些指标？多元回归分析中为什么要修正可决系数？
6. 为什么必须对所建立的回归方程进行统计检验？多元线性回归中的 F 检验与 t 检验有何区别？
7. 回归预测法有哪些特点？运用回归预测法应该注意什么问题？
8. 表 10-9 是一位销售经理收集的推销员的工龄与其年销售额的数据。

表 10-9 推销员的工龄与其年销售额的数据

推销员编号	工龄/年	销售额/万元	推销员编号	工龄/年	销售额/万元
1	1	80	6	8	111
2	3	97	7	10	119
3	4	92	8	10	123
4	4	102	9	11	117
5	6	103	10	13	136

（1）试根据表 10-9 中的数据建立一个回归方程。

（2）检验所估计回归方程的显著性（显著性水平为 0.05）并说明该回归方程的拟合效果。

（3）一位推销员已有 12 年工龄，试以 95% 的置信度预测其销售额的区间范围。

9. 某生产线上的管理人员认为，工人加工产品的速度可能影响加工产品的质量，即影响产品优质品率，于是随机抽取了 8 天进行观测，收集到的数据如表 10-10 所示。

表 10-10　加工产品的速度与优质品率的数据

序　号	平均加工速度/(件/小时)	产品优质品率/%
1	42	70
2	40	60
3	55	63
4	30	78
5	60	54
6	36	73
7	48	62
8	53	60

（1）试说明平均加工速度与产品优质品率有什么样的相关关系。

（2）根据样本观测值建立一个回归方程，计算可决系数和回归估计标准误差并且检验回归方程的显著性（显著性水平为 0.05）。

（3）当平均加工速度分别为每小时 50 件、每小时 65 件时，试预测产品优质品率分别为多少。

（4）当平均加工速度为每小时 45.5 件时，试以 90%的置信度预测产品优质品率的区间范围。

10．1980—2020 年我国国内生产总值、全社会固定资产投资、进出口总额和社会消费品零售总额数据如表 10-11 所示。

表 10-11　1980—2020 年我国经济增长相关数据　　　　　　　　　　单位：亿元

年　份	国内生产总值	全社会固定资产投资	进出口总额	社会消费品零售总额
1980	4587.6	910.9	570	2140
1981	4935.8	961	735.34	2350
1982	5373.4	1230.4	771.37	2570
1983	6020.9	1430.1	860.15	2849.4
1984	7278.5	1832.9	1201.03	3376.4
1985	9098.9	2543.2	2066.71	4305
1986	10 376.2	3120.6	2580.37	4950
1987	12 174.6	3791.7	3084.16	5820
1988	15 180.4	4753.8	3821.79	7440
1989	17 179.7	4410.4	4155.92	8101.4
1990	18 872.9	4517	5560.12	8300.1
1991	22 005.6	5594.5	7225.75	9415.6
1992	27 194.5	8080.1	9119.62	10 993.7
1993	35 673.2	13 072.3	11 271.02	14 240.1
1994	48 637.5	17 042.1	20 381.9	18 544
1995	61 339.9	20 019.3	23 499.94	23 463.9
1996	71 813.6	22 913.5	24 133.86	28 120.4

续表

年　　份	国内生产总值	全社会固定资产投资	进出口总额	社会消费品零售总额
1997	79 715	24 941.1	26 967.24	30 922.9
1998	85 195.5	28 406.2	26 849.68	32 955.6
1999	90 564.4	29 854.7	29 896.23	35 122
2000	100 280.1	32 917.73	39 273.25	38 447.1
2001	110 863.1	37 213.49	42 183.62	42 240.4
2002	121 717.4	43 499.91	51 378.15	47 124.6
2003	137 422	55 566.61	70 483.45	51 303.9
2004	161 840.2	70 477.43	95 539.09	58 004.1
2005	187 318.9	88 773.61	116 921.77	66 491.7
2006	219 438.5	109 998.16	140 974.74	76 827.2
2007	270 092.3	137 323.94	166 924.07	90 638.4
2008	319 244.6	172 828.4	179 921.47	110 994.6
2009	348 517.7	224 598.77	150 648.06	128 331.3
2010	412 119.3	278 121.85	201 722.34	152 083.1
2011	487 940.2	311 485.13	236 401.95	179 803.8
2012	538 580	374 694.74	244 160.21	205 517.3
2013	592 963.2	446 294.09	258 168.89	232 252.6
2014	643 563.1	512 020.65	264 241.77	259 487.3
2015	688 858.2	561 999.83	245 502.93	286 587.8
2016	746 395.1	606 465.66	243 386.46	315 806.2
2017	832 035.9	641 238.39	278 099.24	347 326.7
2018	919 281.1	645 675	305 010.09	377 783.1
2019	986 515.2	560 874.3	315 627.32	408 017.2
2020	1 015 986.2	527 270.3	321 556.93	391 980.6

要求：

（1）试利用有关软件，以国内生产总值为被解释变量（Y_t），以全社会固定资产投资（X_1）、进出口总额（X_2）和社会消费品零售总额（X_3）为解释变量，建立线性回归方程并且说明该回归方程及其回归系数能否通过显著性检验。

（2）若预计我国 2021 年的全社会固定资产投资为 564 179.22 亿元，进出口总额为 33 985.68 亿元，社会消费品零售总额为 431 178.66 亿元，试利用所建立的回归方程预测 2021 年的国内生产总值。

11. 图 10-18 是根据因变量 Y 与三个自变量（X_1、X_2、X_3）的样本数据，采用 Excel 根据菜单下的"数据分析"→"回归"所得到的输出结果。

根据上述输出结果，要求：

（1）指出样本量、复相关系数、可决系数、修正的可决系数、回归估计标准误差分别是多少。

（2）写出所估计的回归方程并检验其显著性。

（3）当 $X_1=128$、$X_2=40$、$X_3=55$ 时，试以 95.45% 的置信度近似计算因变量 Y 的预测区间。

SUMMARY OUTPUT					
回归统计					
Multiple R	0.942				
R Square	0.887				
Adjusted R Square	0.874				
标准误差	3.125				
观测值	30				
方差分析					
	df	SS	MS	F	Significance F
回归分析	3	2058.67	686.22	68.28	1.860E-12
残差	26	261.31	10.05		
总计	29	2319.98			
	Coefficients	Standard Error	t Stat	P-value	
Intercept	29.827	3.139	9.503	6.058E-10	
X Variable 1	0.714	0.147	4.857	4.900E-05	
X Variable 2	−0.165	−0.057	−2.895	0.0076	
X Variable 3	1.224	0.523	2.340	0.0272	

图 10-18　Excel 的回归估计的输出结果

本章学习资源

案例分析提示

本章 PPT

参 考 文 献

1. 刘利三. 市场调查与预测[M]. 2版. 北京：经济科学出版社，2001.
2. 韩德昌，郭大水，刘立雁. 市场调查与市场预测[M]. 天津：天津大学出版社，2004.
3. 高薇. 市场营销调查与预测[M]. 2版. 北京：首都经济贸易大学出版社，2007.
4. 马连福，张慧敏. 现代市场调查与预测[M]. 3版. 北京：首都经济贸易大学出版社，2009.
5. 杜子芳. 市场调查[M]. 北京：当代中国出版社，2002.
6. 杨海清. 市场调查与市场预测实训[M]. 北京：中国劳动社会保障出版社，2006.
7. 王冲，李冬梅. 市场调查与预测[M]. 上海：复旦大学出版社，2013.
8. 陈松，索青. 市场调研技术[M]. 北京：中国经济出版社，2013.
9. 周静. 市场调查与预测[M]. 北京：科学出版社，2014.
10. 刘常宝. 市场调查与预测[M]. 2版. 北京：机械工业出版社，2020.
11. 徐国祥. 统计预测和决策[M]. 5版. 上海：上海财经大学出版社，2016.
12. 张哲. 大数据流下调查数据的统计分析[M]. 北京：中国社会科学出版社，2018.
13. 顾佳峰. 大数据时代的调查师[M]. 北京：人民邮电出版社，2018.
14. 张华. 市场调查与预测110方法和实例[M]. 北京：中国国际广播出版社，2000.
15. 刘强. 大数据时代的统计学思维：让你从众多数据中找到真相[M]. 北京：中国水利水电出版社，2018.
16. 马尔霍特拉. 营销调研：应用导向[M]. 6版. 熊伟，郭晓凌，译. 北京：中国人民大学出版社，2020.
17. 麦克丹尼尔，盖茨. 当代市场调研[M]. 10版. 李桂华，译. 北京：机械工业出版社，2017.

附录A 正态分布概率表

$$P\{|Z| \leqslant Z_{\alpha/2}\} = 1 - \alpha$$

$Z_{\alpha/2}$	$1-\alpha$	$Z_{\alpha/2}$	$1-\alpha$	$Z_{\alpha/2}$	$1-\alpha$	$Z_{\alpha/2}$	$1-\alpha$
0.00	0.0000	0.31	0.2434	0.62	0.4647	0.93	0.6476
0.01	0.0080	0.32	0.2510	0.63	0.4713	0.94	0.6528
0.02	0.0160	0.33	0.2586	0.64	0.4778	0.95	0.6579
0.03	0.0239	0.34	0.2661	0.65	0.4843	0.96	0.6629
0.04	0.0319	0.35	0.2737	0.66	0.4907	0.97	0.6680
0.05	0.0339	0.36	0.2812	0.67	0.4971	0.98	0.6729
0.06	0.0478	0.37	0.2886	0.68	0.5035	0.99	0.6778
0.07	0.0558	0.38	0.2961	0.69	0.5098	1.00	0.6827
0.08	0.0638	0.39	0.3035	0.70	0.5161	1.01	0.6875
0.09	0.0717	0.40	0.3108	0.71	0.5223	1.02	0.6923
0.10	0.0797	0.41	0.3182	0.72	0.5285	1.03	0.6970
0.11	0.0876	0.42	0.3255	0.73	0.5346	1.04	0.7017
0.12	0.0955	0.43	0.3328	0.74	0.5407	1.05	0.7063
0.13	0.1034	0.44	0.3401	0.75	0.5467	1.06	0.7109
0.14	0.1113	0.45	0.3473	0.76	0.5527	1.07	0.7154
0.15	0.1192	0.46	0.3545	0.77	0.5587	1.08	0.7199
0.16	0.1271	0.47	0.3616	0.78	0.5646	1.09	0.7243
0.17	0.1350	0.48	0.3688	0.79	0.5705	1.10	0.7287
0.18	0.1428	0.49	0.3759	0.80	0.5763	1.11	0.7330
0.19	0.1507	0.50	0.3829	0.81	0.5821	1.12	0.7373
0.20	0.1585	0.51	0.3899	0.82	0.5878	1.13	0.7415
0.21	0.1663	0.52	0.3969	0.83	0.5935	1.14	0.7457
0.22	0.1741	0.53	0.4039	0.84	0.5991	1.15	0.7499
0.23	0.1919	0.54	0.4108	0.85	0.6047	1.16	0.7540
0.24	0.1897	0.55	0.4177	0.86	0.6102	1.17	0.7580
0.25	0.1974	0.56	0.4245	0.87	0.6157	1.18	0.7620
0.26	0.2051	0.57	0.4313	0.88	0.6211	1.19	0.7660
0.27	0.2128	0.58	0.4381	0.89	0.6265	1.20	0.7699
0.28	0.2205	0.59	0.4448	0.90	0.6319	1.21	0.7737
0.29	0.2282	0.60	0.4515	0.91	0.6372	1.22	0.7775
0.30	0.2358	0.61	0.4581	0.92	0.6424	1.23	0.7813

续表

$Z_{\alpha/2}$	$1-\alpha$	$Z_{\alpha/2}$	$1-\alpha$	$Z_{\alpha/2}$	$1-\alpha$	$Z_{\alpha/2}$	$1-\alpha$
1.24	0.7850	1.58	0.8859	1.92	0.9451	2.52	0.9883
1.25	0.7887	1.59	0.8882	1.93	0.9464	2.54	0.9889
1.26	0.7923	1.60	0.8904	1.94	0.9476	2.56	0.9895
1.27	0.7959	1.61	0.8926	1.95	0.9488	2.58	0.9901
1.28	0.7995	1.62	0.8948	1.96	0.9500	2.60	0.9907
1.29	0.8030	1.63	0.8969	1.97	0.9512	2.62	0.9912
1.30	0.8064	1.64	0.8990	1.98	0.9523	2.64	0.9917
1.31	0.8098	1.65	0.9011	1.99	0.9534	2.66	0.9922
1.32	0.8132	1.66	0.9031	2.00	0.9545	2.68	0.9926
1.33	0.8165	1.67	0.9051	2.02	0.9566	2.70	0.9931
1.34	0.8198	1.68	0.9070	2.04	0.9587	2.72	0.9935
1.35	0.8230	1.69	0.9090	2.06	0.9606	2.74	0.9939
1.36	0.8262	1.70	0.9109	2.08	0.9625	2.76	0.9942
1.37	0.8293	1.71	0.9127	2.10	0.9643	2.78	0.9946
1.38	0.8324	1.72	0.9146	2.12	0.9660	2.80	0.9949
1.39	0.8355	1.73	0.9164	2.14	0.9676	2.82	0.9952
1.40	0.8385	1.74	0.9181	2.16	0.9692	2.84	0.9955
1.41	0.8415	1.75	0.9199	2.18	0.9707	2.86	0.9958
1.42	0.8444	1.76	0.9216	2.20	0.9722	2.88	0.9960
1.43	0.8473	1.77	0.9233	2.22	0.9736	2.90	0.9962
1.44	0.8501	1.78	0.9249	2.24	0.9749	2.92	0.9965
1.45	0.8529	1.79	0.9265	2.26	0.9762	2.94	0.9967
1.46	0.8557	1.80	0.9281	2.28	0.9774	2.96	0.9969
1.47	0.8584	1.81	0.9297	2.30	0.9786	2.98	0.9971
1.48	0.8611	1.82	0.9312	2.32	0.9797	3.00	0.9973
1.49	0.8638	1.83	0.9328	2.34	0.9807	3.20	0.9986
1.50	0.8664	1.84	0.9342	2.36	0.9817	3.40	0.9993
1.51	0.8690	1.85	0.9357	2.38	0.9827	3.60	0.999 68
1.52	0.8715	1.86	0.9371	2.40	0.9836	3.80	0.999 86
1.53	0.8740	1.87	0.9385	2.42	0.9845	4.00	0.999 94
1.54	0.8764	1.88	0.9399	2.44	0.9853	4.50	0.999 993
1.55	0.8789	1.89	0.9412	2.46	0.9861	5.00	0.999 999
1.56	0.8812	1.90	0.9426	2.48	0.9869		
1.57	0.8836	1.91	0.9439	2.50	0.9876		

附录 B　t 分布的临界值表

单侧：$P\{t > t_\alpha\} = \alpha$；双侧：$P\{|t| > t_{\alpha/2}\} = \alpha$

单侧	$\alpha = 0.10$	0.05	0.025	0.01	0.005
双侧	$\alpha = 0.20$	0.10	0.05	0.02	0.01
df=1	3.078	6.314	12.706	31.821	63.657
2	1.886	2.920	4.303	6.965	9.925
3	1.638	2.353	3.182	4.541	5.841
4	1.533	2.132	2.776	3.747	4.604
5	1.476	2.015	2.571	3.365	4.032
6	1.440	1.943	2.447	3.143	3.707
7	1.415	1.895	2.365	2.998	3.499
8	1.397	1.860	2.306	2.896	3.355
9	1.383	1.833	2.262	2.821	3.250
10	1.372	1.812	2.228	2.764	3.169
11	1.363	1.796	2.201	2.718	3.106
12	1.356	1.782	2.179	2.681	3.055
13	1.350	1.771	2.160	2.650	3.012
14	1.345	1.761	2.145	2.624	2.977
15	1.341	1.753	2.131	2.602	2.947
16	1.337	1.746	2.120	2.583	2.921
17	1.333	1.740	2.110	2.567	2.898
18	1.330	1.734	2.101	2.552	2.878
19	1.328	1.729	2.093	2.539	2.861
20	1.325	1.725	2.086	2.528	2.845
21	1.323	1.721	2.080	2.518	2.831
22	1.321	1.717	2.074	2.508	2.819
23	1.319	1.714	2.069	2.500	2.807
24	1.318	1.711	2.064	2.492	2.797
25	1.316	1.708	2.060	2.485	2.787
26	1.315	1.706	2.056	2.479	2.779
27	1.314	1.703	2.052	2.473	2.771
28	1.313	1.701	2.048	2.467	2.763
29	1.311	1.699	2.045	2.462	2.756
30	1.310	1.697	2.042	2.457	2.750
40	1.303	1.684	2.021	2.423	2.704
50	1.299	1.676	2.009	2.403	2.678
60	1.296	1.671	2.000	2.390	2.660
70	1.294	1.667	1.994	2.381	2.648

续表

单侧	$\alpha=0.10$	0.05	0.025	0.01	0.005
双侧	$\alpha=0.20$	0.10	0.05	0.02	0.01
80	1.292	1.664	1.990	2.374	2.639
90	1.291	1.662	1.987	2.368	2.632
100	1.290	1.660	1.984	2.364	2.626
125	1.288	1.657	1.979	2.357	2.616
150	1.287	1.655	1.976	2.351	2.609
200	1.286	1.653	1.972	2.345	2.601
∞	1.282	1.645	1.960	2.326	2.576